D1127046

Cocina

DIANA KENNEDY

Cocina esencial *de* México

DIANA KENNEDY

Cocina esencial *de* México

—— ... ——

OCEANO

Fotografías de interiores: cortesía de Diana Kennedy,
excepto donde se indica.

Cuidado de la edición: Ana Luisa Anza
Fotografía de portada: © Michael Calderwood
Fotografía de la autora: Pedro Valtierra / Cuartoscuro
Diseño de portada: Rigoberto de la Rocha
Diseño de interiores: Judith Mazari Hiriart

COCINA ESENCIAL DE MÉXICO

Título original: THE ESSENTIAL CUISINES OF MEXICO

Traducción: Laura Emilia Pacheco

D. R. © 2020, Editorial Océano de México, S.A. de C.V.
Homero 1500 - 402, Col. Polanco
Miguel Hidalgo, 11560, Ciudad de México
info@oceano.com.mx

Segunda reimpresión: febrero, 2020

ISBN 978-607-400-891-3

Impreso en México / Printed in Mexico

A mi amado Paul, quien fue mi razón para venir a México.

A mi madre, quien simplemente contaba con que yo cocinara todo lo que ella preparaba.

A Elizabeth David, quien me inspiró a escribir sobre cocina.

Y a Craig Claiborne, quien me impulsó a mí y a tantos otros.

Contenido

Agradecimientos

Mi más sincero agradecimiento a Roy Finamore, mi editor en Clarkson Potter, quien supo reconocer la importancia de reunir mis primeros tres libros en un solo volumen. Ha sido un placer trabajar con él.

Mi mayor aprecio y agradecimiento a Frances McCullough, mi editora y amiga desde hace más de treinta años, quien me ha guiado a través del laberinto del mundo editorial, apaciguando mi carácter (al menos lo ha intentado), y ha dado forma a mis manuscritos.

Me resulta imposible agradecer de manera adecuada a todos aquellos que, de una u otra manera, han contribuido a la vida de viajes y escritura que he llevado en México durante tantos años. Siempre he tratado de darle crédito a las personas que me han proporcionado cada una de las recetas y me gustaría que supieran el enorme placer que esas mismas recetas me han dado a mí y a tantas otras personas en el mundo entero.

El trabajo de edición siempre es difícil y me gustaría agradecer a Rogelio Villarreal Cueva, Guadalupe Ordaz, Guillermo Osorno, Ana Luisa Anza y Pablo Martínez Lozada por el enorme esfuerzo y el buen ánimo con los que enfrentaron este robusto manuscrito.

Introducción

No sería exagerado decir que esta publicación —que recopila mis primeros tres libros: *Las cocinas de México*, *El libro de la tortilla* y *Cocina regional mexicana*— es el resultado de un encuentro fortuito que ocurrió en 1957. Después de una estancia de tres años en Canadá me dirigía a mi casa en Inglaterra, vía el Caribe, donde conocí a quien sería mi marido: Paul Kennedy, corresponsal de *The New York Times*, durante la cobertura informativa de una de las múltiples revoluciones de Haití. Nos enamoramos y, unos meses después, me encontré desembarcando de un carguero holandés en el puerto de Veracruz, México, y así se inició una nueva vida llena de aventuras.

Las primeras impresiones que tengo de la Ciudad de México, y que permanecerán por siempre grabadas en mi memoria, son de amplias avenidas arboladas, cielos de un brillante color azul y la magnificencia de los volcanes nevados que parecían montar guardia sobre los lagos y sobre la ciudad que yacía a sus pies. Las calles eran tranquilas y ordenadas, sobre todo durante la siesta de la tarde, pero los mercados que estaban dispersos por todos los rumbos de la ciudad eran un panal de actividad: estaban llenos de chiles exóticos, de hierbas y frutas de colores y aromas vibrantes. Todo esto me cautivó de inmediato. Empecé a explorar, a hablar de comida con todo aquel que estuviera dispuesto a responder mis interminables preguntas y, desde luego, también empecé a cocinar y a probar esas texturas desconocidas y fascinantes, y todos esos nuevos sabores.

Unos años después, Craig Claiborne, entonces editor de *The New York Times*, y su amigo, el chef Pierre Franey, vinieron a México para hacer un artículo sobre restaurantes mexicanos. Nos reunimos para tomar una copa y me ofrecí a conseguir un libro de cocina mexicana a Craig. "No", respondió, "mejor espero a que tú escribas uno". Su comentario me causó un sobresalto y sembró una semilla en mi subconsciente.

Varios años después, tras la muerte de Paul debido al cáncer, de nuevo fue Craig quien me alentó a dar mis primeras clases de cocina mexicana en mi departamento de Nueva York. Era el inicio de la época dorada del estudio sobre distintas cocinas, sus exóticos ingredientes y sus diversas maneras de prepararlas. Por ello estábamos —y aún estamos— en deuda con Craig, por hacer más refinado el periodismo culinario, y también con Julia Child, que con su entusiasmo contagioso nos convencía en televisión de que cada ama de casa podía elaborar, sin lágrimas, una fantástica comida francesa.

Craig anunció las inminentes clases de cocina en el *Times*. Me inundé de solicitudes y pronto tenía seis banquillos en mi pequeña cocina del *Upper West Side*, ocupados para una serie inicial de cuatro clases.

Este anuncio llamó la atención de Frances McCullough, quien sería la editora de mis primeros cuatro libros. Aunque en ese entonces ella se encargaba de editar poesía en Harper & Row, también era una californiana exiliada en busca de buena comida mexicana que quería saber si yo estaba dispuesta a escribir un libro para esa editorial.

Yo estaba muy nerviosa. Le advertí a Fran que no sabía escribir. Ella insistió. Le envié unos borradores. Aunque sabiamente no me lo dijo en ese momento, luego me confesó que, en su interior, estaba de acuerdo conmigo en que no sabía escribir. De nuevo, me dirigí a México para mi acostumbrado viaje de investigación. Volví a Nueva York, leí lo que había escrito, lo rompí y empecé de nuevo. Fran me llamó a media noche. Acababa de leer el nuevo material y quería hablar conmigo cuanto antes. "¿Qué ocurrió durante el verano? Aprendiste a escribir". Eso fue en 1969.

Así nació mi primer libro, *The Cuisines of México* (*Las cocinas de México*): la culminación de fuerzas invisibles que me lanzaron al inexplorado terreno de la literatura sobre comida... no había nada que yo pudiera hacer al respecto.

Mientras el libro estaba en proceso, muy pocas personas —además de Fran— sabían de qué estaba yo hablando, excepto quizá quienes habían viajado y comido bien en México. Era la época del "combo" o plato combinado, y muy pronto nos percatamos de que, incluso en el interior de Harper, debíamos realizar una gran labor de convencimiento sobre la existencia de auténticas cocinas regionales mexicanas. Ahí, en ese preciso instante, decidimos dar una probadita a todas las personas encargadas de los distintos pasos de la producción del libro, desde luego, con un buen número de margaritas.

Tuvimos que convencer a todo el mundo. Al departamento de arte, para que nos diera fotografías en color en lugar de los encantadores dibujitos que habían sugerido; a los de ventas, para que arremetieran con la estrategia adecuada; al diseñador, para que captara el espíritu de la publicación; a los clubes de libros, para que se emocionaran con el proyecto, sin olvidar a los vendedores a lo largo y ancho de Estados Unidos. Cociné y cociné. El equipo de Harper se contagió de mi entusiasmo y me ayudaron a cargar treinta enormes cazuelas de comida a Washington, D.C., en medio de una terrible onda de calor, para asistir a la convención anual de vendedores de libros. Nuestros invitados estaban atónitos y felices. Por fin todo el mundo entendió de qué hablábamos y nos dieron carta blanca. *Las cocinas de México* apareció en el otoño de 1972 ante la aclamación popular.

Había mucho más de qué escribir y de nuevo el destino tuvo un papel en ello. Un accidente deportivo, que me mandó a la cama durante varios meses, hizo que retomara mi labor de la forma más inesperada. Totalmente frustrada por verme limitada de movimientos, empecé a hurgar en mi cada vez más grande colección de libros de cocina mexicana en español, sobre todo en los de la señora Josefina Velásquez de León, pionera en el registro de recetas de amas de casa mexicanas. Entonces me di cuenta de lo poco que había publicado en inglés sobre esas deliciosas comidas que ganaban una popularidad cada vez mayor en otros países: tacos, enchiladas y tostadas. Decidí que debía dedicar un librito al tema de las tortillas de maíz y a todo lo que puede hacerse con ellas, combinadas con chiles, queso, crema y salsas, así como con carnes y vegetales, para hacer platillos deliciosos y, a menudo, muy económicos. La idea tomó forma y, a pesar de que no era nada fácil encontrar una buena tortilla en Estados Unidos en esa época, *El libro de la tortilla* apareció en 1975.

Mi visita anual a México se extendió a casi seis meses, durante los cuales viajé obstinadamente —con poco presupuesto y ninguna comodidad— a sitios remotos donde me aguardaban algunas sorpresas culinarias que, en algunos casos, nunca antes se habían registrado. Realicé mi "aprendizaje" en una panadería de la Ciudad de México, donde descubrí los secretos del buen pan dulce; el mío se vendía junto con el de los panaderos profesionales, maestros maravillosos que se enorgullecían de mi esfuerzo. En esos viajes conocí y trabajé con extraordinarios cocineros y cocineras regionales, sobre quienes escribí en *Los cocineros regionales de México*, un libro que, sin que yo lo supiera, estaba tomando forma. Se publicó en 1978.

A lo largo de esos años, daba clases en escuelas de cocina por todo Estados Unidos en un esfuerzo para dar a mis estudiantes un panorama de la diversidad de las cocinas regionales de México. Incluso estos entusiastas se sorprendieron tanto como el personal de Harper en aquella primera comida. Desde luego, en aquella época los ingredientes auténticos eran pocos y difíciles de conseguir, pero no me di por vencida: cargaba los ingredientes desde México para poder replicar los sabores con la mayor fidelidad posible, hasta que hubo una distribución más amplia de los chiles y las hierbas que son esenciales para lograrlo. Puedo reivindicar el reconocimiento y la difusión del epazote, cuya planta encontré en el Central Park de Nueva York y en varios otros sitios de Estados Unidos.

La labor de unir estos tres libros no fue fácil ni alegre. Sentí que estaba descuartizando a mis hijos mientras cortaba los libros para hacer de ellos un solo volumen que no resultara demasiado engorroso. Cada uno representó una piedra de toque en mi vida, y he vivido feliz en su compañía desde que se publicaron. Simplifiqué las recetas en lo posible, modernizándolas, pero sin perder el espíritu de su generación, y agregué 33 nuevas que no se habían publicado en los libros en su versión individual. He tratado de no tocar los textos introductorios porque son "cuadros hablados" de lo que vi y viví durante esos años: un México del pasado.

Estoy segura de que esta reencarnación de viejos amigos llegará a un nuevo público, a medida que las futuras generaciones se vuelvan más conscientes de su legado culinario y una nueva oleada de jóvenes chefs se sumerja en estas recetas que son auténticas y apasionantes. Estoy segura de que, entre ellos, podré contar a mis devotos seguidores, a quienes les estoy tan agradecida por su interminable entusiasmo hacia mis libros y mis clases, y por sus cartas de agradecimiento que he guardado cuidadosamente a lo largo de los años. Ellos y ellas también han ayudado a conservar el espíritu de sus fascinantes cocinas.

Diana Kennedy, 2000.

Prólogo

Transcurre mucho tiempo entre un comentario ocioso, un deseo casual y una muy anhelada realidad.

Conocí a Diana Southwood Kennedy por primera vez hace más de veinte años en su casa de la calle de Puebla, en la Ciudad de México. En aquella época yo era editor de noticias gastronómicas y crítico de restaurantes para *The New York Times*. Su esposo, Paul, un ser gentil, de alma efusiva y con una gran pasión por la vida, era corresponsal para el mismo diario en Centroamérica, México y el Caribe. Durante su vida —Paul murió en 1967— su casa fue un sitio internacional de reunión, un punto de encuentro donde hombres y mujeres de los ámbitos más interesantes del planeta llegaban a discutir sobre arte, política, las distintas revoluciones que surgían aquí y allá y el estado del mundo en general. Y, quizá sobre todo, para disfrutar de la comida de Diana.

Pero lo que recuerdo con más claridad sobre mi primer encuentro con ella fue su ofrecimiento de comprarme un libro de cocina mexicana. "No", objeté, "mejor espero el de verdad; el día en que publiques uno".

Siempre he sentido una gran pasión por la comida mexicana desde que, como niño, compraba tamales a un vendedor ambulante en el pueblito donde yo vivía en Mississippi. Corrían espantosos rumores sobre el origen del relleno de carne pero, ¡bah!, a mí no me importaba en lo absoluto. Jamás he probado una comida tan gloriosa como la que había en casa de Diana y hay una buena razón. No conozco a nadie que tenga la entrega que ella tiene en la búsqueda de la gran cocina mexicana. Si su entusiasmo no fuera hermoso, estaría en el límite de ser una manía.

Diana me reveló y me enseñó a hacer la que yo considero una de las grandes bebidas del mundo (¿es un coctel?... nunca he podido decidirlo): la sangrita (no sangría). Se hace con jugo de naranja agria y de granadas machacadas. Se bebe, desde luego, con tequila. Pero más allá de eso: ¡la comida de Diana! ¡Santo cielo! ¿Hay algo que iguale sus papadzules —esa especialidad yucateca hecha con salsa de pepita, huevos y tortillas— o su carne de cerdo en salsa de chile, o la calabaza con crema, o los tamales de todos tipos? Con razón la cocina de Diana tiene un aroma mucho más invitador que el de la mayoría de las cocinas.

Hace mucho tiempo, ella y yo concordamos sobre los méritos de la cocina mexicana. Decidimos que es comida terrenal, festiva, alegre: para celebrar. En resumen, es una comida campesina elevada al nivel de un arte sublime y sofisticado. Con motivo de la publicación original de la obra escribí: "Si este libro es una medida del talento de Diana, probablemente se convertirá en el texto definitivo en inglés sobre este arte tan comestible". El tiempo ha comprobado que así es, y todos los verdaderos amantes de la cocina mexicana compartirán mi entusiasmo por esta edición revisada.

Craig Claiborne, 1972.

Prefacio

Tras muchas peregrinaciones, conocí a Paul Kennedy en Haití el verano de 1957, cuando él cubría una de las muchas revoluciones de ese país para *The New York Times*. Nos enamoramos y lo alcancé en México a finales de ese año.

Y así comenzó mi vida en México. Todo era nuevo, emocionante y exótico. A Luz, nuestra primera muchacha, le encantaba cocinar. Un día trajo a casa su molino de maíz e hicimos tamales: primero cocimos el maíz en una solución de cal y agua, lo refregamos para quitarle la piel a cada grano, y luego molimos todo hasta obtener la textura adecuada. Parecía una labor eterna y no aguantábamos el dolor de espalda. Pero jamás olvidaré esos tamales. Ella nos inició a los dos en el mundo de los mercados y nos enseñó a usar las frutas y verduras que nos eran desconocidos.

Luz se tuvo que ir y llegó Rufina, de Oaxaca: era su primer empleo. Aunque joven y de mal carácter, era una cocinera maravillosa y mi aprendizaje continuó a medida que me enseñó a hacer sus albóndigas especiales, conejo en adobo y cómo destripar una gallina.

Pero supongo que mi deuda más grande es con Godileva. Yo adoraba las tardes en que se quedaba a planchar. Entonces platicábamos sobre su infancia en el rancho de su padre en una zona remota de Guerrero. Había tenido una vida benigna y le encantaba la buena comida. Nos hacía tortillas y, antes de la hora de comer, nos preparaba gorditas con tuétano. Cuando entrábamos por la puerta nos ofrecía, recién salidos del comal, sopes colmados de salsa verde y crema. Nos turnábamos para moler los chiles y las especias en el metate y su receta de chiles rellenos es la que incluyo en este libro.

También tuve otras influencias.

Durante varios viajes al interior de la República, mi amiga Chabela Marín me enseñó casi todo lo que sé sobre artesanía mexicana. Juntas visitamos a los artesanos en áreas remotas y, en esos recorridos, probábamos todas las comidas y las frutas de la región. Fue ella quien pasó largas horas en mi cocina enseñándome, con meticulosas instrucciones, las especialidades de la famosa cocina de su madre en Jalisco.

Finalmente nuestra estancia en México llegó a su fin. Paul llevaba dos años luchando valerosamente contra el cáncer y era tiempo de volver a Nueva York. Para entonces habíamos viajado muchísimo y, por mi parte, había recorrido prácticamente todo el país en auto, observando, comiendo, haciendo preguntas. Empecé a coleccionar recetarios antiguos y a sumergirme en el pasado gastronómico para aprender más a fin de complementar el libro de cocina que esperaba algún día terminar.

Paul murió a principios de 1967. Ese mismo año, Craig Claiborne me sugirió que iniciara unas clases de cocina mexicana. Supongo que no estaba lista para empezar una nueva empresa: los últimos tres años me habían entristecido y agotado demasiado. Pero la idea se había sembrado en mí y, en enero de 1969, los domingos por la tarde, empecé a dar una serie de clases de cocina mexicana, las primeras que hubo en Nueva York. Una invernal tarde de domingo es un momento perfecto para cocinar y la idea tuvo éxito.

Las clases se expandieron más allá de esas tardes de domingo y el trabajo en el libro también progresó. Pero en tanto que las clases siguen floreciendo y creciendo, la investigación y las pruebas han llegado a un alto temporal: tan sólo para permitir que por fin se publique el libro, pues me encuentro a mí misma sumergida en un perpetuo proceso de refinamiento debido, por un lado, a los frecuentes viajes que hago a México para descubrir nuevos platillos y para refinar los que ya conozco y, por otro, por el constante diálogo que establezco con mis estudiantes y los amigos que prueban estas recetas a mi lado.

Diana Kennedy, abril de 1972.

Entradas

Sin duda, el mexicano es uno de los pueblos que más botanea. Y ¿cómo culparlo con semejante variedad de antojitos que se ofrecen en las calles y en los mercados? Aun si uno no cree tener hambre, el aroma, la habilidad artística con que están hechos o simplemente la curiosidad de probar algo nuevo resultará seductora, porque los cocineros y cocineras mexicanos se cuentan entre los más creativos del mundo. La próxima vez que recorra las calles de cualquier ciudad o pueblo mexicanos haga una pausa en la taquería de la esquina para ver si no se le hace agua la boca cuando se rellenan las blandas y calientes tortillas con carne deshebrada o carnitas y se empapan con una espesa salsa de tomate verde recién salida de un gigantesco molcajete negro; o cuando las quesadillas se tortean, se rellenan con flores de calabaza y se doran en un comal. A cualquier hora del día y hasta bien entrada la noche, siempre hay grupos de personas paradas comiendo con gran concentración... porque no hay tiempo para hablar.

En Ensenada, la almeja pismo es la favorita de los carritos que inundan las aceras; en el mercado de La Paz los tacos se hacen de pescado deshebrado, y en Morelia se hacen de sesos espolvoreados con cilantro picado. Cuando uno recorre los mercados del centro de México encuentra comidas completamente prehispánicas, como los pescaditos envueltos en hojas de maíz y cocidos al carbón, o los tlacoyos, esas piezas ovaladas de una masa bastante gruesa y rellenos de pasta de frijol. En la parte de atrás del mercado de Oaxaca uno puede detenerse por un bocadillo de chapulines tostados y el eterno favorito de todos en todas partes: elotes recién salidos de la vaporera o tostados al carbón. Con todos los maravillosos antojitos que existen en Yucatán no puedo sino arquear las cejas cada vez que veo un carrito que, con gran orgullo, ostenta su letrero de *hot dögs* en los alrededores de la plaza de la catedral. Si quiere algo más ligero, siempre están los cacahuates y las pepitas, aún calientes en sus cáscaras ligeramente ennegrecidas por estar recién tostadas, y en Chihuahua hay unas bellotas diminutas, las más pequeñas que he visto, que son ligeramente dulces y a la vez amargas.

En casi cualquier esquina puede llegar una mujer con su brasero de carbón y una gran plancha de metal con un pozo circular en el centro, para la grasa, y un borde para poner el relleno guisado de las enchiladas recién fritas. Nunca olvidaré las calles que rodean el mercado de Puebla, donde los domingos al atardecer todo el mundo parece escabullirse alrededor de los braseros o las canastas de comida, y el humo que sale de algunas puertas trae consigo la penetrante fragancia del ocote —las delgadas tiras del pino resinoso— que se usan para encender el carbón.

Para combatir el calor del mediodía, los puestos se cubren con decorativas hojas verdes y venden mangos pelados, cortados de manera que parecen una flor y clavados a un palito de madera como si fueran paletas de caramelo, así como otras innovaciones más recientes: pequeños conos de papel en rejillas que se desbordan con una mezcla de frutas como sandía, melón y piña, todo ello espolvoreado con sal y chile piquín en polvo y, más adelante en el año, las jícamas rebanadas, los pepinos abiertos a lo largo y los camotes calientes.

Los vendedores ambulantes empujan sus pequeñas carretillas a lo largo de kilómetros para asentarse en las afueras de alguna institución u oficina gubernamental, hospital, escuela o prisión para ofrecer sustento al incontenible flujo de personas que transitan por ahí. Cada vez que se junta una muchedumbre para observar el trabajo de los policías o de los bomberos, aparece de la nada un hombrecito empujando un carro de antojitos para confortar a los mirones. En su libro *Cocina mexicana*, Antonio Mayo Sánchez escribe: "Algunas de estas variantes son ideales como bocadillos para acompañar y entretener el hambre mientras llega la hora de la comida o la cena y acojinan el estómago para hacer más leve el impacto de la copa de la hospitalidad a los invitados, o simplemente para justificar el nombre de *antojitos*".

Sikil p'ak

Yucatán

Según el finado doctor Alfredo Barrera Vásquez, eminente mayista, el nombre correcto de este platillo es *ha'-sikil-p'ak*: *ha* significa agua y *sikil*, pepitas de calabaza. Es una mezcla auténticamente maya, excepto por la adición del cilantro, que debe haber sido posterior, y por la sustitución del cebollín, que se parece mucho en gusto y en apariencia a la cebollina (una variedad de la misma planta) muy usada en las cocinas de Campeche y Yucatán.

Hoy en día el *sikil p'ak* se sirve en Yucatán como *dip* (¡una palabra horrible!) con totopos o tortillas tostadas, y resulta mucho más saludable que esos espantosos *dips* industrializados que vienen en sobrecitos o que parecen chicloso de queso. Si por el momento no le preocupan las calorías, puede untar el *sikil p'ak* sobre pimes, unas deliciosas gorditas de masa de maíz con exquisitos pedacitos de carne de puerco, que se llaman lomitos (ver pág. 311).

Muchas cocineras aseguran que los jitomates tienen que hervirse, pero yo prefiero el sabor de los jitomates asados, de modo que puede elegir la opción que más le apetezca. El chile habanero es opcional aunque, como lo he dicho en tantas ocasiones, tiene un sabor absolutamente seductor.

En Yucatán, aunque las pepitas son más pequeñas, tienen una semilla gruesa. Estas pepitas se llaman chinchillas y miden como 15 mm de largo y 75 mm de ancho. Sin embargo, yo he preparado el *sikil p'ak* con las pepitas de todo tipo de calabazas con las que me he topado, y sabe delicioso, siempre que tueste bien las semillas y las muela finamente, hasta casi pulverizarlas. Si no puede obtener la chinchilla original, agregue una pequeña cantidad de pepitas peladas.

Rinde aproximadamente 1 ½ tazas

1	taza de pepitas de calabaza crudas, enteras
¼	de taza de pepitas de calabaza crudas, peladas
1	chile habanero o cualquier chile verde fresco, limpio
1 ½	cucharaditas de sal, o al gusto
350 g	de jitomates asados (ver pág. 490)
⅔	de taza de agua
2	cucharadas copeteadas de cilantro cortado toscamente
2	cucharadas copeteadas de cebollín finamente picado

Caliente una cacerola gruesa o un comal y tueste lentamente las pepitas con todo y cáscara, volteándolas con frecuencia, hasta que la cáscara esté bien dorada y crujiente (ciertos tipos de pepita truenan y se abren). Aparte, hay que tostar las pepitas peladas hasta que se inflen un poco, pero que no se doren. Déjelas a un lado a que se enfríen. Mientras tanto, ase el chile, volteándolo de vez en cuando, hasta que se ampolle y tenga manchas de color café y negro.

Con un molino eléctrico para especias o café, muela las semillas por separado, junto con la sal, hasta obtener un polvo con cierta textura. Transfiéralo a un tazón pequeño.

Licúe brevemente los jitomates sin pelar con ⅓ de taza de agua. Incorpórelos a las pepitas molidas junto con el cilantro, el cebollín y el chile entero. Si prefiere que el *sikil p'ak* esté más picante, licúe un pedacito de chile con los jitomates, antes de agregarlos a las pepitas. La mezcla debe tener la consistencia de una mayonesa. Si está demasiado espesa, quizá sea necesario agregar un poquito más de agua.

Sirva el *sikil p'ak* a temperatura ambiente, como botana.

Nota: Puede preparar el sikil p'ak *con anticipación. Se conserva durante unos días, aunque el cilantro fresco se marchita un poco.*

Queso relleno

Yucatán

En Yucatán este queso relleno se sirve como entrada, bañado de dos salsas, una de jitomate y otra que se prepara con el jugo de la carne y que se llama *kol*. Es un platillo muy elaborado en cuanto a su preparación y a su sabor. Es relativamente tardío dentro de la cocina de la península de Yucatán y constituye una forma fascinante y curiosa de usar los quesos holandeses redondos que podían encontrarse antes a muy buen precio en los puertos de Chetumal y Cozumel.

Vacíe el queso el día antes de preparar la receta. Si está seco y un poco duro, remójelo toda la noche en agua fría. Si es nuevo y está suave, no lo remoje, pero déjelo fuera del refrigerador durante la noche y hasta que vaya a cocinarlo. El queso se ablanda cuando se cocina, pero el truco consiste en que el exterior y el interior se fundan de manera uniforme, sin que pierda su forma y se deshaga por completo. Calentar el relleno antes de introducirlo al queso y cocinarlo a fuego medio ayudan a mantener su forma. El tiempo puede variar entre 15 y 35 minutos. Después de los primeros 10 minutos, sienta el queso para ver qué tan suave está.

Resulta casi imposible dar un tiempo exacto de cocción, pues varía muchísimo dependiendo de la edad del queso y elementos varios, como las condiciones bajo las cuales estuvo almacenado, etcétera.

Algunas de las cocineras de Campeche envuelven el queso en una hoja de plátano. Esto no sólo le da un sabor sutil, sino que también constituye una base atractiva para el queso, ya en el platón de servir. A otras cocineras yucatecas les gusta sumergir el queso en el caldo de la carne para suavizarlo, pero a mí me parece que se hace un batidero a la hora de desamarrarlo y servir.

Rinde 8 porciones

1 queso edam de 1 ½ a 2 kg

La carne para el relleno

¼ kg de carne de puerco
¼ kg de carne de res
3 ½ tazas de agua
Sal al gusto
3 dientes de ajo sin pelar y tostados (ver pág. 491)
¼ de cucharadita de orégano tostado (si es posible, de Yucatán) (ver pág. 488)

La base de jitomate para el relleno y para la salsa

2 cucharadas de manteca o de aceite vegetal
½ pimiento verde mediano finamente picado
½ cebolla blanca mediana finamente picada
1 cucharada copeteada de alcaparras grandes, escurridas
550 g de jitomates finamente picados
15 aceitunas verdes sin hueso, toscamente picadas
1 cucharada copeteada de pasas
½ cucharadita de sal

El relleno

10 pimientas negras
2 pimientas gordas
2 clavos enteros
1 raja de canela de 75 mm
Sal al gusto
3 dientes de ajo
½ cucharada de vinagre blanco suave
4 huevos cocidos
Unas gotas de aceite vegetal

Para el kol

2	tazas de caldo de las carnes
2	cucharadas de harina
	Una pizca de azafrán
1	chile *x-cat-ik* o chile güero, tostado (no lo pele; ver pág. 472)
	Sal al gusto

La salsa de jitomate

	El resto de la base de jitomate
½	taza de jugo de jitomate o agua
	Sal al gusto

Para preparar el queso: Quítele al queso la "piel" roja. Corte una rebanada de 1.5 cm en la parte superior para hacer una "tapa". Vacíe el interior del queso hasta que le quede una concha como de 1.5 cm de ancho. Si el queso está muy duro, déjelo remojando toda la noche (consulte el inicio de la receta). Guarde el queso que sacó del interior para usarlo en otro platillo.

Para preparar la carne del relleno: Corte la carne en cubos de 1.5 cm y, junto con el resto de los ingredientes para el relleno, agréguela a la olla. Cuando empiece a hervir, baje el fuego y cuézala hasta que esté suave (de 30 a 35 minutos). Deje que la carne se enfríe en el caldo. Cuele y guarde el caldo. Pique la carne finamente.

Para preparar la base del relleno y la salsa de jitomate: Caliente la manteca y fría lentamente el pimiento, la cebolla y las alcaparras, hasta que estén suaves, sin que lleguen a dorarse.

Aplaste los jitomates y agréguelos a la sartén junto con el resto de los ingredientes. Cocine todo a fuego medio durante aproximadamente 8 minutos.

Divida la mezcla en dos: una mitad para el relleno y la otra para la salsa.

Para preparar el relleno: Muela las especias con la sal, el ajo y el vinagre.

Coloque las carnes, la mezcla de especias y la base de tomate en una sartén grande y mezcle todo muy bien.

Separe las claras de las yemas cuidando que no se rompan. Coloque las yemas aparte. Pique las claras finamente y agréguelas a los ingredientes de la sartén.

Cocine la mezcla a fuego medio durante aproximadamente 8 minutos: debe quedar casi seca.

Ponga la mitad del relleno dentro del queso. Meta las yemas enteras y cúbralas con la otra parte del relleno. Coloque la tapa del queso.

Unte bien el exterior del queso con aceite y envuélvalo firmemente con un trapo, anudándolo en la parte de arriba. Coloque el queso en un plato pequeño dentro de la vaporera. Asegúrese de cerrar bien la vaporera y deje el queso dentro hasta que esté suave (consulte el inicio de la receta).

Para preparar el kol*:* Caliente el caldo. Agregue un poquito del caldo a la harina y menéelo hasta obtener una mezcla lisa. Añada el resto del caldo a la mezcla hasta que esté lisa. Devuélvala a la olla y cocínela a fuego bajo hasta que se espese ligeramente, meneándola de manera constante. Agregue el azafrán, el chile y la sal necesaria. Deje la salsa a un lado. Manténgala caliente.

Para preparar la salsa de jitomate: Caliente la base de jitomate junto con el jugo de tomate. Agregue sal, si es necesario.

Para servir: Destape el queso, vierta la salsa caliente de jitomate y el *kol* sobre el queso. Sirva con bastantes tortillas calientes y con salsa de chile habanero (ver pág. 280). Cada persona prepara sus tacos.

Papas escabechadas

Yucatán

Junto con las dos recetas siguientes —ibis escabechados y calabaza frita—, ésta es una de las tres botanas que se sirven de manera gratuita en las cantinas de Mérida. Desde luego, el chiste de estas botanitas es que uno beba más, de modo que deben ser saladas. Son de mis favoritas y junto con el *sikil p'ak* (ver pág. 25) constituyen deliciosas botanas vegetarianas. El jugo de la naranja agria les da un sabor muy especial.

Estas papas saben mejor si se les prepara aproximadamente una hora antes de servirlas. Se conservan hasta el día siguiente.

Rinde aproximadamente 2 ⅔ tazas

1	taza compacta de cebolla blanca en rebanadas delgadas
	Agua hirviendo para cubrir
	Sal al gusto
¼	de taza de jugo de naranja agria o de limón
½	chile habanero finamente picado
350 g	de papas cortadas en cubos de 2 cm
⅓	de taza compacta de cilantro finamente picado

Cubra la cebolla con el agua hirviendo y remójela un minuto. Escúrrala, agregue sal al gusto e incorpore el jugo de naranja agria y el chile. Deje la mezcla en un tazón de vidrio a temperatura ambiente para que se macere mientras se cuecen las papas.

En una olla pequeña ponga suficiente agua para cubrir las papas. Cuando comience a hervir, agregue las papas. Cuézalas a fuego medio hasta que estén apenas tiernas (aproximadamente 8 minutos). Escúrralas, deje que se enfríen un poco y pélelas, pero agréguelas a la mezcla de cebolla mientras aún están tibias. Incorpore el cilantro y agregue más sal, si es necesario. Sírvalas a temperatura ambiente.

Ibis escabechados

Yucatán

Los ibis frescos o secos, parecidos a las habas, se usan mucho en la península de Yucatán.

Rinde aproximadamente 3 tazas

1	taza compacta de cebolla blanca en rebanadas delgadas
	Agua hirviendo para cubrir
¼	de taza de jugo de naranja agria o de limón
½	chile habanero finamente picado
350 g	de ibis o de habas (unas 2 ½ tazas)
⅓	taza compacta de cilantro finamente picado

Cubra la cebolla con el agua hirviendo y déjela remojando un minuto. Escúrrala, agregue sal al gusto, el jugo de naranja agria y el chile habanero. Deje que todo repose en un tazón de vidrio a temperatura ambiente para que se macere mientras cuece los ibis o las habas.

En una olla pequeña ponga suficiente agua para cubrir los ibis o las habas. Cuando rompa el hervor, agregue los ibis o las habas y cuézalos a fuego medio hasta que estén apenas tiernos (aproximadamente 10 minutos). Cuélelos y, mientras aún estén tibios, agréguelos a la mezcla de cebolla. Incorpore el cilantro y añada más sal, si es necesario. Sirva a temperatura ambiente.

Calabaza frita

Yucatán

Aunque esta receta tiene un nombre insulso, es una forma deliciosa de hacer la calabaza, ya sea tierna o madura. Al igual que la señora Berta López de Marrufo, una de mis gurús de cocina yucateca, yo prefiero la calabaza madura.

La primera vez que la probé fue en una cantina de Mérida, servida como botana, con totopos. Si se le agregan costillas de puerco cocidas, puede convertirse en el platillo principal.

La calabaza que se usa ahí se parece a una pequeña calabaza redonda, excepto por el color verde oscuro de su piel y el anaranjado pálido de su carne. Para esta receta no es necesario precocerla. Como la de todas las calabazas, la cáscara, una vez que madura, se endurece. Yo prefiero quitarle la cáscara después de cocerla.

El chile dulce es muy típico de Yucatán. Puede sustituirlo con cualquier pimiento verde, aunque no tenga su misma delicadeza de sabor y su textura.

La calabaza frita es el tipo de platillo que puede prepararse con varias horas o, incluso, con un día de anticipación. De hecho, así mejora su sabor. Pero sugiero no congelarla, pues se vuelve pastosa.

Rinde aproximadamente 5 tazas

1 kg de calabaza sin pelar, cortada en pedacitos
⅓ a ½ taza de aceite de oliva, que no sea extra virgen
1 cebolla blanca pequeña finamente picada
2 chilitos dulces o 1 pimiento verde
350 g de jitomates finamente picados
Sal al gusto

Para servir

⅓ de taza de queso añejo o queso de Chiapas finamente desmoronado

Para una calabaza madura: Ponga los pedacitos de calabaza en una olla grande y cúbralos con agua. Cuando rompa el hervor, baje la flama y deje la calabaza tapada, hasta que todavía esté un poco firme (aproximadamente 20 minutos, según el tipo de calabaza). Cuele, pele y corte la calabaza en cubos de 1.5 cm. Déjela a un lado.

Caliente el aceite en una cacerola grande. Agregue la cebolla, el chile y los jitomates con sal al gusto y cocínelos a fuego medio. Revuelva de vez en cuando para evitar que se peguen hasta que estén bien sazonados y conserven un poco de jugo (aproximadamente 8 minutos).

Añada la calabaza en cubos y mezcle bien. Siga cocinando a fuego bajo, revolviendo de vez en cuando para que no se pegue, durante alrededor de 15 minutos. Si la mezcla se seca mucho, agregue un poquito de agua. Pruebe cómo está de sal. Retire del fuego y deje que se sazone por lo menos 30 minutos.

Sirva la calabaza con el queso espolvoreado y con tostadas.

Dzik de venado o salpicón yucateco

Yucatán

En Tampico, en la costa del Golfo, a uno le ofrecen tacos de salpicón de jaiba (guisada con cebolla, chile y cilantro). Más al sur, a lo largo de la Laguna de Tamiahua, el salpicón es más complejo: se llama *saragalla* y está hecho de pescado deshebrado con aceitunas, pasas y alcaparras. Pero en Yucatán el salpicón más común se hace —o se hacía— de carne de venado deshebrada cocida primero en una barbacoa que se llama *pib*. Luego se mezcla con jugo de naranja agria, rábanos finamente picados y cilantro. Éste es un relleno muy fresco para tacos en un día caluroso.

Una vez preparado el salpicón, debe consumirse en el lapso de una hora, si es posible, para evitar que los ingredientes pierdan su frescura y el color de los rábanos tiña la carne.

Puede usarse cualquier tipo de carne. De hecho, sería una forma interesante de utilizar cualquier sobrante de un asado.

Rinde 6 porciones

1	taza de carne cocida y deshebrada
½	taza de jugo de naranja agria o sustituto (ver pág. 492)
⅔	de taza de rábanos cortados en tiritas
3	cucharadas de cilantro, muy finamente picado
	Sal al gusto

Mezcle todos los ingredientes y déjelos sazonar aproximadamente 30 minutos antes de servir.

Desde luego, este salpicón se sirve a temperatura ambiente con un montoncito de tortillas recién hechas.

Guacamole

Centro de México

La palabra *guacamole* proviene del náhuatl *ahuacatl* (aguacate) y *molli* (mezcla), ¡y vaya si el guacamole es una mezcla hermosa! El color verde pálido del aguacate contrasta con el verde más oscuro del cilantro espolvoreado y el rojo del jitomate. Su belleza definitivamente se enaltece si se sirve en el molcajete en el que se prepara y a donde pertenece por derecho propio. ¡Jamás use una licuadora porque el aguacate se vuelve un puré suave, sin textura! Pero si no tiene un molcajete, use la licuadora para moler los ingredientes de base y agregue el aguacate machacado después.

Por lo general, el guacamole se consume al inicio de una comida con un cerro de tortillas calientes recién hechas o con otras botanas, como chicharrón o carnitas. A menudo, acompaña a un plato de tacos. El guacamole es tan delicado que es mejor comerlo en el momento de su preparación. Hay muchas sugerencias para conservarlo —guardarlo en un recipiente hermético, dejarle el hueso del aguacate, etc.—, pero eso sólo funciona durante un breve lapso. Casi de inmediato el delicado color verde del aguacate se vuelve oscuro y pierde su maravilloso sabor fresco.

Rinde aproximadamente 2 ⅓ tazas

2 cucharadas de cebolla blanca finamente picada
4 chiles serranos, o al gusto, finamente picados
3 cucharadas copeteadas de cilantro toscamente picado
Sal al gusto
3 aguacates grandes (unos 700 g)
120 g de jitomates finamente picados

Para servir

1 cucharada copeteada de cebolla blanca finamente picada
2 cucharadas copeteadas de cilantro toscamente picado

Muela la cebolla, los chiles, el cilantro y la sal hasta formar una pasta.

Corte los aguacates por la mitad, quíteles el hueso y exprima la pulpa de las cáscaras. Macháquela y agregue a la base de chile para obtener una consistencia con cierta textura. Reserve una cucharada de jitomate y agregue el resto. Ajuste la sazón y vierta después el resto del jitomate, la cebolla y el cilantro picados.

Sirva de inmediato a temperatura ambiente (ver el texto de la receta). No recomiendo congelarlo.

Cacahuates enchilados

México en general

Estas picosas botanitas invariablemente aparecen en la mesa de los bares mexicanos, alentando a todos a beber más tequila acompañado de cuartos de limón en forma de luna creciente. Pero si come demasiados cacahuates o los hace demasiado picantes, se "quemará" el paladar fácilmente, por lo que tendrá que olvidarse de probar un platillo de sabor delicado.

Use un chile piquín o de árbol tostado y molido en lugar de los polvos industriales que tienen conservadores y otras especias.

Rinde aproximadamente 1 taza

1	cucharada de aceite vegetal
1	taza de cacahuates naturales, con su piel
10	dientes de ajo pequeños
1 a 1 ½	cucharaditas de chile piquín o de árbol en polvo
1	cucharadita de sal, o al gusto

Caliente el aceite en una sartén que tenga el tamaño suficiente para que los cacahuates queden en una sola capa. Agregue los cacahuates y los dientes de ajo y fríalos durante unos 2 minutos, revolviendo constantemente. Baje la flama un poco, agregue el chile en polvo y la sal, y déjelos al fuego uno o dos minutos a lo sumo, no más, revolviendo de vez en cuando para que no se peguen. Tenga cuidado de que el chile en polvo no se queme.

Deje que se enfríen antes de servirlos para acompañar las bebidas.

Mariscos a la marinera

Veracruz

Este coctel puede prepararse con cualquier marisco: almejas crudas, callo de hacha, abulón, caracol o camarones cocidos. Esta versión es mucho más fresca y crujiente que el típico coctel de camarones chiclosos, ahogados en una salsa comercial de jitomate o, peor aún, añadiendo —como lo hacen en Veracruz—, un refresco. Es mejor consumirlo cuando está recién hecho, pero si quiere prepararlo con anticipación, no lo deje más de 2 horas o los ingredientes perderán su sabor y su frescura. Naturalmente, no debe estar tan frío, pues pierde su sabor y el aceite se cuaja.

Prefiero servir este coctel con tortillas calientes, recién hechas, o con tortillas secas y tostadas en el comal o en el horno, que estén crujientes.

Rinde 6 porciones

3	docenas de almejas grandes crudas, callos de hacha, o camarones cocidos medianos
½	taza de jugo de limón
350 g	de jitomates finamente picados
1	cebolla blanca pequeña finamente picada
1	aguacate grande, en cubos
3 a 4	chiles serranos, o cualquier chile verde fresco, finamente picado
2	cucharadas copeteadas de cilantro fresco finamente picado
3	cucharadas de aceite de oliva
	Sal y pimienta recién molida, al gusto

Si usa almejas, ábralas o haga que el pescadero las abra. Guarde las almejas con su jugo. Si usa callo de hacha, déjelo marinar en jugo de limón durante una hora. Combine las almejas (y su jugo) u otros mariscos con el resto de los ingredientes. Ajuste la sazón y sirva el coctel ligeramente frío (ver el texto de la receta).

Caviar de Chapala

Jalisco

El nombre de esta receta habla por sí mismo. A veces se le llama caviar autóctono, pues se hace a partir de la hueva de los peces del lago de Chapala. La primera vez que lo probé fue en un restaurante a orillas del lago. Era de carpa, pero puede sustituirse por hueva de lisa o de cualquier otra especie más económica. Este caviar se sirve como entrada, acompañado de tortillas calientes y, aparte, platitos con cebolla, chile serrano, cilantro y jitomates que estén aún verdes (no maduros), para que cada persona sazone su taco al gusto.

Rinde 6 porciones

- 1 cucharada de sal
- ½ kg de hueva de carpa o lisa
- ¼ de taza de aceite vegetal o de oliva
- 200 g de jitomates finamente picados
- 2 cucharadas de cebolla blanca finamente picada
- 1 diente de ajo finamente picado

Para acompañar

- ½ taza de cebolla blanca finamente picada
- ⅓ de taza de jitomates verdes (no maduros) picados, o de tomates verdes
- ⅓ de taza de cilantro finamente picado
- ⅓ de taza de chile serrano, o de cualquier otro tipo de chile verde, fresco y finamente picado

En una olla poco profunda, ponga la sal con el agua y deje que hierva suavemente. Agregue la hueva y deje que hierva de 8 a 10 minutos, según su grosor. Retírela del fuego y escúrrala. Cuando pueda tomarla con las manos, quítele la piel y desmorone la hueva.

Caliente el aceite en una sartén gruesa. Agregue los jitomates, la cebolla, el ajo y fría todo a fuego relativamente alto, revolviendo de vez en cuando y raspando el fondo de la sartén hasta que la cebolla esté suave y la mezcla, casi seca. Agregue la hueva desmoronada con sal al gusto y fría la mezcla a fuego medio, revolviendo constantemente, hasta que esté casi seca y se separe (aproximadamente 5 minutos).

Sirva el caviar caliente, acompañado de la cebolla y de los otros ingredientes finamente picados –aparte, en pequeños tazones– y de tortillas de maíz calientes.

Ostiones pimentados

Inspirada por el señor Ángel Delgado. Restaurante Las Diligencias. Tampico, Tamaulipas

Cuando trato de escribir recetas como ésta, puedo escuchar mi voz y otras más diciéndome: "¡Es un crimen! Los buenos ostiones se comen crudos". Sí, pero esta forma de comerlos resulta interesante y constituye una sabrosa botana para acompañar las bebidas o, de manera ecléctica, como primer plato, acompañado de delgadísimas rebanadas de pan negro. Ahora que lo pienso, no a todo el mundo le gustan los ostiones crudos pero en cambio consumirán, felices, una lata entera de ostiones ahumados. ¡Basta de excusas! Estos ostiones pueden servirse calientes o a temperatura ambiente, preferiblemente en su concha. La champaña constituye un acompañante maravilloso.

Rinde de 6 a 8 porciones

4	docenas de ostiones, abiertos, con su concha y su propio jugo
2	cucharaditas de pimientas enteras
½	cucharadita de sal, o al gusto
6	dientes de ajo
1	cucharada de jugo de limón, o más, si se desea
2	cucharadas de aceite de oliva
2	hojas de laurel

Caliente el jugo de los ostiones hasta que brote un hervor suave. Agregue los ostiones y sáquelos cuando las orillas empiecen a rizarse (aproximadamente 2 minutos). Cuele los ostiones pero guarde el caldo.

Muela las pimientas con la sal en un molcajete. Machaque e incorpore los ajos y agréguelos poco a poco al jugo de limón. Por último, añada aproximadamente 3 cucharadas del caldo de ostiones que reservó. Mezcle bien.

Caliente el aceite de oliva en una sartén. Agregue las hojas de laurel y la mezcla de pimienta. Cocínela a fuego alto durante unos 2 minutos. Retire la sartén del fuego y agregue los ostiones. Ajuste la sazón. Añada un poco de jugo de limón y, si lo desea, un poco más del jugo de los ostiones.

Sirva los ostiones tibios, o a temperatura ambiente, en su concha.

Nota: Si hace una cantidad grande de ostiones, para obtener mejores resultados escalfe los ostiones ligeramente y escúrralos. Luego prepare las especias y prepárelos en el último momento.

Salpicón de jaiba

Tamaulipas

A principios de los setenta, cuando visité Tamaulipas por primera vez, me topé con el que se convertiría en uno de mis restaurantes favoritos en aquella época, en el Hotel Inglaterra. Su dueño, Fidel Loredo, hermano del famoso restaurantero José Inés Loredo, cuyos establecimientos en la Ciudad de México gozan de gran prestigio, me proporcionó esta receta que es tan sencilla como deliciosa. Tiene un toque oriental, como de China, quizá porque los barcos mercantes de ese país atracan en el puerto de Tampico.

La carne era de los pequeños cangrejos azules que hay en la zona. Se requiere mucho tiempo para limpiarlos, pero puede encontrar la pulpa ya lista para usarse.

Este salpicón es delicioso como relleno para taquitos o para servirse con arroz blanco.

Rinde para rellenar 12 tortillas chicas

¼ de taza de aceite vegetal
⅓ de taza de cebolla blanca finamente picada
½ taza de apio finamente picado
5 chiles serranos finamente picados, con todo y semillas
1 taza de pulpa de jaiba, cocida y deshebrada
3 cucharadas de cilantro finamente picado
Sal al gusto

Caliente el aceite en una sartén y fría la cebolla hasta que esté casi traslúcida.

Agregue el apio, los chiles y la jaiba, y fría todo hasta que dore ligeramente. La mezcla debe quedar bastante seca. Por último, añada el cilantro y la sal, y cocine todo un minuto más.

Sirva con tortillas calientes.

Chicharrón en escabeche

Puebla

Hace muchos años, cuando fui a Tehuacán, Puebla, para hacer un trabajo sobre la matanza masiva de cabras, unos amigos que vivían ahí me llevaron a visitar a una anciana famosa por su buena cocina. Vivía en una gran casa de fin de siglo en un triste estado de desesperación, pero los retratos familiares y los muebles gastados hablaban de una época de grandeza pasada. La mayoría de los platillos que preparaba reflejaban su juventud en Alvarado, Veracruz, en compañía de sus padres andaluces, de modo que me sorprendió que esta receta, tan mexicana, fuera una de sus favoritas.

Rinde 6 porciones

¼ de taza de aceite vegetal
3 cebollas moradas medianas, en rebanadas gruesas
6 dientes de ajo enteros
1 ½ tazas de vinagre, suave o diluido con aproximadamente ½ taza de agua
½ cucharadita de orégano seco
3 ramas de tomillo fresco o ½ cucharadita de tomillo seco
½ cucharada de sal, o al gusto
Pimienta recién molida
¼ kg de chicharrón (ver pág. 494) –entre más delgado, mejor– en cuadritos de 5 cm
2 chiles jalapeños en escabeche, cortados en rajas
1 aguacate, pelado y rebanado

Caliente el aceite. Fría la cebolla y el ajo ligeramente, sin dorar, durante aproximadamente 2 minutos. Añada el vinagre, el orégano, el tomillo, la sal y la pimienta, y deje que rompa el hervor. Agregue las piezas de chicharrón y los chiles y cocine todo a fuego relativamente alto, removiendo de vez en cuando para que no se pegue, y hasta que el chicharrón se haya suavizado y haya absorbido la mayor parte del vinagre (unos 5 minutos). Retírelo del fuego y sírvalo adornado con rebanadas de aguacate.

A mi parecer, sabe mejor si se sirve en cuanto se enfría un poco, pero se conserva de manera indefinida en el refrigerador (aunque cuaja y debe estar a temperatura ambiente antes de servirse).

Queso flameado

Norte de México

Ésta es la versión mexicana de un *fondue*. Desde luego, no es tan delicado, pero es robusto y se complementa muy bien con una salsa picante de tomate y tortillas de harina.

En Guadalajara y sus alrededores se le llama queso fundido, pero en los estados del norte, donde es una de las entradas favoritas en los restaurantes que se especializan en carnes asadas, se le llama queso flameado o queso asado. El queso se derrite en un plato de metal o en un traste refractario no muy profundo que se coloca sobre las brasas calientes de la leña en perpetua combustión. Se lleva chisporroteando a la mesa.

El queso flameado puede servirse solo o con chorizo frito desmoronado encima. En la mesa se pone una salsa picante de jitomate o de tomate verde con un montón de tortillas de harina para que cada quien se sirva, al gusto. El queso puede servirse en platos individuales o en uno grande. Calcule 3 tortillas por persona. En cuanto a las salsas, vea las recetas para hacer salsa ranchera (pág. 267), salsa de tomate verde (pág. 264) y salsa mexicana cruda (pág. 263).

Rinde 6 porciones

350 g de queso chihuahua, en rebanadas finas
200 g de chorizo, sin piel, desmoronado y frito (opcional)
18 tortillas de harina (ver pág. 75)

En un plato refractario tendido coloque dos capas de queso. Derrítalo sobre la estufa o en el horno y coloque el chorizo desmoronado encima. Caliente las tortillas y sirva de inmediato, con la salsa a un lado.

Chilorio

Sinaloa

En 1971 la señora Castro (cuyo primer nombre ha desaparecido junto con el cuaderno donde lo tenía anotado) me dio esta receta. Ella vivía modestamente en Culiacán y me la habían recomendado como la máxima experta en chilorio. En esos días Culiacán era un pueblito somnoliento donde nadie parecía tener prisa —sobre todo bajo el intenso calor del verano— y pasamos casi todo el día cocinando y hablando sobre los platillos de la región. Su excelente receta ha aguantado la prueba del tiempo y nunca he encontrado una receta o una cocinera que supere a la señora Castro.

Rinde suficiente para rellenar 12 tortillas

1 kg	de espaldilla de puerco o maciza sin hueso, pero con algo de grasa
2	cucharaditas de sal
8	chiles anchos sin semillas ni venas
⅓	de taza de vinagre suave más agua para completar ½ taza
8	dientes de ajo toscamente picados
⅛	de cucharadita de comino machacado
¼	de cucharadita de orégano
	Sal al gusto
	Manteca, la necesaria

Corte la carne en cubos de 2.5 cm y cuézala con sal como si fueran carnitas (ver pág. 46). Cuando el agua se haya evaporado y la carne haya soltado la grasa, pero sin llegar a dorarse (aproximadamente 45 minutos), retire la carne de la olla y macháquela en un molcajete hasta que se deshebre, o deshébrela con dos tenedores.

Mientras tanto, prepare la salsa. Cubra los chiles con agua caliente, remójelos 10 minutos y cuélelos.

Ponga el vinagre diluido en la licuadora junto con el ajo y las especias. Licúe hasta obtener una mezcla lo más lisa posible. Poco a poco, añada los chiles y licúelos tras cada adición. La salsa debe quedar espesa, casi como una pasta. Tendrá que detener la licuadora constantemente para liberar las aspas. Añada un poquito más de agua sólo si es necesario, para desatascarlas.

En la olla donde coció la carne debe quedar aproximadamente ¼ de taza de grasa. Si no es así, complete esta medida con manteca. Añada la carne e incorpore bien la salsa de chile. Cocine todo a fuego lento durante 15 a 20 minutos, o hasta que la carne esté bien sazonada y la mezcla quede un poco seca. Raspe el fondo de la olla para que no se pegue.

El chilorio aguanta meses en el refrigerador.

Mochomos sinaloenses

Receta inspirada por Bonny Rojo. Culiacán, Sinaloa

El nombre *mochomo* resulta curioso. En el este de Sonora es la palabra que usan los indios opata para nombrar a unas hormigas que trabajan de noche. Este popularísimo platillo sinaloense se hace con machaca, que literalmente significa carne machacada. Por lo general, se sirve a la hora del almuerzo con tortillas de maíz, frijoles refritos y una sencilla salsa de tomate, o también se come con huevos revueltos. En otras regiones de México, la machaca se hace de carne de res seca y finamente cortada, mientras que en Sinaloa los bisteces de res de aproximadamente 2.5 cm de grueso se salan y secan al sol durante dos o tres días. Así, deshidratada, la machaca dura mucho tiempo. Antes de usarla, se asa por ambos lados sobre un fuego de leña, luego se apalea —a veces con ajo— con una gran piedra plana especial hasta que la carne queda deshebrada.

Otra opción es cortar la carne en cubos grandes, untarla con 1½ cucharadas de sal fina de mar y colocarla en una rejilla sobre una cazuela para rostizar en el horno a una temperatura de entre 120 y 150 °C, hasta que la carne se seque. Como este método lleva de 3½ a 4 horas, sugiero un segundo método que, aunque resulta bueno, no tiene el sabor ahumado de la receta original. Eso sí, jamás recomendaría agregar un sabor ahumado artificial.

Este tipo de carne casi siempre es bastante salado, pero puede rebajarse con una salsa baja en sal y con tortillas de maíz que, desde luego, no tienen sal. La comida de esta zona no es picante y, por lo tanto, sólo se agrega un chile poblano para esta cantidad de carne. En Sinaloa se usa a menudo el chile verde del norte o anaheim, que es más suave. La cebolla debe quedar crujiente, así que no permita que se cocine demasiado. Un wok resulta ideal para cocinar este platillo.

Rinde aproximadamente 6 tazas

1 kg de aguayón con un poco de grasa
1 ½ cucharadas de sal gruesa de mar
½ taza de manteca o de aceite vegetal
¼ kg de cebolla blanca en rebanadas gruesas
1 chile poblano, asado, pelado, limpio y cortado en cuadritos (ver pág. 474)
Salsa para mochomos (la receta aparece a continuación)

Corte la carne en cubos de 2.5 cm. Póngala en una sola capa en una cacerola grande. Añada la sal y agua suficiente para apenas cubrirla. Deje que rompa el hervor, baje el fuego y cocine lentamente la carne sin tapar hasta que el agua se evapore y la carne esté tierna, pero no demasiado suave (de 35 a 40 minutos). Deje que la carne se siga resecando a fuego bajo, de modo que se seque por fuera y se forme una ligera costra. Déjela enfriar.

Ponga tres pedazos de carne en la licuadora y licúe a velocidad media hasta que la carne esté finamente desmenuzada. Repita el procedimiento con el resto de la carne.

Caliente la mitad de la manteca en una sartén, agregue la cebolla y fríala ligeramente durante alrededor de un minuto, hasta que esté dorada pero todavía opaca. Remueva la cebolla con una cuchara perforada y escúrrala. Déjela a un lado.

Añada el resto de la manteca a la sartén, agregue la carne desmenuzada y el chile, y revuelva hasta que toda la carne esté caliente y apenas comience a dorarse (de 5 a 8 minutos).

Incorpore la cebolla, caliente todo y sirva de inmediato con un poco de salsa para mochomos.

Salsa para mochomos

Sinaloa

Rinde aproximadamente 2 tazas

½ kg	de jitomates asados (ver pág. 490)
2 o 3	chiles serranos tostados (ver pág. 475)
1	rebanada gruesa de cebolla blanca
	Sal al gusto
2	pimientas negras toscamente molidas
2	cucharadas de cilantro fresco, toscamente picado (opcional)

Licúe los jitomates con todo y cáscara junto con los chiles, la cebolla y la pimienta, hasta que estén ligeramente lisos.

Sazone al gusto, con cilantro encima.

Carne cocida en limón

Chiapas

Las pulquerías de la Ciudad de México y las cantinas de los pueblos siempre han sido famosas por las botanas, las cuales se sirven de manera gratuita al pedir bebidas alcohólicas y, por lo general, provocan mucha sed. La primera vez que visité Tuxtla Gutiérrez, Chiapas, en 1970, me maravilló la infinita variedad y calidad de estas botanas, que sólo tienen rival con las que se ofrecen hoy en día en las cantinas de Mérida, Yucatán. Además de la carne cocida al limón y las botanas de camarón seco, también servían hueva de pescado, chicharrón en salsa, costillitas de puerco, frijoles refritos, queso fresco y tacitas de caldo de camarón o caracoles de agua dulce, que se llaman *shotes*, por mencionar sólo algunas.

Rinde 4 porciones

½	taza de jugo de limón
¼ kg	de aguayón molido, sin grasa
120 g	de jitomates finamente picados
2	cucharadas de cebolla blanca finamente picada
4	chiles serranos finamente picados
	Sal al gusto

Mezcle bien el jugo de limón con la carne y deje que se "cueza" en el refrigerador durante al menos 4 horas en un tazón de vidrio.

Incorpore el resto de los ingredientes y deje que la carne se sazone durante por los menos 2 horas más.

Sirva con tostadas, ya sea asadas sobre un comal o fritas.

Botanas de camarón seco

Chiapas

Rinde aproximadamente 25 botanas

120 g	de harina (aproximadamente 1 taza rasa)
1	taza de agua fría
	Sal al gusto
¾	de taza de camarones pequeños secos, limpios (ver pág. 495)
1	clara de huevo
½	taza de cebolla blanca finamente picada
5	chiles serranos finamente picados
	Aceite vegetal para freír

Licúe la harina, el agua y la sal durante 2 minutos y deje que la mezcla repose al menos 1 hora.

Enjuague los camarones para quitarles el exceso de sal. Cúbralos con agua tibia y déjelos en remojo 5 minutos, no más.

Bata la clara de huevo a punto de turrón e incorpórela a la mezcla de harina.

Cuele los camarones (si son grandes, córtelos en dos) y añádalos a la mezcla de harina, junto con la cebolla picada y los chiles.

Caliente el aceite en una sartén y agregue por tandas cucharadas de la mezcla.

Fría las botanas hasta que se doren, volteándolas una sola vez. Escúrralas en papel absorbente y sirva de inmediato.

Salsa de albañil

Ciudad de México

A los albañiles se les atribuyen muchos tipos de salsas y de platillos hechos con huevo. Ésta es más que una salsa; era una de las botanas preferidas que, en los años cincuenta, se servían en el Lincoln Grill de la Ciudad de México.

Es muy sencillo prepararla a último minuto, sobre todo si tiene un poco de salsa verde sobrante. Debe servirse con tortillas recién hechas para que cada comensal prepare sus tacos.

Rinde para 12 tacos

1 ¼ tazas de salsa de tomate verde (ver pág. 264)
120 g de queso fresco, cortado en 12 tiras de aproximadamente 75 mm de ancho
1 aguacate mediano (unos 180 g) pelado y cortado en 12 rebanadas
2 cucharadas de cilantro toscamente picado (opcional)

Esparza la salsa en un traste no muy hondo de unos 20 cm de diámetro y coloque las tiras de queso en espiral. Ponga las rebanadas de aguacate sobre el queso y, si quiere, espolvoree el cilantro picado.

Carnitas caseras

Centro de México

Para los aficionados a la carne de puerco, las carnitas son uno de los platillos consentidos de México. Tradicionalmente, grandes trozos de puerco se fríen en enormes bateas de manteca hasta que la carne esté tierna. Para venderse, el trozo de carne se corta en pedazos más pequeños o se pica finamente para rellenar un taco. La carne es suculenta, deliciosa.

Durante un tiempo se consideró que las carnitas de Michoacán eran las mejores, pero en realidad tienen muchos rivales en otras partes del país. Hay modos más elaborados de prepararlas pero los puristas prefieren un método más sencillo.

Esta receta es para hacerla en casa y resulta sorprendentemente adictiva.

Las carnitas pueden servirse como platillo principal o como una abundante botana, acompañadas de guacamole o, de preferencia, con una salsa verde fresca o salsa mexicana cruda (ver págs. 263 y 264).

Rinde 6 porciones

1 ½ kg	de espaldilla de puerco, sin hueso, y costillitas con algo de grasa
2	cucharadas de sal, o al gusto

Corte la carne, con todo y grasa, en tiras de aproximadamente 5 por 2 cm. En una olla gruesa y ancha, cubra apenas la carne con agua. Añada la sal y deje que rompa el hervor, sin tapar la olla. Baje el fuego y deje que la carne se siga cociendo vigorosamente hasta que se evapore todo el líquido: para entonces la carne debe estar totalmente cocida, pero no desmoronándose. Si la carne está muy dura es posible que necesite ponerle más agua.

Baje el fuego un poco más y siga cociendo la carne hasta que suelte toda la grasa. Voltee la carne constantemente hasta que esté dorada por todos lados. En total, el tiempo de cocción es de alrededor de 1 hora y 10 minutos.

Sirva de inmediato para aprovechar el sabor y la textura de la carne.

Frijoles puercos estilo Jalisco

Jalisco

En el noroeste de Michoacán, Colima y Jalisco existen muchas variaciones de este platillo y ésta es una de ellas. Estos frijoles se sirven como botana para acompañar las bebidas. En Jalisco se adornan con queso ranchero, que es fuerte, seco y salado.

Rinde 6 porciones

100 g	de chorizo
6	rebanadas de tocino
	Manteca, la necesaria
¼ kg	frijoles bayos, u otros, como flor de mayo, cocidos como frijoles de la olla (ver pág. 178)
3 ¼ a 4	tazas del caldo de frijol
20	aceitunas pequeñas, sin hueso, picadas
2	chiles jalapeños en escabeche
2	cucharadas de queso ranchero finamente rallado
	Tostadas o totopos (ver págs. 114 y 122)

Pele y desmenuce el chorizo. Pique el tocino. Fríalos en una sartén a fuego bajo, tapados, hasta que hayan soltado casi toda la grasa. Tenga cuidado de no quemarlos. Saque el chorizo y el tocino y déjelos a un lado.

Debe quedar alrededor de ⅓ de taza de grasa en la sartén. Quite o añada manteca, hasta tener esa cantidad. Añada los frijoles y el caldo, y cocínelos a fuego alto, machacándolos como si fuera a hacer frijoles refritos (ver pág. 179). Si empiezan a secarse y pegarse a la sartén, añada un poquito más de manteca.

Cuando los frijoles se espesen y estén casi secos, enróllelos en forma de brazo de frijol, añada el tocino y dos terceras partes de las aceitunas, los chiles y el chorizo. Dele otra vuelta para que quede sobre un platón y adorne el brazo de frijol con el resto de las aceitunas, los chiles y el chorizo.

Espolvoree el queso encima y sirva con tostadas o totopos.

Antojitos

Gordas, sopes, chalupas, quesadillas... todos son nombres encantadores, pero sólo representan una mínima parte de los antojitos que se hacen con masa, pues, a donde quiera que vaya en México, habrá una especialidad regional: las garnachas de Yucatán y Veracruz; los panuchos de Yucatán y Campeche; los molotes de Oaxaca; los bocoles de Tamaulipas, y los tlacoyos, memelas, picadas y pellizcadas del centro de México. Todas son variaciones de un mismo tema; la masa de maíz puede usarse de varias formas: como una tortita gruesa o delgada, frita o asada, algunas coloreadas con chiles secos, enriquecidas con queso cremoso o tuétano, rellenas de frijol o sazonadas con camarón seco. Algunas se adornan con carnes deshebradas o queso desmenuzado, se empapan con una salsa picosa y se decoran abundantemente con rábanos, lechuga y jitomate, o con cualquier cosa que se tenga a mano.

Todos los antojitos nos invitan a botanear desde la mañana hasta la noche. Éstas son sólo algunas de las cientos de variaciones de estos pequeños caprichos culinarios que en México se llaman cariñosamente antojitos.

Garnachas yucatecas

Señora Tránsita, Quinta Mari. Mérida, Yucatán

Rinde 12 garnachas

600 g	de masa para tortillas
1	cucharada de harina
	Sal al gusto
	Manteca derretida o aceite vegetal
1	taza de frijoles colados yucatecos (pág. 183), calientes
1	taza de picadillo sencillo para garnachas (pág. 52), caliente
½	taza de salsa de jitomate yucateca (pág. 270), caliente
3	cucharadas de queso seco o romano finamente rallado

Mezcle la masa con la harina y la sal. Amase y haga 12 bolitas, cada una como de 4.5 cm de diámetro.

Haga un pocito en cada una, usando ambos dedos pulgares. Presione hacia fuera los lados del pozo y moldee la masa para formar una pequeña canasta como de 8 cm de largo y 2 cm de profundidad. La masa debe tener aproximadamente 75 mm de grosor.

Caliente la manteca en una cacerola grande y fría las garnachas, primero del lado hueco, hasta que tengan un color dorado pálido y estén sólo un poquito crujientes en el exterior (de 8 a 10 minutos). Escurra las garnachas en toallas de papel y manténgalas calientes.

Rellene la mitad de cada garnacha con una cucharada de pasta de frijol y la otra mitad con una cucharada rasa de picadillo. Cubra el relleno con una cucharadita grande de salsa de jitomate y espolvoree con queso.

Después de freírlas, las garnachas deben servirse lo más pronto posible, pues pasado un tiempo se ponen correosas. Puede freírlas con unas horas de anticipación, pero no rellenarlas, y mantenerlas cubiertas para que la masa no se seque.

El picadillo, la pasta de frijol y la salsa se congelan perfectamente, de modo que siempre puede tener un poco a mano para preparar unas cuantas garnachas cuando se le antoje, como si se tratara de una especie de pizza mexicana.

Picadillo sencillo para garnachas

Yucatán

Rinde aproximadamente 2 tazas

1	cucharada de manteca derretida o aceite vegetal
1	diente de ajo finamente picado
⅓	de taza de cebolla blanca finamente picada
2	tazas de jitomates finamente picados
½ kg	de carne de res molida
	Sal al gusto

Caliente la grasa en una sartén grande y fría el ajo y la cebolla hasta que estén transparentes.

Añada los jitomates y fríalos a fuego bastante alto hasta que se reduzcan (aproximadamente 3 minutos).

Incorpore la carne con sal al gusto y cocínela a fuego medio, revolviendo de vez en cuando, hasta que se cueza (unos 10 minutos). El picadillo debe quedar húmedo, pero no caldoso.

Garnachas veracruzanas de masa cocida

Señora Ochoa de Zamudio. Veracruz

Estas inusuales garnachas de masa cocida se venden a lo largo del malecón de Alvarado, Veracruz, todas las tardes. La señora Ochoa de Zamudio, oriunda de Alvarado, me las preparó, trabajando la masa con las manos. Cuando están listas, el fondo de la garnacha queda ligeramente dorado y firme, mientras el resto aún está suave. Como todos los antojitos de este tipo, ¡son adictivísimas! Preparar la masa es mucho más laborioso, pero vale la pena.

Rinde 16 garnachas de alrededor de 6 cm cada una

½ kg	de masa para tortillas
	Sal al gusto
2	cucharadas copeteadas de manteca, más la necesaria (o aceite vegetal) para freír

Para el relleno

⅔	de taza de frijoles refritos a la veracruzana (pág. 180)
350 g	de papas cocidas, peladas y en cuadritos (unas 2 ½ tazas)
⅔	de taza de salsa de jitomate a la veracruzana (pág. 269)
½	taza de cebolla blanca finamente picada
½	taza de queso cotija finamente rallado

A mano –o en un procesador de alimentos– amase la sal y la masa hasta que esté muy lisa, añadiendo un poquito de agua si está un poco seca. Divida la masa en tres y, con cada parte, haga una especie de pastel plano de aproximadamente 1.5 cm de grosor. Cúbralos con un paño húmedo hasta que vaya a cocinarlos.

Elija una olla de unos 20 cm de diámetro y llénela con suficiente agua para que alcance unos 13 cm de profundidad. Deje que el agua rompa a hervir, baje un poco el fuego y añada una pieza de masa. Se hundirá hasta el fondo así que, tras un minuto, sacuda la olla ligeramente para asegurarse de que no se pegue al fondo. Si esto sucede, despréndala suavemente con una espátula gruesa. Siga cociendo la masa hasta que el pastel flote en la superficie del agua (aproximadamente 4 minutos) y dele la vuelta para que se cueza del otro lado durante unos 2 minutos más. Escúrrala y déjela a un lado.

Repita lo mismo con los otros dos pasteles de masa. Páselos al tazón del procesador de alimentos junto con la manteca y procéselos hasta obtener una masa muy lisa y adherente. Puede hacerlo a mano con movimientos como el del *fraisage* de la pasta de hojaldre, amasando vigorosamente tres veces la masa cocida con la manteca.

Ponga una capa delgada de manteca o de aceite en una sartén grande y derrítala a fuego medio. Divida la masa en bolitas de 3.5 cm y cúbralas con un trapo húmedo. Aplane una de las bolitas hasta que tenga un diámetro como de 6 cm. Forme un pequeño borde a lo largo de la circunferencia y fríala en la grasa caliente. Repita lo mismo con el resto de las bolitas. De vez en cuando bañe las garnachas con un poco de la grasa caliente. Mientras todavía están en la sartén, unte una cucharada copeteada de pasta de frijol dentro de cada garnacha, añada unos cuantos cubos de papa y 1 ½ cucharaditas de salsa. Siga friéndolas hasta que la masa esté ligeramente dorada en el fondo. Adorne con un poquito de cebolla y queso, y sirva de inmediato.

Enchiladas del Santuario

San Luis Potosí

Recuerdo claramente esas encantadoras y refrescantes tardes de San Luis Potosí a principios de los setenta. Parecía que todas las familias del lugar recorrían el paseo arbolado que conducía al Santuario. Desde la distancia podían verse las flamitas de las velas que alumbraban los puestos de comida ubicados en la escalinata que conducía a la iglesia. La mayoría ofrecía la especialidad de San Luis Potosí: enchiladas del Santuario. No eran enchiladas en el sentido estricto de la palabra, sino quesadillas hechas con una masa rojiza, rellenas con queso y cebolla: sencillísimas pero deliciosas. Recuerdo ese queso fresco como uno de los más suculentos que he probado en mi vida.

Rinde 12 enchiladas

1	cucharada de manteca
1	chile ancho limpio, desvenado y sin semillas
⅓	de taza de agua
2	pimientas negras, machacadas
	Sal al gusto
300 g	de masa para tortillas, un poco seca
120 g	de queso fresco desmoronado (alrededor de ¾ de taza)
	Manteca derretida o aceite vegetal para freír
⅓	de taza de queso seco finamente rallado
⅓	de taza de cebolla finamente picada

Caliente la manteca y fría el chile ligeramente por ambos lados. Sáquelo de la sartén con una cuchara perforada y despedácelo. Licúelo con el agua, la pimienta y la sal hasta que esté liso.

Incorpore el chile molido a la masa y amase bien. Déjela a un lado –pero no la refrigere– para que se sazone durante aproximadamente ½ hora.

Divida la masa en 12 porciones y con cada una haga una bolita de poco más de 3 cm de diámetro. Aplane cada bolita de masa en una prensa para tortillas para hacer una tortilla relativamente gruesa, como de 11 cm de diámetro. En la mitad de la tortilla ponga una cucharada rasa de queso, luego doble la otra mitad sobre el queso, y presione las orillas para sellarlas. Cocínela sobre un comal o una plancha a fuego medio durante aproximadamente 2 minutos. Voltéela y cuézala del otro lado durante otros 2 minutos. Repita lo mismo con el resto de las bolitas de masa.

Caliente la grasa en una sartén honda, suficiente como para que alcance unos 75 mm de profundidad, y fría las enchiladas ligeramente por ambos lados –no deben quedar crujientes– durante aproximadamente 1 ½ minutos de cada lado. Escurra sobre toallas de papel y sirva de inmediato con el queso seco y cebolla.

Como todos los antojitos de masa, saben mejor si se comen en cuanto se preparan pero, si quiere hacer estas enchiladas con anticipación, cuézalas sobre el comal, envuélvalas en un trapo grueso y fríalas a último minuto.

Bocoles de frijol

Señora Hortensia de Fagoaga. Sierra Norte de Puebla

La mezcla de masa y frijoles negros para hacer antojitos no es exclusiva de esta región; hay gorditas de frijol de Veracruz, negritos de Campeche e, incluso, unos totopos poco usuales del Istmo, por no mencionar muchos tamales que incorporan frijol a su masa. ¡Es un matrimonio feliz!

Estos bocoles parecen gorditas (ver la siguiente receta) en cuanto a forma y tamaño, pero se sumergen brevemente en una salsa de jitomate caliente y, por lo tanto, son ligeramente más suaves en su parte exterior. Se sirven con un poco de salsa y se adornan con queso añejo muy finamente rallado y con cebolla finamente picada.

Rinde 12 bocoles de 6 a 8 cm de diámetro y poco más de 75 mm de grosor

1 ½	tazas de masa para tortillas, seca si es posible
1	taza de pasta de frijol negro (ver pág. 179)
4	cucharadas de manteca
½	cucharadita de polvo para hornear
	Sal al gusto

Para servir

2	tazas de salsa ranchera (ver pág. 267), sin la cebolla, diluida en ⅔ de taza de caldo de carne de res o de pollo
⅓	de taza de queso añejo finamente rallado
⅓	de taza de cebolla blanca finamente picada

Mezcle la masa con la pasta de frijol, la manteca, el polvo para hornear y la sal. Divida en 12 esferas iguales de aproximadamente 4.5 cm de diámetro. Presione cada una para formar un disco como de 9 cm de diámetro y de aproximadamente 75 mm de ancho.

Caliente el comal, luego baje el fuego y cueza los bocoles durante aproximadamente 6 minutos de cada lado. Entre tanto, caliente la salsa de jitomate y mientras los bocoles aún están calientes, sumérjalos en ella. Sírvalos con un poco de salsa y espolvoréelos con un poco de queso y cebolla picada.

Saben mejor si se comen de inmediato: ¡no importa si se quema! Si agrega más manteca, puede recalentarlos un día después.

Gorditas de chile serrano

Señora Hortensia de Fagoaga. Sierra Norte de Puebla

Estos pequeños antojitos de masa se llaman gorditas o itacates. La palabra *itacate* proviene del náhuatl y se refiere a las provisiones o la comida que se lleva en un viaje o para el trabajo en el campo.

Esta receta en particular proviene de la sierra de Puebla y me la dio una fuente infalible de información de recetas de esa zona, que es la señora Hortensia de Fagoaga. Estas mezclas de masa o antojitos se comen como si fueran pan, ya sea solas o para acompañar un platillo de huevos o de arroz.

Estos sencillos alimentos dependen de la calidad de la masa y, desde luego, de la manteca o, aún más, de la grasa de la carne de res, tal como se hacen unos bocoles parecidos en el área de Tampico.

Al cocer estos itacates, ya sea en un comal de metal o de barro, me gusta esparcir una fina capa de cal sobre la superficie para que no se pegue la masa. Deben cocerse despacio para que el calor penetre la masa gruesa. La gordita debe quedar ligeramente crujiente por fuera y suave por dentro.

Rinde 12 gorditas de aproximadamente 8 cm de diámetro y 75 mm de grueso

2 tazas de masa para tortillas (alrededor de ½ kg)
3 cucharadas de manteca de puerco, suavizada
Sal al gusto
4 chiles serranos asados, o más, al gusto

Mezcle la masa con la manteca y la sal. Pique los chiles toscamente y tritúrelos hasta formar una pasta consistente. Mezcle bien los chiles con la masa. Divídala en esferas como de 4.5 cm de diámetro. Presione cada una para formar un disco como de 8 cm de diámetro y aproximadamente 75 mm de grueso.

Caliente el comal, luego baje el fuego y cueza los itacates (ver el texto anterior) durante alrededor de 6 minutos de cada lado.

Saben mejor si se comen de inmediato, ¡aunque se queme la lengua! Si añade más manteca puede recalentarlos un día después.

Chalupas

Ciudad de México

Debido a su forma angosta y alargada, a este antojito se le llama chalupa, en alusión a las estrechas canoas que navegaban en los canales entre las chinampas —o jardines flotantes— de Xochimilco, desde tiempos precolombinos. ¡Pero nadie puede explicarme por qué en Puebla y en los alrededores de Chilpancingo, Guerrero, las chalupas son redondas!

Una de las cubiertas preferidas para estas chalupas es el pollo cocido y deshebrado con un poco de salsa verde, espolvoreadas con cebolla finamente picada y queso fresco desmoronado.

Rinde 12 chalupas

½ kg de masa para tortillas

Para la cubierta

1 taza de pollo cocido, deshebrado (ver pág. 496)

¾ de taza de salsa de tomate verde (ver pág. 264)

½ taza de cebolla blanca finamente picada

½ taza de queso fresco desmoronado

Amase la masa con las manos hasta que esté perfectamente lisa –debe quedar suave y manejable– y divídala en 12 esferas. Con una de ellas forme una especie de salchicha de aproximadamente 9 cm de largo y 1.5 cm de ancho y presiónela ligeramente en una prensa para tortillas forrada de plástico (ver pág. 72), hasta formar un óvalo que sea ligeramente más grueso que una tortilla.

Cueza la chalupa en un comal sin engrasar hasta que el fondo esté firme (aproximadamente 2 minutos). Voltee la chalupa y cuézala del otro lado por un minuto, presionando los bordes de la masa para formar una pequeña cresta alrededor.

Cubra la chalupa con un poco de pollo deshebrado, salsa y cebolla, y espolvoréela con queso.

Opcional: En un comal derrita manteca o aceite vegetal, sumerja las chalupas durante unos segundos y sirva de inmediato.

Quesadillas

Ciudad de México

Las quesadillas son uno de los antojitos preferidos de los mexicanos. Estas tortillas crudas se rellenan con innumerables ingredientes y se pliegan para formar una "dobladita". Luego se cuecen en una plancha caliente o se fríen hasta estar doradas. Muy a menudo las quesadillas se reducen a una tortilla de harina, rellena con tiras de queso, que se derrite y hace preciosas "hebras": un requisito indispensable.

En el centro de México las más sencillas se rellenan con un poco de queso oaxaca trenzado, unas cuantas hojas de epazote fresco y rajas de chile poblano pelado. El relleno de papas con chorizo —el mismo que se usa para tacos (ver pág. 61)— es otra de las versiones favoritas, mientras que el relleno más estimado de todos es el de flor de calabaza guisada o el del celestial hongo de cuitlacoche que crece en el maíz: ambos son mejores durante los meses lluviosos del verano y a principios del otoño.

He probado quesadillas rellenas de deliciosos sesos (ver pág. 59) en Morelia y recuerdo que una de nuestras sirvientas hacía quesadillas con cáscara de papa y hojas de epazote: ¡deliciosas!

Rinde 12 quesadillas

1 ⅓ tazas copeteadas de masa para tortillas

Precaliente una plancha ligeramente engrasada.

Divida la masa en doce bolitas como de 4 cm de diámetro. Usando una prensa para tortillas y bolsas de plástico (ver pág. 72), presione la esfera de masa para hacer una tortilla de 9 a 10 cm de diámetro. Despréndala de la bolsa superior. Levante la bolsa inferior y coloque la tortilla en la palma de la mano. Ponga un poco de relleno en la mitad de la masa, pero no demasiado cerca de la orilla. Doble la bolsa de plástico de modo que la otra mitad de la masa cubra el relleno. Presione ligeramente los bordes de la masa y separe cuidadosamente el plástico de la quesadilla. Colóquela sobre el comal y cuézala de 3 a 4 minutos de cada lado. Luego párela de modo que el doblez en forma de U también se cueza. Cuide que la plancha no esté demasiado caliente o la masa se quemará por fuera y quedará cruda por dentro; la quesadilla debe quedar opaca y manchada de café.

También puede cocinarlas así: caliente la manteca y fría las quesadillas de 2 a 3 minutos de cada lado, o hasta que estén doradas, pero no muy secas, y crujientes. Escúrralas y sirva de inmediato.

Nota: Las quesadillas deben servirse en cuanto se cocinan o se vuelven correosas.

Sesos para quesadillas

Centro de México

Rinde para 12 quesadillas

350 g	de sesos de ternera
	Sal al gusto
2	cucharadas de vinagre blanco suave
3	cucharadas de aceite vegetal
1	cucharada de cebolla blanca finamente picada
1	diente de ajo finamente picado
¼ kg	de jitomates finamente picados
2	chiles serranos finamente picados
	Sal al gusto
1	cucharada copeteada de epazote picado

Cubra los sesos con agua fría y déjelos en remojo durante al menos 4 horas. Cambie el agua con frecuencia.

Enjuáguelos con cuidado en agua tibia y elimine cualquier rastro de sangre.

En una olla pequeña ponga agua suficiente para cubrir los sesos y deje que empiece a hervir. Añada la sal, el vinagre y los sesos y escálfelos 15 minutos pero por ningún motivo deje que el agua hierva. Sólo debe temblar. Deje que los sesos se enfríen en el líquido.

Escúrralos y remueva la membrana exterior. Píquelos toscamente.

Caliente el aceite y cocine la cebolla y el ajo a fuego medio hasta que estén transparentes (aproximadamente 1 minuto).

Añada los jitomates y cocine a fuego medio (unos 3 minutos). Añada los sesos, los chiles y la sal y siga cocinando hasta que los sesos queden bien sazonados y la mezcla esté casi seca (alrededor de 5 minutos); incorpore el epazote a los 3 minutos.

Flor de calabaza guisada para quesadillas

Centro de México

Rinde para 12 quesadillas, aproximadamente 1 ½ tazas

2	cucharadas de aceite vegetal
1	diente de ajo finamente picado
2	cucharadas de cebolla blanca finamente picada
2	chiles poblanos asados, pelados, sin semillas y en rajas delgadas (ver pág. 474)
600 g	de flores de calabaza limpias y toscamente picadas (ver pág. 494)
	Sal al gusto
1	cucharada de epazote toscamente picado

Caliente el aceite en una sartén grande, añada el ajo y la cebolla, y cocine a fuego medio hasta que estén acitronados (aproximadamente 1 minuto). Añada las rajas de chile y cocine alrededor de 2 minutos. Incorpore las flores y la sal. Cubra la sartén y cocine a fuego medio, meneando de vez en cuando, hasta que la base bulbosa de la flor esté tierna (unos 10 minutos). Si las flores están un poco secas, añada un poquito de agua. Si están muy jugosas, destape la sartén y reduzca un poco. La mezcla debe quedar húmeda pero no jugosa. Incorpore el epazote y cocine 3 minutos más.

Variación: Sustituya las flores de calabaza por 350 g de cuitlacoche (que se pesa después de cortarlo de las mazorcas, y sería aproximadamente 3 tazas). Siga el método anterior y cocine el cuitlacoche hasta que esté tierno, pero no suave (unos 15 minutos).

Chorizo con papa para quesadillas

Centro de México

Si lo desea, puede pelar las papas para hacer este relleno. Yo nunca lo hago.

Rinde 2 tazas copeteadas de relleno para 12 quesadillas o para adornar de 12 a 15 sopes, según el tamaño

3	chorizos (unos 200 g)
¼ kg	de papas cocidas, peladas y cortadas en cubitos (1 ½ tazas)
2	chipotles en adobo enlatados, o al gusto, toscamente picados
	Sal al gusto

Pele los chorizos y desmenúcelos en una sartén pequeña. Cocínelos a fuego bajo hasta que suelten la grasa, pero tenga cuidado de no quemarlos (aproximadamente 5 minutos). Si están muy grasosos, reserve 3 cucharadas de grasa y escurra el resto. Añada las papas, el chile y la sal. Cocine a fuego medio, revolviendo de vez en cuando, hasta que las papas empiecen a dorarse (unos 8 minutos).

Gordas de chile verde

Basado en una receta de doña Josefina Velázquez de León. Zacatecas

Rinde 12 gordas

12 tortillas secas
3 chiles verdes del norte o poblanos (con semillas), asados y pelados (ver pág. 474)
⅔ de taza de leche caliente
Sal al gusto
1 cucharada de manteca derretida
¼ de taza de leche adicional, si es necesario
Manteca derretida o aceite vegetal para freír

Para servir

1 ½ tazas de crema preparada (ver pág. 489)
1 ¼ tazas de cebolla blanca finamente picada

Desmorone las tortillas y muélalas en seco hasta que queden reducidas a la textura de migajas finas de pan. Transfiéralas a un tazón.

Licúe los chiles, con todo y semillas, y la leche hasta que estén lisos. Añada la mezcla de chile, sal y manteca a las tortillas molidas y amase bien. Deje la mezcla a un lado, cubierta, durante al menos 2 horas para que se suavice. Vuelva a amasar bien y divida la masa en 12 porciones iguales. Si la masa está quebradiza, añada aproximadamente ¼ de taza más de leche.

Con la masa forme bolitas como de 4 cm de diámetro. Aplánelas para formar gorditas como de 5 cm de diámetro y 1 cm de ancho.

Caliente la manteca en una sartén grande a fuego alto, luego baje el fuego y deje que la manteca se enfríe un poco. Fría las gorditas ligeramente, unas cuantas a la vez, de 3 a 5 minutos de cada lado. Escúrralas bien y sírvalas de inmediato, adornadas con crema y cebolla.

Gordas de papa y masa

Basada en una receta de la señora Josefina Velázquez de León. Norte de México

Rinde 12 gordas

La masa

350 g	de masa para tortillas
⅓	de taza de queso añejo finamente rallado
¾	de cucharada de polvo para hornear
	Sal al gusto
4	papas chicas (aproximadamente 350 g), cocidas, peladas y toscamente machacadas
	Aceite vegetal para freír

Para el adorno

1 ¼	de taza de cebolla blanca finamente picada
1 ½	tazas de lechuga finamente rallada
2	chorizos desmenuzados y fritos
180 g	de queso fresco desmoronado (1 taza)
4	chiles poblanos pelados (ver pág. 474) y cortados en rajas
¾	de taza de crema preparada

Mezcle la masa, el queso, el polvo para hornear y la sal. Añada las papas machacadas y amase bien. La masa debe quedar suave, pero no demasiado seca.

Caliente una plancha ligeramente engrasada o una sartén a fuego medio. Divida la masa en 12 partes iguales y forme bolitas de unos 4.5 cm. Aplánelas para formar gorditas de aproximadamente 9 cm de diámetro y 1 cm de ancho. Cueza las gorditas por alrededor de 2 minutos, voltéelas y, mientras se cuecen del otro lado (durante unos 2 minutos), pellizque con cuidado un pequeño borde alrededor de cada una.

Caliente el aceite en una sartén grande y fría las gorditas ligeramente de cada lado. Escurra, espolvoree generosamente con la cebolla y la lechuga, chorizo y queso fresco, o rajas y crema. Sirva de inmediato.

Sopes

Centro de México

Los sopes son tortitas redondas de masa. La masa es un poco más gruesa que la de las tortillas y la orilla se pellizca para formar un pequeño borde. Se untan con pasta de frijol y se adornan con varios ingredientes (vea la lista de la página siguiente). Son absolutamente irresistibles.

Rinde 12 sopes

300 g	de masa para tortillas
2	cucharadas de manteca derretida
	Frijoles refritos (ver pág. 179)

Divida la masa en 12 partes. Con cada una forme una bolita de alrededor de 3.5 cm de diámetro. Mientras trabaja con una, mantenga el resto de las esferas cubiertas con una toalla húmeda.

Presione cada bolita –con las manos o en una prensa para tortillas– hasta formar una tortilla gruesa como de 9 cm de diámetro. Cuézala sobre un comal sin grasa o sobre una sartén a fuego medio durante alrededor de 1 minuto, o hasta que el fondo de la masa esté firme y ligeramente manchado de café. Voltee el sope y cueza el segundo lado durante 1 minuto más. Voltéelo de nuevo y, sin quemarse los dedos, trate de pellizcar un pequeño borde alrededor de la circunferencia, el cual servirá para que la salsa con la que puede aderezarse no se desborde.

Unte un poco de manteca dentro del sope y, cuando empiece a chisporrotear, retire el sope del comal. Úntelo con frijoles refritos y adorne con alguno de los rellenos presentados en la página siguiente, o con lo que tenga a mano. Sírvalos de inmediato o se ponen aguados.

Rellenos para sopes

Una capa de frijoles refritos (ver pág. 179) y un poco de chorizo con papa (ver pág. 61) con chipotles en vinagre.

Cebolla picada y un poco de queso fresco desmoronado.

Frijoles refritos (ver pág. 179), chorizo, salsa de tomate verde (ver pág. 264), cebolla picada y queso fresco desmoronado.

Salsa de tomate verde (ver pág. 264), cebolla picada, queso fresco desmoronado, crema o ambos.

Salsa de chile cascabel (ver pág. 277), cebolla picada, queso fresco desmoronado, crema o ambos.

Frijoles refritos (ver pág. 179), carne deshebrada, un poco de salsa ranchera (ver pág. 267), lechuga picada, rebanadas de rábano y queso fresco desmoronado.

Pollo o puerco deshebrado en salsa de tomate verde (ver págs. 496, 497 y 264), cebolla picada y queso fresco desmoronado.

Panuchos

Yucatán

Antes de que mi esposo Paul y yo fuéramos a Yucatán por primera vez a fines de la década de los cincuenta, el restaurante yucateco Círculo del Sureste era uno de nuestros lugares favoritos en la Ciudad de México. Llegábamos a comer panuchos en la tarde, justo antes de que se llenara de gente. Siempre prometíamos probar algo nuevo, pero nuestra resolución se debilitaba en cuanto veíamos los montoncitos de suculenta cochinita pibil deshebrada y el pollo en escabeche oriental sobre el mostrador de mosaicos que había a la entrada. De modo que volvíamos a comer panuchos otra vez.

Para mi gusto, la textura de la cebolla agria, la carne delicadamente condimentada y las tortillas rellenas de frijol hacen de los panuchos el antojito supremo por excelencia.

Las cocineras de algunos hogares me enseñaron a prepararlos; hoy en día la mayoría de las familias salen a comerlos a establecimientos que se especializan en este tipo de comida, ¡pero ya no son lo que eran antes!

Rinde 12 panuchos

300 g	de masa para tortillas
12	rebanadas de huevo cocido
¾	de taza de frijoles colados yucatecos (ver pág. 183)
	Manteca o aceite vegetal para freír
1 ½	tazas de cochinita pibil deshebrada (ver pág. 307) o de pollo en escabeche oriental deshebrado (ver pág. 365)
1 ½	tazas de cebollas encurtidas para panuchos (ver pág. 287)

Divida la masa en 12 partes y con cada una haga una bolita como de 3.5 cm de diámetro. Mientras trabaja en una, mantenga el resto de las bolitas cubiertas con una toalla húmeda.

Siga las instrucciones para hacer tortillas (ver págs. 71 a 73) de aproximadamente 10 cm de diámetro. Trate de que la capa superior de la tortilla se infle. Muchas veces lo hace por sí misma, pero dependerá en gran medida de si dejó que la masa se secara demasiado antes de voltear la tortilla la primera vez, y del calor de la plancha. Si la situación no se ve muy prometedora, presione la masa ligeramente con una toalla: eso debe solucionar el problema.

La tortilla debe inflarse lo suficiente para que al menos pueda hacerle una abertura a una tercera parte de la circunferencia para formar una bolsita.

Introduzca una rebanada de huevo por la abertura y sosténgalo para untarle un poco de pasta de frijol por debajo. Presione la tapa de la tortilla para aplanar un poco el huevo y la pasta. Ahora el panucho está listo para freír, y puede prepararse hasta este punto con varias horas de anticipación y mantenerse cubierto con una toalla húmeda.

Caliente la manteca en una sartén como de 75 mm de profundidad. Fría los panuchos por ambos lados hasta que la orilla esté crujiente, pero no muy dura. Escurra bien y luego adórnelo con la carne deshebrada y aros de cebolla. Sirva de inmediato.

Empanadas de requesón

Oaxaca

Las empanadas de Oaxaca son como quesadillas grandes —de unos 18 cm— y son más deliciosas que cualquiera otra que conozca en México. Se hacen con masa cruda y elaborarlas requiere de la destreza de las cocineras oaxaqueñas, tan acostumbradas a manejar la delicada masa de sus grandes y delgadas tortillas.

Un almuerzo en el Mercado Libertades de la ciudad de Oaxaca es imperativo, siempre que esté preparado para esperar su turno en una larga fila. Si tiene hambre, la espera se vuelve agónica, pues los apetecibles aromas de la masa fresca y sus deliciosos rellenos flotan en el aire mientras observa a las jóvenes preparando cuidadosamente las empanadas que aquellos afortunados que llegaron antes comen con verdadero gusto.

Quizá uno de los almuerzos más deliciosos y sorprendentes que haya comido jamás fue en Tlaxiaco, en la improvisada cocina que estaba al fondo de una modesta vivienda, a orillas del pueblo. Cada domingo se prepara una enorme variedad de comidas para el desayuno, incluido pozole, sopas y machucadas; estas últimas son tortillas de unos 15 cm de diámetro, recién hechas, machucadas y bañadas con una cucharada de manteca derretida de color caramelo oscuro, salsa de ajo y queso fresco desmoronado. Las cocineras también preparan otra especialidad llamada tutuní, que es masa a medio cocer mezclada con hoja santa y chile costeño desmenuzados.

Había empanadas rellenas de hígado y mollejas de pollo; de tripas y hasta de las tripas de pollo con los huevos aún sin poner de la gallina, cocinados con masa de maíz: ¡ciertamente no es un platillo para todo el mundo! Pero las más populares eran las rellenas de requesón y flor de calabaza, cuya receta doy aquí.

La forma común de hacer las empanadas es cocer ligeramente una cara de la masa, cubrirla copiosamente con el relleno, luego doblar la masa sobre el relleno y cocerla por ambos lados. Esto garantiza que el interior de la masa esté bien cocido. El toque final consiste en tostar la empanada en una rejilla, sobre carbón al rojo vivo.

Sugiero que haga quesadillas de la forma usual con este relleno. He intentado cocer la masa de un lado primero, pero invariablemente se rompe y el relleno se desparrama.

Rinde 15 empanadas de 13 cm

El relleno

¼ kg	de requesón bien colado
¾	de taza de flores de calabaza, limpias y toscamente picadas (ver pág. 494)
2	cucharadas copeteadas de epazote toscamente picado
3	chiles costeños o puya, tostados enteros y luego desmenuzados
	Sal al gusto
350 g	de masa para tortillas

Mezcle bien todos los ingredientes.

Divida la masa en 15 partes y con cada una haga una bolita como de 3.5 cm de diámetro. Siga las instrucciones para hacer quesadillas (ver pág. 58) y consulte la nota superior. Las empanadas deben comerse de inmediato o se ponen correosas. Desde luego, también puede freírlas y quitarles el exceso de grasa antes de comerlas.

"Enchiladas" tultecas

Receta basada en una de la señora Josefina Velázquez de León. Tamaulipas

El nombre de este platillo es engañoso. Como no son enchiladas en el sentido estricto, por la forma en que se cocinan las incluyo aquí, en la sección de antojitos.

Éste es un platillo colorido y abundante, pero, a medida que lea la receta, se preguntará si vale la pena todo el esfuerzo que se requiere para hacerlas. A mí me pasó lo mismo, pero un día resultó que tenía todos los ingredientes a mano y las preparé. Aunque la receta original dice que se sirven con una pieza de pollo completa, yo lo deshebré porque quería comérmela con la mano... de alguna manera los tenedores y los cuchillos salen sobrando. A medida que mordí todas esas capas de distintas texturas —algunas frescas y otras cocidas—, supe que había valido mucho la pena. Desde luego, esta receta se presta a múltiples variantes, según lo que tenga usted a mano.

Estas enchiladas salen mejor si se sirven en platos individuales en vez de tratar de arreglarlas en un platón, pues se colapsan al intentar servirlas.

Rinde 12 "enchiladas"

2	chiles anchos, limpios, desvenados, sin semillas y tostados (ver pág. 477)
⅓	taza de agua caliente
2	piezas de chorizo (alrededor de 150 g)
1	taza de chayotes cocidos, en cuadritos
1	taza de papas cocidas, en cuadritos
350 g	de masa para tortillas, tan seca como sea posible
	Sal al gusto
	Aceite vegetal o manteca derretida para freír

Para servir

2	tazas de lechuga rallada y ligeramente aderezada
	Manitas de puerco en escabeche (ver pág. 115)
1	taza de chícharos cocidos, tibios
120 g	de queso fresco, desmoronado (aproximadamente ¾ de taza)
6	rábanos en rebanadas delgadas
2	tazas de pollo cocido, deshebrado (ver pág. 496)
	Rajas de chile jalapeño en escabeche

Ponga los chiles anchos en el vaso de la licuadora, cúbralos con el agua caliente y déjelos remojar durante 10 minutos. Cuélelos, pero deje ¼ de taza de agua en la licuadora.

Mientras tanto, pele y desmorone los chorizos. Cocínelos a fuego bajo hasta que la manteca escurra (unos 5 minutos). Agregue los chayotes y las papas cocidos y deje que se doren ligeramente con el chorizo, volteando de vez en cuando (unos 8 minutos). Quite la sartén del fuego y manténgala tibia.

Licúe los chiles con el ¼ de taza de agua hasta lograr una consistencia lisa. Incorpore el puré a la masa, añada sal y amase bien. Divida la masa en 12 partes iguales y, con cada una, forme una bolita como de 4 cm de diámetro. Presione cada una en la prensa para hacer tortillas de unos 13 cm de diámetro y cocínelas como siempre (ver pág. 72).

Caliente el aceite –dándole unos 75 mm de profundidad– en una sartén mediana y fría las tortillas ligeramente por ambos lados, pero no deje que se doren. Escúrralas, coloque 2 en cada plato y adórnelas con el chorizo preparado, lechuga, manitas de puerco, chícharos, queso, rábanos, pollo y las rajas de chile jalapeño. Consuma las "enchiladas" de inmediato.

Nota: Todos los componentes de esta receta pueden prepararse con anticipación y las tortillas pueden hacerse antes, pero deben freírse hasta que vaya a servir el plato.

Tortillas

¿Qué recorre la falda de las montañas
formando tortillas con sus manos?
Una mariposa.

De *Proverbios nahuas, acertijos y metáforas*,
recopilados por fray Bernardino de Sahagún.

Uno sabe que está cerca de un pueblo mexicano a cualquier hora de la mañana porque siempre hay un inconfundible olor a leña mezclado con el de las tortillas en el comal y el rítmico palmeo de las manos que convierten la masa en tortillas: dicen que se necesitan 33 palmeadas para hacer una tortilla.

Sin advertirlo, uno acelera el paso para asegurarse de llegar a tiempo para probar una directo del comal, espolvoreada con unos granos de sal. Es una de esas experiencias sencillas que no tienen comparación.

Cuando vine a México por primera vez a fines de la década de 1950 me preguntaba por qué la gente se apasionaba tanto por esa comida tan humilde y cotidiana, pero no pasó mucho tiempo antes de que me convirtiera en aficionada de primer grado. En aquellos días, las tortillas comerciales de las ciudades eran bastante buenas. Recuerdo bien que cada pequeña tortillería tenía a un grupo de mujeres y muchachas de pie ante el tambor de una estufa cubierta por un gran círculo de metal —calentado por enormes chorros de gas—, que platicaban y bromeaban mientras torteaban cientos y cientos de tortillas al día. Pero ahora las cosas han cambiado y una máquina ha sustituido el proceso de principio a fin. El arte de tortear está muriendo con rapidez y cada vez más personas compran las tortillas ya hechas.

Ahora la máquina se alimenta con la masa molida que se coloca en una tolva. Una prensa empuja la masa al otro lado y corta con molde las tortillas, que salen a una angosta correa transportadora. La tortilla empieza su recorrido conforme la correa se zangolotea sobre una flama ardiente. La correa llega a un punto y luego se regresa, de modo que la tortilla se da la vuelta y se cuece del otro lado, empieza a inflarse y a bailar, y muy pronto cae sobre un montón de tortillas que se apilan rápidamente en una canasta en el suelo, forrada con un trapo.

¡Y cómo puede variar la tortilla de una región a otra! Para mí, el Valle de Oaxaca mantiene su orgulloso primer lugar, con sus deliciosas "blandas": unas tortillas blancas, grandes y delgadas. En ningún otro lugar son tan buenas. Hay tortillas hechas de maíz de distintos colores: azul, amarillo, rojo, morado y jaspeado. En algunas zonas la masa se mezcla con trigo, con plantas silvestres o con la raíz del árbol del plátano, coco y otros ingredientes, no sólo para darle sabor sino para hacer rendir la masa cuando la provisión de maíz empieza a escasear a finales de la estación.

Muy pronto aprendí que una tortilla jamás se tira: fresca y flexible se usa como una cuchara comestible; enrollada para contener la comida y sazonada con una de cientos de salsas, se convierte en taco. Cuando una tortilla no es fresca y está seca, puede cortarse en pedacitos, freírse y cocinarse en salsa para hacer chilaquiles, o puede freírse en crujientes triángulos para convertirse en una pequeña pala para sumergirse en frijoles refritos o en un *dip*. Frita en tiras puede usarse a manera de *crouton* para adornar una sopa. Cuando la tortilla está completamente seca, puede molerse hasta obtener una masa que, humedecida, permite que se le vuelva a dar forma para hacer gordas o bolitas para incluirlas en la sopa. Las tortillas también pueden usarse como capas de pasta en cacerolas, budines o sopas secas.

Las tortillas enteras pueden freírse para hacer tostadas, que se untan con pasta de frijol o se adornan con carne deshebrada, queso desmenuzado y verduras. Las variaciones son infinitas. ¡La tortilla es quizá la pieza comestible más polifacética del mundo!

Las recetas que siguen ofrecen algunos ejemplos, pero respecto a este tema, las reglas son muy flexibles y usted puede dar rienda suelta a su imaginación.

Preparación del maíz seco para hacer masa para tortillas

En México ninguna comida está completa sin una tortilla que la acompañe. La tortilla se hace de maíz cocido en agua de cal (óxido de calcio) que se muele para formar una masa.

La primera lección que aprende una joven mexicana de zonas rurales o semirrurales es cómo preparar el nixtamal (el maíz cocido en una solución de cal con agua) para hacer las tortillas del día siguiente. Como entre mis vecinas esto es algo tan intuitivo, les parece imposible dictarme cantidades precisas de cal o el tiempo exacto de cocción del maíz. Muchas veces les he preguntado: "¿Cuánta cal necesito para un kilo de maíz seco?", y me responden: "La necesaria". "¿Cuánto tiempo debo cocer el maíz?", y contestan: "Cuando agites la olla, el maíz ya no debe sonar como frijoles crudos". Pero como he observado el proceso y lo he ensayado bajo su atenta mirada, me siento un poquito más calificada para explicarlo.

Escoja el maíz seco para asegurarse de que no tenga piedritas ni otras basuras. Enjuáguelo en agua fría y póngalo en una olla grande. Cúbralo con agua fría: debe rebasar el nivel del maíz como por 5 cm. Deje que el agua rompa en hervor, incorpore la cal en polvo (ver pág. 470) a razón de 1 cucharada copeteada de cal por cada kilogramo de maíz. Casi de inmediato, la piel exterior de los granos se volverá de un intenso color amarillo. Siga cociendo a fuego bajo el maíz sin taparlo, revolviéndolo de vez en cuando, hasta que pueda rascar fácilmente con la uña la piel membranosa de los granos (aproximadamente 20 minutos). Asegúrese de no dejar que el maíz se cueza más porque la masa se hará gomosa y sus tortillas serán un desastre.

Retire la olla del fuego y deje el maíz remojando toda la noche. Al día siguiente, enjuague el maíz con agua fresca, tallándolo ligeramente para remover un poco de la piel y la cal. Cuele y repita el proceso. Ahora ya tiene nixtamal listo para llevarlo al molino, donde se convertirá en una masa muy tersa.

Si usa demasiada cal, las tortillas quedarán de un color amarillento opaco y tendrán un sabor un poco amargo. Si, por el contrario, usa muy poca, la piel no se suavizará y no podrá eliminarla. La cal actúa como conservador y, en climas cálidos y húmedos, podría echar a perder su masa si no la usa de la manera correcta (ver mi nota sobre la cal, pág. 470).

Masa para tamales

Si va a hacer tamales que requieren este tipo de masa (ver el capítulo sobre tamales, pág. 123) tendrá que quitar toda la piel de los granos meticulosamente, dejándolos lo más blancos que sea posible, y luego llevarlos al molino para obtener una masa consistente.

Para recetas de tamales que precisan una masa muy seca y con cierta textura, el nixtamal colado puede molerse dos veces en el molino de manivela de maíz metálico y cernirse.

Tortillas de maíz

Tras una comida, una amiga y gran cocinera del estado de Hidalgo, la señora Lara, les presentó a sus invitados mitades de tortilla tostada, espolvoreadas con sal. "Aun si ya no te cabe nada, cómete la tortilla. Ayuda a la digestión", me dijo.

Rinde para 15 tortillas de 13 cm

½ kg de masa para tortillas
Agua, si es necesario
Bolsas de plástico para forrar la prensa de tortillas

Si la masa está recién hecha, seguramente tendrá la consistencia indicada para trabajarla de inmediato: debe ser una masa suave y lisa. Si la masa ha estado guardada y se ha resecado, añada un poco de agua y amásela hasta que esté flexible y no se desmorone.

Divida la masa en 15 partes iguales –cada una debe pesar alrededor de 30 g– y forme con ellas bolitas como de 4 cm de diámetro. Cubra todas las bolitas, excepto una, con envoltura plástica para que no se resequen.

Caliente un comal sin engrasar o una plancha a fuego medio. Abra la prensa para tortillas y coloque una pequeña bolsa de plástico en la plancha inferior. Coloque una bolita de masa sobre la bolsa de plástico, no exactamente en el centro, sino un poquito más hacia la bisagra que hacia la palanca (porque la masa queda demasiado delgada de ese lado) y presiónela con sus dedos para aplanarla un poco. Cúbrala con la segunda bolsa de plástico. Cierre la prensa y presiónela firmemente, pero no con mucha fuerza o la masa quedará demasiado delgada y jamás podrá desprenderla del plástico en una sola pieza. Abra la prensa, retire el plástico de arriba, levante la bolsa de plástico de abajo y póngala en una mano. Coloque la masa sobre los dedos de su otra mano y, con mucho cuidado, desprenda la bolsa de plástico de la masa aplanada.

Manteniendo la mano lo más horizontalmente posible, deposite la tortilla sobre el comal. Debe haber un ligero siseo cuando la masa toque su superficie. Déjela alrededor de 15 segundos; la parte de abajo tendrá parches opacos y estará ligeramente manchada de café. Voltee la tortilla del otro lado y cuézala otros 30 segundos; ahora el lado inferior debe estar opaco y moteado. Vuelva a voltearla al primer lado y cueza la tortilla 15 segundos más.

Si ha hecho todos los movimientos correctamente y el comal tiene el grado de calor indicado, la tortilla deberá inflarse, señal de que la humedad adicional de la masa se ha secado. Si la tortilla no se infla –y esto es necesario para hacer panuchos, por ejemplo– entonces en la última vuelta presiónela ligeramente con sus dedos o con una toalla.

Conforme vaya haciendo tortillas, debe colocarlas una encima de otra en un canasto o en un tortillero forrado con un trapo para conservar el calor y mantenerlas blandas.

Las tortillas pueden hacerse con anticipación, recalentarse y también congelarse.

Tortillas hechas con harina industrializada

Rinde alrededor de 15 tortillas de 13 cm

300 g	de masa de harina industrializada
1 ⅓	tazas de agua tibia
2	bolsas de plástico para forrar la prensa de tortillas

Mezcle la masa de harina con el agua y amásela bien para que el agua se distribuya de manera uniforme y se vuelva una masa adherente, de consistencia media: ni demasiado firme ni demasiado húmeda o pegajosa. Déjela reposar alrededor de media hora.

Siga las instrucciones para hacer tortillas de la receta anterior.

Nota: Las tortillas hechas con este producto en polvo no sirven para hacer chilaquiles ni platillos en los que se utilizan capas de tortilla, pues se desintegran con facilidad.

Tortillas de quintonil

Maestra Gudelia López. Oaxaca

Durante uno de mis viajes a Tlaxiaco, en la región mixteca, al norte de Oaxaca, conocí a una maestra jubilada que venía de un pueblo aislado cercano. Durante su vida laboral había vivido y enseñado en muchas zonas remotas y conocía las comidas que ahí se preparan. De las muchas recetas que compartió conmigo, ésta captó mi atención.

Hay muchos ejemplos de cómo hacer rendir la masa para las tortillas del diario, añadiendo ingredientes como trigo, la raíz del árbol del plátano (o al menos eso me han dicho), huesos de mango, etcétera, así como esta receta en que se utilizan quintoniles cocidos.

Estas tortillas se hacen cuando la cosecha de maíz no ha sido buena, cuando las reservas de maíz empiezan a escasear hacia el final del año o sencillamente porque a la gente le gusta el sabor. Lo cierto es que son muy nutritivas.

Por lo general, las tortillas que llevan quintoniles o algún otro tipo de quelite se sirven sólo con alguna salsa y, si el presupuesto lo permite, tal vez con un poco de queso. Constituyen un antojito muy sabroso y puede hacerlas de un tamaño más pequeño para servirlas con un aperitivo. Aunque en esta receta se usan quintoniles (*Amaranthus spp.*), puede sustituirlos por espinacas: 570 g de hojas crudas equivalen a aproximadamente 1 taza de hojas cocidas.

Rinde 15 tortillas de 12 cm

1 taza de quintoniles cocidos (ver nota superior)
1 ½ tazas de masa para tortillas
Sal al gusto

Después de cocer los quintoniles, cuélelos hasta retirar la mayor cantidad de agua que pueda; luego píquelos tan finamente como sea posible. Póngalos en un tazón con la masa y la sal, y trabaje la masa con las manos. Divídala en aproximadamente 15 porciones. Con cada una forme una bolita de poco más de 3 cm de diámetro.

Caliente un comal sin engrasar o una plancha a fuego medio.

Usando la prensa para tortillas forrada con plástico (ver pág. 72), aplane cada una de las bolitas hasta obtener un diámetro como de 12 cm. Cuézala durante unos 2 minutos de cada lado. Sirva de inmediato.

Tortillas de harina de trigo

Norte de México

Además de maíz, México produce trigo. La región donde el trigo abunda más es la irrigada planicie de Sonora y el norte de Sinaloa. Las tortillas de harina de trigo son comunes en todo el norte de México, pero realmente adquieren su merecida fama en Sonora, donde son dulces, gruesas y pequeñas, más parecidas al hojaldre, y donde, por lo general, se les llama tortillas de manteca.

Y luego están las tortillas más grandes de México, las tortillas de agua, que son tan delgadas como el papel y miden unos 46 cm de diámetro. Al servirse, estas tortillas llegan a la mesa dobladas en cuartos y envueltas en una servilleta. Éstas se usan también para hacer burritos, enrolladas alrededor de un relleno de carne o de machaca (carne seca de res) o frijoles.

La mayoría de la gente compra estas tortillas ya hechas, pues se necesita pericia para elaborarlas sin tener mucha práctica. En 1971, el señor Colores, propietario de un restaurante de Hermosillo, las ofrecía en su restaurante y fui a ver cómo se hacían.

Una pareja grande que había trabajado para él durante años era la encargada de prepararlas. Hacían bolitas como de 5 cm y las dejaban reposar un poco. Para hacer la tortilla, con las manos ligeramente engrasadas extendían y estiraban la masa hasta que quedaba translúcida. Luego la cocían en un comal sobre leña. Tras unos cuantos segundos la tortilla se inflaba y tenía que volver a aplanarse en el comal. Se le daba vuelta, sólo unos segundos más, y luego se ponía encima de las otras tortillas, envueltas en un trapo para mantenerlas tibias.

La receta que me dieron fue: "Un puño de manteca por un kilo de harina, sal y agua. Agua caliente, si hace frío; agua fría, si hace calor". Luego me dieron una de estas tortillas tostadas —asada con un trozo de carne cocido a la leña— de las más grandes que haya visto en un plato.

Usted puede hacer la masa a mano o con una mezcladora eléctrica.

Rinde aproximadamente 10 tortillas

½ kg de harina (de preferencia, para pan)
120 g de manteca vegetal suavizada (alrededor de ½ taza)
1 cucharada rasa de sal
1 taza de agua tibia

Ponga la harina sobre una superficie de trabajo. Añada la manteca y amásela usando las yemas de los dedos. Disuelva la sal en agua tibia e incorpórela a la masa, poco a poco, para que pueda ver cuánta agua absorbe. Con un raspador de plástico, reúna toda la harina que quede en la periferia de la superficie y trabaje la masa hasta formar una pasta adherente (aproximadamente 2 minutos en la mezcladora o 4 minutos a mano).

Divida la masa en 10 partes iguales –como de 85 g cada una– y haga unas bolitas muy lisas, de unos 5 cm de diámetro. Cúbralas con un plástico engrasado y déjelas reposar por lo menos 20 minutos y hasta 2 horas.

Caliente a fuego medio un comal o una plancha sin engrasar.

Aplane una de las bolitas en una superficie ligeramente enharinada y extiéndala con un rodillo para formar un círculo de 15 cm. Ahora depende de usted elegir el grosor y el tamaño. Puede extender la masa como una pizza de unos 38 cm de diámetro.

Con mucho cuidado, deposite la tortilla sobre la plancha caliente; debe chisporrotear si el calor es el indicado.

La masa se volverá opaca y el fondo tendrá parches ligeramente dorados. Voltee la tortilla y cuézala del otro lado. El proceso entero debe llevar menos de medio minuto. No cueza demasiado la tortilla o se pondrá dura en vez de ser suave y flexible.

En cuanto una tortilla esté lista, apílela con las otras y envuélvalas con un trapo.

Burritos

Norte de México

Las tortillas de harina se enrollan para hacer burritos, lo cuales pueden rellenarse con:

Chilorio (ver pág. 40)
Mochomos sinaloenses (ver pág. 41)
Machacado con huevo (ver pág. 208)

Frijoles bayos, refritos hasta formar una pasta suelta, con pedacitos de queso que se agregan en el último momento para que apenas se fundan.

Los burritos también pueden freírse hasta que estén dorados, igual que un taco, lo cual los convierte en chimichangas. Los burritos y las chimichangas deben servirse con salsa de jitomate sonorense (ver pág. 268).

Enchiladas

Las enchiladas, un grasoso emparedado de tortillas que contiene chiles y una serie de compuestos de apariencia poco invitante y otras mezclas repugnantes, se venden por doquier, llenando el aire con un olor penetrante y nauseabundo.

A través de la tierra de los aztecas, por Un gringo, 1883

Cuántos aficionados a las enchiladas —entre los que me encuentro— estarían en total desacuerdo con esta frase, pues pueden ser absolutamente deliciosas y satisfactorias. De nueva cuenta, todo depende del cuidado que se ponga en armarlas y en asegurarse de que no estén demasiado grasosas.

Hay dos tipos principales: la tortilla se fríe primero y luego se sumerge en una salsa guisada de chile, o bien, primero se sumerge la tortilla en la salsa y luego se fríe: ¡un pequeño batidero con resultados deliciosos!

Aquí hay sólo algunos ejemplos de un infinito despliegue de recetas regionales.

Enchiladas placeras o pollo de plaza

Michoacán

Éste es el platillo de enchiladas o de pollo para la cena más abundante que conozco. Al atardecer, las aceras de Pátzcuaro cobran vida con la actividad de los puestecitos que empiezan a aparecer: mesas, bancas, estufas improvisadas con largos comales de metal y tanques de gas, todo protegido por una lona o por toldos de plástico para cuando empiezan las lluvias. Pareciera que todas las familias del pueblo salen a comer esta colorida y deliciosa merienda. Admito que son un poco grasosas, pero... ¡de vez en cuando no hace mal! Es más, ofrezco una sugerencia para reducir la cantidad de aceite pero, por favor, ¡no le quiten la piel al pollo!

La receta difiere muy poco de un puesto a otro: algunas cocineras usan sólo chile guajillo o la calidad del queso varía, pero resulta difícil elegir entre las enchiladas de las múltiples cocineras que se dedican a este ritual crepuscular, ya sea en Pátzcuaro o en la Plaza San Agustín de Morelia.

Todos los elementos de este platillo pueden prepararse con anticipación, de modo que al final sólo hay que freír y no hace falta esperar para comerlas: ¡estas enchiladas se llevan del comal a la boca!

Rinde 6 porciones

Para el adorno

¼ kg	de papas (3 chicas), sin pelar
¼ kg	de zanahorias (3 medianas)
1	cucharadita de sal
⅓	de taza de vinagre suave

Para la salsa

3	chiles guajillos desvenados y sin semillas
3	chiles anchos desvenados y sin semillas
1 ½	tazas de agua
2	dientes de ajo toscamente picados
1	rebanada de cebolla
¼	de cucharadita de orégano
	Sal al gusto

Para las enchiladas

	Manteca o aceite vegetal para freír
12	tortillas recién hechas (ver pág. 72)
¼ kg	de queso fresco, desmoronado y ligeramente salado
½	taza de cebolla blanca finamente picada
1	pollo de alrededor de 1 ½ kg, cocido y cortado en piezas

Para servir

	Rajas de chile jalapeño en escabeche
⅔	de taza de crema
¼	de taza de queso añejo
1	taza de lechuga o col cruda finamente rebanada

Enjuague las papas y córtelas en cubitos. Pele las zanahorias y córtelas en cubitos más pequeños. Cubra las zanahorias con agua hirviendo, añada sal y cuézalas durante 5 minutos a fuego alto. Añada las papas y cuézalas durante unos 8 minutos: deben quedar firmes. Escúrralas. Cubra todo con agua fría y añada el vinagre. Revuelva y déjelo reposar.

Caliente un comal y tueste ligeramente los chiles, volteándolos a menudo para que no se quemen.

Luego cubra los chiles con agua caliente y déjelos remojando 10 minutos.

Ponga ½ taza del agua de los chiles en el vaso de la licuadora, añada los chiles guajillos, licúelos y cuélelos. Añada la taza de agua restante, los chiles anchos, el ajo y la cebolla y licúelos hasta que obtener una mezcla lisa. Agregue el puré de chile guajillo, el orégano y sal al gusto.

Derrita un poco de manteca y, cuando chisporrotee, sumerja cada tortilla en la salsa: apenas debe cubrirla (si la salsa está demasiado espesa, añada un poquito de agua); fríala rápidamente por ambos lados.

Retírela de la sartén y agréguele aproximadamente 1 cucharada rasa de queso y ½ cucharada de cebolla a todo lo largo. Enrolle cada tortilla sin apretarla mucho y colóquela a un lado del platón donde va a servir las enchiladas. Manténgalas tibias.

En la misma grasa, fría las piezas de pollo hasta que estén doradas. Escúrralas y colóquelas alrededor de las enchiladas.

En la misma grasa, fría los vegetales hasta que se empiecen a dorar y escúrralos. También en la misma grasa cocine la salsa restante durante unos instantes y viértala sobre las enchiladas. Cúbralas con los vegetales fritos.

Adórnelas con las rajas de chile y, al servir cada una, añada una cucharada de crema, espolvoréela con queso y ponga un poco de lechuga al lado.

Nota: Para reducir la cantidad de grasa, escurra los vegetales fritos en un colador y sacúdalos ligeramente. Cubra las piezas de pollo con la salsa y colóquelas bajo una parilla caliente, volteándolas de vez en cuando para que se cuezan de manera uniforme.

Enchiladas de Jalisco

Señora Victoria Marín de Techuelo (†). Jalisco

Al preparar esta receta he seguido paso a paso el método de la señora Victoria Marín de Techuelo —una cocinera maravillosa e hija de una de las cocineras más distinguidas de Jalisco—, porque detrás de cada paso hay una razón: acentuar el sabor o la textura de cada uno de los ingredientes.

En México se usa queso añejo para este platillo que se sirve con verduras en vinagre: zanahorias, ejotes, calabacitas y chiles en un vinagre afrutado.

Si va usted a hacer sus propias tortillas (ver pág. 72), procure que se inflen en el comal para que, mientras todavía estén calientes, pueda usted levantar la delgada capa superior de masa y descartarla. O intente comprarlas recién hechas, luego recaliéntelas y elimine la capa superior. La idea es que las tortillas sean lo más delgadas posible.

Yo he preparado este platillo con al menos 3 horas de anticipación, cuidando que el relleno no esté demasiado jugoso como para aguadar las tortillas y que la salsa de chile adicional se vierta a los lados y encima de las enchiladas justo antes de meterlas al horno.

Rinde 6 porciones

Para el relleno (o picadillo)

1 calabacita (aproximadamente 120 g)
2 zanahorias pequeñas (aproximadamente 120 g)
3 papas pequeñas (aproximadamente ¼ kg)
¼ kg de carne de puerco molida
¼ kg de carne de res molida
2 cucharaditas de sal, o al gusto
½ kg de jitomates
3 cucharadas de manteca
½ taza de cebolla blanca finamente picada
2 cucharadas de perejil finamente picado

Para la salsa

10 chiles guajillos desvenados y sin semillas
1 taza del caldo de la carne
2 clavos enteros, machacados
1 raja de canela (75 mm), machacada
Sal al gusto
2 cucharadas de manteca

Para las enchiladas

¼ de taza de manteca
24 tortillas hechas en casa (de 10 cm) (ver pág. 72)
⅓ de taza de caldo de la carne, si es necesario

Para servir

Lechuga picada
Rábanos finamente rebanados
Rajas de chile jalapeño en escabeche
¼ de taza de queso añejo, rallado
½ taza de cebolla blanca finamente picada

Corte los extremos de la calabaza y déjela entera. Haga lo mismo con las zanahorias, pélelas y córtelas en cuatro a lo largo. Pele las papas y córtelas en mitades. Cubra todo esto con agua hirviendo en una olla grande, añada sal y cuézalo durante 5 minutos.

Sale la carne. Haga con ella dos esferas grandes y compactas y añádalas, junto con los jitomates, a la olla. Cúbrala y cocine todo a fuego bajo hasta que los vegetales estén apenas suaves —no los cueza demasiado— y las albóndigas estén casi cocidas (aproximadamente 10 minutos). Cuele y guarde el caldo.

Cuando los vegetales se enfríen un poco y pueda tomarlos con las manos, píquelos en cubitos y déjelos a un lado. Licúe los jitomates unos segundos. Déjelos a un lado.

Derrita la manteca en una olla grande y cocine la cebolla hasta que se acitrone.

En la olla, desmorone las albóndigas cocidas, añada el perejil y fría durante aproximadamente 5 minutos a fuego medio. Añada el puré de jitomate y cocínelo a fuego alto hasta que el jugo se haya evaporado un poco. Añada la calabaza, las zanahorias y las papas y siga cocinando la mezcla hasta que esté bien sazonada (unos 10 minutos). Añada sal, si es necesario, y apártela.

Caliente un comal y tueste ligeramente los chiles, volteándolos constantemente, ya que se queman con rapidez. Cúbralos con agua caliente en un tazón y déjelos en remojo unos 10 minutos. Con una cuchara perforada transfiéralos al vaso de la licuadora. Añada el caldo, licúelos y cuélelos para eliminar cualquier fragmento de piel dura. Devuelva a la licuadora, añada las especias y la sal, y licúe hasta que estén lisos.

Derrita la manteca y cocine la salsa hasta que esté bien sazonada y espesa, y tenga un profundo color rojo (como 8 minutos).

Ponga a calentar el horno a 180 ºC.

Caliente un poco de manteca en una sartén y fría las tortillas por ambos lados –añadiendo más manteca si es necesario– para que se suavicen y calienten. Apílelas entre toallas de papel y manténgalas calientes.

Sumerja las tortillas en la salsa, la cual debe cubrirlas ligeramente; si la salsa está muy espesa, añada otro poquito de caldo. Ponga un poco de picadillo a lo largo de cada tortilla y enróllela. Coloque una capa de enchiladas en el fondo de un refractario como de 10 cm de profundidad. Vierta encima un poco de la salsa. Luego coloque otra capa de enchiladas encima y vierta el resto de la salsa.

Tape el refractario y caliente las enchiladas en el horno durante 15 minutos, aproximadamente. Sírvalas de inmediato, adornadas con lechuga, rábanos, rajas de jalapeño, queso espolvoreado y cebolla picada.

Nota: La salsa y las tortillas pueden hacerse con un día de anticipación, pero el picadillo debe prepararse el mismo día o las papas adquieren un gusto a recalentado. Para calentar las enchiladas, cúbralas firmemente con papel aluminio, de modo que la capa superior no se seque. Deben quedar ceñidas dentro del refractario. No recomiendo congelarlas.

Enchiladas sencillas

Centro de México

Rinde 12 enchiladas

Para la salsa de tomate

½ kg	de jitomates asados (ver pág. 490)
1	diente de ajo
2	chiles serranos tostados
2	cucharadas de aceite vegetal
	Sal al gusto
½	taza de crema a temperatura ambiente

Para las enchiladas

	Aceite vegetal para freír
12	tortillas recién hechas (ver pág. 72)
7	huevos grandes, revueltos con bastante sal, o 1 ½ tazas de pollo cocido y deshebrado, con bastante sal
1	taza de cebolla blanca finamente picada
1	taza de queso chihuahua rallado

Licúe los jitomates, el ajo y los chiles hasta que quede una salsa lisa; esto le rendirá como 2 tazas.

En una sartén grande caliente el aceite y fría la salsa durante aproximadamente 5 minutos, o hasta que se reduzca y se espese. Añada sal y deje que se enfríe un poco.

Incorpore la crema a la salsa y caliéntela ligeramente. No deje que la salsa hierva después de añadir la crema o ésta se cuajará.

En otra sartén, caliente aceite y fría las tortillas rápidamente, una por una, sin que las orillas se doren.

Caliente el horno a 180 ºC.

Sumerja las tortillas en la salsa caliente –deben quedar apenas cubiertas de salsa– y luego, a lo largo de cada tortilla, ponga 2 cucharadas de huevos revueltos o de pollo desmenuzado y échele encima un poquito de cebolla. Enrolle las tortillas rellenas y colóquelas todas, una junto a otra, en un refractario.

Cubra las enchiladas con el resto de la salsa y espolvoréelas con el queso y el resto de la cebolla. Meta el refractario en el horno y caliéntelas rápidamente, no más de 10 minutos. Sirva de inmediato.

Nota: Una buena alternativa sería usar una salsa de tomate verde (ver pág. 264). Como ocurre con todas las enchiladas, se aguadan un poco si se dejan reposar mucho tiempo después de preparadas.

Enchiladas rojas de Aguascalientes

Basada en una receta de la señora Josefina Velázquez de León. Aguascalientes

Rinde 12 enchiladas

Para la salsa

4	chiles anchos limpios, desvenados, sin semillas y ligeramente tostados (ver pág. 477)
1 ½	tazas de leche caliente
	Sal al gusto
1	diente de ajo
1	yema de huevo cocido
2	cucharadas de aceite vegetal

Para las enchiladas

	Aceite vegetal para freír
12	tortillas
¼ kg	de queso fresco desmoronado
1	taza de cebolla blanca finamente picada

Para servir

1	clara de huevo cocido finamente picada
1 ½	tazas de lechuga finamente picada
6	rábanos en rebanadas delgadas
	Rajas de chiles jalapeños en escabeche

Despedace los chiles y póngalos en el vaso de la licuadora junto con la leche. Déjelos remojar durante 10 minutos. Añada sal, el ajo y la yema de huevo, y licúe hasta obtener una mezcla lisa. Obtendrá aproximadamente 2 tazas de salsa; si es necesario, agregue un poco de agua para obtener esta cantidad.

Caliente el aceite en una sartén mediana. Añada la salsa y cocínela alrededor de 5 minutos a fuego medio, revolviendo y raspando los bordes y el fondo de la olla de vez en cuando. Retire del fuego y mantenga caliente.

En otra sartén, caliente el aceite y fría las tortillas ligeramente por ambos lados, una por una. Limpie la grasa y manténgalas calientes.

Una por una, sumerja las tortillas en la salsa. Rellene cada una con queso y cebolla. Enróllelas y colóquelas una junto a la otra en un platón. Si es necesario, diluya el resto de la salsa y viértala encima de las enchiladas. Adórnelas con la clara de huevo picada, lechuga, rábano y rajas de chile. Sirva de inmediato.

Enchiladas verdes de Aguascalientes

Basada en una receta de la señora Josefina Velázquez de León. Aguascalientes

Rinde 12 enchiladas

Para la salsa

3	chiles poblanos, asados, pelados, desvenados y sin semillas (ver pág. 474)
2	hojas grandes de lechuga romana
1	clavo entero, machacado
1	taza de caldo de pollo
2	cucharadas de aceite vegetal
	Sal al gusto
½	taza de crema

Para las enchiladas

	Aceite vegetal para freír
12	tortillas
1 ½ a 2	tazas de pollo cocido, deshebrado y bien salado (ver pág. 496)

Para servir

1 ½	tazas de lechuga finamente picada
6	rábanos grandes en rebanadas finas
½	taza de aceitunas sin hueso y partidas a la mitad

Licúe los chiles con la lechuga, el clavo y ½ taza de caldo de pollo hasta obtener una salsa muy lisa.

En una sartén grande, caliente 2 cucharadas de aceite, añada la salsa y cocínela a fuego bastante alto durante unos 5 minutos, revolviendo y raspando el fondo de la olla para que no se pegue. Añada la sal, la crema y la ½ taza de caldo de pollo restante. Caliente todo ligeramente. Retire del fuego y no deje que se enfríe.

En otra sartén, ponga a calentar aceite. Una por una, fría ligeramente las tortillas por ambos lados. Escúrralas y manténgalas calientes.

También una por una, sumerja las tortillas en la salsa. Luego rellene cada una con un poco de pollo. Enróllelas y colóquelas, una junto a la otra, en una fuente caliente. Vierta la salsa restante sobre las enchiladas y adórnelas con la lechuga, los rábanos y las aceitunas. Sirva de inmediato.

Enchiladas de Fresnillo

Basada en una receta de la señora Josefina Velázquez de León. Zacatecas

Rinde 12 enchiladas

Para la salsa

3 chiles anchos, desvenados, sin semillas y ligeramente tostados (ver pág. 477)
1 raja de canela (75 mm), machacada
1 clavo entero, machacado
⅛ de cucharadita de orégano
3 ramas de tomillo fresco o ⅛ de cucharadita de tomillo seco
3 ramas de mejorana fresca o ⅛ de cucharadita de mejorana seca
3 pimientas negras, machacadas
1 cucharada de ajonjolí tostado y machacado
¼ de taza de cacahuates pelados, tostados y machacados
1 ½ tazas de agua fría
Sal al gusto
2 cucharadas de aceite vegetal

Para las enchiladas

Aceite vegetal para freír
12 tortillas
¼ kg de queso fresco desmoronado
1 cebolla blanca finamente picada

Para servir

1 aguacate en rebanadas delgadas
6 rábanos grandes en rebanadas delgadas
¾ de taza de crema
2 chorizos, pelados, desmenuzados y fritos

Cubra los chiles con agua caliente y déjelos remojar alrededor de 5 minutos. Escúrralos y páselos al vaso de la licuadora. Añada el resto de los ingredientes para la salsa (excepto el aceite para freír) y licúe hasta obtener una mezcla lisa.

Caliente el aceite en una sartén y cocine la salsa a fuego medio durante 8 minutos aproximadamente, revolviendo y raspando el fondo de la olla constantemente. Retírela del fuego y manténgala caliente.

Una por una, fría las tortillas ligeramente por ambos lados. Escúrralas bien y manténgalas calientes mientras termina con el resto de las tortillas.

Sumerja las tortillas en la salsa. Rellene cada una con un poco de queso y cebolla. Enróllelas sin apretarlas mucho y colóquelas en un platón. Añada un poco de agua a la salsa restante, hiérvala y viértala sobre las enchiladas. Adórnelas con rebanadas de aguacate y de rábano, crema y chorizo. Sirva de inmediato.

Enchiladas verdes de San Luis Potosí

Basada en una receta de la señora Josefina Velázquez de León. San Luis Potosí

Rinde 12 enchiladas

Para la salsa

2	tazas de tomates verdes cocidos y colados
4	chiles serranos
3	ramas de cilantro
⅓	de taza de leche
1	diente de ajo
	Sal al gusto
2	cucharadas de aceite vegetal
2	cucharadas de crema

Para las enchiladas

	Aceite vegetal para freír
12	tortillas
1 ½ a 2	tazas de pollo cocido y deshebrado (ver pág. 496)

Para servir

¾	de taza de cebolla blanca finamente picada
100 g	de queso fresco desmoronado
½	taza de crema

Licúe los tomates verdes con los chiles, el cilantro, la leche, el ajo y la sal hasta que quede una salsa lisa.

Caliente el aceite en una sartén y cocine la salsa a fuego relativamente alto hasta que se reduzca y sazone (alrededor de 5 minutos). Retire del fuego, añada la crema y aparte. Manténgala caliente.

En una segunda sartén, fría las tortillas ligeramente por ambos lados, una por una. Escúrralas y manténgalas calientes.

Una por una, sumerja las tortillas en la salsa. Rellene cada una con un poco de pollo y enróllelas. Colóquelas en un platón caliente. Diluya el resto de la salsa, si es necesario, y viértala sobre las enchiladas. Adorne generosamente con la cebolla, el queso y crema. Sirva de inmediato.

Enchiladas verdes con carnitas

Basada en una receta de la señora Josefina Velázquez de León. Coahuila

Originalmente esta receta se llamaba simplemente "taquitos", pero se preparaba como las enchiladas. Es un platillo principal sustancioso y muy llenador.

Rinde 6 porciones

1 ½ kg de costillitas de puerco
2 dientes de ajo, machacado
Sal al gusto

Para la salsa

2 cucharadas de aceite vegetal
⅓ de taza de cebolla blanca finamente picada
1 taza de tomates verdes cocidos y colados (ver pág. 491)
2 hojas grandes de lechuga orejona
2 ramas de epazote
2 dientes de ajo
Sal al gusto
¼ de taza de caldo o de agua
2 chiles poblanos, asados, pelados, desvenados y sin semillas (ver pág. 474)
6 ramas de cilantro

Para las enchiladas

3 cucharadas de aceite vegetal
5 huevos grandes
Sal al gusto
¼ de cebolla blanca mediana finamente picada
200 g de jitomates finamente picados
4 chiles serranos finamente picados
Aceite vegetal para freír
12 tortillas

Para servir

2 tazas de lechuga finamente picada
6 rábanos grandes cortados en forma de flor

Ponga la carne en una olla lo suficientemente grande como para que pueda acomodar las enchiladas en dos capas, a lo sumo. Cúbrala apenas con agua (ver la nota inferior), agregue el ajo y la sal y ponga a hervir; cuando rompa el hervor, baje la flama a fuego medio y permita que la carne se cueza hasta que el agua se evapore, esté tierna y suelte la grasa. Deje que la carne se fría en su grasa, volteándola de vez en cuando, hasta que esté bien dorada (aproximadamente 1 hora). Apártela y manténgala caliente.

Caliente el aceite en una sartén y fría la cebolla hasta que se acitrone.

Licúe el resto de los ingredientes de la salsa hasta obtener una mezcla lisa. Añádalos a la cebolla y fría todo a fuego bastante alto, revolviendo y raspando el fondo de la olla hasta que la salsa se reduzca un poco y esté bien sazonada (aproximadamente 5 minutos). Retire del fuego y manténgala caliente.

Caliente el aceite en una segunda sartén.

Mientras tanto, bata bien los huevos. Luego añada la sal, la cebolla, los jitomates y los chiles. Viértalos sobre el aceite caliente y revuélvalos a fuego muy bajo; deben quedar tiernos. Retírelos del fuego y manténgalos calientes.

Caliente aceite en una sartén y fría ligeramente cada tortilla por ambos lados. Escúrralas y manténgalas calientes. Sumerja las tortillas en la salsa verde y rellene cada una con un poco de huevo revuelto. Enróllelas y colóquelas en el platón. Si es necesario, diluya el resto de la salsa y viértala sobre las enchiladas. Coloque la carne de puerco, la lechuga y las flores de rábano alrededor del platón y sirva de inmediato.

Nota: Desde luego, puede preparar la salsa con anticipación. La carne de puerco puede hacerse como 1 hora antes, pero debe mantenerla bien tapada para que no se enfríe. Es mejor poner poca agua a la carne, pues puede añadir un poco más si se evapora o si la carne no está lo suficientemente tierna. En cambio, si le pone demasiada agua, para cuando llegue al punto de freír la carne, ésta ya se habrá desmoronado.

Enchiladas verdes veracruzanas

Basada en una receta de la señora Josefina Velázquez de León. Veracruz

Rinde 12 enchiladas

Para la salsa

1	taza de tomates verdes cocidos y colados (ver pág. 491)
½	taza del agua donde se cocieron los tomates
4	chiles poblanos, asados, pelados y limpios (ver pág. 474)
½	taza de cebolla blanca toscamente picada
	Sal al gusto
2	cucharadas de aceite vegetal
½	taza de crema

Para las enchiladas

12	tortillas recién hechas
2	tazas de guacamole (ver pág. 32)

Para servir

¼	de taza de perejil toscamente picado
100 g	de queso fresco desmoronado

Licúe los tomates verdes con el agua en que se cocieron junto con los chiles, la cebolla y la sal, hasta que quede una salsa lisa.

Caliente el aceite en una sartén y cocine la salsa a fuego bastante alto durante unos 5 minutos, revolviendo y raspando el fondo de la sartén constantemente para que no se pegue. Retire del fuego y añada la crema. Luego ponga la salsa a fuego muy bajo sólo para que se caliente. Retírela del fuego y manténgala caliente.

Si las tortillas no son recién hechas y no están calientes, caliéntelas brevemente en una vaporera. Una por una, sumérjalas en la salsa. A lo largo de cada una, ponga aproximadamente 1 ½ cucharadas de guacamole. Enróllelas sin apretarlas mucho y colóquelas formadas en un platón. Diluya el resto de la salsa con un poquito de agua o de leche y viértala sobre las enchiladas. Espolvoree con el perejil y el queso. Sirva de inmediato.

Nota: Desde luego, como estas enchiladas llevan guacamole no pueden prepararse con anticipación, de modo que deben servirse en cuanto las haga. La salsa sí puede cocinarse antes pero, como siempre, para obtener mejores resultados, el guacamole debe hacerse a último minuto.

Enchiladas verdes

Centro de México

Rinde 12 enchiladas

Para la salsa

1	taza de tomates verdes cocidos y colados (ver pág. 491)
3	chiles poblanos asados, pelados y limpios (ver pág. 474)
2	ramas de cilantro, sin los tallos gruesos
½	taza de cacahuates pelados y tostados, sin salar, machacados
	Sal al gusto
2	cucharadas de aceite vegetal
⅓	de taza de caldo de pollo, más ½ taza extra

Para las enchiladas

12	tortillas recién hechas
1 ½ a 2	tazas de pollo cocido y deshebrado (ver pág. 496)
2	chiles poblanos en rajas, ligeramente fritos con un poco de cebolla

Para servir

⅓	de taza de queso fresco desmoronado (unos 60 g)
⅔	de taza de cebolla blanca finamente picada
½	taza de crema

Licúe los tomates verdes con el resto de los ingredientes de la salsa, excepto el aceite y ½ taza de caldo de pollo, hasta que quede una mezcla lisa.

Caliente el aceite en una sartén grande y fría la salsa a fuego bastante alto durante 5 minutos, revolviendo y raspando el fondo de la sartén de vez en cuando para que no se pegue. Agregue la ½ taza de caldo restante, deje que rompa el hervor y retire del fuego. Mantenga la salsa caliente.

Si las tortillas no están recién hechas, aunque aún estén tibias, caliéntelas brevemente. Una por una, sumérjalas en la salsa. Rellene cada una con un poco de pollo y rajas. Enróllelas y colóquelas formadas en un platón. Recaliente el resto de la salsa, diluyéndola con un poco de caldo o de agua, si es necesario. Viértala sobre las enchiladas. Adórnelas con el queso, la cebolla y la crema. Sirva de inmediato.

Chilaquiles

Según el *Diccionario de Mejicanismos* de Francisco J. Santamaría,* el nombre *chilaquiles* se deriva del náhuatl *chilli* y de *quilitl*, que significa una hierba comestible (y de donde viene *quelite*). Hoy lo conocemos como un platillo preparado a base de tortillas secas y fritas que luego se sumergen en una salsa de chile y se adornan con pollo deshebrado y queso o crema, etcétera. Sé que esto suena simple, pero cuando están bien hechos, los chilaquiles son el desayuno mexicano más delicioso de todos y rápidamente puede volverse adictivo. Éstos son sólo algunos ejemplos de recetas para hacer chilaquiles.

*Santamaría, Francisco J. *Diccionario de mejicanismos*.
Editorial Porrúa, segunda edición. México, 1979.

Chilaquiles verdes tampiqueños

Inspirada en una receta de la señora Josefina Velázquez de León. Tamaulipas

Rinde 6 porciones

La salsa

¼ kg	de tomates verdes, cocidos y colados (ver pág. 491)
3	chiles poblanos, asados, pelados, desvenados y sin semillas (ver pág. 474)
2	ramas de epazote
3	ramas de cilantro
⅓	de cebolla blanca mediana, toscamente picada
	Sal al gusto
1	cucharada de aceite vegetal
1	taza de caldo de pollo (ver pág. 496)

Las tortillas

	Aceite vegetal para freír
12	tortillas, cada una cortada en 6 triángulos, puestos a secar

Para servir

150 g	de queso fresco desmoronado
½	taza de cebolla blanca toscamente picada
2	huevos cocidos, en rebanadas
6	rábanos grandes en rebanadas delgadas
2	cucharadas de cilantro toscamente picado

Licúe los tomates verdes con los chiles, el epazote, el cilantro, la cebolla y la sal, hasta obtener una salsa lisa.

Caliente el aceite en una sartén grande y fría la salsa a fuego medio, revolviendo constantemente para que no se pegue, durante 5 minutos. Añada el caldo de pollo y cocine la salsa 1 minuto más. Retírela del fuego y apártela.

En otra sartén, caliente el aceite y fría las piezas de tortilla. Hágalo en tres tandas para que se frían de manera uniforme y hasta que apenas comiencen a endurecerse, pero sin que se doren. Escúrralas bien.

Vuelva a poner la salsa en el fuego y deje que rompa el hervor. Incorpore las piezas de tortilla y cocínelas a fuego medio, raspando el fondo de la sartén constantemente, hasta que las tortillas absorban el líquido y apenas empiecen a reblandecerse (de 5 a 8 minutos). Coloque sobre los chilaquiles el queso, la cebolla, el huevo, los rábanos y el cilantro. Sírvalos de inmediato.

Chilaquiles de Aguascalientes

Inspirada en una receta de la señora Josefina Velázquez de León. Aguascalientes

Esta salsa tiene el penetrante sabor ahumado de los chiles chipotles. Como muchos otros platillos de chilaquiles, éste puede servirse con huevos a la hora del almuerzo, o bien, sin chorizo y con pollo rostizado, acompañado de una ensalada verde.

Rinde 4 porciones

La salsa

4	chiles chipotles adobados
2	ramas de cilantro
¼	de taza de cebolla blanca toscamente picada
1 ½	cucharadas de ajonjolí tostado y machacado
⅛	de cucharadita de orégano
⅔	de taza de tomates verdes cocidos y colados (ver pág. 491)
2	dientes de ajo machacados
	Sal al gusto
2	jitomates asados (ver pág. 490)
2	cucharadas de aceite vegetal

Las tortillas

	Aceite vegetal para freír
12	tortillas, cada una cortada en 6 triángulos, puestos a secar

Para servir

¼ kg	de chorizo pelado, desmoronado y frito
¼ kg	de queso fresco desmoronado
¾	de taza de cebolla blanca finamente rebanada
1	cucharada de cilantro toscamente picado (opcional)

Licúe todos los ingredientes de la salsa, excepto el aceite, hasta obtener una mezcla lisa.

Caliente el aceite en una sartén y cocine la salsa a fuego bastante alto, revolviendo y raspando el fondo de la sartén durante aproximadamente 5 minutos. Retire la salsa del fuego y apártela. Caliente el horno a 180 ºC.

En otra sartén caliente el aceite y fría las piezas de tortilla en tres tandas, para que se frían de manera uniforme, hasta que apenas comiencen a endurecerse, pero sin que se doren. Escúrralas bien.

Coloque la tercera parte de las tortillas en el fondo del refractario, luego añada la mitad del chorizo y del queso, y ⅓ de taza de salsa. Repita lo mismo con las otras capas hasta que se acabe el resto de las tortillas y la salsa. Cubra el refractario con papel aluminio y hornéelo de 15 a 20 minutos o hasta que esté bien caliente y las tortillas apenas empiecen a reblandecerse. Coloque sobre los chilaquiles la cebolla y el cilantro. Sirva de inmediato.

Chilaquiles veracruzanos

Basada en una receta de la señora Josefina Velázquez de León. Veracruz

Ésta es una de las versiones más exquisitas de chilaquiles. Desde luego, puede preparar todo con anticipación y recalentar la salsa y cocinarla con las tortillas a último momento. Acompañados de una ensalada verde, estos chilaquiles constituyen una comida muy satisfactoria.

Rinde 4 porciones

El pollo

1	pechuga de pollo entera o 2 piernas de pollo grandes
	Sal al gusto
1	diente de ajo grande
¼	de taza de cebolla blanca cortada en rodajas delgadas
2	ramas de cilantro
2	ramas de hierbabuena fresca
2	tazas de agua

La salsa

2	cucharadas de aceite vegetal
1	chile ancho desvenado y sin semillas
¼ kg	de jitomates toscamente picados
1	diente de ajo grande
	Sal al gusto
¼	de taza de agua
1	taza del caldo de pollo

Las tortillas

	Aceite vegetal para freír
12	tortillas de 12 cm, cada una cortada en 6 triángulos, puestas a secar

Para servir

1	taza de crema
1	aguacate chico, pelado, cortado en cubos y aderezado con una vinagreta sencilla
1	taza de cebolla blanca finamente rebanada
100 g	de queso fresco, desmoronado

En una olla grande, ponga a cocer el pollo con la sal, el ajo, la cebolla, el cilantro, la hierbabuena y el agua. Cuando rompa el hervor, baje la flama y deje que el caldo hierva suavemente hasta que el pollo esté apenas tierno (aproximadamente 20 minutos para la pechuga, 25 minutos o más para las piernas). Deje que el pollo se enfríe en el caldo. Cuando pueda tomarlo con las manos, elimine los huesos y deshébrelo. Cuélelo y aparte el caldo.

Caliente el aceite en una sartén. Fría el chile durante 1 minuto de cada lado, aplanándolo en la sartén con una pala. Retire el chile. Cúbralo con agua caliente y déjelo remojar de 5 a 10 minutos. Deje el aceite en la sartén.

Cuele el chile y páselo a la licuadora, añada el resto de los ingredientes para la salsa, excepto el caldo, y licúelos hasta que estén lisos.

Recaliente el aceite y fría la salsa a fuego bastante alto durante unos 3 minutos, raspando el fondo de la sartén para que no se pegue. Añada el caldo y cocine la salsa 1 minuto más. Ajuste la sazón; retire del fuego y aparte.

En otra sartén, caliente el aceite y fría las piezas de tortilla, en tres tandas, para que se frían de manera uniforme hasta que apenas empiecen a endurecerse, pero sin que se doren. Escúrralas bien.

Vuelva a calentar la salsa. Cuando comience a hervir, agregue las tortillas y cocínelas a fuego medio de 5 a 8 minutos, o hasta que hayan absorbido la mayor parte de la salsa y apenas comiencen a reblandecerse. Revuelva casi de manera constante para que la salsa y las tortillas no se peguen ni se quemen.

Ponga los chilaquiles en un platón y adórnelos con crema, pollo, aguacate, cebolla y queso. Sirva de inmediato.

Chilaquiles de Guanajuato

Basada en una receta de la señora Josefina Velázquez de León. Guanajuato

Éste es un platillo fuerte y picante de exquisito sabor. Puede servirlo con huevos estrellados para el almuerzo. ¡Es un método prácticamente infalible de curar una cruda! También saben deliciosos servidos con crema, huevos revueltos o pollo rostizado.

Rinde 4 porciones

La salsa

6	chiles guajillos limpios, desvenados, sin semillas y ligeramente asados (ver pág. 479)
350 g	de tomates verdes, cocidos y parcialmente colados (ver pág. 491)
	Sal al gusto
¼	de taza de cebolla blanca toscamente picada
2	dientes de ajo machacados
2	cucharadas de aceite vegetal

Las tortillas

	Aceite vegetal para freír
12	tortillas de 12 cm, cada una cortada en 6 triángulos, puestos a secar

Para servir

200 g	de queso chihuahua rallado
½	taza de cebolla blanca finamente picada

Ponga los chiles en la licuadora. Añada todos los ingredientes para la salsa a excepción del aceite y licúelos hasta que estén lisos.

Caliente el aceite en una sartén y añada la salsa pasándola por un colador. Fríala a fuego medio durante unos 5 minutos, raspando el fondo de la sartén constantemente. Retire la salsa del fuego y apártela.

En otra sartén, caliente el aceite y ponga las tortillas, en tres tandas, para que se frían de manera uniforme hasta que apenas empiecen a endurecerse, pero sin que se doren. Escúrralas bien.

Ponga a calentar el horno o la parrilla.

Caliente la salsa, incorpore las tortillas y cocínelas a fuego medio, revolviendo de vez en cuando para que no se peguen, durante unos 5 minutos o hasta que apenas comiencen a reblandecerse y hayan absorbido parte de la salsa. Tenga cuidado: cuando la salsa se pega a la sartén, se quema con facilidad. Pase los chilaquiles a un platón. Cúbralos con el queso y luego ponga el platón bajo la parrilla o métalo al horno hasta que el queso se derrita. Coloque la cebolla sobre los chilaquiles y sirva de inmediato.

Budines o sopas secas de tortilla

Los platillos que se hacen con capas de tortilla se sirven a veces como si fueran una sopa seca. Acompañados de una ensalada, constituyen un excelente platillo para la hora de la comida. Aunque tienden a ser algo pesados y no ayudan mucho a mantener el peso, son deliciosos cuando se preparan con tortillas de buena calidad que no se deshacen, como ocurre con las tortillas hechas con harina de maíz comercial. Éstos son sólo algunos ejemplos, pero usted puede experimentar y usar la imaginación.

Budín azteca

Ciudad de México

Éste es un platillo delicioso, atiborrado de calorías y uno de los grandes favoritos de mi primera época en México. Existen muchas variantes, según lo que se tenga a mano.

Rinde 6 porciones

La salsa de tomate verde

3	tazas de tomates verdes cocidos y colados; aparte ½ taza del agua en que se cocieron (ver pág. 491)
3	chiles serranos, cocidos junto con los tomates verdes
2	dientes de ajo pequeños toscamente picados
2	cucharadas de cebolla blanca finamente picada
2	cucharadas de aceite vegetal

Las rajas

7	chiles poblanos, asados, pelados y cortados en rajas delgadas (ver pág. 474)
3	cucharadas de aceite vegetal
⅓	de taza de cebolla blanca en rebanas delgadas
	Sal al gusto

El budín

⅓	de taza de aceite vegetal
18	tortillas recién hechas (ver pág. 72) como de 13 cm de diámetro y cortadas en mitades
2	tazas de pollo cocido con suficiente sal y deshebrado (ver pág. 496)
1 ½	tazas de crema
¼ kg	de queso chihuahua rallado

Tenga listo un refractario como de 25 cm de diámetro y 10 cm de profundidad.

Licúe los tomates verdes junto con ½ taza del líquido que reservó de la cocción, los chiles, el ajo y la cebolla, hasta obtener una salsa lisa.

Caliente el aceite en una sartén, agregue la salsa y cocínela a fuego alto durante aproximadamente 5 minutos, revolviendo de vez en cuando para que no se pegue. Transcurrido ese tiempo, la salsa debe haberse espesado un poco y estar bien sazonada. Apártela.

En otra sartén, caliente las 3 cucharadas de aceite; luego añada la cebolla y fríala hasta que se acitrone (aproximadamente 1 minuto). Agregue las rajas y sal. Tape la sartén y cocine a fuego bajo hasta que los chiles estén tiernos, pero no demasiado suaves (unos 5 minutos).

Caliente aceite en otra sartén y fría cada tortilla durante unos segundos: no deben dorarse ni endurecerse. Elimine el exceso de grasa con la siguiente tortilla que va a freír.

Coloque un tercio de las tortillas en el fondo del refractario. Luego añada, en capas, la mitad del pollo, la mitad de las rajas y un tercio de salsa, de crema y de queso. Repita las capas y termine con una última capa de tortilla, el resto de la salsa, la crema y el queso.

Hornee el budín durante 25 minutos, aproximadamente o hasta que esté bien caliente y el queso se haya derretido.

Nota: Este platillo puede armarse con unas 2 horas de anticipación, pero lo mejor sería no añadir la salsa. Sólo use la mitad de la salsa entre las capas y luego, en el último momento, vierta la salsa en las orillas antes de meter el budín al horno. Tenga cuidado de no hornearlo demasiado tiempo o las tortillas se desharán; deben quedar suaves, pero mantener su forma.

Cacerola de tortillas en chile guajillo

Señora Godileva Castro. Guerrero

Rinde 6 porciones

La salsa

12	chiles guajillos desvenados y sin semillas
½	taza de cebolla blanca toscamente picada
2	dientes de ajo toscamente picados
¼	de cucharadita de comino machacado
1	taza de caldo de pollo (ver pág. 496) o de agua
2	cucharadas de aceite vegetal
	Sal al gusto

Los chilaquiles

	Aceite vegetal para freír
18	tortillas de 13 cm, cortadas en tiras o en triángulos, puestos a secar
¼ kg	de queso fresco desmoronado
2	tazas de caldo de pollo
2	ramas grandes de epazote

Para servir

1	taza de crema
2	piezas de chorizo, peladas, desmenuzadas y fritas
¾	de taza de cebolla, cortada en aros muy finos
2	limones cortados en cuartos

Tenga listo un refractario de unos 25 cm de diámetro y 10 cm de profundidad.

Caliente el comal o la plancha y ase los chiles ligeramente por ambos lados. Tenga cuidado porque se queman muy rápido.

Cubra los chiles con agua caliente y déjelos en remojo durante 10 minutos. Luego, con una cuchara perforada, páselos a la licuadora. Agregue la cebolla, el ajo y el comino y licúe todo con ½ taza del caldo de pollo hasta obtener una salsa lisa.

En una sartén, caliente el aceite y añada la salsa pasándola por un colador fino, presionándola para extraer la mayor cantidad de líquido posible.

Añada ½ taza más del caldo de pollo y deje que la salsa se cocine a fuego alto durante unos cuantos minutos. Agregue sal al gusto y apártela.

En una segunda sartén, caliente el aceite y fría las piezas de tortilla hasta que estén ligeramente doradas, pero no crujientes. Sáquelas y escúrralas sobre toallas de papel.

Cubra el fondo del refractario con un tercio de las piezas de tortilla, luego un tercio del queso y un tercio de la salsa. Haga otras dos capas iguales.

Añada las 2 tazas de caldo y deje que rompa el hervor. Baje la flama y siga cocinando los chilaquiles en un hervor vivo, hasta que se haya absorbido casi todo el caldo (aproximadamente 15 minutos). Agregue el epazote como 1 minuto antes de que los chilaquiles terminen de hacerse.

Vierta la crema en las orillas del refractario y luego adórnelo con el chorizo y los aros de cebolla. Sirva en platos hondos pequeños, con los cuartos de limón a un lado.

Cacerola de tortilla sencilla

Basada en una receta de la señora Josefina Velázquez de León. Nuevo León

Muy a menudo esta cacerola de tortilla en salsa de jitomate se sirve como una sopa seca, y puede servirse también como una pasta sola o acompañada de carne, pescado o pollo, cocinados de una manera sencilla.

Rinde 4 porciones

La salsa

½ kg de jitomates toscamente picados
¼ de taza de cebolla blanca toscamente picada
1 diente de ajo grande toscamente picado
Sal al gusto
2 cucharadas de aceite vegetal

Los chilaquiles

Aceite vegetal para freír
12 tortillas cortadas en tiras y puestas a secar
120 g de queso chihuahua o queso fresco
⅓ de taza de caldo o de agua caliente

Para servir

2 cucharadas de perejil finamente picado (opcional)
1 taza de crema

Tenga listo un refractario ligeramente engrasado, de aproximadamente 23 por 15 por 8 cm.

Licúe los jitomates con todos los ingredientes de la salsa, excepto el aceite, hasta que estén lisos.

Caliente el aceite en una sartén mediana y fría la salsa a fuego bastante alto para que se reduzca y se sazone (aproximadamente 4 minutos). Retire del fuego y déjela en un lugar tibio.

Caliente el resto del aceite en una segunda sartén y fría las piezas de tortilla en tres tandas para que se frían de manera uniforme, hasta que apenas se endurezcan, pero sin que se doren. Escúrralas bien.

Caliente el horno a 200 ºC.

Ponga un tercio de las piezas de tortilla en el fondo del refractario. Encima, vierta ⅓ de taza de la salsa y un tercio del queso. Repita lo mismo con la mitad de las tortillas restantes, la salsa y el queso, y termine con el resto de los ingredientes. Humedezca la capa superior con el caldo. Cubra el refractario con una tapadera y colóquelo en la rejilla superior del horno de 15 a 20 minutos, o hasta que el platillo esté bien caliente y burbujee. El líquido debe absorberse y las tortillas de la capa inferior deben estar apenas suaves, no desmoronándose, mientras que las de arriba deben quedar un poquito firmes. Retire la tapadera, espolvoree el perejil y pase la crema por separado.

Cacerola de tortillas y legumbres

Basada en una receta de la señora Josefina Velázquez de León. Centro de México

La receta original lleva chorizo, pero siento que su fuerte sabor cubre el de las legumbres y yo prefiero no usarlo. Esta cacerola puede servirse como un platillo aparte, solo o con carnes y pescados asados, o con pollo rostizado.

Asegúrese de no sobrecocer las legumbres: deben quedar apenas tiernas, casi crujientes, para que no se aguaden cuando las hornee.

Rinde 4 porciones

La salsa

1 ½	cucharadas de aceite vegetal
⅓	de taza de cebolla blanca finamente rebanada
350 g	de jitomates asados (ver pág. 490)
	Sal al gusto
⅔	de taza de caldo de pollo (ver pág. 496) o de caldo de vegetales (para los vegetarianos)

La cacerola

	Aceite vegetal para freír
12	tortillas de 13 cm, cortadas en tiras y puestas a secar
1	taza de chícharos cocidos
1	taza de cebolla cocida y cortada en cuadritos
1	taza de ejotes cortados en trocitos
150 g	de queso chihuahua rallado

Tenga listo un refractario de 23 por 15 por 8 cm.

Caliente el aceite en una sartén grande y fría la cebolla ligeramente hasta que esté suave, pero sin que se dore (unos 3 minutos).

Licúe brevemente los jitomates con todo y piel. Luego añádalos, junto con la sal, a la cebolla de la sartén. Cocine la salsa a fuego bastante alto, revolviendo constantemente, hasta que se reduzca (unos 3 minutos). Agregue el caldo o el agua de las legumbres y cocine todo durante alrededor de 1 minuto y luego apártelo.

Caliente aceite en otra sartén y fría las piezas de tortilla, en tres tandas, para que se frían de manera uniforme hasta que apenas se endurezcan, pero sin que se doren. Escúrralas bien.

Caliente el horno a 200 ºC.

Ponga la mitad de las piezas de tortilla en el fondo del refractario. Cúbralas con un tercio de la salsa y luego tápelas con las legumbres, el resto de las tortillas y, por último, lo que queda de la salsa. Cubra el traste y hornéelo alrededor de 20 minutos o hasta que las tortillas de la capa inferior estén suaves, pero que no se desmoronen, y las de encima estén todavía un poquito firmes. Destape el traste.

Espolvoree el queso sobre la cacerola y vuelva a meter el refractario al horno hasta que se derrita. Una vez armado, este platillo debe hornearse y servirse de inmediato para evitar que se aguade.

Budín de hongos

Inspirada en una receta de la señora Josefina Velázquez de León. Centro de México

La receta original lleva cuitlacoche, el exquisito hongo del maíz (ver pág. 495). Pero cuando hay muchos hongos baratos, esta receta constituye una deliciosa variación de la manera más común de prepararlos. Puede usar cualquier tipo de hongo silvestre o cultivado.

La cantidad de chile depende del gusto.

Rinde 4 porciones

El relleno

2	cucharadas de aceite vegetal
½	taza de cebolla blanca en rebanadas delgadas
2	dientes de ajo pelados y finamente picados
½ kg	de hongos o cuitlacoche enjuagados, toscamente picados
3	chiles serranos finamente picados
	Sal al gusto
1	rama grande de epazote o de perejil, sólo las hojas, toscamente picadas

La salsa

½ kg	de jitomates, toscamente picados
¼	de taza de cebolla blanca toscamente picada
1	diente de ajo toscamente picado
1	cucharada de aceite vegetal
	Sal al gusto

Las tortillas

	Aceite vegetal para freír
12	tortillas de 13 cm, cortadas en cuartos y puestas a secar
120 g	de queso chihuahua

Tenga listo un refractario ligeramente engrasado de unos 23 por 15 por 8 cm.

Caliente el aceite en una sartén grande y fría la cebolla y el ajo durante 2 minutos, revolviendo de vez en cuando para que no se peguen; no deben dorarse. Añada los hongos, el chile y la sal. Tape la sartén y cocine los hongos a fuego medio hasta que estén tiernos (aproximadamente 20 minutos). Deben quedar jugosos. Añada el epazote y cocine todo 1 minuto más. Vierta los hongos en un tazón y apártelos.

Licúe los jitomates, la cebolla y el ajo hasta obtener una salsa lisa.

Caliente el aceite en una sartén y cocine la salsa a fuego relativamente alto, revolviendo de vez en cuando, durante aproximadamente 4 minutos, hasta que se reduzca. Añada sal.

Caliente el aceite en una segunda sartén y fría las tortillas, en tres tandas, para que se hagan de manera uniforme, hasta que apenas empiecen a endurecerse, pero sin que se doren. Escúrralas sobre toallas de papel.

Caliente el horno a 200 ºC.

Coloque un tercio de las piezas de tortilla en el fondo del refractario, luego añada la mitad de los hongos guisados, un tercio del queso y ⅓ de taza (85 ml) de salsa. Repita las capas y, por último, termine con el resto del queso, la salsa y el jugo de los hongos que haya podido quedar en la sartén. Hornee el budín hasta que esté bien caliente y burbujeante (de 20 a 25 minutos).

Tacos

Para la mayoría de las personas que no viven en México, el taco es una tortilla frita, crujiente, doblada en forma de U, rellena de carne molida, lechuga, rebanadas de jitomate y queso rallado. Sin embargo, en México, el taco simple que a diario se consume por millones es una tortilla fresca y caliente, enrollada alrededor de uno de cientos de rellenos posibles (una excepción es en una parte de Michoacán, donde se usan dos tortillas chicas dobladas encima del relleno), que se cubre con uno de los cien o más tipos de salsa que existen. La variedad es infinita.

Desde luego, también hay tacos que se fríen hasta que quedan bastante dorados. Pero cuidado: una de las advertencias que le haría un acérrimo aficionado y experto en tacos es que no deben tronar. Siempre hay excepciones a la regla porque la flauta, su contraparte de Jalisco, y el cotzito, de Yucatán, se enrollan muy apretados y se fríen lo suficiente como para que sí crujan.

Además del taco suave y del taco frito, existe el taco sudado o al vapor, y el taco de canasta, que es casi igual porque los tacos suaves, ya rellenos, se colocan uno encima del otro, en capas, dentro de una canasta forrada con un trapo, lo que casi equivale a calentarlos al vapor.

Aunque puede usarse cualquier cosa que se tenga a mano, aquí hay algunas sugerencias para rellenarlos.

Tacos de papa

Basada en una receta de la señora Josefina Velázquez de León

La receta original lleva un sencillo relleno de papas machacadas. A mí me gusta la cáscara de las papas y la textura que dan al relleno, así que las incluyo en mi receta, pero, eso sí, apegada a la tradición mexicana. Sorprendentemente, la papa y la masa combinan muy bien y constituyen un plato sencillo, barato y delicioso.

Incluso puede usar epazote picado en este relleno.

Rinde 12 tacos

El relleno

350 g	de papas cocidas, sin pelar y cortadas en cubos
½	cebolla blanca
120 g	de queso fresco desmoronado
	Sal al gusto

Para servir

12	tortillas de más o menos 13 cm
	Aceite vegetal para freír
⅔	de taza de crema
1	taza de salsa ranchera tibia (pág. 267), sin la cebolla
1 ½	tazas de lechuga picada
	Chiles jalapeños en escabeche

Mezcle las papas con el resto de los ingredientes del relleno.

Rellene cada tortilla con aproximadamente 2 cucharadas de la mezcla y asegúrela con un palillo. Caliente el aceite y fría las tortillas hasta que estén apenas doradas por fuera. Límpieles la grasa.

Sirva de inmediato y adorne con crema, salsa caliente y lechuga. Sirva los chiles por separado.

"Taquitos"

Se me ocurrió esta sencilla sugerencia cuando vi que mi refrigerador estaba lleno de sobras. Tenía la mitad de un aguacate grande, un paquete chico de frijoles refritos congelados que caían insistentemente sobre las charolitas del hielo y una lata de chiles chipotles a medio terminar. No debe tener estos ingredientes exactos, pero esta receta nos lleva a darnos cuenta de que casi cualquier sobrante puede convertirse en un sencillo y delicioso relleno de taquito.

Rinde 12 tacos

Para preparar los taquitos

12	tortillas de 13 a 15 cm de diámetro
1	aguacate chico, cortado en 12 rebanadas
120 g	de queso chihuahua
4 a 6	chiles chipotles de lata, cada uno cortado en tres piezas
¾	de taza de frijoles refritos (ver pág. 179)
12	rebanadas delgadas de cebolla blanca
	Sal al gusto

Para servir

	Aceite vegetal para freír
6	hojas de lechuga romanita picada
6	rábanos finamente rebanados
3	cucharadas de cilantro toscamente picado

Rellene cada tortilla con una rebanada de aguacate, unas tiras de queso, una o dos piezas de chile, una cucharada de frijoles refritos y una rebanada fina de cebolla. Agregue sal, enrolle la tortilla y asegúrela con un palillo.

Fría los tacos hasta que se doren, pero evitando que queden muy crujientes. Escúrralos en papel absorbente y sírvalos adornados con lechuga, rábanos y cilantro picado.

Taquitos de nata

Basada en una receta de la señora Josefina Velázquez de León. San Luis Potosí

Originalmente, estos taquitos se llaman "taquitos de nata", un nombre que hace alusión a cuando la salsa se espesa con nata.

La receta original no llevaba chile ni cebolla, pero son toques auténticamente mexicanos que, creo, mejoran este sencillo y delicioso platillo.

Los tacos no se ahogan completamente en la salsa, para que los extremos queden un poco crujientes.

Rinde 12 tacos

El relleno

350 g	de jitomates asados (ver pág. 490)
2	cucharadas de cebolla blanca finamente picada
1	diente de ajo
	Sal al gusto
2	cucharadas de aceite vegetal
1 ½ a 2	tazas de pollo cocido y deshebrado, bien sazonado (ver pág. 496)
1	chile jalapeño crudo, en rajitas delgadas
1	cucharada de aceite vegetal
½	taza de nata o crema, a temperatura ambiente

Para servir

	Aceite vegetal para freír
12	tortillas
⅔	de taza de cebolla blanca finamente picada

Licúe los jitomates con la cebolla, el ajo y la sal, y divida la salsa en dos partes. Caliente el aceite en una sartén. Fría el pollo deshebrado y las rajas de chile alrededor de un minuto, a fuego relativamente alto, revolviendo de vez en cuando para que no se pegue, hasta que el pollo apenas comience a dorarse. Añada la mitad del puré de jitomate y siga cocinando y revolviendo hasta que la mezcla esté casi seca. Retire del fuego y mantenga caliente.

Vierta el aceite en otra sartén y fría el resto del puré, a fuego bastante alto, durante unos 3 minutos, revolviendo de vez en cuando. Retire del fuego e incorpore la nata o la crema. Aparte la salsa y manténgala caliente.

Caliente el aceite en una sartén y fría ligeramente las tortillas por ambos lados. Hágalo en tandas.

Caliente el horno a 200 ºC.

Ponga un poco del relleno en cada tortilla, enróllelas y colóquelas formadas en un refractario. Vierta la salsa encima de los tacos y hornéelos durante 10 minutos. Ponga encima la cebolla y sirva de inmediato.

Nota: Los tacos no deben hornearse más tiempo o se pondrán duros y la salsa se resecará. Puede preparar el relleno y la salsa con anticipación, y luego armar los tacos y hornearlos a último minuto.

Tacos de rajas de Zacatecas

Basada en una receta de la señora Josefina Velázquez de León. Zacatecas

Rinde 12 tacos

El relleno

2	cucharadas de aceite vegetal
3	chiles poblanos asados, pelados, limpios y cortados en rajas delgadas (ver pág. 474)
¼ kg	de jitomates asados (ver pág. 490)
3	cucharadas de cebolla blanca toscamente picada
	Sal al gusto
3	huevos grandes

Para servir

	Aceite vegetal para freír
12	tortillas
1 ⅓	tazas de crema

Caliente el aceite en una sartén grande. Agregue las rajas y cocínelas a fuego bajo durante aproximadamente 3 minutos.

Licúe los jitomates con la cebolla hasta que obtenga una salsa lisa, y luego añada este puré a las rajas que están en la sartén. Sazone y cocine a fuego medio durante aproximadamente 5 minutos, revolviendo y raspando el fondo de la sartén de vez en cuando.

Bata los huevos ligeramente e incorpórelos a la mezcla. Siga revolviendo hasta que estén tiernos, retire del fuego y manténgalos calientes.

Caliente aceite en una segunda sartén y fría las tortillas por ambos lados. Fríalas un poquito más de lo que lo haría para preparar enchiladas, sin que se doren al grado en que no pueda doblarlas con facilidad. Escúrralas bien y rellene cada una con el guisado de huevo y rajas. Doble las tortillas por la mitad y colóquelas en un platón.

Vierta encima la crema y sirva de inmediato.

Tacos de res

Basada en una receta de la señora Josefina Velázquez de León. Guanajuato

Rinde 12 tacos

El relleno

1 ½	cucharadas de aceite vegetal
½	taza de cebolla blanca picada delgada
450 g	de carne de res cocida y deshebrada (ver pág. 497)
12	chiles jalapeños frescos, cortados en rajas angostas

Para servir

12	tortillas de 13 cm
	Aceite vegetal para freír
1	taza de salsa ranchera (ver pág. 267)
¾	de taza de crema
100 g	de queso fresco desmoronado

Caliente el aceite en una sartén grande y fría la cebolla ligeramente hasta que se acitrone. Añada la carne y los chiles, y fríalos a fuego medio, revolviendo de vez en cuando, hasta que la carne esté ligeramente dorada. Retire del fuego y deje que se enfríen un poco.

Rellene las tortillas y fríalas hasta que estén apenas doradas por fuera. Escurra y sirva los tacos de inmediato, adornados con salsa, crema y queso.

Tacos de hongos

Centro de México

La receta original lleva cuitlacoche, pero puede usar cualquier tipo de hongo silvestre o cultivado.

Rinde 12 tacos

El relleno

3	cucharadas de aceite vegetal
¼	de taza de cebolla blanca finamente picada
2	dientes de ajo pelados y picados
350 g	de jitomates finamente picados
3	chiles serranos cortados en rajas, con venas y semillas
½ kg	de hongos o de cuitlacoche (ver pág. 495), toscamente picados
	Sal al gusto
2	ramas de epazote o perejil finamente picado

Para servir

12	tortillas
	Aceite vegetal o manteca derretida para freír
	Crema

Caliente el aceite en una sartén grande y fría ligeramente la cebolla y el ajo durante unos segundos, pero no deje que se doren.

Añada los jitomates, los chiles, los hongos y sal. Cocínelos a fuego medio, sin tapar, revolviendo de vez en cuando hasta que los hongos estén suaves y el jugo se haya reducido (unos 15 minutos).

Agregue el epazote y cocine los hongos 1 minuto más. Retírelos del fuego y deje que se enfríen un poco.

Ponga un poco del guisado de hongos en cada una de las tortillas, enróllelas y asegúrelas con un palillo. Caliente la grasa y fría los tacos hasta que estén apenas dorados, pero no crujientes. Escúrralos bien y sírvalos de inmediato, solos o con un poco de crema.

Tacos de puerco en salsa de jitomate

Rinde para rellenar de 12 a 15 tacos pequeños

350 g	de jitomates asados (ver pág. 490)
1	diente de ajo toscamente picado
2	cucharadas de manteca o de aceite vegetal para freír
⅓	de taza de cebolla blanca finamente picada
2	chiles jalapeños frescos, con todo y semillas, cortados en rajas angostas
	Sal al gusto
1 ⅓	tazas de carne de puerco cocida y deshebrada (ver pág. 497)

Licúe los jitomates con el ajo hasta que la mezcla esté casi lisa. Apártela.

Caliente la manteca en una sartén grande y fría la cebolla y los chiles, sin dorar, hasta que se acitronen.

Añada la mezcla de jitomate y cocine a fuego medio durante aproximadamente 5 minutos; añada sal.

Agregue la carne y siga cocinando la mezcla durante 8 minutos o hasta que esté bien sazonada y la salsa esté húmeda, pero no caldosa. Sirva con tortillas para hacer tacos.

Tostadas y otros platillos fritos

Una tostada es una tortilla aplanada que se fríe hasta que se dora, lo que la convierte en una especie de plato comestible que puede adornarse con una gran variedad de ingredientes. Ésta es una botana suculenta, pero temible, pues tiende a romperse y a desparramarse por todos lados en cuanto uno le da la primera mordida. En las páginas siguientes presento algunos de sus usos.

En Mérida y en Querétaro probé unas tostadas de masa mezclada con una pequeña cantidad de grasa, y la tortilla estaba tostada, no frita.

Claro que siempre puede dejar que las tortillas se sequen, untarlas con aceite y hornearlas hasta que estén crujientes.

Tostadas de manitas de puerco

Inspirada en una receta de la señora Josefina Velázquez de León. San Luis Potosí

En general, las cocinas tienden a sobrecocer las patitas de puerco, por lo que la carne se vuelve suave e insípida. Varían mucho de tamaño, así que el tiempo de cocción debe ajustarse. Trate de elegir las que pesan entre 350 g y 450 g cada una. Por lo general me equivoco y no les doy suficiente tiempo para cocerse en mi intento por lograr la consistencia adecuada: olvido que, por más suaves que parezcan cuando están calientes, se endurecen considerablemente al enfriarse.

Rinde 12 tostadas

Para preparar las manitas de puerco

2	manitas de puerco partidas a la mitad
1	hoja de laurel
3	ramas de tomillo fresco o ⅛ de cucharadita de tomillo seco
¼	de cucharada de orégano
2	dientes de ajo
⅓	de taza de cebolla blanca en rebanadas gruesas
6	pimientas negras
	Sal al gusto
	Pimienta recién molida

Para servir

	Aceite vegetal para freír
12	tortillas de 13 cm
	Las manitas de puerco en su gelatina
1 ½	tazas de lechuga finamente rallada y aderezada
1	aguacate pequeño, rebanado
1 ½	tazas de salsa ranchera (ver pág. 267), sin la cebolla
3	cucharadas de queso añejo finamente rallado
1	taza de cebolla morada en rebanadas delgadas

Ponga todos los ingredientes de las manitas de puerco en una olla grande y cúbralos con agua fría suficiente para rebasar todo por unos 1.5 cm. Cuando rompa el hervor, baje la flama y deje que la olla hierva suavemente durante 2 ½ horas. La carne debe quedar tierna pero no demasiado suave. Retire del fuego y deje que las manitas se enfríen en el caldo.

Cuando las manitas se hayan enfriado lo suficiente como para poder tomarlas con las manos, elimine todos los huesos cuidadosamente y pique la carne, el cartílago gelatinoso y el cuero en pedacitos. Ponga todo en un traste poco profundo y sazone con sal y pimienta; tenga en cuenta que las comidas cocidas que se sirven frías necesitan más sazón. Cuele el caldo y vierta 1 ⅓ tazas sobre la carne. Meta el traste al refrigerador hasta que cuaje bien (1 hora, aproximadamente).

Caliente el aceite en una sartén y fría las tortillas hasta que estén crujientes. Escúrralas bien.

Corte las manitas en su gelatina en cubitos y ponga de 2 a 3 cucharadas copeteadas en cada tostada. Adorne con lechuga, rebanadas de aguacate, salsa, queso y, al último, los aros de cebolla.

Nota: Las manitas de puerco pueden prepararse con uno o dos días de anticipación.

Tostadas de guacamole y crema

Basada en una receta de la señora Josefina Velázquez de León. Sonora

Rinde 12 tostadas

	Aceite vegetal para freír
12	tortillas de maíz
2	tazas de guacamole (ver pág. 32)
¼ kg	de queso chihuahua en rebanadas finas
1	taza de crema
1 ½	tazas de lechuga finamente rallada
4	chiles jalapeños en escabeche cortados en rajas

Caliente el aceite en una sartén y fría las tortillas hasta que estén crujientes. Escúrralas bien.

Cubra cada tostada con una cucharada grande de guacamole, queso, un poco de crema, un poco de lechuga y unas rajitas de chile. Sirva de inmediato.

Tortillas como sándwich

Centro de México

Ésta es la deliciosa respuesta mexicana al sándwich americano de jamón y queso y se presta a una infinidad de interpretaciones.

Rinde 6 sándwiches de tortilla

12	tortillas
200 g	de jamón finamente rebanado
200 g	de queso chihuahua en rebanadas delgadas
	Aceite vegetal para freír
¾	de taza de crema
¾	de taza de salsa de tomate verde (pág. 264), guacamole (pág. 32) o salsa ranchera (pág. 267)
½	taza de cebolla blanca finamente picada
1 ½	tazas de lechuga finamente rallada
6	rábanos cortados en forma de flor o rebanados

Extienda 6 tortillas; en cada una ponga un poco de jamón y queso. Cubra cada una con otra tortilla para formar un sándwich y asegúrela con dos palillos, uno de cada lado.

Caliente el aceite y fría cada sándwich por ambos lados hasta que apenas estén dorados, pero no crujientes. Escúrralos bien y agrégueles encima crema, salsa y cebolla picada. Adorne cada plato con lechuga y rábanos, lo que da un bonito contraste. Sirva de inmediato.

Tortillas apiladas con guacamole en salsa de jitomate

Centro de México

En el libro —tristemente perdido— donde encontré la receta de este platillo se le llamaba simplemente "sopa de tortilla": ¡cuánta modestia! Es, de hecho, una mezcla deliciosa, fantástica y colorida, de tortillas fritas apiladas con guacamole, crema y queso, colmadas con salsa de jitomate.

Rinde de 4 a 6 porciones

La salsa

2	cucharadas de aceite vegetal
5	cebollitas finamente picadas
½ kg	de jitomates toscamente picados
2	dientes de ajo
	Sal al gusto

Para servir

	Aceite vegetal para freír
12	tortillas, si es posible recién hechas y no demasiado delgadas
1 ½	tazas de guacamole (pág. 32)
120 g	de queso chihuahua rallado
¾	de taza de crema

Caliente el aceite en una sartén grande y acitrone las cebollitas hasta que estén suaves, pero no doradas.

Licúe los jitomates con el ajo. Añádalos a la sartén. Agregue sal y fría la salsa a fuego relativamente alto, revolviendo y raspando el fondo de la olla casi de manera constante, hasta que la salsa se haya reducido y sazonado (aproximadamente 5 minutos). Retire del fuego y mantenga caliente.

En otra sartén, caliente el aceite y fría las tortillas brevemente por ambos lados. Escúrralas bien.

Debe hacer tres montones. Sumerja 3 tortillas en la salsa y acomódelas aplanadas en un refractario. Unte cada una con aproximadamente 2 cucharadas de guacamole, un poco de queso y crema.

Sumerja otras 3 tortillas en la salsa y cubra el relleno. Repita con otra capa de tortillas encima del primer "sándwich", luego repita una capa de guacamole, queso y crema. Por último, termine con una capa de las tortillas restantes.

Vierta el resto de la salsa sobre los montoncitos de tortilla y espolvoree encima el queso restante. Corte en rebanadas y sirva de inmediato.

Nota: No tengo que decir que este platillo debe prepararse a último momento. Con anticipación, sólo puede hacer la salsa. Debe empezar a preparar el platillo en cuanto termine de hacer el guacamole.

Indios vestidos

Basada en una receta de la señora Josefina Velázquez de León. Guanajuato

A veces a este platillo se le llama únicamente "inditos". Se parece a una versión simplificada de los chiles rellenos, sólo que en vez de chiles se usan tortillas. Pueden rellenarse de carne deshebrada o de queso.

Rinde 6 porciones

La salsa

2 cucharadas de aceite vegetal
⅓ de taza de cebolla blanca finamente picada
550 g de jitomates asados (ver pág. 490)
2 chipotles en adobo, de lata
Sal al gusto

Para el relleno y la fritura

½ kg de carne de puerco cocida y deshebrada (ver pág. 497) o 225 g de queso fresco desmoronado
12 tortillas cortadas a la mitad
½ taza de harina
Aceite vegetal para freír
5 huevos grandes, claras y yemas por separado
Sal al gusto

Para servir

1 aguacate grande, en rebanadas delgadas
4 cucharadas de queso añejo finamente rallado (ver pág. 483)

Caliente el aceite en una sartén grande y fría la cebolla ligeramente hasta que se acitrone. Licúe los jitomates, con todo y piel, junto con los chiles, y luego añádalos a la sartén. Agregue la sal. Cocine la salsa a fuego bastante alto durante aproximadamente 3 minutos para que se reduzca un poco. Sazone. Retire la salsa del fuego y manténgala caliente.

Ponga un poco de relleno en cada pieza de tortilla. Dóblela a la mitad, asegúrela con un palillo y enharínela ligeramente.

En una segunda sartén caliente aceite suficiente para que alcance 1.5 cm de profundidad.

Mientras tanto, bata las claras con sal a punto de turrón, pero sin que se resequen. Luego, una por una, añada las yemas y siga batiendo hasta que todo esté bien incorporado. Uno por uno, sumerja los "paquetitos" de tortilla en el huevo –deben quedar ligera pero totalmente capeados– y fríalos hasta que estén ligeramente dorados. Escúrralos bien y colóquelos en un platón. Vierta la salsa caliente encima y adorne con el aguacate y el queso. Sirva de inmediato.

Nota: Después de freír "indios" ya capeados puede ponerlos en el horno, en una charola para hornear con bastantes toallas de papel, a 180 ºC durante unos 2 minutos para que suelten el exceso de aceite.

Totopos

Los totopos son cuadritos o tiras de tortilla frita que se usan para adornar sopas e incluso, en Michoacán, para hacer chilaquiles o para añadir a los huevos revueltos. Cortados en forma de triángulos más grandes, se usan como cucharita para el guacamole y los frijoles refritos.

Es preferible que prepare sus propios totopos, ya que los comerciales son demasiado delgados y están muy sazonados. Primero, corte las tortillas de maíz en la forma deseada y colóquelas en una rejilla a que se sequen durante toda la noche: así absorberán menos aceite a la hora de freírlos. Caliente aceite vegetal suficiente como para alcanzar 1.5 cm de profundidad en una sartén no muy grande y fría unos cuantos totopos hasta que estén crujientes y dorados. Deje que se escurran bien sobre toallas de papel. Es mejor consumirlos de inmediato, pero si sobran algunos, puede congelarlos y recalentarlos en el horno.

Tamales

En 1970 escribí que, al principio, quizá uno no se dé cuenta de que, en algún lugar, alguien está haciendo tamales, a no ser quizá por las ventanas empañadas. Sin embargo, un poco después, la mezcla del rico y sutil aroma de las hojas de maíz, la masa y la buena manteca invade la casa, y se vuelve cada vez más fuerte a medida que los tamales se terminan de cocer. Después, uno abre un tamal para verificar que esté cocido y suelta un suspiro de alivio cuando el tamal suave, blanco y esponjoso se desprende sutilmente de la hoja. Y es que resulta muy fácil que, por capricho, salga mal, húmedo y pesado.

Los tamales se hacen para celebrar alguna ocasión, y la ocasión comienza al elaborarlos. Hombres, mujeres y niños se reúnen para participar del buen humor, deshebrar carne, picar, revolver y limpiar las hojas de maíz hasta que todo está listo. Luego, todos se congregan para formar una verdadera línea de ensamblaje: algunos untan las hojas con masa, mientras otros añaden el relleno, doblan los tamales y los colocan en la vaporera. No hay nada tan delicioso como ese primer tamal recién cocido.

Los tamales son comida de fiesta, se sirven en la merienda del domingo en los restaurantes populares y son un desayuno tempranero en los mercados. Se preparan para honrar a los difuntos en la fiesta del Día de Muertos. En épocas precolombinas se preparaban muchos tipos de tamales. ¡Y qué gigantesca variedad existe hoy! Desde el tamal norteño, el más pequeño de todos, hasta el enorme sacahuil que se prepara en la sierra huasteca.

Había leído mucho sobre ese gigantesco tamal, pero no conocía a nadie que lo hubiera comido o que supiera cómo se preparara, hasta que fui a Tampico. Ahí me contaron que esos tamales son el desayuno favorito en Pánuco, un sitio que estaba a menos de una hora de viaje. "Pero tienes que llegar temprano", me advirtieron. Me levanté en cuanto despuntó el alba. Soporté vientos huracanados y aguaceros torrenciales para llegar a tiempo a la estación del autobús. Tras incontables retrasos, por fin el camión avanzó sobre la carretera a una lentitud desquiciante. Cuando llegamos a Pánuco no había nadie en las calles. El aire estaba caliente y bochornoso, y yo iba de un puesto a otro, infructuosamente. Estaba a punto de darme por vencida cuando un transeúnte me ilustró: "Es que los sacahuiles sólo se hacen los domingos. Vaya a ver a la señorita Chanita; ella hace los mejores", me dijo, y me señaló el camino hacia la casa de la mujer.

La señorita Chanita (†) era una mujer impresionante: alta, morena, con brillante cabello cano. Tras los acostumbrados saludos llenos de amabilidad, fui directo al grano. Le pregunté si, al día siguiente, podía prepararme un sacahuil de casi un metro porque tenía que tomar el avión. "Pero nadie mata puercos en viernes", objetó. Debe haber notado que yo estaba al borde de un ataque de histeria, pensando que mis días estaban contados, porque, al final, accedió.

De vuelta en Tampico, de inmediato empecé a negociar el uso de un coche con buenos frenos y un chofer confiable. Partimos muy temprano por la mañana, pero a medio camino el motor del auto empezó a fallar. Al principio el chofer fue optimista, pero luego se mostró arrepentido y, al final, se volvió totalmente mudo. Yo estaba iracunda. Consiguió llevar el coche hasta las afueras del pueblo, donde el auto terminó de descomponerse. Conforme me acercaba a la casa de Chanita un delicioso aroma impregnaba el aire húmedo y, por fin, allí estaba ella, abriendo su gigantesco horno de adobe en el que había cocido el sacahuil durante toda la noche. Lo sacó con mucho cuidado. El gigantesco tamal estaba envuelto en capas de hoja de plátano dentro de una armazón de rígidas hojas de palma. Abrimos el tamal con reverencia e irrumpimos en la húmeda masa de maíz martajado que encerraba todo un lomo de puerco sazonado con pasta de chile ancho y especias. ¡Qué desayuno! Lo acompañamos con jarritos de café de olla.

Quizá los miembros más raros de la familia del tamal sean los de camarón de Escuinapa, en Sinaloa. Para hacerlos se usan camarones con todo y cáscara, y sus patitas y antenas sobresalen de la masa. Desde luego que hay que saber dónde darles la mordida, porque si no, la boca se llena de espinas y desechos. También en Sinaloa hacen grandes tamales que parecen bombones alargados. Están rellenos de carne de puerco y salsa de jitomate, pero se les añade todo tipo de verduras cortadas en tiritas: calabacitas, papas, ejotes, plátano macho y chile serrano.

Chiapas posee toda una gama de tamales. En la costa están los de carne de iguana y huevos, y tierra adentro —en los alrededores de Tuxtla Gutiérrez— hay incontables variedades. Me dijeron que hay por lo menos diez tipos: desde los de diversas hierbas, frijoles, chicharrón y los llamados cuchunuc, hasta ésos a los que les añaden los botones de una florecita color rosa. Pero quizá los más conocidos sean los tamales de bola: la hoja de maíz se amarra por encima, lo que da al tamal una forma redonda, como su nombre lo indica. Están rellenos con una costillita de puerco, una ciruela pasa y simojovel, un chilito seco de la región.

Si quiere encontrar los tamales colados de Campeche y Mérida tiene que perseverar y no rendirse a la primera. Se cuecen en hoja de plátano y tienen un relleno absolutamente delicioso, sazonado con achiote y epazote. El tamal en sí está hecho con masa para tortillas diluida en agua, colada y espesada. Como dice un libro de recetas campechano: "La masa debe ser casi transparente y tan delicada que se cimbre al tacto". Hay tamalitos de masa mezclada con unos frijoles pequeñitos que se llaman espelones, cuya piel se vuelve negra a la hora de cocerlos, y el completamente precolombino *dzotobichay*, que es un tamal largo y grande de masa salpicada con pedacitos de chaya cocida. Tiene forma de bollo dulce y está relleno de semillas de calabaza bien tostada. Luego se cuece al vapor en una hoja de plátano y se sirve con salsa de jitomate.

Michoacán también es famoso por sus tamales. Los uchepos de elote y las corundas son tamales hechos con maíz cocido con ceniza y envueltos en la larga hoja del tallo del elote para formar una triángulo grueso de cinco puntos. Hay tamales de capulín y los que se hacen con masa agria de maíz negro. Hay uchepos de leche o de cuchara: el elote se muele con leche, el líquido se cuela y luego se cuece con azúcar y canela hasta que se espesa. Las hojas de maíz frescas y ligeramente blanqueadas se llenan con la mezcla y se dejan cuajar antes de comerse.

En otros lados hay tamales rellenos de pescado, calabaza o piña y cacahuates. La masa varía también; los hay de masa de maíz negro y morado, de masa de arroz molido y de masa de harina y pulque, por mencionar sólo algunos.

La primera vez que fui a Uruapan, en los años sesenta, muy temprano por la mañana llegué a los portales que circundan la plaza para comer tamales de zarzamora silvestre y tomar atole de elote. Y justo cuando pensé que no podía haber más tipos de tamal, la cocinera de un amigo me hizo unos tamales del campo, consistentes en masa para tortilla batida con manteca y prensada entre dos hojas de aguacate. La vaporera también estaba forrada con estas hojas que emanaban un delicioso aroma. Nos comimos los tamales con un guisado de carne de puerco cocida con calabacitas en salsa verde.

En Oaxaca, donde hay una variedad tan grande de culturas y zonas geográficas, también hay una enorme diversidad de tamales. Quizá los más conocidos sean los que están hechos con una delgadísima capa de masa y mole negro, y los tamales de masa mezclada con una hierba llamada chepil. Entre la amplia variedad de tamales del Istmo, hay unos hechos a base de una masa sazonada con epazote y rellenos con camarones secos o pescado seco y una mezcla de pepitas molidas. En la costa del Pacífico hay unos tamales rellenos con pequeños mejillones con todo y concha, que se llaman tichindas.

Tamales norteños

La familia García Quintanilla, de Monterrey, me brindó las siguientes dos recetas para hacer estos tamales pequeños y delgados. Llenos de nostalgia, los miembros de esta familia me hablaron sobre los platillos que su difunta madre solía prepararles.

Me contaron que los tamales de frijol siempre los hacían para las comidas familiares o para las fiestas, y que los adornaban con lechuga o col finamente picada, además de jitomate picado y sazonado con jugo de limón y sal. Curiosamente, se hacían de frijol pinto importado, que era mucho más común en el norte que en el centro de México.

La señora Hortensia batía la masa a mano, no por mucho tiempo. Pero hoy en día, las cocineras prefieren usar una batidora. Y al cocinarlos, doña Hortensia ponía dos tenedores cruzados en la tapa de la vaporera para dar a los tamales un ángulo ligeramente inclinado.

Tradicionalmente, éstos y muchos otros tipos de tamal se recalientan en su hoja, sobre un comal a fuego medio, para que la hoja quede ligeramente tostada.

Tamales de frijol norteños

Señora Hortensia Quintanilla de García. Nuevo León

Rinde 33 tamales de 10 cm de largo

El relleno de frijol y la salsa de chile

¼ kg	de frijoles flor de mayo o pintos
3	chiles anchos desvenados y sin semillas
2	dientes de ajo
1	taza de caldo de res o de agua (aproximadamente)
¾	de cucharadita de comino machacado
4	pimientas machacadas
3	cucharadas de manteca de puerco
	Sal al gusto

La masa

½ kg	de masa para tamales
130 g	de manteca de puerco
3	cucharadas de la salsa de chile
⅓	de taza de caldo de carne o de agua
	Sal al gusto
36	hojas de maíz, cortadas a lo largo por la mitad, de unos 8 cm de ancho en la parte superior, suavizadas en agua, escurridas y secadas con un trapo

Tenga lista una vaporera para tamales (ver más abajo).

Limpie los frijoles para asegurarse de que no tengan piedras. Enjuáguelos con agua fría y elimine cualquier resto que flote. Ponga los frijoles colados en una olla grande, cúbralos con agua y deje que rompa el hervor. Cuézalos hasta que estén muy suaves y casi toda el agua se haya absorbido. Deben quedarle unas 4 tazas.

Mientras tanto, prepare la salsa de chile. Ponga los chiles y el ajo en una olla pequeña y cúbralos con agua. Ponga la olla en el fuego hasta que rompa el hervor y cuézalos durante unos 5 minutos más. Cuélelos y apártelos. Ponga ½ taza del caldo o agua en el vaso de la licuadora, añada el comino y la pimienta, y licúe bien. Despedace los chiles con las manos, añádalos junto con el ajo y ½ taza más de caldo o agua al vaso de la licuadora, y licúe hasta obtener una salsa muy lisa.

Caliente las 3 cucharadas de manteca en una sartén honda, añada los frijoles y macháquelos a fuego medio hasta darles una textura consistente. Incorpore toda la salsa de chile, excepto 3 cucharadas, y añada sal al gusto. Siga cocinando los frijoles a fuego medio. Deles vuelta constantemente para que no se peguen, hasta que se reduzcan –la pasta de frijol debe apenas desprenderse de la cuchara– y estén bien sazonados (aproximadamente 15 minutos). Apártelos para que se enfríen. Deben quedarle aproximadamente 3 ½ tazas de frijoles.

En un tazón grande, mezcle la masa con la manteca, las 3 cucharadas de salsa de chile que reservó y aproximadamente ⅓ de taza de caldo o agua. Mezcle todo con las manos o con una batidora eléctrica, hasta que los ingredientes estén bien incorporados. Añada sal si es necesario.

Forre la parte superior de la vaporera con hojas de maíz y, en el centro, coloque un plato hondo invertido. Ponga la vaporera a fuego medio.

Unte 1 cucharada copeteada de masa a todo lo ancho de la parte superior de la hoja de maíz y hasta cubrir aproximadamente 10 cm de longitud de la hoja. Debe formar una capa muy delgada. Ponga un poco de pasta de frijol en el centro de la masa y doble una de las orillas de la hoja sobre la otra para formar un tamal delgado: la masa que se traslapa servirá para ayudar a pegar la hoja. Doble la punta de la hoja para que cubra la juntura.

Coloque los tamales en capas circulares: la primera capa quedará inclinada en ángulo moderado en la parte superior del plato hondo. Tape la vaporera y cueza los tamales a fuego alto durante aproximadamente 50 minutos. Estarán listos cuando la masa se desprenda de la hoja.

Tamales de puerco norteños

Señora Hortensia Quintanilla de García. Nuevo León

Para hacer estos tamales, antes se acostumbraba usar la cabeza entera de un cerdo, y el cuero, las orejas y la lengua se picaban junto con un poco de carne magra de la pierna, pero también puede usar carne maciza.

Rinde 33 tamales de 10 cm

El relleno de carne

½ kg	de maciza de puerco con un poco de grasa (ver nota superior), cortada en cubos de 1.5 cm
	Sal al gusto
3	chiles anchos desvenados y sin semillas
2	dientes de ajo
¾	de cucharadita de comino machacado
4	pimientas machacadas

La masa

½ kg	de masa para tamales
130 g	de manteca de puerco
3	cucharadas de la salsa de chile que reservó
⅓	de taza del caldo de puerco
	Sal al gusto
36	hojas de maíz, partidas en mitades, de aproximadamente 8 cm de ancho en la parte superior, suavizadas en agua, escurridas y secadas con un trapo

Tenga lista una vaporera para tamales (ver pág. 127). Ponga la carne en una olla grande, cúbrala con agua, añada sal, póngala en el fuego y deje que rompa el hervor. Cueza la carne hasta que esté tierna (de 35 a 40 minutos). Escúrrala y resérvela. Necesitará por lo menos 2⅓ tazas del caldo. Si es necesario, agregue agua para completar esa cantidad.

Ponga los chiles y el ajo en una olla pequeña. Cúbralos con agua, ponga en el fuego y deje que rompa el hervor. Cuézalos durante unos 5 minutos más. Cuélelos y resérvelos.

Ponga ½ taza del caldo en el vaso de la licuadora, añada el comino y la pimienta, y licúe bien. Despedace los chiles con las manos y añádalos a la licuadora junto con el ajo y otra ½ taza del caldo. Licúe hasta obtener una salsa lisa.

Ponga la carne en una sartén y añada toda la salsa (excepto 3 cucharadas) y 1 taza del caldo. Cocínela a fuego medio, revolviendo de vez en cuando, hasta que la carne esté bien sazonada y la salsa se haya reducido un poco hasta tener una consistencia media (aproximadamente 15 minutos). Ajuste la sal y retire del fuego para que la carne se enfríe un poco.

En un tazón grande, mezcle (a mano o con una batidora eléctrica) la masa con la manteca, las 3 cucharadas de salsa de chile que reservó y aproximadamente ⅓ de taza del caldo, hasta que todos los ingredientes estén incorporados (alrededor de 5 minutos). Añada sal si es necesario.

Forre la parte superior de la vaporera con hojas de maíz y en el centro coloque un plato hondo invertido. Ponga a calentar a fuego medio.

Unte 1 cucharada copeteada de la masa para formar una capa muy delgada a lo ancho de la parte superior de cada hoja y hasta cubrir unos 10 cm de longitud. Ponga unos pedacitos de carne y un poco de salsa en el centro de la masa; doble una orilla de la hoja sobre la otra para formar un tamal delgado; la masa que se traslapa servirá para ayudar a cerrar la hoja. Doble la punta de la hoja para que cubra la juntura.

Apile los tamales en capas circulares; la primera capa quedará apoyada en un ángulo moderado sobre la parte superior del plato hondo. Tape la vaporera y cueza los tamales a fuego alto durante aproximadamente 50 minutos. Los tamales estarán listos cuando la masa se desprenda de la hoja.

Muk-bil pollo

Yucatán

Los *muk-bil* pollos en Yucatán o pibipollos en Campeche son como *pays* de masa de tamal rellenos de pollo bien sazonado y formados en moldes forrados de hoja de plátano, o bien, moldeados a mano. Envueltos en hojas de plátano, se hornean en el *pib*, horno tradicional que consiste de un pozo en la tierra. El nombre *muk-bil* significa, literalmente, "poner en la tierra o cocer en *pib*". Este platillo se prepara para celebrar el Día de Todos los Santos y se acompaña con una taza de chocolate.

En su libro *Incidentes de viaje en Yucatán*, John L. Stevens describe así la fiesta de Todos los Santos, a mediados del siglo XIX, en Yucatán:

"...y además de las acostumbradas ceremonias de la Iglesia Católica en todo el mundo, hay una que resulta particular a Yucatán, y que se deriva de las costumbres indígenas y se llama *mukpipoyo*. Ese día, cada indio, según sus posibilidades, adquiere y quema cierto número de velas consagradas, en honor de sus parientes fallecidos, y en memoria de cada uno de los miembros de la familia que haya muerto en el último año. Además, se hornea en la tierra un pastel hecho a base de la pasta que hacen los indios con el maíz, y relleno con carne de puerco y de aves, sazonado con chile, y durante el día todo buen yucateco que se precie de serlo no come sino esto. En el interior, donde los indios están menos civilizados, religiosamente colocan una porción putrefacta en el exterior, bajo un árbol o en algún sitio alejado, para que sus muertos coman, y dicen que esa porción separada siempre se come, lo que induce la creencia de que es posible hacer que los muertos regresen, atrayéndolos con los mismos apetitos que los gobernaron en vida; pero esto a veces hace que personas maliciosas y escépticas digan que en cada comunidad hay otros indios, más pobres que aquellos que pueden darse el lujo de agasajar a sus parientes muertos, y éstos no consideran que sea pecado interponerse entre los vivos y los muertos, al menos en este tipo de cuestión.

"Tenemos motivos para recordar este festejo a partir de una circunstancia desfavorable. Un vecino amigable, quien, además de visitarnos frecuentemente con su esposa e hija, tenía la costumbre de mandarnos más fruta y dulces de los que podíamos consumir, ese día, además de un gran regalo, nos mandó una gigantesca pieza de *mukbipoyo*. Estaba tan duro como una tabla de roble, y tenía el grueso de seis de ellas, y habiéndonos esmerado en reducir la pila de regalos que había en la mesa, cuando éste llegó, en un ataque de desesperación lo sacamos al jardín y lo enterramos. Allí habría permanecido hasta este día a no ser por un perro malicioso que los acompañó en su siguiente visita; el animal pasó al jardín, lo desenterró y, mientras señalábamos nuestros platones vacíos en alusión a la generosidad de nuestros invitados, el malvado perro se escabulló a la sala y hasta la puerta principal con el *mukbipoyo* —que parecía haber crecido en tamaño desde que lo enterramos— entre las fauces".

En los pueblos, el *muk-bil* pollo aún se prepara en un *pib*, de donde sale dorado, con una tapa crujiente y un sabor ligeramente ahumado. El pollo suele añadirse con todo y huesos, pero es mucho más fácil servirlo si se deshuesa y se prepara en un molde forrado con hojas de plátano, como se indica en la receta.

Como bien puede imaginar, se trata de un platillo muy pesado que quizá sólo necesita acompañarse con una ensalada verde.

Rinde 6 porciones

La manteca para la masa

¼ kg de grasa sólida de puerco, cortada en cubitos

El relleno

1 ½ kg de pollo
¼ kg de maciza de puerco
4 dientes de ajo asados (ver pág. 491)
¼ de cucharadita de orégano (yucateco, si es posible)
1 ½ cucharaditas de sal
1 ½ tazas del caldo donde se coció la carne
2 cucharadas de masa para tortillas
¼ de cucharadita de pimientas
1 cucharada de semillas de achiote
Sal al gusto

(O bien, 1 cucharada de pasta de achiote industrial en vez de los últimos 3 ingredientes)

2 dientes de ajo machacados
1 cucharada de vinagre blanco suave
3 cucharadas de la manteca de puerco (la que se aparta al inicio de la receta)
⅓ de taza de cebolla blanca finamente picada
1 chile habanero entero
½ pimiento verde, sin semillas y cortado en cubos
1 rama grande de epazote
¼ kg de jitomates finamente picados

La masa

Toda la grasa de puerco y el resto de la manteca
1 kg de masa para tortillas
2 cucharaditas de sal
¼ de cucharadita de chile seco yucateco o de árbol (ver pág. 482)
Hojas de plátano para forrar la olla (ver pág. 470)
Tiras de cordón o de la misma hoja de plátano

Primero prepare el molde: Coloque tiritas de cordón paralelas (cada una de aproximadamente 75 cm de largo) a lo largo de un molde de metal para hornear (que debe tener unos 20 por 20 por 6.5 cm), y otros dos pedazos de cordón, del mismo tamaño, a lo ancho; sobrará suficiente cordón para amarrar por encima.

Pase rápidamente las hojas de plátano por la flama para suavizarlas y forre el traste con ellas, con la parte suave y brillosa hacia arriba, de modo que rebasen el traste como por 13 cm, por todos los lados. Corte una de las hojas de un tamaño ligeramente más grande que el tamaño del traste y resérvela.

Caliente la grasa en una sartén a fuego medio, o en el horno, hasta que suelte toda la manteca. Voltee los pedazos de vez en cuando para que no se quemen y para que se doren de manera uniforme. Con una cuchara retire 3 cucharadas de la grasa para freír el relleno y reserve el resto para la masa.

La carne: Corte el pollo en piezas y la carne de puerco en cubos como de 2.5 cm. Póngalos en una olla con el ajo, orégano y sal, y cúbralos apenas con agua. Ponga la olla en el fuego, deje que rompa el hervor y cueza las carnes a fuego lento hasta que estén tiernas (el pollo debe tardar aproximadamente 30 minutos; la carne de puerco, un poquito más). Cuele la carne y reserve el caldo. Deshuese el pollo. Aparte la carne. Vuelva a poner el caldo en una olla limpia; debe tener aproximadamente 1 ½ tazas.

Incorpore al caldo las 2 cucharadas de masa poco a poco. Ponga en el fuego y cuando rompa el hervor, baje la flama y revuelva la mezcla hasta que tenga la consistencia de un atole ligero. Retire del fuego.

Muela las pimientas, el achiote y la sal, y mézclelos (o la pasta, si la usa) con el ajo machacado y el vinagre (o use el recado rojo, ver pág. 486).

Caliente las 3 cucharadas de manteca en una cacerola grande y fría la cebolla, el chile, el pimiento verde, el epazote y los jitomates hasta que estén suaves y ligeramente jugosos (aproximadamente 8 minutos).

Añada las especias molidas y siga cocinando la mezcla durante unos 3 minutos. Añada las carnes cocidas y cocine la mezcla 5 minutos a fuego medio, o hasta que estén bien sazonadas.

Caliente el horno a 180 ºC.

La masa: Añada a la masa sal, el chile seco y el resto de la manteca, junto con los pedacitos de manteca dorados. Incorpore todo muy bien.

Con dos tercios de la masa, recubra el fondo del molde para hornear que preparó, a fin de formar una costra como de 1 cm de grosor, tanto en el fondo como en los lados del molde. Añada el relleno y vierta encima el caldo espesado.

Para hacer la tapa, extienda la masa restante sobre un pedazo de hoja de plátano (en el lado liso) con la forma del molde. Con cuidado, inviértala para cubrir el relleno del tamal. Selle con sus dedos la masa que queda alrededor.

Doble las hojas de plátano sobre la parte superior del pastel y amárrelas firmemente con el cordón.

Hornee el *muk-bil* pollo durante 1½ horas. Sirva de inmediato.

Nota: De ser posible, trate de servir el muk-bil *pollo recién salido del horno: vale la pena. Sin embargo, si tiene que recalentarlo, póngalo a baño maría en el horno para que la masa conserve su suavidad.*

Uchepos

Señora Esquivel. Morelia

El uchepo es un tamal pequeño de elote y es la especialidad del centro de Michoacán. Mucha gente sólo muele el elote, añade azúcar, sal y a veces polvo para hornear o bicarbonato, y rellena las hojas de elote frescas, listas para cocerlas al vapor, como cualquier tamal. Sin embargo, los uchepos más delicados y deliciosos que he probado en mi vida los hizo la señora Esquivel, del restaurante Los Comensales, de Morelia. Ella muele los granos de elote dos veces en el molino metálico, a mano, porque insiste en que la licuadora hace que el puré quede demasiado espumoso, y luego incorpora leche, nata, azúcar y sal. Los sirve como entrada o para la merienda, con salsa de tomate, crema y rebanadas de queso fresco.

Para esta receta, como para cualquier tipo de tamal hecho de elote, necesitará conseguir elotes maduros, pero jugosos. El elote dulce de Estados Unidos no tiene el almidón necesario y sólo podrá usarlo si le añade un "rellenador", como almidón de maíz, pero los tamales no tendrán tan buen sabor ni la textura apropiada.

Un procesador de alimentos resulta ideal para esta receta, pero si no tiene opción, sugiero usar una licuadora. Muela los granos de elote en varias tandas pequeñas y deje que la espuma se baje un poco antes de añadir, revolviendo, el resto de los ingredientes. Escoja seis elotes maduros, pero jugosos, con todo y hojas. Con un cuchillo muy afilado, corte cuidadosamente alrededor de la base de las hojas, justo encima del punto donde están pegadas al tallo. Con cuidado, desenrolle las hojas, enjuáguelas bien en agua fría, sacúdalas para secarlas (o métalas en una centrifugadora para ensalada) y resérvelas.

Forre la parte superior de la vaporera con las hojas exteriores del elote, las cuales son más duras, y deje las más tiernas a un lado para envolver los uchepos.

Rasure los granos de elote de la mazorca. Debe rendirle unas 5 tazas de granos de elote.

Sirva los uchepos como se sugiere arriba, con salsa ranchera (ver pág. 267), omitiendo la cebolla, la crema y el queso fresco, o acompañados de puerco con verdolagas (ver pág. 302).

Rinde 20 uchepos

5	tazas de granos de elote
¼	de taza de leche, si es necesario
1	cucharada de azúcar
2	cucharadas de mantequilla sin sal, suavizada
2	cucharadas de nata o de crema espesa
½	cucharadita copeteada de sal
20	hojas de elote

Ponga a calentar la vaporera.

Ponga la mitad de los granos de elote en el tazón del procesador de alimentos o muélalos en un molino (ver el texto introductorio de esta receta), añada la leche y procese hasta que los granos de elote se reduzcan a una consistencia semisólida. Añada el resto de los granos y siga moliendo hasta que tenga un puré con cierta textura; agregue la leche, si es necesario. Incorpore el resto de los ingredientes y mezcle bien.

Vuelva a sacudir las hojas tiernas para eliminar cualquier resto de agua. Coloque 1 cucharada copeteada de la mezcla de granos de elote en el centro de la hoja, empezando justo debajo de la parte cóncava de la hoja y extendiéndose unos 5 centímetros a lo largo. Cuide de no aplanar la mezcla, pero tampoco permita que escurra. En vez de doblarla, enrolle la hoja, de modo que envuelva el otro lado de la hoja por completo.

Doble la punta hacia atrás del uchepo y de inmediato colóquelo horizontalmente en la vaporera, que ya debe estar muy caliente. Debido a la consistencia suave de la mezcla, los uchepos deben cocerse de inmediato; no puede dejarlos asentados mientras termina de hacer el resto.

Para asegurarse de que la capa de tamales de abajo no se aplaste, cuézalos al vapor durante unos

10 minutos antes de agregar el resto de los uchepos. No olvide revolver bien la mezcla antes de seguir con las demás capas. Cuézalos al vapor durante aproximadamente 1 ¼ horas y entonces haga una prueba. Los uchepos deben quedar muy tiernos y apenas separarse de la hoja. Déjelos en reposo durante unas 2 horas para que cuajen bien.

Nota: Los uchepos se congelan muy bien y pueden guardarse así durante unos 2 meses. Cuando vaya a recalentarlos, colóquelos, todavía congelados, en una vaporera caliente hasta que se suavicen (aproximadamente 15 minutos).

Tamales dulces de elote

Señora Isabel Marín de Paalen. Jalisco

Mi amiga Chabela Marín, originaria de Jalisco, me dio mi primera lección sobre cómo hacer tamales de elote como los hacía su mamá en Ciudad Guzmán. Una mañana nos dirigimos al enorme mercado de Jamaica, en la Ciudad de México. A lo largo de toda una cuadra, no había más que montones y montones de elotes, y seguían llegando de los alrededores de la ciudad. Nos llevó por lo menos una hora elegir las 25 mazorcas maduras pero un poco jugosas de elote cacahuazintle (con anchos granos blancos). Íbamos de una pila a otra sacando un elote de aquí y otro de allá, para que cubrieran los estrictos requisitos de Chabela: que sean maduros, pero todavía jugosos.

Una vez de regreso en casa, me enseñó cómo cortar la mazorca en el lugar indicado para desenfundar las hojas sin romperlas, cómo rasurar los granos de elote lo más cerca posible del olote y cómo molerlos en el metate hasta obtener la consistencia perfecta. Luego molimos el piloncillo con el anís y la canela, y derretimos la mantequilla y la manteca suavemente para que no se sobrecalentaran. La parte más difícil fue llenar las hojas y doblarlas justo de la manera indicada para retener la mezcla suave en su lugar. Parecía un proceso interminable, pero por fin los tamales estaban en la vaporera y el maravilloso olor del elote mezclado con especias invadió todo el departamento.

Rinde aproximadamente 24 tamales

30	hojas de elote frescas, enjuagadas y secas
4	tazas de granos de elote, cacahuazintle si es posible
½	taza de agua
1	cucharada rasa de semillas de anís
1	raja de canela de 20 cm
1	taza de piloncillo rallado
¼	de cucharadita de sal
120 g	de mantequilla sin sal, derretida y tibia
120 g	de manteca de puerco derretida y tibia
½	cucharadita de polvo para hornear

Prepare una vaporera para tamales o improvísela (ver pág. 127), y forre la parte superior con las hojas frescas de elote.

En una licuadora, un molino de mano o un procesador de alimentos, muela los granos de elote con el agua, en dos tandas, hasta obtener una mezcla de textura gruesa; tendrá que apagar constantemente el aparato que esté utilizando y liberar la mezcla con una espátula, pero no debe añadir más líquido.

Muela las especias hasta pulverizarlas. Añádalas al elote, junto con el piloncillo y la sal, mezclando bien. Poco a poco incorpore la mantequilla y la manteca, y al último, el polvo de hornear. De nuevo, mezcle perfectamente. La pasta debe tener una consistencia floja y con textura.

Ponga unas 1½ cucharadas de la mezcla a lo largo de cada hoja, extendiendo hasta unos 8 cm. Doble uno de los extremos de la hoja sobre la mezcla, asegurándose de que se empalme bien con el otro para que ésta no se desparrame. Presione la hoja firmemente en el lugar donde termina la mezcla y doble el extremo puntiagudo hacia atrás del tamal.

Asegúrese de que el agua de la vaporera esté hirviendo y coloque los tamales en capas horizontales sobre la parte superior de la vaporera. Lo mejor es colocar la primera capa y dejar que los tamales estén ligeramente firmes (unos 10 minutos) antes de colocar las siguientes capas. Cuézalos al vapor durante aproximadamente 1 ½ horas, hasta que, cuando los pruebe, la masa se separe completamente de la hoja.

Acompáñelos con una taza de atole o de chocolate caliente. Es mejor recalentar estos tamales sobre un comal o una plancha, a fuego medio y sin la hoja, hasta que queden bien dorados.

Nota: Congele los que sobren. Para recalentarlos, métalos sin descongelar a la vaporera durante unos 15 minutos, o caliéntelos en un comal sin engrasar, con todo y hoja.

Tamales de pollo

Señora Adriana Jeffries. Ciudad de México

Hace muchos años, Adriana Jeffries, conocida mía y excelente cocinera, me enseñó a hacer estos tamales.

Rinde unos 30 tamales de 8 cm de largo

El relleno

- 1 ½ kg de pollo cortado en piezas, con todo el hueso y la piel
- Las menudencias del pollo
- 6 tazas de caldo de pollo bien sazonado, para cubrir (ver pág. 496)

La salsa

- 700 g de jitomates asados (ver pág. 490)
- 1 diente de ajo grande, toscamente picado
- ¼ de cucharadita de cominos machacados
- 4 clavos enteros machacados
- 6 pimientas negras machacadas
- 3 cucharadas de aceite vegetal o de grasa de pollo derretida
- 1 taza de cebolla blanca en rebanadas delgadas
- Sal al gusto

La masa

- ¼ kg de manteca de puerco
- 700 g de masa para tamales
- ½ taza del caldo de pollo, tibio
- Sal al gusto

Para armar los tamales

- 30 hojas de elote, remojadas para que se suavicen y sacudidas para secarlas
- 30 rajas de chile jalapeño
- 30 aceitunas sin hueso

Para hacer el relleno: Ponga el pollo, las menudencias y el caldo en una olla grande y deje que rompa el hervor. Siga cociendo a fuego lento hasta que el pollo esté casi tierno (aproximadamente 30 minutos). Déjelo enfriar en el caldo. Cuélelo. Deben quedarle por lo menos 3 tazas de líquido. Deshebre el pollo toscamente.

Para hacer la salsa: En la licuadora, ponga parte de los jitomates con el ajo y las especias, y licúe bien. Añada el resto de los jitomates y vuelva a licuar hasta obtener una salsa con textura.

En una sartén grande, caliente el aceite o la grasa de pollo, agregue la cebolla y deje que se acitrone durante unos 3 minutos. Incorpore los ingredientes que licuó y cocínelos a fuego muy alto hasta que se reduzcan y se sazonen (aproximadamente 5 minutos). Añada el pollo deshebrado, ajuste la sal y deje a un lado para que la mezcla se sazone.

Con una batidora eléctrica, bata la manteca durante 5 minutos hasta que esté muy blanca y opaca. Poco a poco, incorpore la masa batiéndola y alternándola con el caldo tibio, de acuerdo a como vaya siendo necesario. Añada sal y bata de nuevo durante unos 5 minutos, o hasta que una bolita de la mezcla flote en un vaso de agua.

Ponga la vaporera a calentar.

Para armar los tamales: Unte una cucharada grande de la masa en el interior de la hoja de elote, hasta formar una capa delgada. En el centro, ponga un poco del pollo guisado, una raja de chile y una aceituna. Doble la hoja de modo que la masa quede completamente cubierta y pliegue el extremo puntiagudo hacia atrás, lo que apretará la costura del tamal.

Coloque los tamales verticalmente en la parte superior de la vaporera (ver pág. 127) y cuézalos al vapor durante aproximadamente 1 hora. Pruebe uno: si la masa se separa con facilidad de la hoja, los tamales están listos.

Nota: Estos tamales se pueden congelar y duran hasta 3 meses. Para recalentarlos, colóquelos, todavía congelados, en una vaporera y caliente de 15 a 20 minutos.

Tamales de dulce

Señora Adriana Jeffries. Ciudad de México

Ésta es otra de las recetas de la familia de Adriana Jeffries. Los tamales dulces son muy populares en México para el desayuno o la merienda, acompañados de una taza de chocolate caliente o atole.

Rinde unos 24 tamales de 8 cm de largo

200 g	de manteca de puerco
600 g	de masa para tamales
⅓	de taza de caldo de pollo (ver pág. 496) o agua
½	cucharadita de sal
1	cucharada de canela en polvo
½	taza de azúcar
⅔	de taza de nueces toscamente picadas
24	hojas de maíz (siempre hay que tener unas cuantas hojas de más), remojadas para que se suavicen y sacudidas para que se sequen
¾	de taza de pasitas

Prepare una vaporera para tamales (ver pág. 127) y caliéntela a fuego lento.

Ponga la manteca en un tazón y bátala con una batidora eléctrica hasta que esté muy blanca y opaca (aproximadamente 5 minutos). Poco a poco, incorpore la masa, el caldo o el agua y la sal, batiendo bien después de cada adición. Siga batiendo otros 5 minutos y añada poco a poco la canela y el azúcar. Incorpore las nueces picadas.

Esparza una capa delgada de masa en el interior de cada hoja y ponga una cucharadita de pasas a lo largo del centro. Junte los extremos de la hoja de modo que cubra la masa por completo y doble la punta del tamal hacia atrás.

Cuando el agua de la vaporera esté hirviendo, coloque los tamales verticalmente en la parte superior, tape la vaporera y cueza los tamales durante aproximadamente 1 hora, o hasta que la masa de color rosa pálido se desprenda fácilmente de la hoja.

Nota: Una variación de esta receta consiste en usar ¼ de taza de azúcar, 2 cucharadas de jarabe de granadina, ⅔ de taza de pasas, ½ taza de cubitos de acitrón o de otra fruta cristalizada y ½ taza de piñones o almendras peladas y cortadas en tiritas.

Tamales cernidos de rajas y queso

Centro de México

Los tamales cernidos —blancos, esponjosos y muy ricos— fueron los primeros que conocí en la Ciudad de México cuando llegué, en 1957. Su nombre se debe a que la harina de maíz con que se preparan está cernida. Como resultado, la masa tiene esa textura esponjosa que no tiene ningún otro tamal que yo conozca.

Existen dos opciones para prepararlos: comprar la harina de maíz para tamales, que hoy en día es más difícil de encontrar. Lo más probable es que la consiga en los molinos de chiles en los barrios que circundan la ciudad o en algunos puestos de abarrotes en los mercados públicos (la última vez la compré en el Mercado de Medellín en la Ciudad de México). Por ningún motivo trate de usar las harinas comerciales para hacer este tipo de tamal.

La otra opción es empezar en casa con el maíz cacahuazintle que se usa para el pozole.

Ponga a cocer el maíz con cal, como cualquier nixtamal, y déjelo en remojo toda la noche. Al día siguiente, lávelo con varios cambios de agua, refregándolo con fuerza para quitarle todos los pellejitos.

Ponga el maíz a secar al sol (si es posible) y luego muélalo hasta que mantenga un poco de textura, que no quede tan fino como la harina de trigo. Ciérnalo.

Si ninguna de las dos opciones le parece factible, compre cualquier masa para tamales en una buena tortillería (es decir, en una que use maíz sin adulterar), pero es necesario modificar la cantidad y la proporción de los ingredientes originales de esta receta: 700 g de masa para tamales, 180 g de manteca de puerco y aproximadamente ½ taza de caldo de pollo (según la humedad de la masa).

Rinde unos 30 tamales de 8 cm de largo

La masa

¼ kg	de manteca de puerco (aproximadamente 1 taza)
½ kg	de harina para tamales (ver la nota introductoria de esta receta)
1 ½	tazas de caldo tibio de pollo (ver pág. 496)
	Sal al gusto
36	hojas de maíz (siempre hay que tener de más), remojadas para que se suavicen y sacudidas para que se sequen

El relleno

8	chiles poblanos en rajas (ver pág. 474)
350 g	de queso chihuahua o manchego partido en tiritas de aproximadamente 1.5 cm de ancho
2	tazas de salsa de tomate verde (ver pág. 264)

Con una batidora eléctrica, bata la manteca hasta que esté ligera y esponjosa (durante aproximadamente 5 minutos). Poco a poco, incorpore la harina alternadamente con el caldo, batiendo perfectamente después de cada adición. Añada sal. Si el batido es suficiente, una bolita de masa debe flotar en un vaso de agua.

Ponga a calentar a fuego lento una vaporera preparada para tamales (ver pág. 127).

Unte 1 cucharada copeteada de la masa, empezando por la parte superior de la hoja y bajando hasta cubrir 8 cm de longitud. Debe quedar una capa delgada. Ponga en medio 2 rajas de chile, una raja de queso y una cucharada de salsa. Doble la hoja de modo que el relleno quede cubierto por la masa, y pliegue la punta de la hoja hacia atrás.

Coloque los tamales de manera vertical en la parte superior de la vaporera. Tape bien y cuézalos durante aproximadamente 1¼ horas. Para comprobar que están bien cocidos, abra uno: la masa debe desprenderse completamente de la hoja. Deje los tamales en la vaporera hasta que se enfríen un poco para que queden más firmes, así será menos probable que se rompan cuando los sirva.

Puede congelar los tamales que sobren. Consulte en las páginas anteriores la nota sobre cómo guardar y recalentar tamales.

Tamales veracruzanos tipo ranchero

Señora Rosita de González. Veracruz

Algunas cocineras insisten en poner la carne cruda en estos tamales rancheros, otras afirman que la masa debe cocerse primero y ser mucho más gruesa. Y así prosigue una discusión interminable. Quizá involuntariamente, yo hago estos tamales más delicados de lo que deberían ser debido a su origen rústico, pero son absolutamente deliciosos.

Rinde unos 24 tamales de 8 cm de largo

La carne para el relleno

½ kg	de espaldilla o maciza de puerco con un poco de grasa, cortada en cubos de aproximadamente 75 mm
¼	de cebolla blanca toscamente picada
1	diente de ajo
	Sal al gusto

La salsa para el relleno

4	chiles anchos desvenados y sin semillas
1	chile chipotle seco o de lata
1	taza del caldo que reservó de la carne de cerdo
1	cucharada de cebolla blanca toscamente picada
1	diente de ajo toscamente picado
200 g	de jitomates asados (ver pág. 490)
1 ½	cucharadas de manteca de puerco o de aceite vegetal
	Sal al gusto

La masa

140 g	de manteca de puerco (alrededor de 1 cucharada copeteada)
½	taza del caldo de la carne, tibio
600 g	de masa para tamales o para tortillas
	Sal al gusto

Para armar los tamales

20	piezas de hoja de plátano de aproximadamente 23 por 18 cm (ver pág. 130)
5	hojas santas grandes, cada una cortada en cuatro pedazos

Ponga la carne, la cebolla, el ajo y la sal en una olla grande. Cubra la carne con agua, ponga la olla en el fuego y deje que rompa el hervor. Baje la lumbre y siga cocinando hasta que hierva suavemente durante unos 35 minutos. Deje que la carne se enfríe dentro del caldo, luego cuélela y reserve el caldo. Deben quedarle aproximadamente 2 tazas de caldo; si no, complete esa cantidad con agua.

Caliente un comal y ase los chiles ligeramente, volteándolos con frecuencia para que no se quemen.

Cubra los chiles con agua caliente y déjelos en remojo durante 10 minutos. Luego retírelos con una cuchara perforada y páselos al vaso de la licuadora. Añada ½ taza del caldo, la cebolla, el ajo, los jitomates y licúe hasta obtener una salsa lisa.

Caliente la manteca o el aceite en una sartén grande, añada la salsa de chile y cocínela durante unos 5 minutos, revolviendo de vez en cuando para que no se pegue. Añada sal al gusto.

Agregue la carne de puerco a la salsa junto con ½ taza del caldo y deje que la mezcla se cocine durante unos 5 minutos a fuego medio, hasta que esté bien sazonada y el líquido se haya reducido un poco. Añada sal al gusto y reserve.

Para preparar la masa, bata la manteca hasta que esté blanca y bien aireada (aproximadamente 5 minutos). Sin dejar de batir, agregue la masa a la manteca alternadamente con el resto del caldo. Ponga sal al gusto. Siga batiendo aproximadamente 5 minutos más. No intente hacer que un pedacito de masa flote (como comprobación de un buen batido), pues ésta es mucho más suave y tiene una consistencia más húmeda que la masa de los tamales comunes.

Pase las hojas de plátano por la lumbre para que se suavicen un poco. Unte 1 cucharada grande de la masa sobre un área de 10 por 8 cm y 75 mm de grosor. Ponga dos cubitos de carne y un poco de salsa en el centro de la masa. Coloque encima un pedazo de hoja santa. Doble los bordes de la hoja de plátano de manera que queden completamente cubiertos la masa y el relleno. Coloque los tamales en capas horizontales en la parte superior de la vaporera. Cúbralos con más hojas de plátano y luego ponga en la parte de arriba de la vaporera un trapo o una toalla gruesa. Selle bien la vaporera con su tapa. Cueza los tamales de la manera acostumbrada durante 1 hora.

Nota: Estos tamales se pueden congelar. Para recalentarlos, póngalos, todavía congelados, en una vaporera muy caliente y poco profunda durante unos 15 minutos.

Sopas

Recapitulando todas mis "experiencias soperas" a través de mis años de viajes, tengo la firme convicción de que a la hora de hacer sopa, ningún otro país está a la altura de México. Se trate de una sopa tradicional hecha de una manera específica con ingredientes también específicos o de una sopa hecha con lo que se tenga a mano, ¡los mexicanos no tienen igual!

Las recetas que siguen, así como las que están en mis otros libros, representan sólo un pequeñísimo ejemplo de los cientos de sopas regionales que constituyen una parte importante de una comida mexicana.

Sopa de tortilla

Centro de México

Cuando llegué a México en 1957, la sopa de tortilla era, indudablemente, la más popular de todas. Era bastante sencilla, pero deliciosa, con el distintivo sabor del epazote y de las buenas tortillas de maíz (antes de que la calidad de las tortillas comerciales cayera en picada). En esa época, los chiles secos eran más económicos y se ponía un chile pasilla entero —que se infla a la hora de freírlo— en cada plato de sopa. Con los años, esta sopa ha ido adquiriendo muchos adornos, según la imaginación de quien la prepare.

Rinde 6 porciones

	Aceite vegetal para freír
12	tortillas chicas, cortadas en tiras y puestas a secar
350 g	de jitomates asados (ver pág. 490)
¼	de taza de cebolla blanca toscamente picada
1	diente de ajo
6	tazas de caldo de pollo (ver pág. 496)
2	ramas grandes de epazote
3	chiles pasilla, fritos hasta que se doren y desmenuzados
6	cucharadas copeteadas de queso chihuahua rallado

Caliente el aceite en una cacerola y fría las tiras de tortilla hasta que estén ligeramente doradas, pero no muy crujientes. Escúrralas sobre papel absorbente. Elimine toda la grasa de la cacerola, excepto una cucharada.

Licúe los jitomates, la cebolla y el ajo hasta obtener una salsa lisa, y añádala al aceite. Fríala durante aproximadamente 5 minutos, hasta que esté bien sazonada y se haya reducido un poco.

Agregue a la salsa el caldo de pollo y deje que rompa el hervor. Ajuste la sazón. Añada las tiras de tortilla y cocínelas durante unos 3 minutos.

Justo antes de servir, incorpore el epazote. Cocine la sopa 1 minuto más. Sirva cada porción adornada con el chile desmenuzado y el queso rallado.

Nota: La base de la sopa puede prepararse con horas de anticipación, pero los pasos finales –añadir las tortillas y el epazote– deben hacerse unos minutos antes de servirla.

Sopa de bolitas de tortilla

Creo que la tentación sería comparar esta sopa con la de bolas de matzo, que pueden ser deliciosamente ligeras y delicadas. Las bolitas de esta sopa son mucho más sólidas, pues tienen una textura granulosa agradable y un delicado sabor a maíz. Es una sopa "familiar" muy popular en el centro y norte de México.

Rinde 6 porciones

La sopa

12 tortillas puestas a secar
½ taza de leche entera caliente
50 g de queso añejo, finamente rallado
1 huevo grande, bien batido
Sal al gusto
¼ de taza de leche entera fría
Manteca derretida o aceite vegetal para freír
6 tazas de caldo de pollo y jitomate (ver la receta para sopa de tortilla en la pág. 143)

Para servir

⅓ de taza de crema
Cilantro o perejil finamente picado

Despedace las tortillas y muélalas en seco hasta que tengan la consistencia de migajas finas de pan. Las 12 tortillas le rendirán aproximadamente 1 taza. Agregue la leche caliente, el queso, el huevo y la sal, y amase bien. Deje que la masa repose varias horas o refrigérela toda la noche para que las partículas de tortilla se suavicen.

Vuelva a amasar añadiendo la leche fría. Enrolle la masa uniformemente en una sola pieza; divídala en 12 piezas y, después, cada una en dos. Con cada una de las 24 unidades resultantes debe hacer una bolita de unos 2.5 cm de diámetro.

Caliente la manteca o el aceite en una cacerola y fría las bolitas muy suavemente, volteando de vez en cuando hasta que estén doradas (unos 5 minutos). Escúrralas bien. Ponga el caldo en el fuego y, cuando esté caliente, añada las bolitas, deje que rompa el hervor, luego baje el fuego y deje que el caldo hierva suavemente durante unos 2 minutos.

Sirva en platos hondos individuales –con cuatro bolitas por ración– y adorne cada uno con una cucharada de crema y un poco de cilantro picado.

Caldo de habas

Señora María Elena Lara. Hidalgo

Ésta es la sopa de habas secas más deliciosa que he comido. Incluso quienes dicen odiar el cilantro la comerán con gusto. De hecho, éste es un platillo de cuaresma en México, y una amiga mía se mostró muy sorprendida cuando la serví en un fresco y lluvioso día de verano.

Los tiempos de cocción fluctúan enormemente, desde luego, según la edad y la densidad de las habas. Asegúrese de comprar las habas peladas que tienen un color amarillo pálido. En el mercado venden unas sin pelar, de color café, que tardan siglos en cocerse y, además, a usted le toca el embrollo de pelarlas.

Rinde 6 porciones

250 g	de habas secas, peladas, de color amarillo
2	cucharadas de aceite vegetal
⅔	de taza de cebolla blanca toscamente picada
2	dientes de ajo toscamente picados
¼ kg	de jitomates finamente picados
10	tazas de agua caliente
10	ramas de cilantro toscamente picado
2	cucharaditas de sal, o al gusto

Para servir

6	cucharadas de aceite de oliva
2	chiles pasilla, fritos y desmenuzados (ver pág. 478)

Enjuague bien las habas, eliminando cualquier basurita.

Caliente el aceite en una olla gruesa y fría las habas junto con la cebolla y el ajo, hasta que estén ligeramente doradas y la cebolla y el ajo se acitronen. Añada los jitomates y fríalos a fuego alto, revolviendo constantemente, hasta que la mezcla esté casi seca (aproximadamente 3 minutos). Agregue el agua, el cilantro y la sal, y deje que la sopa se cocine a fuego lento hasta que las habas estén suaves y deshaciéndose (alrededor de 3½ horas; ver la nota superior).

Sirva cada plato con una cucharada de aceite de oliva y un poco de chile pasilla desmenuzado.

Nota: Esta sopa puede prepararse con varias horas de anticipación o incluso un día antes, pero como se espesa mucho, es necesario diluirla con agua o con caldo de pollo. Se puede congelar.

Sopa de pan

Señora María. Casa Blom, San Cristóbal de Las Casas, Chiapas

Entre las viejas familias de origen español que hay a lo largo de todo México, existen numerosas versiones de esta receta. En Chiapas siempre la preparan con motivo de una fiesta, y es probable que haya sido un platillo de vigilia hasta que se incorporó el caldo de pollo a la receta.

Hay que usar pan de sal, como una telera rebanada y puesta a secar a fin de que no absorba demasiada grasa al freírla, pero nada de pan de caja.

Rinde 6 porciones

4	tazas de cubos de pan duro (ver la nota previa)
½	taza de aceite vegetal, o más, si es necesario
120 g	de mantequilla sin sal
6	tazas de caldo de pollo (ver pág. 496)
120 g	de ejotes mondados y cortados en tercios
120 g	de zanahorias peladas y finamente rebanadas
6	ramitas de tomillo o ¼ de cucharadita de tomillo seco
	Sal al gusto
1	raja de canela de 5 cm
2	clavos enteros
10	pimientas negras
2	pimientas gordas
	Una pizca grande de azafrán
¼ kg	de papas peladas y cortadas en rebanadas de 1.5 cm de grosor
2	plátanos machos medianos, pelados, cortados en cuartos y luego en rebanadas de 8 cm
½ kg	de jitomates cortados en rebanadas gruesas
1	taza de cebolla blanca, cortada en rebanadas delgadas
2	dientes de ajo finamente picados
4	huevos cocidos, rebanados en 5 o 6 partes

Ponga a calentar el horno a 150 ºC.

Coloque los cubitos de pan en una charola para hornear, en una sola capa, y hornéelos hasta que estén crujientes por fuera, pero sin que se sequen por completo (de 20 a 30 minutos).

Caliente un poco de aceite en una sartén grande y derrita una porción de mantequilla. Fría los cubitos de pan hasta que se doren ligeramente, añadiendo más aceite y mantequilla conforme sea necesario (si agrega todo de una vez, los cubitos de pan absorberán toda la grasa y se harán aguados). Escúrralos y déjelos a un lado, reservando el aceite de la sartén.

Caliente el caldo de pollo y, cuando rompa el hervor, añada los ejotes y las zanahorias. Cuézalos a fuego lento hasta que estén apenas tiernos (entre 10 y 15 minutos). Cuélelos y resérvelos. Añada el tomillo, la sal y las especias al caldo y cocínelos suavemente durante 10 minutos más. Cuele el caldo y resérvelo; deben quedarle aproximadamente 5 tazas.

Recaliente el aceite en el que frio el pan, añada aproximadamente ½ taza de aceite, conforme sea necesario, y fría las rebanadas de papa por ambos lados hasta que estén bien doradas. Retire y cuele las papas. En el mismo aceite, fría las rebanadas de plátano macho hasta que estén doradas. Retire y escurra los plátanos. Fría las rebanadas de jitomate, la cebolla y el ajo, todo junto, hasta que estén suaves; luego retire y reserve.

Caliente el horno a 180 ºC. Engrase un refractario (lo ideal es que tenga 21.5 por 34 por 5 cm). Ponga en el refractario capas alternas de las verduras y de la mezcla de jitomate. Cubra con los cubitos de pan y termine con una capa de rebanadas de huevo cocido. Vierta el caldo encima y hornee durante aproximadamente 15 minutos.

Sirva de inmediato en platos hondos.

Nota: Los componentes de esta sopa pueden prepararse con anticipación y juntarlos justo antes de hornear. No debe congelarse.

Sopa aguada de fideo

Centro de México

Ésta es una de las sopas cotidianas favoritas de los mexicanos. Es tan económica como fácil de preparar. La he incluido por su enorme popularidad y porque con mucha frecuencia me piden una receta para hacerla, pero no es una de mis sopas preferidas.

La sopa se espesa considerablemente cuando reposa, de modo que, si la hace con anticipación, quizá sea necesario adelgazarla con un poco de caldo.

Rinde 6 porciones

3 o 4	cucharadas de grasa de pollo o de aceite vegetal
120 g	de fideo delgado (del que viene enroscado en nidos)
350 g	de jitomates muy maduros y toscamente picados
1	diente de ajo toscamente picado
¼	de taza de cebolla blanca toscamente picada
7	tazas de caldo ligero de pollo (ver pág. 496)
2	ramas de perejil

Caliente la grasa en una cacerola y agregue los nidos de pasta sin romperlos. Fríalos hasta que se doren, volteando constantemente para que no se quemen. Escurra toda la grasa de la cacerola, menos dos cucharadas.

Licúe los jitomates con el ajo y la cebolla hasta que tenga una mezcla lisa. Añádala a la pasta frita y continúe cocinando a fuego alto durante unos 4 minutos, revolviendo y raspando el fondo de la cacerola, hasta que la mezcla esté casi seca. Añada el caldo y el perejil, y deje que rompa el hervor. Baje la flama y hierva hasta que la pasta esté suave. Ajuste la sazón. Tarda aproximadamente 20 minutos en cocinarse y sazonarse bien.

Nota: Esta sopa puede prepararse con varias horas de anticipación.

Sopa de lentejas estilo Querétaro

Señoras Obdulia y Ana María Vega. Querétaro

Un verano, cuando renté una casa, me deleitó enterarme de que las muchachas que me ayudaban con los quehaceres domésticos provenían de una pequeña comunidad rural de Querétaro. Les encantaba hacerme de comer platillos campesinos muy sencillos; éste es uno de ellos.

Los tiempos de cocción varían según la sequedad de las lentejas. Si la sopa se espesa demasiado, dilúyala con agua o caldo de pollo.

Rinde 6 porciones

120 a 180 g de lentejas pequeñas de color café (½ taza copeteada)
6 tazas de agua
¼ kg de nopales (unos 3 medianos) limpios (ver pág. 495) y cortados en cuadritos
Sal al gusto
1 cebollita de cambray, con todo y la parte verde, partida en cuatro
¼ kg de jitomates toscamente picados
1 diente de ajo toscamente picado
2 cucharadas de aceite vegetal
¼ de taza de cebolla blanca finamente picada
1 chile jalapeño o 2 chiles serranos
1 taza de caldo de pollo (ver pág. 496)
3 ramas grandes de cilantro

Enjuague bien las lentejas y cuélelas. Póngalas en el fuego en una olla con 6 tazas de agua fría. Deje que rompa el hervor, luego baje la flama y cuézalas a fuego lento hasta que estén suaves.

En otra olla, cubra los cuadritos de nopal con agua fría, añada ½ cucharadita de sal y la cebollita de cambray, y hierva lentamente hasta que estén apenas suaves (unos 15 minutos). Enjuáguelos con agua fría y cuélelos, eliminando la cebolla.

Licúe los jitomates con el ajo hasta que tenga una salsa lisa. Reserve.

Caliente el aceite en una sartén y fría suavemente la cebolla y el chile, a fuego lento, sin dorarlos, hasta que se acitronen. Añada el puré de jitomate y fríalo otros 3 minutos a fuego alto, revolviendo constantemente, hasta que la mezcla esté casi seca. Agréguela a las lentejas, junto con el caldo de pollo y los nopales. Tape la olla y cocine la sopa a fuego lento durante aproximadamente 20 minutos. Luego añada el cilantro y cocine 1 minuto más. Agregue sal al gusto.

Nota: Esta sopa puede prepararse con varias horas de anticipación.

Sopa de poro

Señora Domitila Santiago de Morales (†). Oaxaca

Esta receta es muy interesante y deliciosa: ¡la señora Domitila nunca me falló! Sólo he cambiado la receta en un aspecto: primero frío los poros, en tanto que ella los hervía. Yo creo que fritos tienen más sabor. Doña Domitila nunca supo decirme el origen de esta receta.

Rinde 6 porciones

- 2 cucharadas de mantequilla sin sal
- 2 cucharadas de aceite vegetal
- 4 tazas de poros finamente picados, usando sólo la parte blanca y la parte verde que está tierna
- ¼ de taza de perejil finamente picado
- 6 tazas de caldo ligero de pollo
- 5 huevos cocidos
- Sal y pimienta recién molida, al gusto

Para adornar

Croutones de pan frito o tiritas de tortilla fritas (ver pág. 122).

Caliente la mantequilla con el aceite en una olla grande y pesada. Fría los poros y el perejil lentamente hasta que estén apenas suaves, sin dorarlos (aproximadamente 8 minutos). Agregue 5 tazas del caldo de pollo y cueza la sopa a fuego medio, hasta que los poros estén tiernos (unos 8 minutos).

Pele los huevos y separe las claras de las yemas. Pique las claras y reserve. Licúe las yemas con el resto del caldo hasta que tenga una mezcla lisa y añádala, junto con las claras picadas, a la sopa. Sazone y cocine 10 minutos más, o hasta que los poros estén completamente suaves y bien sazonados.

Sirva la sopa con los *croutones* o con las tiritas fritas de tortilla.

Nota: Esta receta puede prepararse con 4 horas de anticipación.

Sopa verde de elote

San Luis Potosí

Con toda su gama de distintos sabores, esta extraña y deliciosa sopa proviene del volumen *Mi libro de cocina*, publicado en San Luis Potosí en 1965.

Rinde 6 porciones

¼	de taza de mantequilla sin sal
½	taza de cebolla blanca finamente picada
2	dientes de ajo finamente picados
⅔	de taza de tomates verdes, cocidos y colados (ver pág. 491)
4 ½	tazas de granos de elote
5	tazas de caldo de pollo
⅔	de taza de chícharos frescos o congelados
6	ramas grandes de cilantro
2	chiles poblanos pequeños, asados y pelados (ver pág. 474)
3	hojas grandes de lechuga romana toscamente picada
1	cucharadita de sal, o al gusto

Para servir

6	cucharadas de crema y pedacitos de tortilla frita (ver pág. 122)

Derrita la mantequilla en una olla grande y fría la cebolla y el ajo hasta que se acitronen.

Licúe los tomates verdes hasta que tengan la consistencia de un puré. Añádalos a la cebolla y fríalos a fuego alto durante unos 3 minutos, revolviendo constantemente.

Ponga los granos de elote en el vaso de la licuadora (añadiendo ⅓ de taza a la vez), junto con 2 tazas del caldo de pollo, además de los chícharos, el cilantro, los chiles y la lechuga. Licúe hasta que la mezcla esté bastante lisa. Cuele este puré con un colador mediano, luego viértalo en la olla y cocínelo a fuego muy alto durante unos 3 minutos, revolviendo y raspando el fondo de la olla constantemente, ya que la sopa tiende a pegarse. Añada el resto del caldo y la sal, y cocine la sopa a fuego lento hasta que se espese y se sazone bien (alrededor de 20 minutos).

Sirva en platos hondos con una cucharada grande de crema. Coloque pedacitos de tortilla frita en cada plato.

Nota: Esta sopa puede hacerse con anticipación y también congelarse. Al descongelarla, licúela unos segundos antes de calentarla.

Sopa de elote

Centro de México

Ésta es una sopa reconfortante y deliciosa. Es importante usar elotes muy frescos y tiernos. Por ningún motivo use elote de lata, ya que está previamente cocido.

Rinde 6 porciones

4	tazas de granos de elote
1	taza de agua
¼	de taza de mantequilla
3 ½	tazas de leche o de caldo de pollo
½	cucharadita de sal, o al gusto
2	chiles poblanos asados, pelados, limpios, cortados en cuadritos y ligeramente fritos (ver pág. 474)
6	cucharadas de queso fresco desmoronado
6	tortillas pequeñas, cortadas en cuadritos, puestas a secar y luego fritas como totopos (ver pág. 122)

Licúe los granos de elote con el agua hasta obtener un puré liso. Cuélelo con un colador mediano.

Derrita la mantequilla en una olla grande, pero no deje que se caliente demasiado.

Añada el puré de elote y déjelo cocinar a fuego medio durante unos 5 minutos, revolviendo todo el tiempo.

Añada la leche, o el caldo, y la sal, y espere a que rompa el hervor. Baje la flama y deje que la sopa hierva suavemente durante unos 15 minutos, revolviendo de vez en cuando para que no se pegue. A estas alturas, la sopa debe haberse espesado un poco.

En cada plato hondo, ponga aproximadamente ½ cucharada de cuadritos de chile poblano y 1 cucharada de queso desmoronado. Vierta encima la sopa y adórnela con los cuadritos de tortilla frita.

Sopa de elote y rajas

Señor Cantú. Centro de México

Rinde 6 porciones

¼ kg	de jitomates asados (ver pág. 490)
2	cucharadas de cebolla blanca toscamente picada
3	chiles poblanos pequeños, asados, pelados, limpios, desvenados y sin semillas (ver pág. 474)
3	cucharadas de mantequilla
3 ¾	tazas de granos de elote
3	tazas de leche entera
	Sal al gusto
6	cucharadas copeteadas de queso fresco desmoronado

Licúe los jitomates y la cebolla. Reserve.

Corte los chiles limpios en rajas delgadas. Derrita la mantequilla en una olla grande y fría los chiles suavemente durante unos 2 minutos; no deben dorarse. Añada los jitomates licuados a las rajas de chile y cocine durante unos 5 minutos a fuego medio, hasta que la salsa se haya reducido un poco.

Licúe 3 tazas de granos de elote con la leche, hasta obtener una consistencia muy lisa. Probablemente necesitará hacerlo en dos tandas. Pase la mezcla de elote por un colador mediano y, poco a poco, incorpórela a la salsa de tomate, sin dejar de menear.

Agregue el resto de los granos de elote y sal. Cocine la sopa a fuego muy bajo —debe hervir suavemente— durante unos 15 minutos.

Añada un poquito de queso a cada plato hondo antes de verter la sopa.

Crema de flor de calabaza

Centro de México

Durante las lluvias de verano, las plantas de calabacita están en su apogeo y cada mañana llegan al mercado gigantescas canastas llenas de sus flores. Lo mejor es apresurarse de vuelta a casa y cocinarlas mientras todavía estén totalmente abiertas y tengan un delicado perfume (para saber cómo preparar las flores antes de cocinarlas, ver la pág. 494). En México, las flores que se llaman "de calabaza" en realidad son las flores de la calabacita india, que son las que tienen los pétalos amarillos más grandes de todas: 50 flores pesan aproximadamente ½ kg después de limpiarlas, al menos en Michoacán. Las que llegan a la Ciudad de México por lo regular son más pequeñas.

Rinde 6 porciones

3	cucharadas de mantequilla sin sal
⅓	de taza de cebolla finamente picada
1	diente de ajo toscamente picado
½ kg	de flores de calabaza india, limpias y finamente picadas (8 tazas, apretadas)
	Sal al gusto
3 ½	tazas de caldo ligero de pollo (ver pág. 496)
⅔	de taza de crema
	Sal al gusto
	Las flores que reservó (½ taza)
2	chiles poblanos asados, pelados, limpios, cortados en cuadritos y ligeramente fritos (ver pág. 474)

Derrita la mantequilla en una cacerola honda. Añada la cebolla y el ajo, y fríalos ligeramente hasta que se acitronen, sin dorarlos. Añada las flores picadas y sal. Tape la olla y cocínelas a fuego lento hasta que estén bastante suaves (de 10 a 15 minutos). Aparte ½ taza rasa de flores.

Licúe las flores restantes con 1½ tazas del caldo y agregue esta mezcla a la olla. Añada el caldo restante y cocine a fuego bajo durante unos 8 minutos.

Incorpore la crema y caliente la sopa suavemente hasta que hierva con lentitud. Ajuste la sazón y sirva adornando cada plato con las flores que reservó y las rajas de chile.

Sopa de aguacate

Centro de México

Esta delicada y sencilla sopa de color verde pálido puede servirse fría o caliente. Sin embargo, mucho dependerá de la calidad de los aguacates, los cuales deben estar frescos y cremosos. Aunque yo prefiero adornarla simplemente con chile chipotle y cuadritos de tortilla fritos, hay innumerables maneras de hacerlo.

Rinde 6 porciones

2 aguacates grandes, o los necesarios para obtener 2 tazas de pulpa

6 tazas de caldo de pollo bien sazonado (ver pág. 496)

Cuadritos de tortilla, fritos como para totopos (ver pág. 122)

Chiles chipotle adobados y despedazados

Corte los aguacates por la mitad. Elimine el hueso y retire la pulpa con una cuchara o solamente exprima la pulpa.

Ponga 2 tazas del caldo en el vaso de la licuadora, añada la pulpa de aguacate y licúe hasta obtener un puré liso. Agréguelo en una olla al resto del caldo y caliente la sopa ligeramente. No deje que hierva.

Sirva la sopa de inmediato, adornada con los cuadritos de tortilla frita y los pedacitos de chile chipotle.

Sopa de ajo y migas

Señora María Elena Lara. Hidalgo

Si se preparan como lo describo abajo, los huevos formarán hebras como los de la sopa de nido de golondrina.

Rinde 6 porciones

6	rebanadas gruesas de pan tipo francés o pan de sal duro
⅓	de taza de aceite de oliva o vegetal
4	dientes de ajo rebanados
6	tazas de caldo fuerte de pollo (ver pág. 496)
2	huevos grandes
2	ramas grandes de epazote
	Sal al gusto, si es necesaria
	Las venas de 3 chiles pasilla ligeramente tostadas

Caliente el horno a 150 ºC.

Ponga las rebanadas de pan, en una sola capa, sobre una charola para hornear y hornéelas hasta que estén crujientes por fuera, pero sin que se sequen por completo (alrededor de 30 minutos).

Caliente un poco de aceite en una sartén gruesa y fría el pan por ambos lados hasta que esté crujiente y dorado; añada más aceite si es necesario. Escúrralo sobre toallas de papel absorbente y reserve.

Agregue o complete 1 cucharada de aceite en la sartén y, más que freír, cocine el ajo a fuego bajo para que el aceite se impregne con su sabor. Retire el ajo y elimínelo. Vierta un poquito de caldo en la sartén, revuelva y añada al resto del caldo en una olla.

Caliente el caldo hasta que hierva a fuego bajo. Bata los huevos ligeramente con una cucharadita de aceite (ver la nota superior) y, sin dejar de revolver con un movimiento circular, añada esa mezcla al caldo. Agregue el epazote y hierva suavemente hasta que los huevos se cuajen. Ajuste la sazón. Añada el pan frito y cocine a fuego bajo durante medio minuto, no más.

Sirva la sopa en platos hondos, con un *crouton* en cada plato, y adórnelo con las venas de chile al gusto.

Caldo tlalpeño

Ciudad de México

Nadie ha sabido decirme cómo ocurrió que este caldo adquiriera su nombre por Tlalpan, una comunidad que antes estaba en las afueras de la Ciudad de México, pero que ha quedado absorbida por la incontenible urbanización. Tlalpan era uno de los paseos domingueros preferidos para ir a comer barbacoa y carnitas. Es muy factible que el caldo tlalpeño se sirviera en las pulquerías de Tlalpan, y es que, probablemente, muchas sopas y antojitos mexicanos se inventaron en las pulquerías y cantinas.

Desde luego, existen muchas variaciones de esta receta, pues hay quien le agrega arroz en vez de garbanzos, por ejemplo. Se estila servir una pieza completa de pollo en cada plato, pero para los no iniciados, resulta más difícil comerlo así. Por lo tanto, aquí uso pollo deshebrado.

Rinde 6 porciones

¼ kg	de ejotes
120 g	de zanahorias (unas 2 piezas medianas)
120 g	de jitomate toscamente picado
2	cucharadas de cebolla blanca toscamente picada
1	diente de ajo toscamente picado
1	cucharada de manteca o de aceite vegetal
6	tazas de caldo de pollo (ver pág. 496)
½	taza de garbanzos cocidos y pelados
2	ramas grandes de epazote
2	chiles chipotles, secos o de lata, cortados en rajitas
1	taza de pollo cocido y deshebrado (ver pág. 496)
1	aguacate en cubitos
6	cuartos de limón

Monde los ejotes y córtelos a la mitad. Monde y pele las zanahorias y córtelas en rodajas. Licúe los jitomates, la cebolla y el ajo. Caliente la manteca o el aceite en una sartén mediana y añada los ingredientes licuados. Cocínelos a fuego medio durante unos 3 minutos.

Caliente el caldo de pollo en una olla grande. Añada las verduras, los garbanzos y la mezcla de jitomate, y cocine todo a fuego medio hasta que las verduras estén suaves (unos 15 minutos).

Agregue el epazote y los chiles, y cocine 5 minutos más.

Sirva la sopa en platos hondos, añadiendo un poco de pollo deshebrado y adornando con el aguacate. Los cuartos de limón se ponen por separado.

Nota: Esta sopa puede prepararse con varias horas de anticipación, sólo hay que dejar pendientes el epazote y los chiles para agregarlos antes de servir.

Sopa tarasca tipo conde

Señora Beatriz de Dávalos (†). Morelia

Hace muchos años, cuando estaba haciendo la investigación para la primera edición de este libro, tuve la fortuna de conocer y aprender de una de las cocineras más sobresalientes de aquella época: doña Beatriz de Dávalos. Ella me hizo descubrir esta sopa, así como muchas otras recetas regionales de la zona de Morelia. Hoy en día es más probable que cuando pida una sopa tarasca le sirvan algo más parecido a una sopa de tortilla, pero esta sopa es tipo conde, lo que significa que está espesada con puré de frijol. Es deliciosa y llenadora, ideal para un día de frío.

Rinde 6 porciones

¼ kg	de frijoles cocidos flor de mayo o bayos, con su caldo
½ kg	de jitomates asados (ver pág. 490)
1	diente de ajo
2	cucharadas de cebolla blanca toscamente picada
3	cucharadas de manteca o de aceite vegetal
2 ½	tazas de caldo de pollo o de cerdo (ver págs. 496 y 497)
	Sal, la necesaria
¼	de cucharadita de orégano
200 g	de queso fresco en rebanadas delgadas
3	chiles anchos, sin semillas y cortados en rajas delgadas y fritas
3	tortillas chicas, cortadas en tiras que se ponen a secar, y fritas como para totopos (ver pág. 122)
	Crema (ver pág. 489)

Licúe los frijoles con su caldo hasta que logre una consistencia lisa y páselos a una olla grande y gruesa.

Licúe los jitomates, el ajo y la cebolla hasta obtener una salsa tersa. Derrita la grasa en una cacerola y cocine la mezcla de jitomate a fuego alto durante unos 5 minutos. Luego incorpórela al puré de frijol y cocine a fuego medio alrededor de 8 minutos, sin dejar de revolver.

Añada el caldo y deje que la sopa se cocine otros 5 minutos a fuego lento. Agregue sal al gusto y, al final, el orégano, justo antes de servir.

En cada plato hondo ponga unos pedacitos de queso. Vierta encima la sopa caliente y adórnela con los chiles, tiras de tortilla y una cucharada de crema.

Nota: Si se deja reposar, esta sopa se espesa mucho, por lo que debe diluirse con caldo o agua. Se puede congelar.

Sopa de lima

Señora Bertha López de Marrufo. Yucatán

La sopa de lima es la sopa de Yucatán. Recibe su nombre por la lima agria (ver pág. 492), que es distinta del limón. Su jugo y su cáscara dan a la sopa un sutil sabor y una ligera astringencia. Aun en el clima más caluroso, le servirán un plato humeante al que, en el último minuto, se añaden las tiras de tortilla acabadas de freír, que chisporrotean en el plato.

Esta receta es para hacer una sopa un poco más refinada que la que se ofrece en los restaurantes.

Rinde 6 porciones

8	tazas de agua
10	dientes de ajo asados (ver pág. 491)
¼	de cucharadita de orégano tostado
6	pimientas negras
	Sal al gusto
4	mollejas de pollo
2	pechugas de pollo con piel y hueso
6	hígados de pollo
1 ½	cucharadas de manteca o de grasa de pollo
⅓	de taza de cebolla blanca finamente picada
¼	de taza de chile dulce o pimiento verde, finamente picado
250 g	de jitomates finamente picados
½	lima agria o sustituto
	Aceite vegetal para freír
12	tortillas cortadas en tiras, puestas a secar

Para servir

½	taza de cebolla blanca finamente picada
⅓	de taza de chiles habaneros asados y finamente picados
6	rebanadas delgadas de lima agria

Ponga a calentar el agua en una olla. Añada el ajo, el orégano, las pimientas y la sal. Deje que rompa el hervor y cocine aproximadamente 10 minutos. Agregue las mollejas y cocine 15 minutos más. Añada las pechugas de pollo y permita que se cocinen por unos 15 minutos más.

Incorpore los hígados y cocine 10 minutos más, o hasta que todo esté bien cocido. Cuele las carnes, apartando el caldo. Retire el hueso y la piel de la pechuga, y deshebre la carne. Pique las mollejas y los hígados, y guárdelos para que se mantengan calientes.

Caliente la manteca o la grasa en una sartén y acitrone la cebolla y el pimiento hasta que estén suaves, pero no dorados. Agregue los jitomates y cocínelos a fuego medio durante 5 minutos. Añada el caldo y deje que hierva suavemente, sin tapar, durante otros 5 minutos. Agregue la sal necesaria. A cada plato sopero, ponga un poco de las carnes picadas y deshebradas.

Exprima el jugo de ½ lima agria en el caldo y agregue la cáscara a la olla, pero sólo durante unos segundos; después retírela. Conserve el caldo caliente mientras prepara las tortillas.

Caliente aceite en una sartén y fría las tiras de tortilla hasta que estén crujientes. Escúrralas sobre papel absorbente. Sirva la sopa mientras todavía están calientes y ponga unas cuantas en cada plato: deben sisear.

Por separado, pase la cebolla picada, los chiles y las rebanadas de lima.

Caldo de queso sonorense

Señora Consuelo M. Martínez. Hermosillo, Sonora

La primera vez que probé esta sencilla sopa campesina en Hermosillo, Sonora, las papas estaban cortadas en cubos grandes y el queso provenía de una pieza redonda enorme. Era queso casero, de un rancho cercano; era quebradizo, ligeramente ácido y sabía a crema pura. Se derretía de inmediato en el caldo caliente.

Rinde 6 porciones

350 g	de papas
5	tazas de caldo de res
½ kg	de jitomates grandes
2	cucharadas de aceite vegetal
⅓	de taza de cebolla blanca en rebanadas
1	diente de ajo pequeño finamente picado
1	chile anaheim o verde del norte, asado y pelado
	Sal al gusto
12	tiras de queso fresco o chihuahua

Pele las papas y córtelas en cubos de 2.5 cm. Ponga el caldo en el fuego hasta que rompa el hervor, agregue las papas y deje que se cuezan a fuego medio durante 10 minutos. Deben quedar apenas cocidas.

Corte una rebanada delgada de la parte superior de cada jitomate y ralle la pulpa en el lado grueso del rallador. En muy poco tiempo, la piel del jitomate quedará aplanada en su mano. No olvide rallar la pulpa de las rebanadas que quitó a los jitomates.

Caliente el aceite en una sartén grande y acitrone la cebolla y el ajo, sin dorarlos, hasta que estén translúcidos. Agregue la pulpa del jitomate y cocine la salsa a fuego alto durante 5 minutos. A estas alturas, habrá espesado un poco y estará bien sazonada. Añada esta salsa al caldo y las papas.

Elimine las semillas del chile y córtelo en rajas. Incorpórelas al caldo y deje que se cocinen a fuego medio durante 5 minutos. Añada sal si es necesario. Finalmente, agregue el queso justo antes de servir. Sirva la sopa mientras el queso se derrite.

Consomé de camarón seco

Señora Clara Zabalza de García. Guadalajara, Jalisco

Ésta es una sopa con un sabor acentuado maravilloso, ligeramente picoso. La señora Zabalza de García dice que ella la sirve en tacitas antes del platillo fuerte, el caldo *michi* (ver pág. 161). Es ideal para días de frío, para cerrar una larga noche o para darle un empujoncito a una aburrida dieta baja en calorías.

Rinde 6 porciones

250 g	de camarón seco (ver pág. 495)
4 a 5	tazas de agua
6	chiles cascabel
1	chile mulato
1	diente de ajo entero

Para servir

Cilantro toscamente picado
Cebolla blanca finamente picada
Cuartos de limón

Enjuague los camarones enteros con agua fría y escúrralos. Cúbralos con 2 tazas de agua, ponga a calentar y deje que rompa el hervor. Cuézalos 1 minuto, luego retírelos del fuego y manténgalos en remojo durante otros 5 minutos; no más, porque perderán su sabor. Cuele los camarones y reserve el agua en la que los coció.

Elimine los tallos, las venas y las semillas de la mitad de los chiles. Póngalos en una olla, cúbralos con agua y hiérvalos suavemente durante 5 minutos, o hasta que estén tiernos (el tiempo varía según qué tan secos estén). Retírelos del fuego y deje que se remojen otros 5 minutos. Escúrralos y elimine el agua de la cocción. Póngalos en el vaso de la licuadora con 1 taza de agua fresca y el ajo. Licúe hasta que estén lisos.

Limpie los camarones: quíteles las patas, las colas y las cabezas, y apártelas. Divida los camarones limpios en dos partes. Pique o troce toscamente la primera parte y resérvela. Pase al vaso de la licuadora la otra mitad, junto con los desechos de los camarones que limpió. Agregue el agua de la cocción y licúe hasta que la mezcla esté lo más lisa posible.

Ponga la salsa de chile y los camarones licuados en una olla grande y gruesa, y déjelos hervir suavemente. Cuézalos, sin dejar de revolver y de raspar el fondo de la olla, durante unos 3 minutos. Agregue 1 taza de agua y espere a que vuelva a romper el hervor ligeramente. Siga cocinando a fuego lento durante 5 minutos. Cuele la mezcla con un colador fino. Agregue los pedacitos de camarón y cocine otros 5 minutos, no más. La sopa debe estar bastante espesa, pero puede diluirla con agua si lo prefiere.

Sirva este consomé en tacitas y ponga los adornos por separado.

Nota: Puede preparar este consomé con varias horas de anticipación y también puede congelarlo.

Caldo michi

Señora Clara Zabalza de García. Guadalajara, Jalisco

El lago de Pátzcuaro, en el estado de Michoacán, y el lago de Chapala, en el estado de Jalisco, son dos de los más grandes de México. Ambos tienen su propia versión de una sopa de pescado y verduras que se llama caldo *michi* (la palabra *michi* significa pescado en purépecha) y se prepara con el pescado que se encuentra en el lago: bagre, carpa o el inigualable pescado blanco, con su cabeza puntiaguda y su carne transparente con una ancha franja plateada en cada lado.

Por lo general, se usa el pescado entero por lo gelatinoso de la cabeza, que le añade sustancia al caldo (si le da escalofríos la sola imagen, puede omitirla, pero no deje de usar la piel o el hueso de las rebanadas de pescado).

Para preparar el caldo *michi*, no haga primero un caldo con las cabezas, como lo haría con casi todos los guisados de pescado. Ya lo intenté y no funciona, quizá debido a que, con contadas excepciones, este tipo de pescado de agua dulce no tiene un sabor particularmente bueno. Los lugareños usan caldo de pollo.

De las numerosas recetas para hacer caldo *michi* que me han dado, elegí la de la señora Zabalza de García. Me gusta mucho más el sabor de su sopa. Al comentarle sobre la comida regional, encontré que tiene un gran respeto por los métodos tradicionales de cocina, así como por el uso de ingredientes frescos. Cada año, ella elabora sus propios chiles y frutas con vinagre de piña hecho en casa, que usa en ésta y otras recetas.

Rinde 6 porciones

1 ¼ kg	de bagre o carpa, enteros
	Sal y pimienta recién molida, al gusto
¼	de taza de aceite vegetal
300 g	de jitomates rebanados
½	taza de cebolla blanca en rebanadas delgadas
3	dientes de ajo enteros
8	tazas de caldo de pollo (ver pág. 496)
3	zanahorias medianas, peladas y rebanadas
2	calabacitas mondadas y cortadas en rodajas
¼	de cucharadita de orégano
3	chiles jalapeños en escabeche toscamente picados
⅔	de taza de frutas en vinagre
8	ramas grandes de cilantro toscamente picado

Enjuague y seque bien el pescado. Córtelo en rebanadas de 2.5 cm de grosor y, si usa la cabeza, córtela en cuatro. Sazone con sal y pimienta.

Caliente el aceite en una olla grande y gruesa, y fría las postas de pescado muy ligeramente: la carne debe apenas tornarse opaca. Retire del fuego y reserve.

En el mismo aceite fría los jitomates, la cebolla y el ajo hasta que la cebolla se acitrone y la mezcla tenga una consistencia mediana. Añada el caldo, las zanahorias, las calabacitas, el orégano, los chiles y las frutas en vinagre, y cueza hasta que las verduras estén apenas tiernas (aproximadamente 20 minutos). Agregue las postas de pescado y deje que rompa un hervor suave hasta que la carne se desprenda limpiamente del hueso (alrededor de 10 minutos).

Retire la olla del fuego y añada el cilantro picado. Sirva la sopa acompañada de tortillas recién hechas.

Nota: Esta sopa puede prepararse con algunas horas de anticipación, pero agregue las postas de pescado unos 10 minutos antes de servir.

Caldo de piedra

Oaxaca

Hace muchos años, durante uno de mis primeros viajes a Oaxaca, unos amigos que viven allá me hablaron de un método para cocinar que resultaba ser toda una sorpresa culinaria prehispánica, pero me dijeron que tenía que verlo con mis propios ojos. No fue sino hasta cuando atravesaba Tuxtepec, de camino a Veracruz, que tuve tiempo de desviarme a Usila, un lugar famoso por su singular modo de guisar el pescado en caldo de piedra. Este poblado, pequeño y aislado, queda cerca del río del mismo nombre, el cual serpentea a través de un valle separado por una serranía.

No había tiempo suficiente para ir en autobús porque es un viaje de varias horas por un camino rocoso y difícil que, en época de lluvias, se vuelve prácticamente intransitable. Sin embargo, con la ayuda de *Relámpago Negro*, un taxista de Tuxtepec, por fin encontré a alguien que me llevara en su camioneta de redilas —en la que por lo general transporta a diez personas para salir de Tuxtepec— por una cantidad bastante respetable de dinero pues, según él, ¡las llantas de la camioneta se desgastan en tres meses!

Fue un viaje espectacular. La exuberante vegetación parecía cerrarse sobre nosotros a medida que la camioneta avanzaba con lentitud a lo largo de un camino rocoso y lleno de zanjas. En cierto momento, pasamos bajo un arco natural de enormes rocas colgantes, densamente festonadas con enredaderas tropicales. Pero conforme iniciamos el descenso apareció una curva abrupta y, de pronto, se reveló el magnífico panorama del valle que estaba a nuestros pies, y en el que el río Usila serpenteaba en dramáticas curvas.

Para entonces ya casi era mediodía. No pensé que hubiera tiempo suficiente para que me prepararan el caldo de piedra. Pero en México nunca hay que darse por vencido... no sé cómo, siempre hay una manera de hacer las cosas. Y la hubo.

Resultó un poco decepcionante no ir a pescar y que me cocinaran el pescado justo allí, a la orilla del río, pero el propietario de un restaurantito local se ofreció a prepararlo. En su cocina había una fogata viva de leña sobre una superficie elevada de adobe que servía de estufa. A las cenizas les agregaron unas piedritas de río. Nuestro anfitrión, el señor Gachupín, preparó un guaje para cada uno de nosotros, dentro del cual puso rebanadas de jitomate, cebolla blanca, chile jalapeño, cilantro y, encima de eso, cinco pequeños langostinos del río; se disculpó por no tener pescado. Luego añadió agua casi hasta el tope de cada guaje. Con unos palos que sirvieron como pinzas, retiró las piedras una a una; ya estaban al rojo vivo y las dejó caer en los guajes. Se escuchó el feroz siseo del agua, que hirvió como si fuera un géiser, y luego se formó espuma en la superficie. En unos 3 minutos, todos los ingredientes estaban cocidos en un fragante caldo. Hizo lo mismo con el resto y después recalentó unas tortillas de maíz recién hechas colgándolas de dos varas, sobre el fuego.

Fue una de las comidas más inolvidables que he tenido y platicamos durante todo el camino de regreso a Tuxtepec. Esta vez, en la camioneta de redilas nos acompañó una familia de cuatro miembros que viajó en la parte de atrás, lo que sirvió de contrapeso para enfrentar el empinado camino de vuelta. Y esta familia resultó ser de gran utilidad. Había tratado hasta el cansancio de conseguir una planta silvestre que se llama *xonequi* (conocida ahí como "quiebraplatos") para llevarla a una clase que impartiría en Veracruz al día siguiente, y ¡allí estaba!: trepada sobre unos arbustos que flanqueaban el camino. Todos se bajaron de la camioneta para ayudarme y, en poco tiempo, tenía una gran cantidad de hojas, suficientes para la clase.

Caldos sustanciosos

Estas recetas, de distintas regiones de México, representan sólo algunos de los guisados populares o caldos sustanciosos, como yo los llamo, que en sí mismos constituyen una comida completa. En Jalisco, el pozole se come a la hora de la cena, mientras que en Guerrero se le considera una comida matinal o del mediodía. El mole de olla y la gallina pinta son platillos principales para la comida, en tanto que el menudo se come por la mañana y constituye un guiso imprescindible para el Año Nuevo o para curar una cruda cualquier día del año.

Preparación del maíz para pozole, menudo y gallina pinta

Por lo general —aunque hay unas cuantas excepciones— el maíz que se usa para pozole tiene un grano muy blanco y ancho, y no tan duro como los otros tipos de maíz. Se llama cacahuazintle o maíz pozolero. Se puede comprar en dos formas: descabezado o entero.

En el primer caso, el pedúnculo (la parte que se adhiere al olote) es cortado con una máquina (que a veces corta hasta la mitad del grano), lo que ahorra un poco de trabajo. Pero si compra el maíz entero, después de nixtamalizarlo (ver pág. 71) hay que quitar el pedúnculo a mano para que se abra o "floree", como dicen las cocineras.

En los supermercados se venden bolsas de maíz para pozole ya preparado, pero no tiene el mismo sabor que el que se hace en casa.

Si puede hacerlo, remoje ½ kg de maíz en agua fría durante toda la noche. Este paso no es esencial, pero sí ayuda a reducir el tiempo final de cocción. Elimine cualquier partícula que flote en el agua y luego cuele el maíz.

Ponga a cocer el maíz en una olla profunda inoxidable, cúbralo con agua, añada 1 cucharada de cal en polvo y deje que rompa el hervor: se tornará de color amarillo. Siga cociéndolo, sin tapar y a fuego lento, durante aproximadamente 15 minutos. Retírelo del fuego y deje que se enfríe y se remoje durante unos 20 minutos. Cuando esté lo suficientemente frío como para que pueda tocarlo con las manos, enjuáguelo con agua fresca y talle los granos entre sus manos hasta que se desprendan las cascaritas, que son ligeramente viscosas. Habrá de cambiar el agua varias veces para que el maíz quede limpio y blanco. Con un cuchillo para mondar —o con sus uñas, si son lo suficientemente duras—, quite los pedúnculos de la parte superior de los granos.

Vuelva a poner los granos limpios en la olla y cúbralos con agua suficiente como para que rebase el nivel del maíz al menos por 8 cm; es un poco difícil porque los granos tienden a flotar. Cuézalos a fuego medio y tapados, hasta que se abran como flor. Tardan aproximadamente 3 horas, según la edad y el grado de humedad del maíz. Añada sal al gusto. Algunas cocineras ponen la sal al principio, otras dicen que esto impide que el maíz floree. Yo tiendo a usar un método u otro, y no he notado ninguna diferencia significativa.

Es posible que en algunas tiendas de México le ofrezcan un maíz para pozole de tono rojizo, pero le advierto que se necesitan muchas más horas para cocerlo. El maíz enlatado para pozole debe usarse sólo como último y desesperado recurso. Es demasiado suave e insípido, por no mencionar que debe tener conservadores.

Menudo colorado norteño

Señora Bertha González de Morales. Nuevo León

En Nuevo León, el menudo se prepara en un caldo color rojo, teñido con chile ancho y guajillo, o puede ser blanco. Es un plato sustancioso, pero aquí está fortificado con el maíz, que se cuece hasta que "florea", como se dice en México. La preparación del maíz se detalla en la página anterior.

El menudo es indispensable para los trasnochados del Año Nuevo o para el almuerzo de los domingos. Es un hecho que las enzimas que contiene la panza ayudan a curar la cruda y, según me han dicho, también la úlcera.

Vale la pena que, ya que lo va a preparar, haga bastante, no sólo porque se congela muy bien, sino porque, al parecer, el sabor del menudo y del pozole mejora cuando se cocina en grandes cantidades.

Las cocineras tradicionales prefieren cocer el menudo toda la noche, lentamente, en ollas de barro.

Esta receta me la dio la señora Bertha González de Morales, uno de mis oráculos infalibles en lo que a la comida de Nuevo León se refiere. Según ella, el número de chiles por utilizar varía según el gusto de cada quien, y ella le añade las patitas de cerdo para darle más sabor y destacar la consistencia gelatinosa del caldo.

El orégano seco que se usa en la región proviene de una planta silvestre con hojitas alargadas que crece en las montañas que rodean Monterrey, pero muchas cocineras lo tienen plantado en macetas en sus casas.

Rinde aproximadamente 16 porciones

2 ½ kg de panza de diferentes texturas
700 g de pata de res cortada en 4 pedazos
3 patitas de puerco, aproximadamente de 450 g cada una, cortadas en 3 pedazos (opcional)
1 cabeza de ajo sin pelar, cortada a la mitad horizontalmente
Sal al gusto

El maíz

½ kg de maíz para pozole, cocido y "floreado" (ver pág. 164)

Los chiles

3 chiles guajillo sin semillas (con las venas)
2 chiles anchos sin semillas (con las venas)
1 ¼ tazas de agua
1 cucharadita de comino machacado
1 cucharada copeteada de orégano, de Nuevo León, si es posible
3 dientes de ajo (opcional)

Para servir

Limón en rodajas
Orégano desmoronado
Cebolla blanca finamente picada
Chile serrano finamente picado

Enjuague la panza dos veces con agua fría, escúrrala y córtela en cuadritos de unos 5 cm. Limpie con agua las patas de res y de puerco. Escúrralas. Póngalas en una olla grande para caldo o en una olla de barro. Llénela de agua casi hasta el tope: el nivel del agua debe rebasar el de la carne por varios centímetros. Agregue el ajo y la sal. Ponga las carnes a cocer, a fuego lento y sin tapar, hasta que rompa el hervor. Déjelas así una hora más, luego tape la olla y siga cociendo hasta que la panza y las patas estén suaves (esto puede llevar de 2 a 3 horas).

Retire las piezas de la pata de res, elimine el hueso y corte las partes gelatinosas en cuadritos. Vuélvalas a poner en la olla.

Mientras tanto, el maíz debe estarse cociendo (ver pág. 164). Cuando esté tierno y haya "floreado", escúrralo y reserve 3 tazas de su caldo.

Ponga los chiles en un recipiente, tápelos con agua

fría y déjelos remojar durante unos 35 minutos. Cuélelos y despedácelos.

Ponga ⅓ de taza de agua en el vaso de la licuadora, agregue el comino, orégano y ajo (opcional), y licúelos hasta obtener una mezcla suave. Añada la otra taza de agua y los chiles, poco a poco, moliéndolos bien después de cada adición.

Cuando las carnes estén tiernas, añada la salsa de chile y el maíz junto con las 3 tazas del caldo que reservó. Ajuste la cantidad de sal y continúe el proceso de cocción, sin tapar, hasta que las carnes estén suaves (aproximadamente 1 hora más).

Sirva el menudo —una buena ración es de aproximadamente 2 tazas por persona— en platos hondos y ponga los adornos por separado. En Nuevo León se sirve acompañado de bolillo o tortillas de maíz.

Nota: El menudo puede prepararse con un día de anticipación.

Menudo blanco norteño

Rinde 16 porciones

2 ½ kg de panza de diferentes texturas
700 g de pata de res cortada en 4 pedazos
3 patitas de puerco, aproximadamente de 450 g cada una, cortadas en 3 pedazos (opcional)
1 cabeza de ajo sin pelar, cortada a la mitad horizontalmente
Sal al gusto

El maíz

½ kg de maíz para pozole, cocido y "floreado" (ver pág. 164)

Los condimentos

⅓ de taza de agua
1 cucharadita de comino machacado
1 cucharada copeteada de orégano, de Nuevo León, si es posible
3 dientes de ajo (opcional)

Para servir

Limón en rodajas
Orégano desmoronado
Cebolla blanca finamente picada
½ taza de chile ancho tostado y desmoronado (ver pág. 477)

Enjuague la panza dos veces con agua fría, escúrrala y córtela en cuadritos de unos 5 cm. Limpie con agua las patas de res y de puerco. Escúrralas. Póngalas en una olla grande para caldo o en una olla de barro. Llénela de agua casi hasta el tope: el nivel del agua debe rebasar el de la carne por varios centímetros. Agregue el ajo y la sal. Ponga las carnes a cocer, a fuego lento y sin tapar, hasta que rompa el hervor. Déjelas así una hora más, luego tape la olla y siga cociendo hasta que la panza y las patas estén suaves (de 2 a 4 horas, según la calidad de la carne).

Mientras tanto, el maíz debe estarse cociendo (con sal, ver pág. 164). Cuando esté tierno y haya "floreado", escúrralo y reserve 3 tazas de su caldo. Ponga el otro ⅓ de agua en el vaso de la licuadora, agregue el comino, el orégano y el ajo (si lo desea), y licúe hasta que esté suave.

Cuando las carnes estén tiernas, añada la mezcla de condimentos y el maíz con el caldo que había reservado. Ajuste la sal y continúe cociendo sin tapar hasta que la carne esté suave (1 hora más). Retire las piezas de pata de res, elimine el hueso y corte las partes gelatinosas en cuadritos. Vuélvalas a poner en la olla.

Sirva el menudo —una buena ración es de aproximadamente 2 tazas por persona— en platos hondos y ponga los adornos por separado.

Nota: El menudo puede prepararse con un día de anticipación y puede mantenerse en congelación hasta por un año.

Mondongo en kabik

Señora Bertha López de Marrufo. Mérida, Yucatán

Además de ser lo que su nombre maya indica —callos (panza) en salsa picante—, el mondongo en *kabik* es un platillo económico y nutritivo. La primera vez que lo probé fue hace muchos años en un humilde establecimiento que está del otro lado de la estación de tren en Mérida. Por muy poco dinero, me sirvieron un plato sopero de caldo y otro plato con panza y pata de res, acompañados de "pan francés", que en Yucatán tiende a ser suave y un poco pastoso. Y aparte, una rebanada de lima agria, cebollita picada y chile verde picado (el chile verde de Yucatán, que es largo, delgado, de un color verde claro y una piel lisa, tiene un sabor muy especial, nada parecido al de los chiles verdes de otras regiones de México). Aquella fue una comida regia y muy buena, a pesar del calor.

Una y otra vez regreso a ver a doña Bertha para conseguir una receta nueva porque su comida tiene algo muy especial en comparación con la de otras cocineras que conozco. Ésta es su versión ligeramente refinada de este plato.

Según las cocineras yucatecas, hay que usar un tipo de panza que se llama "toalla", ya que tiene una superficie parecida a la textura de una toalla de baño. Si la panza está bien lavada y blanqueada con sal, puede omitir el paso del jugo de naranja pero, de cualquier forma, la naranja suaviza la panza y le da un sabor agradable y un poquito ácido. Si no puede encontrar naranja agria, use el sustituto. En lo referente a los chiles verdes, puede usar cualquier chile verde picante.

Empiece a preparar esta receta un día antes de que tenga planeado servir el platillo. La puede cocinar con un día de anticipación, y en el congelador dura aproximadamente un mes.

Rinde 6 porciones

Las carnes

- ½ kg de panza, cortada en cubitos de 5 cm
- 2 tazas de jugo de naranja agria o sustituto (ver pág. 492)
- 1 pata de ternera, cortada en 8 piezas
- ½ cabeza de ajo sin pelar y asada (ver pág. 491)
- 1 cucharadita de orégano tostado (yucateco, si es posible)
- 1 cucharada de sal

Para la salsa de jitomate

- 2 cucharadas de aceite vegetal
- ¼ kg de jitomate finamente picado
- ⅓ de taza de cebolla blanca finamente picada
- 1 pimiento verde chico, limpio y cortado en cubitos
- 4 ramas de epazote (sólo las hojas y la punta de la rama), toscamente picado
- 3 chiles verdes yucatecos o serranos (ver págs. 472, 474 y 482)
- 1 cucharadita de recado rojo simple (ver pág. 486)
- Sal al gusto

Para servir

- 6 chiles verdes yucatecos, serranos o jalapeños
- ½ taza de cebolla blanca finamente picada
- ⅓ de taza de cebollín finamente picado
- Rebanadas de lima agria o limón

Lave bien la panza y cúbrala con el jugo de naranja. Déjela en remojo durante por lo menos 4 horas, volteando las piezas de vez en cuando. Talle bien las piezas de pata de ternera. Póngalas en una olla grande junto con el ajo, el orégano y la sal, y cúbralas bien con agua. Caliente hasta que rompa el hervor, baje la flama y cueza a fuego lento durante unas 4 horas, o hasta que la carne apenas empiece a suavizarse. Apártela toda la noche, en el caldo, dentro del refrigerador.

Al día siguiente, cuele la panza, enjuáguela y añádala a la pata de ternera, dentro del caldo. Póngala en el fuego y deje que rompa el hervor y hierva a fuego lento hasta que las carnes estén tiernas (entre 2½ y 3 horas).

Mientras tanto, caliente el aceite en una sartén pesada y añada los jitomates, la cebolla, el pimiento verde y el epazote picado. Fría todo a fuego medio hasta que la mezcla se reduzca y se sazone (aproximadamente 8 minutos). Agregue los chiles y el recado rojo junto con 2 cucharadas del caldo de la carne, y cocine unos minutos más. Sazone y reserve.

Cuando las carnes estén tiernas, escúrralas y reserve el caldo. Elimine los huesos de la pata de res y pique la carne, el cartílago y el cuero (todo lo comestible) en trozos grandes. Colóquelos, junto con la panza, en una fuente para servir caliente y apártelo en un sitio en donde no se enfríe.

De ser necesario, agregue agua al caldo que reservó para completar 8 tazas de líquido. Añada la salsa de jitomate y cocine a fuego lento durante 5 minutos o hasta que esté bien sazonada. Si hay demasiada grasa flotando en el caldo, desgráselo a su gusto. Sirva el caldo en platos hondos grandes y la carne por separado. Deje que cada quien se sirva al gusto el chile, la cebolla, el cebollín y las rebanadas de lima o limón.

Mole de olla

Michoacán

Ésta es una sopa muy caldosa de carne y verduras, sazonada con chiles secos. Por lo general se le añade un xoconostle para darle un agradable sabor ligeramente ácido. Constituye una comida completa que se sirve con tortillas.

Rinde 6 porciones

La carne

1 ½ kg	de espinazo o de pecho, con hueso
2 l	de agua
2	cucharaditas de sal, o al gusto

La salsa para sazonar

4	chiles anchos limpios, desvenados y sin semillas
4	chiles pasilla limpios, desvenados y sin semillas
1	taza de tomates verdes, cocidos y colados (ver pág. 491)
½	cebolla blanca mediana toscamente picada
2	dientes de ajo toscamente picados
⅛	de cucharadita de comino
3	cucharadas de aceite vegetal
1	xoconostle limpio, pelado y cortado en rajitas

Las verduras

250 g	de calabacitas
120 g	de ejotes
1	elote grande
1	chayote chico
¼ kg	de papas
3	ramas de epazote

Para servir

Cuartos de limón
Cebolla blanca picada

Haga que el carnicero corte la carne y los huesos en trozos que se puedan servir. Cúbralos con el agua, añada la sal y ponga a hervir hasta que rompa el hervor. Baje la flama y permita que la carne hierva lentamente, sin tapar, hasta que esté casi suave (aproximadamente 40 minutos para la carne de puerco y 1 hora para la de res).

Mientras tanto, prepare los chiles. Caliente el comal y ase los chiles por ambos lados, teniendo cuidado de no quemarlos. Cuando se enfríen, debe poder desmenuzarlos fácilmente y echarlos a la licuadora. Muela los chiles con el resto de los ingredientes de la salsa, excepto el aceite y el xoconostle, y licúe hasta obtener una mezcla tersa.

Caliente el aceite en una sartén y fría la salsa durante unos 5 minutos. Agréguela a la carne con el xoconostle.

Monde y corte las calabacitas por la mitad, longitudinalmente. Monde los ejotes y córtelos por la mitad. Parta el elote en seis piezas. Corte el chayote por la mitad, retire la semilla y divídalo en gajos de 75 mm. Pele las papas y córtelas en cubos.

Cuando la carne esté tierna, agregue las verduras y cocine el mole a fuego lento, sin tapar, durante aproximadamente 30 minutos o hasta que las verduras estén cocidas. Añada el epazote unos 5 minutos antes de que el mole esté listo y agregue sal si es necesario.

Sirva en platos hondos grandes, con tortillas calientes, limones en cuartos y cebolla finamente picada al lado.

Gallina pinta

Señora Consuelo M. Martínez. Sonora

Éste es un nombre extraño para una sopa, el cual hace alusión a los distintos colores de los ingredientes: maíz blanco (para pozole), frijoles cafés, chiles rojos y demás. Es una especialidad regional de Sonora, muy sustanciosa.

Es muy común que se sirva como platillo principal a la hora de la comida y, a veces, se acompaña con salsa de jitomate, pero siempre con un poco de chile chiltepín martajado, que es un chile pequeño y redondo que crece de forma silvestre en el norte de México.

Rinde 6 porciones

1	cola de res (de 700 g a 1 kg) cortada en trozos pequeños, casi sin grasa
½	cebolla blanca toscamente rebanada
2	dientes de ajo
	Sal al gusto
½	taza de frijoles bayos
6	pimientas negras
2 l	de agua
½ kg	de costillitas de cerdo, partidas en cubos
1 ½	tazas de maíz blanco preparado para pozole (ver pág. 164)
	Sal al gusto
2	chiles anchos desvenados y sin semillas, ligeramente asados (ver pág. 477)

Ponga la cola de res en una olla grande junto con la cebolla, el ajo, la sal, los frijoles y las pimientas. Cubra con agua y espere a que rompa el hervor. Baje la flama y deje que hierva lentamente durante 1 hora.

Añada las costillitas y el maíz blanco. Siga cociendo a fuego lento, sin tapar, de 1 a 1 ½ horas, hasta que la carne esté muy tierna y los frijoles suaves. Añada sal al gusto.

Aproximadamente 20 minutos antes de que la sopa esté lista, licúe uno de los chiles con un poquito del caldo y añada a la sopa. Corte el otro chile en rajas delgadas y agréguelas también.

Sirva en platos hondos.

Pozole de Jalisco

Señora Isabel Marín de Paalen. Jalisco

A través de mi labor en el Consejo Británico de Relaciones Culturales tuve la suerte de conocer a muchos mexicanos, entre ellos a Isabel Marín, miembro de una distinguida familia de Jalisco y viuda del pintor Wolfgang Paalen.

No recuerdo exactamente cómo sucedió, pero de vez en cuando yo la acompañaba en sus viajes al interior del país y al campo a fin de buscar artesanías para el Museo de Artes Populares. Aún recuerdo esos recorridos que tanto contribuyeron al aprecio que siento por el campo mexicano.

Isabel había heredado el amor a la buena comida y era una excelente cocinera. Fue ella quien generosamente se tomó el tiempo de darme mis primeras lecciones de cómo hacer este pozole y tamales de elote fresco usando las recetas de su familia. Durante todos estos años he seguido sus instrucciones al pie de la letra.

Rinde de 12 a 14 porciones

½ kg	de maíz blanco para pozole
700 g	de maciza de puerco
1 ½ kg	de cabeza de puerco (aproximadamente ½ pieza)
½ kg	de espinazo de puerco
3.5 l	de agua
1 ½	cucharadas de sal

Para servir

	Salsa de chile de árbol (ver pág. siguiente)
1	taza de cebolla blanca finamente picada
1	taza de rábanos rebanados
2	tazas de lechuga o col finamente rallada
	Limones en cuartos

Dos días antes de servir, ponga el maíz en remojo como se indica en la pág. 164. Al día siguiente, limpie y prepare el maíz blanco para cocerlo (ver pág. 164). Corte la carne de puerco en piezas grandes para servir y póngala a remojar toda la noche, junto con la cabeza y el espinazo, para desangrarla. Cambie el agua con tanta frecuencia como le resulte práctico.

El día que vaya a servir el pozole, cubra el maíz blanco con agua fría sin salar. Caliente hasta que rompa el hervor y siga cociéndolo, sin tapar y a fuego alto hasta que el maíz se abra como flor (aproximadamente 1 hora). No revuelva el maíz durante este lapso pero, si es necesario, ocasionalmente retire la espuma que se forma en la superficie del agua.

Cuele la cabeza de cerdo y cúbrala con agua fría sin salar. Caliente hasta que rompa el hervor y luego baje el fuego para que hierva lentamente, sin tapar, nada más hasta que pueda retirar la carne del hueso. No la cueza demasiado (aproximadamente 1 hora). Deje que se enfríe.

Cuando la cabeza se haya enfriado lo suficiente como para manejarla con las manos, remueva toda la carne y el cuero, y córtelos de un tamaño que sea fácil de servir. Parta la oreja (debe haber suficiente para todos) y reserve los ojos para el invitado de honor. Añada las piezas de la cabeza y el caldo en que se coció a la olla del maíz. Agregue sal.

Ponga la carne y el espinazo sobre el maíz, y deje que el pozole se cueza sin tapar y a fuego moderado durante aproximadamente 4 horas. Desgrase el caldo a lo largo del tiempo de cocción. Tenga un poco de agua hirviendo en una tetera, a un lado de la olla, para agregarle más líquido. Por ningún motivo añada agua fría. El líquido debe mantenerse casi al mismo nivel de principio a fin.

Ponga la carne en un platón para que pueda partirla con más facilidad y para que cada quien elija la pieza de su preferencia. Sirva el pozole con el maíz en platos hondos grandes. En platitos separados, para que cada quien se sirva, ponga estos ingredientes: la salsa de chile de árbol, cebolla blanca finamente picada, rábanos rebanados, lechuga finamente rallada y limones partidos en cuartos.

Salsa de chile de árbol

100 g de chile de árbol entero, pero sin tallo

Enjuague los chiles con agua fría, cuélelos y cúbralos de nuevo con agua. Déjelos remojando toda la noche. Licúe los chiles en el agua del remojo.

Cuele la salsa y elimine lo que quede en el colador. Por lo general no se le agrega sal.

Frijoles

Los caballeros criollos o nativos de Chiapas son tan presuntuosos y arrogantes
como si por sus venas corriera la sangre más noble de la Corte de Madrid.
Entre ellos es común hacer una comida que consiste en un solo plato de frijoles en caldo negro,
hervidos con pimienta y ajo, y afirmar que es la carne más nutritiva de las Indias;
y después de tan majestuosa comida, salen al portal de su casa para que los vean,
y allí permanecen durante media hora sacudiéndose las migajas de sus ropas,
de sus fajas (pero sobre todo de las gorgueras cuando las usaban) y de sus mostachos.
Y con palillos se paran a limpiarse los dientes, como si se les hubiera atorado un pequeño hueso de codorniz,
y se aseguran de exclamar alguna verdad falsa, como
"Ay, Señor: ¡qué codorniz tan exquisita comí hoy!",
mientras se sacan de los dientes sino la negra cáscara de un frijol seco o turco.

Fragmento de *Viajes en el Nuevo Mundo,* de Thomas Gage.

Frijoles

Los frijoles son una parte indispensable de la comida mexicana y existe una asombrosa variedad para escoger: los negros veracruzanos y oaxaqueños; los flor de mayo, con sus manchitas moradas; los canarios, que son de un profundo color amarillo; los bayos o sabinos, que son de color café; las alubias blancas y los peruanos amarillos, por mencionar sólo algunos, que rebosan de grandes costales tejidos o que se vierten en pilas sobre petates en el suelo. Por lo general, los puestos donde se venden se agrupan en un extremo del mercado, a donde llegan las indígenas a escogerlos con gran cuidado y en una animada discusión, haciendo que los frijoles corran entre sus dedos para asegurarse de no malgastar su poco dinero. En los pueblos, los productores que llegan a vender los días de mercado colocan en las calles principales grandes lonas que parecen gigantescas sombrillas cuadradas: hay montoncitos de hierbas frescas, una canasta de calabazas o una cosecha nueva de frijoles frescos —frijoles nuevos— aún en sus vainas, con unos pocos fuera de su envoltura natural para que el cliente pueda asegurarse de que las vainas están repletas y frescas.

Cada tipo de frijol tiene un sabor o una calidad especial. Para saborearlos, deben cocerse de la forma más sencilla de todas, sin remojar, muy lentamente, en una olla de barro, con un poco de cebolla, manteca y, más tarde, sal. Y, si son negros, con una buena rama de epazote, cuyo punzante sabor los acompaña. Se sirven frijoles de olla en su caldo en un plato hondo, como sopa, pero por lo general después del platillo principal de la comida. Se les puede añadir un poquito de queso para que se funda y para que haga hebra, o un poco de chile en escabeche, para recogerlo todo con una tortilla... si sabe cómo hacerlo.

De vez en cuando se cocinan con unos cuantos nopales o con un poco de chicharrón. En el norte, en Nuevo León, por ejemplo, pueden ser más condimentados. Ahí están los frijoles a la charra, que llevan pedacitos de cuero de cerdo, además de jitomate, cebolla y cilantro fritos. Añádales un poco de cerveza y se convierten en frijoles "borrachos", y otros ligeramente distintos son los frijoles rancheros con un pronunciado sabor a comino; sirven para acompañar los sencillos asados de agujas o cabrito.

Para variar un poco, pueden freírse, pero en su caldo, para que todo el sabor se absorba. Pueden freírse ligeramente para hacer una pasta suelta —sin cebolla, sólo los frijoles— y acompañarlos, como alguna vez me los sirvieron en un modesto restaurante de Tacámbaro, Michoacán, con un poco de crema. En Veracruz, los frijoles negros se fríen con cebolla picada y un chilito seco, rojo. Más hacia el este, en Yucatán, los frijoles molidos y colados, como lo indica su nombre, se cuelan para hacer una pasta suave, frita y sazonada con cebolla y chile habanero, mientras que en Oaxaca, los frijoles negros se sazonan con varias hierbas silvestres.

Los frijoles no son alimento sólo de pobres: todo el mundo los come. Los frijoles se sirven con el almuerzo; en la comida, invariablemente después del platillo principal y, de nuevo, en la cena: esta vez fritos y con un poco de queso. No es de extrañar, entonces, que un inglés que viajó por México en 1864 escribiera: "Si no fuera por los frijoles que nos sirvieron al final de un concierto, como el *Dios Salve a la Reina*, nos habríamos ido a la cama muertos de hambre". Coloquialmente se dice que comer es *frijolear*.

Frijoles de la olla

Centro y sur de México

Por lo general, los frijoles de la olla —tanto los frijoles como el caldo— se sirven después del platillo principal de la comida. Se acostumbra presentarlos en platitos hondos de barro y pueden recogerse con una tortilla o comerse (sin tanto batidero) con una cuchara. Puede aderezarlos con pedacitos de queso cremoso, que se derretirá deliciosamente, o añadir un toque de sabor con un poco de chile, fresco o en vinagre.

Puede usar frijoles negros, bayos, canarios, flor de mayo, etcétera. En realidad, la variedad es enorme.

Rinde 10 porciones

½ kg	de frijol negro o bayo
10 a 12	tazas de agua caliente
⅓	de taza de cebolla blanca toscamente rebanada
2	cucharadas de manteca de puerco
	Sal al gusto
2	ramas grandes de epazote, sólo si usa frijoles negros

Enjuague los frijoles en agua fría y déjelos correr por entre los dedos de sus manos para asegurarse de que no tienen piedritas o pedacitos de tierra. Póngalos al fuego en una olla y cúbralos con agua caliente. Agregue la cebolla y la manteca; deje que rompa el hervor, luego reduzca la flama y permita que los frijoles se cocinen suavemente, tapados, hasta que estén apenas suaves y la piel empiece a abrirse (aproximadamente 4 horas para los frijoles negros y 2 ½ horas para otras variedades, aunque resulta difícil ser precisa a este respecto; mucho dependerá de la edad de los frijoles, de cuánto tiempo hayan estado almacenados o de si están demasiado secos, así como de la eficiencia de la olla o cacerola en la que los esté cociendo). Añada la sal y siga cociéndolos a fuego lento otra ½ hora, hasta que los frijoles estén completamente suaves.

Si usó frijoles negros, añada el epazote justo antes de que termine el tiempo de cocción, ya que tiende a perder sabor si se cocina demasiado tiempo.

Frijoles refritos

Centro de México

Los frijoles refritos se usan para hacer tortas (ver pág. 220). En otras recetas que aparecen en este libro, acompañan de manera cotidiana los huevos del desayuno o los antojitos de la cena. Desde luego, la manteca de cerdo resulta mejor para esta receta, pero si la cantidad le causa estertores, disminúyala, o mejor use aceite vegetal. La manteca del tocino tiene un sabor demasiado fuerte para hacer los auténticos frijoles refritos.

Rinde 6 porciones

4 cucharadas de manteca de puerco
2 cucharadas de cebolla blanca finamente picada
¼ kg de frijoles cocidos como los de la olla (ver pág. 178), con su caldo

En una sartén muy gruesa —de aproximadamente 25 cm de diámetro— caliente la manteca y fría la cebolla, sin dorarla, hasta que se acitrone. Añada 1 taza de los frijoles y su caldo, y aplástelos bien mientras los cocina a fuego muy alto. Poco a poco, añada el resto de los frijoles en porciones pequeñas aplastándolos hasta que tenga un puré con textura.

En cuanto el puré comience a resecarse y las orillas empiecen a sisear, los frijoles estarán listos para emplearse en las recetas que llevan frijoles refritos.

Nota: Los frijoles refritos pueden congelarse y siempre están listos para usarlos.

Frijoles refritos a la veracruzana

Veracruz

Esta receta, que proviene de la zona del puerto de Veracruz, difiere de la de Xalapa porque, para agregar sabor, ésta lleva hojas de aguacate. Estos frijoles se usan para hacer garnachas veracruzanas de masa cocida (ver pág. 53) y las gorditas de frijol de la región.

Rinde aproximadamente 3 tazas

3	cucharadas de manteca de puerco o de aceite vegetal
2	cucharadas de cebolla finamente picada
3	chiles jalapeños finamente picados o chiles de árbol enteros y tostados
¼ kg	de frijoles negros cocidos (ver pág. 178), con su caldo

Caliente la manteca o el aceite en una sartén grande, agregue la cebolla y el chile, y fríalos a fuego medio durante 1 minuto.

Añada los frijoles y su caldo. Fríalos a fuego bastante alto y aplástelos para obtener un puré consistente (aproximadamente 15 minutos).

Frijoles a la huacha

Señora Bertha López de Marrufo. Mérida, Yucatán

Freír los frijoles con hierbabuena es una idea que puede impactar a cualquiera, pero así se hace en Yucatán. La señora Bertha, autora de esta receta, dice que la palabra maya *huacha* se usa para describir a los provincianos del interior del país y, por lo general, es una expresión denigratoria.

Rinde aproximadamente 10 porciones

¼	de taza de manteca de puerco
2	cucharadas de cebolla blanca finamente picada
¼	de chile habanero finamente picado
½ kg	de frijoles negros, cocidos como frijoles de la olla (ver pág. 178), con caldo
10	hojas grandes de hierbabuena toscamente picadas

Derrita la manteca y fría la cebolla y el chile, sin dorarlos, hasta que se acitronen.

Licúe los frijoles con 1½ tazas del caldo en que se cocieron hasta obtener una mezcla lisa, y agréguelos a la olla. Fríalos hasta que se reduzcan a una pasta gruesa (aproximadamente 10 minutos, ver pág. 179) y añada las hojas de hierbabuena casi al final. Déjelos al fuego unos minutos más y sirva.

Nota: Estos frijoles pueden prepararse con varias horas de anticipación; el sobrante puede congelarse.

Frijoles maneados sonorenses

Señora María Dolores Torres Yzábal. Sonora

Hace algunos años, mi querida amiga María Dolores, que es toda una experta en cocina, me sirvió estos frijoles durante un sabrosísimo almuerzo. Sólo puedo añadir que estaban endemoniadamente sabrosos y que pueden volverse adictivos. Sabía que la receta original llevaba mantequilla y crema —dos ingredientes de excelente calidad en el noroeste de México—, pero María Dolores me aseguró que así los preparan en su familia desde que ella era niña y vivía en Sonora. La palabra *maneados* se deriva de que hay que darles vuelta constantemente para incorporar el resto de los ingredientes.

Rinde 10 porciones

½ kg	de frijoles bayos o canarios
12 a 14	tazas de agua caliente
½	cebolla blanca toscamente rebanada
1	taza de aceite vegetal, más 3 cucharadas
1	cucharada de sal, o al gusto
⅔	de taza de leche entera
3	chiles anchos, limpiados con un trapo
250 g	de queso asadero o chihuahua, cortado en cubitos de 1.5 cm

Pase los frijoles entre los dedos de sus manos para eliminar cualquier piedrita o pedacito de tierra que puedan tener. Enjuáguelos con agua fría y póngalos en una olla grande.

Agregue 12 tazas de agua caliente, la cebolla y las 3 cucharadas de aceite; póngalos en el fuego y deje que hiervan a fuego lento. Tape los frijoles y siga cociéndolos hasta que apenas comiencen a suavizarse y la piel se empiece a abrir (aproximadamente 1 hora, según la edad de los frijoles). Añada la sal y siga cocinando hasta que estén suaves y pastosos (unos 30 minutos). Deben quedar un poco caldosos. Si el caldo se reduce demasiado durante el tiempo de cocción, añada agua. Ponga el resto del aceite (1 taza) en un refractario. Métalo al horno y ajuste la temperatura a 180 ºC.

Mientras tanto, ponga un tercio de taza de los frijoles y un tercio de taza de leche en la licuadora con un poquito de caldo y licúe hasta obtener una mezcla tersa. Repita dos veces hasta usar todos los frijoles y la leche.

Para cuando los frijoles estén licuados, el aceite debe estar caliente. Cuando el aceite esté listo, vierta los frijoles en el refractario, menéelos bien y vuelva a ponerlo en el horno para que se cocinen, sin tapar, hasta que las orillas apenas empiecen a secarse y la mezcla se haya reducido (aproximadamente 1 hora 15 minutos).

Después de poner el puré de frijol en el horno, abra los chiles, quíteles las venas y las semillas y áselos ligeramente por ambos lados en una plancha o un comal. Corte los chiles en rajas delgadas y agréguelas al puré.

Al final del tiempo de cocción, agregue el queso y vuelva a poner el refractario en el horno hasta que el queso se derrita (aproximadamente 10 minutos). Sirva de inmediato.

Frijoles colados yucatecos

Yucatán

Sólo en el sureste de México —Yucatán, Campeche y Quintana Roo— los frijoles se cuelan antes de freírlos para hacer una pasta lisa. Como esto lleva mucho tiempo, pueden licuarse (pero no en un procesador de alimentos) hasta obtener una consistencia suave.

Rinde 6 porciones

3	cucharadas de manteca de puerco
¼	de taza de cebolla blanca en rebanadas delgadas
¼ kg	de frijoles negros, cocidos como frijoles de la olla (ver pág. 178) y licuados
1	chile habanero
2	ramas grandes de epazote

Derrita la manteca en una sartén grande y gruesa. Fría la cebolla, sin dorarla, hasta que se acitrone.

Agregue los frijoles licuados, el chile entero y el epazote, y cocínelos a fuego muy alto hasta que los frijoles formen una pasta aguada que se resbale de la cuchara (aproximadamente 15 minutos, según, desde luego, cuánto caldo tengan los frijoles). Asegúrese de revolver bien y raspar el fondo de la sartén para que no se peguen.

Frijoles a la charra y frijoles borrachos

Nuevo León

Ésta es la versión neoleonesa de los frijoles de la olla.

Los chiles verdes y el cilantro le dan mucho sabor a estos frijoles, lo que los convierte en el complemento perfecto para acompañar las carnes asadas —que son tan populares en Monterrey, como las agujas (costillas de res)— o para servirse con cabrito, el cual se asa a la leña o al carbón. Hay muchas variaciones de esta receta, así como de los frijoles rancheros y frijoles fronterizos, que se parecen mucho. Como Monterrey es un importante centro de la industria cervecera, añada ⅓ de una botellita de cerveza a esta receta y los frijoles se volverán "borrachos", un platillo muy robusto y festivo.

Estos frijoles se sirven en platos hondos individuales para acompañar carnes asadas

Rinde 6 porciones

120 g	de cuero de puerco
¼ kg	de frijoles bayos o canarios
¼	de cebolla blanca mediana, rebanada
2	dientes de ajo chicos, rebanados
1 ½ l	de agua
	Sal al gusto
3	rebanadas gruesas de tocino
2	cucharadas de manteca derretida
350 g	de jitomates finamente picados
3	chiles serranos finamente picados
4	ramas grandes de cilantro
	Cerveza, opcional

Corte el cuero de puerco en cuadritos y póngalos con los frijoles, la cebolla y el ajo en una olla.

Añada el agua, ponga en el fuego y, cuando rompa el hervor, reduzca el fuego, tape la olla y deje que los frijoles se cuezan lentamente hasta que estén tiernos (aproximadamente 1½ horas).

Añada la sal y siga cociéndolos, sin tapar, 15 minutos más.

Corte el tocino en pedacitos y, en una sartén, fríalos ligeramente en la manteca hasta que estén apenas dorados. Sáquelos con una cuchara perforada y reserve.

Agregue a la sartén los jitomates, los chiles y el cilantro. Cocine la mezcla a fuego muy alto durante unos 5 minutos, hasta que se reduzca y se sazone.

Añada la mezcla de jitomate y los pedacitos de tocino a los frijoles y deje que se cocinen juntos, sin tapar y a fuego lento, durante unos 15 minutos.

Nota: Estos frijoles pueden prepararse con un día de anticipación; el cilantro se añade poco antes de servirlos.

Arroz, pasta y lentejas

En una típica comida mexicana —que se lleva a cabo hacia las dos de la tarde— siempre hay una sopa seca, ya sea de pasta guisada a la mexicana o de arroz, la cual se sirve después de la sopa aguada y antes del platillo principal.

Arroz a la mexicana

Puede hacer el arroz con anticipación y luego calentarlo en el horno, bien tapado, a 150 °C durante unos 30 minutos. El arroz sobrante puede calentarse al día siguiente de la misma forma. No recomiendo calentarlo en la vaporera, ya que esto diluye su sabor.

Rinde 6 porciones

1 ½	tazas de arroz
⅓	de taza de aceite vegetal
¼ kg	de jitomates toscamente picados
¼	de cebolla blanca chica, toscamente picada
1	diente de ajo toscamente picado
3 ½	tazas de caldo de pollo bien sazonado (ver pág. 496) o agua
1	zanahoria pequeña, pelada y en rebanadas delgadas (opcional)
2	cucharadas de chícharos (opcional)
1	rama entera de perejil (opcional)
	Sal al gusto

Para hacer esta cantidad de arroz, lo ideal es usar una cacerola gruesa de unos 10 cm de profundidad y 24 cm de diámetro.

Vierta agua caliente sobre el arroz y déjelo en reposo durante unos 5 minutos. Cuele el arroz, enjuáguelo con agua fría, sacuda el colador y deje que el arroz escurra unos minutos.

Caliente el aceite. Sacuda por última vez el arroz en el colador, viértalo en el aceite y revuelva hasta que todos los granos estén cubiertos de aceite. Fríalo hasta que apenas empiece a cambiar de color, revolviendo y volteando el arroz para que se fría parejo y no se pegue a la cazuela. Este proceso lleva como 10 minutos, según el tamaño del recipiente, pero debe hacerlo rápido, de lo contrario, el arroz se pondrá pastoso al final. Incline la olla para escurrir el exceso de aceite o escurra el arroz en un colador fino.

Licúe los jitomates, la cebolla y el ajo hasta obtener una mezcla lisa (alrededor de 1 taza de puré). Añada ese puré al arroz frito y después, todavía a fuego alto, revuelva y raspe el fondo de la cazuela hasta que la mezcla esté seca.

Agregue el caldo, la zanahoria, los chícharos y el perejil. Añada sal si es necesario, revuelva bien sólo una vez y no vuelva a hacerlo durante el tiempo de cocción. Cocine a fuego medio y tapado, hasta que el líquido se absorba y empiecen a aparecer hoyitos de aire en el arroz (unos 15 minutos). Quite la cazuela del fuego, cúbrala con una tapadera apretada que no deje escapar el vapor y déjela reposar en un lugar cálido durante unos 20 minutos para que el arroz siga cociéndose en su propio vapor y los granos se expandan.

Antes de servirlo, esponje el arroz con un tenedor desde el fondo de la olla.

Arroz blanco

Rinde 6 porciones

1 ½	tazas de arroz blanco
⅓	de taza de aceite vegetal
3	cucharadas de cebolla blanca finamente picada
1	diente de ajo finamente picado
3 ½	tazas de caldo de pollo (ver pág. 496) o agua
⅓	de zanahoria, mondada, pelada y en rebanadas delgadas (opcional)
2	cucharadas de chícharos (opcional)
	Sal al gusto

Lo ideal es usar una cacerola gruesa de aproximadamente 10 cm de profundidad y 24 cm de diámetro.

Vierta agua caliente para cubrir el arroz y déjelo reposar alrededor de 5 minutos. Cuele el arroz, enjuáguelo con agua fría, póngalo en un colador, sacúdalo y deje que escurra unos minutos más.

Caliente el aceite. Sacuda por última vez el arroz, agréguelo a la cacerola y revuélvalo hasta que todos los granos estén impregnados del aceite. Fríalo hasta que empiece a cambiar de color. Añada la cebolla y el ajo, y fríalos unos minutos hasta que se acitronen, revolviendo y volteando el arroz constantemente para que se cocine parejo y no se pegue a la cacerola. El proceso completo lleva aproximadamente 10 minutos, según el tamaño de la cacerola, y debe realizarse a fuego alto pues, de lo contrario, tardará demasiado y el arroz se pondrá pastoso.

Incline la cacerola para escurrir el exceso de aceite. Añada el caldo, la zanahoria, los chícharos y sal al gusto. Cocínelo sin tapar a fuego medio, sin revolverlo, hasta que el líquido se haya consumido y empiecen a formarse agujeritos de aire en el arroz (aproximadamente 15 minutos). Cubra el arroz con una tapadera apretada que no deje escapar el vapor. Retírelo y déjelo a un lado, en un lugar cálido, durante aproximadamente 20 minutos, para que siga cociéndose con el vapor y los granos se expandan.

Antes de servirlo, esponje el arroz con un tenedor desde el fondo de la olla. Si lo desea, adórnelo con rajas de chile estilo oaxaqueño (ver pág. 245), rajas de chiles jalapeños frescos (ver pág. 266) o plátano macho frito.

Arroz blanco con chiles rellenos de elote

Centro de México

Ésta es una combinación particularmente deliciosa de chiles, arroz y elote. Puede hacerse con chiles poblanos o anchos, o con una mezcla de ambos. Como es un platillo muy sustancioso, constituye un excelente plato principal vegetariano.

Rinde 6 porciones

Arroz blanco (ver pág. 188)

2	tazas de arroz, medido en crudo
4	tazas de caldo de pollo (ver pág. 496)

Chiles rellenos de elote con crema (ver pág. 240)

1 ½	tazas de crema
150 g	de queso chihuahua, rallado

Caliente el horno a 180 ºC. Tenga listo y engrasado un refractario de aproximadamente 10 cm de profundidad y 25 cm de diámetro.

Extienda la mitad del arroz ya preparado en el fondo del refractario. Coloque los chiles rellenos en una capa encima del arroz. Haga otra capa con el resto del arroz.

Cubra el refractario y hornee aproximadamente 30 minutos, o hasta que el arroz burbujee en el fondo y esté bien caliente. Retire el aluminio, vierta la crema y espolvoree el queso. Vuelva a hornear hasta que el queso se haya derretido, pero sin dorarse.

Arroz verde

Señora María Luisa Camarena de Rodríguez. Tehuacán, Puebla

Rinde 6 porciones

1 ½	tazas de arroz
⅓	de taza de aceite vegetal
½	taza de agua fría, o más, si es necesario
1	manojo chico de perejil
3	ramas de cilantro
3	hojas grandes de lechuga orejona
2	chiles poblanos desvenados, sin semillas y toscamente picados (pero sin asar)
2	cucharadas de cebolla blanca toscamente picada
1	diente de ajo toscamente picado
2 ½ a 3	tazas de caldo de pollo ligero (ver pág. 496)
	Sal al gusto

Tenga lista una cacerola gruesa de aproximadamente 10 cm de profundidad y 24 cm de diámetro.

Cubra el arroz con agua caliente y déjelo remojar unos 5 minutos. Cuélelo, enjuáguelo bien con agua fría y deje que se escurra unos minutos más.

Caliente el aceite en la olla. Sacuda el arroz por última vez en el colador e incorpórelo al aceite. Fríalo a fuego alto, volteando de vez en cuando, hasta que empiece a adquirir un color pálido. Incline la olla, deteniendo el arroz con una espátula ancha de metal, y quite aproximadamente 3 cucharadas de aceite.

Vierta la ½ taza de agua en la licuadora. Añada el perejil, el cilantro, las hojas de lechuga, los chiles, la cebolla y el ajo, y licúe hasta obtener una mezcla tersa. Añada agua sólo si es absolutamente necesario para liberar las aspas de la licuadora.

Añada los ingredientes licuados al arroz y fría a fuego alto, revolviendo constantemente y raspando el fondo de la cacerola, hasta que el arroz esté casi seco. Agregue el caldo y sal al gusto, y cocínelo a fuego medio hasta que el líquido se haya absorbido y empiecen a formarse agujeritos de aire en la superficie del arroz (aproximadamente 15 minutos).

Tape la cacerola y cocine el arroz 5 minutos más. Retire del fuego. Apártelo sin destaparlo para que siga cociéndose en su propio vapor durante 20 o 30 minutos.

Pastel de lujo

Señora Alicia Ferrer de González. Campeche

Esta extraordinaria receta refleja la influencia de la España morisca.

Rinde 6 porciones

El relleno de carne

- 200 g de maciza de puerco con un poco de grasa finamente picada (no molida)
- 350 g de pollo deshuesado finamente picado (no molido)
- ⅓ de taza de cebolla blanca finamente picada
- ¼ de pimiento verde, sin semillas y finamente picado
- ¼ kg de jitomates finamente picados
- 12 aceitunas sin hueso, toscamente picadas
- 1 cucharada grande de alcaparras enjuagadas y escurridas
- 1 cucharada de pasitas
- ¾ de taza de agua
- 1 pizca de azúcar granulada
- Sal al gusto

Para sazonar la carne

- 2 pimientas gordas martajadas
- 1 clavo entero martajado
- 1 rama de canela de 1.5 cm
- 16 pimientas negras martajadas
- 2 dientes de ajo asados y pelados (ver pág. 491)
- 1 cucharada de vinagre
- ½ taza de jerez semiseco

La mezcla de arroz

- 3 tazas de granos de elote
- ½ taza de leche entera
- 1 taza de arroz cocinado como para hacer arroz blanco sin caldo (ver pág. 188), que debe rendir aproximadamente 4 tazas
- 2 huevos grandes bien batidos
- 2 cucharadas de mantequilla sin sal, suavizada
- 1 cucharada de azúcar
- Sal al gusto
- 1 cucharada de pan molido fino

Caliente el horno a 180 ºC.

En un tazón, mezcle todos los ingredientes para el relleno de carne y luego viértalos en una sartén grande sin engrasar. Cocine a fuego bajo.

Muela las especias en un molino para especias o para café hasta obtener un polvo. En un tazón chico, machaque el ajo con el vinagre y añada las especias molidas. Incorpore esto a la carne que está en la sartén y siga cocinando, sin tapar y a fuego medio, hasta que la carne esté tierna y los jugos se hayan evaporado (aproximadamente 20 minutos).

Retire la sartén del fuego, agregue el jerez y deje que se enfríe un poco.

Ponga un tercio de los granos de elote en la licuadora, junto con la leche, y licúe hasta lograr una consistencia lisa. Poco a poco, añada el resto de los granos de elote, licuando bien tras cada adición. Incorpore esta mezcla al arroz junto con los huevos, la mantequilla, el azúcar y la sal.

En un refractario de unos 10 cm de profundidad, extienda la mitad de la mezcla de arroz con elote. Cubra el arroz con la carne y luego ponga otra capa de arroz con elote. Espolvoree el pan molido y hornee hasta que todo esté bien caliente (aproximadamente 30 minutos). Sirva lo antes posible.

Sopa seca de fideo

Centro de México

Como todas las sopas secas, generalmente ésta se sirve sola. En la etapa final, esta receta puede cocerse también a baño maría, y hacerlo llevará de 45 minutos a una hora. Es igualmente deliciosa, pero adquiere una consistencia más suave. En vez de moler el chile con el jitomate, prefiero poner un pedazo de chile en cada porción.

Rinde 6 porciones

¼ de taza de aceite vegetal
¼ kg de fideo delgado
½ kg de jitomates toscamente picados
2 cucharadas de cebolla blanca toscamente picada
1 diente de ajo toscamente picado
1 taza de caldo de pollo (ver pág. 496), aproximadamente
Sal al gusto
4 chiles chipotles en adobo toscamente picados
70 a 100 g de queso chihuahua rallado o queso fresco desmoronado

Para servir

¾ de taza de crema

Caliente el horno a 180 ºC. Engrase una cacerola con capacidad para 1 litro, o un refractario de 20 por 20 cm y de por lo menos 5 cm de profundidad (es el tamaño ideal).

Caliente el aceite en una sartén grande y profunda. Fría el fideo hasta que adquiera un color dorado profundo (esto toma unos 3 minutos). Debe tener cuidado porque el fideo se quema con rapidez. Escurra todo el aceite, excepto 2 cucharadas.

Licúe los jitomates con la cebolla y el ajo. Añada esta salsa a la sartén con el fideo. Fría a fuego alto para que se reduzca la mezcla, revolviendo bien y raspando el fondo de la olla para que no se pegue (aproximadamente 5 minutos o hasta que la mezcla esté casi seca). Agregue el caldo y la sal, tape la olla y cocine a fuego lento para que el líquido se absorba por completo (de 8 a 10 minutos).

Vierta la pasta en el refractario que tiene preparado. Coloque los trocitos de chile dentro de la mezcla a intervalos de 4 cm (como si estuviera mechando). Tápelo, no muy apretado, y hornee hasta que la pasta apenas comience a encogerse de los bordes y burbujee.

Para servir hay dos opciones: con queso fresco desmoronado y crema encima, o con queso chihuahua derretido en el horno.

Lentejas con piña y plátano

Señora Godileva Castro. Ciudad de México

Cuando renté una casa en la Ciudad de México durante un verano, me llenó de felicidad saber que Godileva, la muchacha que me había ayudado antes en casa, vivía a tres cuadras. Ella solía pasar a casa para darme su opinión sobre las recetas que yo estaba ensayando en ese momento. Ésta era una de sus favoritas. Puede servirse como una sopa o como acompañamiento de cualquier carne asada u horneada.

Rinde 6 porciones

120 g	de lentejas
6	tazas de agua fría
¼ kg	de jitomates finamente picados
1	diente de ajo toscamente picado
2	cucharadas de cebolla blanca toscamente picada
1 ½	cucharadas de aceite vegetal
1	rebanada gruesa de piña pelada, sin corazón y cortada en cubitos
½	plátano macho mediano, pelado y cortado en rodajas gruesas
	Sal al gusto

En una cacerola enjuague las lentejas en agua fría y escúrralas. Cúbralas con agua, póngalas en el fuego y cuando rompa el hervor, baje la flama y deje que hiervan lentamente de 2½ a 3 horas, según qué tan secas estén. Escúrralas y reserve el caldo; deben quedar aproximadamente 1½ tazas de líquido pero, si es necesario, añada agua para completar esta cantidad.

Licúe los jitomates con el ajo y la cebolla hasta que obtenga un puré liso. Caliente el aceite y fría el puré a fuego alto durante unos 3 minutos, revolviendo y raspando el fondo de la cacerola constantemente. Baje el fuego, agregue la piña y el plátano, y siga cocinando 5 minutos más.

Agregue las lentejas y 1½ tazas del caldo que reservó. Luego añada la sal y cocine las lentejas hasta que la fruta esté tierna (aproximadamente 20 minutos). La mezcla no debe estar demasiado espesa ni muy caldosa.

Puede preparar este platillo varias horas antes de servirlo.

Lentejas guisadas

Centro y Norte de México

Cocinadas así, las lentejas pueden servirse como sopa o para acompañar un plato principal, servidas en un tazón aparte. Si va a servirlas como sopa, quizá tenga que diluirlas con agua. Pueden servirse con *croutones* fritos o, mejor aún, con pedacitos de tortilla frita (ver pág. 122).

Rinde 6 porciones

Para guisar las lentejas

¼ kg	de lentejas
1	zanahoria mediana pelada y rebanada
2	rebanadas de cebolla blanca
2 l	de agua fría
3	cucharadas de aceite vegetal
2	dientes de ajo
1	cebolla blanca mediana finamente picada
1 ⅓	tazas de jitomates finamente picados
	Sal al gusto
2	chiles güeros largos o jalapeños
2	cucharadas de cilantro toscamente picado

Para servir

2	cucharadas de cebolla blanca finamente picada

Enjuague las lentejas con agua fría, escúrralas y póngalas en una olla grande con la zanahoria, la cebolla y el agua. Caliéntelas hasta que rompa el hervor, baje la flama y deje que hiervan lentamente hasta que estén suaves (de 2 ½ a 3 horas, según la calidad de las lentejas). Deben quedar muy caldosas.

Caliente el aceite en una sartén, dore ligeramente el ajo y luego deséchelo. En el mismo aceite, fría suavemente la cebolla picada, sin dorarla, hasta que esté suave (aproximadamente 1 minuto). Añada los jitomates picados y cocine a fuego muy alto, revolviendo constantemente y raspando el fondo de la sartén, hasta que la mezcla se haya reducido a una salsa (aproximadamente 3 minutos).

Agregue sal al gusto y la salsa de jitomate a las lentejas. Cocínelas a fuego medio durante 15 minutos más. Corte los chiles a lo largo y añádalos a las lentejas. Cocínelas otros 15 minutos, incorpore el cilantro y déjelas al fuego 5 minutos más. Ponga cebolla sobre los tazones de lentejas guisadas.

Este platillo puede prepararse con varias horas de anticipación.

Huevos

El abundante almuerzo de media mañana, el equivalente mexicano del *brunch* anglosajón, todavía está muy de moda entre quienes pueden darse el lujo de escaparse de la oficina para disfrutarlo. De hecho, no pocas transacciones de negocios se cierran durante el almuerzo, el cual sirve como algo reconfortante antes de la comida de la tarde. Yo, que crecí con el típico desayuno inglés, siempre pensé que no tenía igual. Pero no transcurrió mucho tiempo desde que empecé a vivir en México para que, por delicioso que me pareciera el desayuno británico —huevos con tocino, acompañados con hongos y tomates fritos o arenque ahumado asado a la parrilla—, éste palideciera en comparación con las suculentas frutas tropicales, los huevos cocinados en una de las muchas formas que se ofrecen a continuación, servidos con frijolitos refritos, café con leche y pan dulce recién salido del horno.

Las recetas siguientes son sólo una muestra de las muchas y creativas formas en que los cocineros mexicanos dan variedad al desayuno, usando para ello cualquier sobrante que pueda combinarse con huevos de una manera deliciosa.

Huevos rancheros

Esta popular forma de preparar huevos es también la más conocida fuera de México, y con razón. Combina sabores y texturas refrescantes que hacen de éste un plato muy llamativo para el desayuno. Para servir los huevos con un poquito más de elegancia —como me los sirvieron en casa de unos amigos—, corte la tortilla de modo que quepa en un pequeño refractario redondo y cubra la mitad de los huevos con salsa roja y la otra mitad con salsa verde. Pueden espolvorearse con queso rallado para que se derrita y se dore un poco en la parrilla.

Rinde 1 porción

2 cucharadas de aceite vegetal
2 tortillas chicas
2 huevos grandes
½ taza de salsa ranchera (ver pág. 267) tibia

Caliente el aceite en una sartén y fría las tortillas ligeramente por ambos lados, como lo haría para preparar enchiladas; no deben ponerse crujientes. Escúrralas sobre toallas de papel y colóquelas en un plato tibio.

En el mismo aceite, fría los huevos y luego póngalos sobre las tortillas fritas.

Cubra los huevos con la salsa tibia y sirva de inmediato.

Huevos revueltos a la mexicana

Después de los huevos rancheros, los más populares son los huevos revueltos a la mexicana, que llevan una mezcla de cebolla, chile y jitomate ligeramente fritos, aunque algunos cocineros prefieren dejarlos crudos. Existen muchas variaciones de este tema (vea las recetas que se dan a continuación).

Rinde 1 porción

2 ½	cucharadas de aceite vegetal
120 g	de jitomates finamente picados
2	chiles serranos, o al gusto, finamente picados
2	cucharadas de cebolla blanca finamente picada
	Sal al gusto
2	huevos grandes

Caliente el aceite en una sartén e incorpore los ingredientes picados y sal al gusto. Cocínelos 1 minuto.

Bata los huevos ligeramente con un poquito de sal y agréguelos a la mezcla de chile y jitomate. Revuélvalos a fuego medio hasta que se cuajen.

Sirva de inmediato con tortillas calientes.

Huevos revueltos con chorizo

Rinde 1 porción

1 chorizo
2 huevos grandes
Sal, si es necesaria

Caliente una sartén. Pele el chorizo y desmorónelo en la sartén. Deje que se cocine suavemente —si el fuego está demasiado alto, se quema con rapidez— hasta que la carne suelte la grasa. Escurra la grasa, excepto 2 cucharadas.

Quiebre los huevos en la sartén y revuélvalos con el chorizo hasta que se cuajen. Añada sal, si es necesario. Sirva de inmediato.

Huevos revueltos con totopos y jitomate

Rinde 4 porciones

	Aceite vegetal para freír
6	tortillas, cada una puesta a secar cortada en 6 triángulos (ver pág. 122)
¼	de taza de aceite vegetal
3	cucharadas de cebolla blanca finamente picada
200 g	de jitomates finamente picados
4 a 6	chiles serranos finamente picados
6	huevos grandes
	Sal al gusto

Caliente el aceite en una sartén grande y fría las piezas de tortilla, en dos tandas, para que se cocinen parejo; deben quedar un poquito crujientes, pero no demasiado doradas. Escúrralas sobre toallas de papel y no deje que se enfríen.

Caliente ¼ de taza de aceite en la sartén. Agregue los ingredientes picados y cocínelos a fuego medio durante 5 minutos, revolviendo la mezcla con frecuencia.

Bata los huevos con un poco de sal y añádalos a la sartén junto con las piezas de tortilla fritas. Cocine revolviendo hasta que los huevos se cuajen, pero que no queden resecos.

Este platillo debe consumirse de inmediato.

Huevos revueltos con totopos y salsa de chile pasilla

Señora María Luisa de Martínez. Ciudad de México

Rinde 1 porción

¼	de taza de aceite vegetal
1 ½	tortillas chicas, cortadas en tiras y puestas a secar (ver pág. 122)
2	huevos grandes
	Sal al gusto
3	cucharadas de salsa de chile pasilla (ver pág. 278), a temperatura ambiente
1	cucharada de cebolla blanca finamente picada
1	cucharada de queso fresco desmoronado

Caliente el aceite en una sartén grande y fría las tortillas hasta que estén apenas crujientes y de un color dorado pálido.

Deje los totopos en la sartén y escurra el aceite, excepto 1 cucharada.

Bata los huevos con un poquito de sal, añádalos a los totopos y deje que se cuajen.

Sirva el platillo adornado con la salsa. Coloque encima la cebolla y espolvoree el queso.

Huevos revueltos de rancho

Señora María Luisa de Martínez. Ciudad de México

Rinde 1 porción

2	cucharadas de aceite vegetal
2	tortillas chicas
3	cucharadas de salsa de chile pasilla (ver pág. 278)
2	huevos grandes
	Sal al gusto
1	rebanada de queso fresco
1	cucharada de cebolla blanca finamente picada
1	cucharada de crema

Caliente el aceite en una sartén grande y fría las tortillas ligeramente por ambos lados. No deben quedar muy crujientes. Escúrralas sobre toallas de papel y póngalas en un plato tibio.

En el mismo aceite, cocine la salsa durante unos segundos a fuego alto.

Bata los huevos ligeramente con la sal y añádalos a la salsa de la sartén. Incorpore todo hasta que los huevos se cuajen.

Sirva los huevos sobre las tortillas y adórnelos con el queso fresco, la cebolla y la crema.

Salsa de huevo

Señora Domitila Santiago de Morales (†). Oaxaca

En el restaurante La Flecha, de Tlacotalpan, en Veracruz, me sirvieron unos huevos en chilpachole. Sin embargo, al querer revisar de nuevo la receta no pude encontrar a un solo veracruzano que supiera decirme algo al respecto. Pasó el tiempo y estando en Oaxaca, la señora Domitila me preparó ese mismo platillo un día que desayunamos tarde. Era el mismo que había probado antes, sólo que ella le agregó los nopales, que son típicos de esa región.

Siempre me ha fascinado ver cómo viajan las recetas, pero ésta había recorrido una de mis rutas favoritas de todo México: la Sierra Madre Oriental. El camino empieza en la cuenca del río Papaloapan y serpentea —precipitada y, en apariencia, infinitamente— a través de un denso y maravillosamente exuberante bosque de niebla que, a tres mil metros de altura, da paso a un silencioso y brillante bosque de pinos que impregna el cristalino aire con su fragancia. Cuando uno se vuelve a mirar hacia el Este, aparecen las cordilleras, que se extienden hasta donde alcanza la vista, con sus tres volcanes nevados que salen de entre las blancas nubes que jaspean el brillante cielo azul.

Rinde 2 porciones

300 g	de jitomates asados (ver pág. 490)
1 o 2	chiles serranos (ver pág. 475)
2	cucharadas de cebolla blanca toscamente picada
1	diente de ajo toscamente picado
¼	de cucharadita de sal, o al gusto
3	cucharadas de aceite vegetal
¼	de taza de agua
1	rama grande de epazote
⅓	de taza de nopales picados, recién cocidos (ver pág. 495; opcional)
3	huevos grandes

Licúe los jitomates sin pelar con el chile, la cebolla, el ajo y sal. Caliente 1 cucharada de aceite en una sartén y fría la mezcla durante 5 minutos, revolviendo constantemente. Diluya con el agua, añada el epazote y los nopales, y cocine a fuego medio durante 2 minutos. Reserve.

Caliente el resto del aceite en una segunda sartén gruesa. Bata los huevos con un poquito de sal y cocínelos muy ligeramente en el aceite, revolviendo constantemente, hasta que estén apenas cuajados. Añádalos a la salsa, revolviendo constantemente, y cocínelos durante unos 3 minutos más.

Nota: Puede preparar la salsa con anticipación, pero cocine y agregue los huevos justo antes de servir.

Huevo sorpresa

Señora Maura Rodríguez. Jalisco

Una estudiante de una de mis primeras clases de cocina en Rancho Santa Fe, California, trajo esta receta que le dio la muchacha que ayudaba en su casa, y que es originaria de Jalisco. Alguna vez había comido este platillo en algún lugar y había olvidado cuán delicioso es. Adornado con un poco de lechuga picada, salsa mexicana cruda (ver pág. 263) o salsa de tomate verde (ver pág. 264) y rebanadas de aguacate es un platillo exquisito para el almuerzo.

Rinde 1 porción

1 tortilla
1 huevo

Para servir

Frijoles refritos

Haga una tortilla de modo que se infle (ver pág. 72). Hágale un pequeño corte en el lado inflado para que se forme un bolsillo, rompa un huevo y deslícelo dentro. Presione los bordes de la masa para sellar el huevo y fríalo en aceite caliente hasta que la tortilla esté dorada y crujiente. Escúrrala bien y sirva de inmediato con frijoles refritos (ver pág. 179).

Nopales con huevo

Señora Hortensia de Fagoaga. Centro de México

La señora Hortensia me dio esta receta de nopales con huevo que es poco común, porque los nopales se añaden crudos, lo que les da una textura más crujiente y acentúa el sabor del huevo. Aunque ella sirvió este platillo a manera de entrada durante una comida, puede ser un buen desayuno o servirse en tacos.

Rinde 4 porciones

2 cucharadas de manteca o de aceite vegetal
½ kg de nopales limpios y cortados en cubitos (ver pág. 495)
¼ kg de jitomates finamente picados
2 dientes de ajo finamente picados
⅓ de taza de cebolla blanca finamente picada
4 chiles serranos finamente picados
Sal al gusto
3 huevos grandes

Caliente la manteca o el aceite en una sartén, ponga todos los ingredientes, excepto los huevos, y añada sal al gusto. Tape la sartén y cocine a fuego medio, sacudiendo la sartén frecuentemente, durante unos 25 minutos o hasta que la mezcla esté seca y bien sazonada.

Rompa los huevos sobre los nopales y revuelva rápidamente hasta que se cuajen.

Huevos en rabo de mestiza

Restaurante La Lonja. San Luis Potosí

Aunque éste es un platillo delicioso y llenador para el almuerzo, la primera vez que lo probé hace muchos años en el entonces famoso restaurante La Lonja, de San Luis Potosí, fue durante una comida, antes del fiambre potosino (ver pág. 330).

A algunas cocineras les gusta añadir huevos cocidos a la salsa, pero no es algo que avalen las cocineras tradicionales de San Luis.

La salsa con las rajas puede hacerse con anticipación y armar el platillo justo antes de servir.

Rinde 6 porciones

⅓	de taza de aceite vegetal
1 ½	tazas de cebolla blanca finamente rebanada
7	chiles poblanos asados, pelados (ver pág. 474), limpios y cortados en rajas delgadas
1 kg	de jitomates asados (ver pág. 490)
3	tazas de agua
	Sal al gusto
12	huevos grandes
6	rebanadas de queso fresco

Caliente el aceite en una sartén grande y fría la cebolla hasta que se acitrone (aproximadamente 2 minutos). Añada las rajas de chile y deje que se frían durante unos 3 minutos, meneando con frecuencia para que no se peguen.

Licúe los jitomates asados sólo durante unos segundos y agréguelos a la mezcla de cebolla y chile. La salsa debe tener algo de textura. Deje que se cocine a fuego bastante alto durante unos 10 minutos, o hasta que la salsa esté bien sazonada y se haya reducido un poco. Agregue el agua y la sal, y siga cocinando por aproximadamente un minuto.

Abra los huevos, uno por uno, en un platito y, con cuidado, deslícelos al caldo caliente. Acomode las rebanadas de queso encima. Cubra el platillo con una tapa y deje que los huevos se escalfen ligeramente hasta que se cuajen (de 6 a 8 minutos).

Nota: Desde luego, la salsa puede prepararse con anticipación.

Huevos motuleños

Yucatán

Supuestamente, esta forma de preparar huevos se inventó en Motul, un pequeño pueblo yucateco. Yo siempre he pensado que son huevos rancheros con un toque yucateco. Hace treinta años, cuando fui por primera vez a investigar recetas a Mérida, quedé asombrada por la cantidad de restaurantes donde los hombres de negocios, todos vestidos con sus blancas guayaberas, cerraban diariamente sus tratos mientras comían huevos motuleños acompañados con altos vasos de café con leche, a la vez que discutían animadamente sobre asuntos de política o los eventos financieros del día.

Todos los componentes de esta receta pueden prepararse con mucha anticipación, pero el montaje final de los huevos tiene que hacerse al minuto.

Nunca entendí por qué estos huevos llevan chícharos. Siempre están duros como balas e insípidos, o pastosos, si son de lata.

Rinde 1 porción

2	cucharadas de aceite vegetal
2	tortillas chicas
2	cucharadas de frijoles negros colados yucatecos (ver pág. 183)
1 o 2	huevos grandes
½	taza de salsa de jitomate yucateca (ver pág. 270)
1	cucharada de jamón picado
1	cucharada de chícharos cocidos
½	cucharada de queso seco, rallado

Caliente el aceite en una sartén y fría las tortillas ligeramente por ambos lados. No deben quedar crujientes. Escúrralas y apártelas en un plato tibio.

Cubra una de las tortillas con una capa gruesa de pasta de frijol.

En el mismo aceite, fría el huevo y póngalo encima de la pasta. Cubra el huevo con la segunda tortilla. Vierta encima la salsa, espolvoree el jamón, los chícharos y el queso, y sirva.

Machacado con huevo

Señora Hortensia Quintanilla de García. Nuevo León

Hace muchos años alguien me dio una receta para el machacado con huevo que era completamente distinta a ésta y se publicó en el libro *Las cocinas de México*. Tiempo después recibí una carta de Abel Quezada, el distinguido caricaturista político cuya obra fascinó a los lectores de periódicos durante décadas. La misiva estaba deliciosamente ilustrada y en ella me contaba que su madre jamás había usado jitomate en su machacado. Desde luego, él tenía razón, como después me lo dijeron algunas cocineras tradicionales de Nuevo León.

Esta receta es la más tradicional y me la dio la mamá de una amiga. Refleja perfectamente la simplicidad de los ingredientes y de la cocina del norte, y es absolutamente deliciosa.

El pequeño y redondo chile piquín que crece de forma silvestre en las montañas de Nuevo León se usa casi todo el año ya maduro y seco. Verde y fresco se encuentra sólo en la estación de lluvias. De hecho, se le conoce como chile de monte o pajarito.

El machacado se sirve con una salsa de jitomate y con frijoles machacados y ligeramente refritos —por lo general, frijoles pintos traídos de Estados Unidos—, acompañado, desde luego, de tortillas de harina.

Rinde 6 porciones

150 g de machaca (carne de res salada, seca; ver pág. 41)
3 cucharadas de manteca derretida
8 huevos grandes

La salsa de jitomate

600 g de jitomates
1 ½ cucharadas de manteca
½ taza de cebolla blanca finamente picada
7 chiles piquín secos
Sal al gusto

Ponga la machaca en un tazón, cúbrala con agua fría y déjela en remojo 1 minuto para que se suavice un poco. Escúrrala y luego extraiga la mayor cantidad de agua posible. Deshebre la carne toscamente.

Caliente la manteca en una sartén, incorpore la carne y fríala ligeramente hasta que la humedad se haya evaporado, pero no la dore (durante unos 3 minutos).

Rompa los huevos en la mezcla —no los bata con anticipación—, incorpórelos y mezcle hasta que se cuajen (alrededor de 2 minutos). Sirva los huevos de inmediato con la salsa de jitomate.

Por lo general, la carne contiene bastante sal, así que es probable que no necesite agregar más, pero es cuestión de gustos.

La salsa de jitomate

Corte los jitomates longitudinalmente en cuartos y, usando el lado más grueso del rallador, ralle la pulpa y las semillas de cada sección hasta que sólo le quede la piel del jitomate en la mano; cuide de no lastimarse los nudillos ni las uñas durante el proceso. Reserve todos los jugos. Debe tener aproximadamente 2 tazas de pulpa jugosa con semillas.

Caliente la manteca en una sartén grande, añada la cebolla, los chiles y la sal, y fría hasta que la cebolla se acitrone (aproximadamente 2 minutos). Incorpore los jitomates rallados y siga cocinando a fuego alto hasta que se sazonen (alrededor de 15 minutos), o hasta que tenga una salsa jugosa y con textura. Mantenga la salsa caliente.

Huevos con epazote y chile

Señora Hortensia de Fagoaga. Puebla

Como siempre, la señora Tencha regresó de visitar su pueblo en la Sierra Norte de Puebla con una nueva planta, con una nueva idea y, esta vez, con una nueva receta para hacer huevos que le había servido su hermana, con tortillas recién salidas del comal.

Para quienes acostumbran comer huevos —todavía quedan unos cuantos— o para quienes disfrutan de un platillo picoso en el almuerzo del domingo, esta receta es perfecta. Yo la he adaptado y la sirvo con salsa de jitomate sin chile.

Me dijeron que rompiera los huevos en la sartén y revolviera un poquito para mezclarlos, pero usted puede mezclarlos primero en un tazón, si lo desea... sólo hay más trastes que lavar.

Rinde 2 porciones

⅔ de taza de agua
6 chiles serranos asados hasta que estén suaves, toscamente picados (ver pág. 475)
⅓ de taza de epazote picado, muy apretado
Sal al gusto
3 cucharadas de aceite vegetal
4 huevos grandes

Ponga el agua en el vaso de la licuadora y agregue los chiles, el epazote y la sal. Licúe hasta obtener una consistencia con textura.

Caliente el aceite en una sartén grande, rompa los huevos allí mismo y añada un poquito de sal. Revuelva un poco para mezclar. Cocine los huevos a fuego medio, volteándolos para que se cuezan parejo hasta que cuajen. Vierta la salsa sobre los huevos y siga cocinando, sin revolver y a fuego medio, hasta que la salsa se haya reducido y sazonado un poco (aproximadamente 2 minutos).

Comidas ligeras

Picnic hidalguense

Desde la primera vez que me llevaron, en la década de 1970, al restaurante Los Migueles (que por desgracia ya no existe), propiedad de María Elena Lara, en una de las secciones más remotas de la Ciudad de México, me impresionó lo honesto y bien hecho de esa suculenta comida que tenía un gran sazón. Y desde aquel día, María Elena generosamente ha compartido sus recetas y conocimientos conmigo.

A inicios de un mes de septiembre, María Elena me invitó al *picnic* que iba a hacer con su familia en su rancho, en el estado de Hidalgo. Me dijo que iba a preparar el platillo típico para esa ocasión: el pollo en itacate. Todo se hace el día anterior para mejorar el sabor y luego, al día siguiente, se calienta en el campo a la leña.

Cuando llegué para observar los preparativos, vi que la cocina estaba llena de canastas, todas forradas con trapos blancos o de cuadritos rojos y blancos. Las botellas de tequila y una docena de limones, "para abrir el apetito", como María Elena me lo explicó, ya estaban listas para empacarse; también había queso manchego para botanear y acompañar las bebidas; tunas verdes y rojas; huevos cocidos y jarritos de barro porque, sin duda, alguien iba a llevar pulque fresco de algún rancho vecino.

Primero, María Elena coció el pollo a fuego lento para prepararlo en frío. Era un pollo grande y gordo, y lo puso a cocer con una cabeza entera de ajo y sal, nada más. Mientras se cocía, cortó cuatro chiles jalapeños y cuatro cebollitas de cambray antes de sumergirlos brevemente en agua helada y, en poco tiempo, se abrieron como flores. Cuando el pollo estuvo tierno, lo doró muy ligeramente en manteca caliente. Luego María Elena insertó un chile y una cebolla en cada una de las cuatro articulaciones y, mientras el pollo aún estaba caliente, lo amarró fuertemente con un trapo grande.

Con el caldo del pollo hizo arroz. Lo frio con jitomate licuado, cebolla y ajo, como se acostumbra, pero añadió granos de elote. Esperó a que estuviera cocido para espolvorear encima ramas de perejil y lo decoró con rebanadas de huevo duro y chipotles enteros de lata. Tapó la cacerola con un trapo bien apretado y el arroz quedó listo para la mañana siguiente.

Luego, María Elena hizo dos salsas, roja y verde, en las cuales sumergió tortillas calientes, que dobló en ordenados paquetes en unas grandes servilletas (ver la receta para tortillas dobladas, pág. 214) y después empezó a hacer cuatro rellenos para las lolitas (ver la receta que sigue), que son unas gorditas rellenas hechas con masa para tortillas.

Su labor parecía no tener fin mientras machacaba y freía garbanzos, habas secas, frijoles y chiles; para mí, lo más sabroso de todo era la salsa de chile ancho con muchísimo queso rallado. Amasó la masa para tortillas con manteca y sal, y después, con una maravillosa destreza, le dio forma a cientos de lolitas —diamantes, triángulos, óvalos—, cada una de las cuales tenía un relleno diferente. Las lolitas se inflaron en el comal y se les salió un poquito de queso, que siseó y rápidamente se secó, emanando un aroma tentador. La espera hasta el día siguiente parecía demasiado larga, así que probamos una de cada una.

Lolitas

Señora María Elena Lara. Hidalgo

Las lolitas pueden prepararse con varias horas de anticipación, de tal forma que estén listas para cocerlas en el comal. Pero hay que cubrirlas con un trapo húmedo para que la masa no se seque. Lo ideal es comerlas en cuanto estén listas, siempre que no se queme la boca.

Rinde 2 docenas de lolitas

El relleno

2	chiles anchos grandes, desvenados y sin semillas
1	diente de ajo
⅔	de taza de agua
	Sal al gusto
½	cucharada de aceite vegetal
120 g	de queso chihuahua rallado

La masa

100 g	de manteca de puerco
	Sal al gusto
600 g	de masa para tortillas

Primero prepare el relleno. Tueste ligeramente los chiles anchos en una plancha o comal caliente. Cúbralos con agua caliente y déjelos remojar unos 10 minutos, o hasta que estén suaves. Cuélelos, páselos al vaso de la licuadora, agregue el ajo, agua y sal, y licúe hasta obtener una mezcla lisa.

Caliente el aceite en una sartén chica, agregue el puré de chile y cocínelo a fuego muy alto, revolviendo constantemente para que no se pegue (durante 5 minutos o hasta que se reduzca y se espese). Deje la salsa a un lado para que se enfríe y luego incorpore el queso rallado, ajuste la sazón y reserve mientras prepara la masa.

Amase la manteca con la masa y la sal. Haga bolitas como de 3.5 cm de diámetro. Con la palma de la mano y los últimos dedos de la mano derecha (o izquierda), aplane cada bolita para hacer un círculo como de 8 cm de diámetro. Si le cuesta trabajo manejar la masa, humedezca sus manos y vuelva a empezar.

Ponga una cucharadita copeteada del relleno en el centro de cada una. Doble las orillas para que se unan, y luego vuelva a doblarlas para que sellen. Presione las orillas hasta obtener una empanadita en forma de media luna. Aplane la empanadita hasta que tenga un grosor de 1.5 cm y dele forma de cuadrado, rectángulo, triángulo o círculo, o lo que su imaginación le dicte, cuidando que el relleno no traspase la masa. Haga lo mismo con el resto de las bolitas de masa.

Caliente una plancha o comal, engráselo ligeramente y cueza las lolitas a fuego bajo, hasta que estén ligeramente doradas y esponjosas. La masa debe quedar bien cocida, pero no seca (aproximadamente 8 minutos de cada lado).

Tortillas dobladas de Hidalgo

Señora María Elena Lara. Hidalgo

Ésta es la forma en que María Elena hizo la salsa roja y preparó las tortillas dobladas o "paseadas". Algunas tenían salsa roja y otras verde (ver la receta para salsa de tomate verde en la pág. 264). Las salsas tenían mucha manteca de cerdo por una buena razón: para que las tortillas estuvieran suaves y esponjosas al ser recalentadas en el campo al día siguiente.

Luego extendió una servilleta grande y en el centro colocó algunas tortillas cortadas con cuchillo, para formar un cuadrado de unos 20 cm. La idea era proteger la servilleta de la salsa de las dobladas y que, además, absorbieran un poco de la grasa.

Rinde 6 porciones

2 chiles anchos grandes desvenados y sin semillas
2 dientes de ajo toscamente picados
½ cucharadita de sal, o al gusto
1 ¼ tazas de caldo de pollo (ver pág. 496) o agua
½ taza de manteca de puerco
12 tortillas recién hechas (ver pág. 72), aún calientes

Abra los chiles y áselos ligeramente por ambos lados sobre una plancha o comal caliente. Cúbralos con agua hirviendo y déjelos remojar hasta que estén suaves (aproximadamente 5 minutos). Cuélelos, póngalos en el vaso de la licuadora, agregue el ajo, sal y 1 taza del caldo, y licúe hasta obtener una mezcla de consistencia lisa.

Caliente la manteca en una sartén pesada y añada la mezcla de chile. Cocine a fuego muy alto, revolviendo constantemente, para que se reduzca un poquito (unos 4 minutos). Añada ¼ de taza de caldo y deje que rompa el hervor. Retire del fuego y reserve. La salsa debe tener una consistencia media.

Ponga en la salsa una de las tortillas, bocabajo, y cubra bien la superficie. Doble la tortilla con la salsa adentro y presione los bordes, luego sumerja los bordes redondeados en la salsa, de modo que haya un borde de salsa como de 75 mm de ancho. Coloque la doblada con la parte que no tiene chile en forma paralela a los bordes de la servilleta, a lo largo de un lado del cuadrado de tortillas que ya tiene listo en la servilleta. Repita el proceso con la segunda tortilla, colocándola frente a la primera y con los bordes curvos tocándose.

Haga otras dos dobladas y colóquelas sobre la primera capa, con los bordes doblados tocándose, de modo que los otros lados del cuadrado se completen. Repita hasta que se acabe las tortillas. Doble los bordes de la servilleta sobre las tortillas y almacene hasta el día siguiente.

Recaliente sobre un comal o plancha sin engrasar.

Chiles capones

Puebla

Estos chiles rellenos de queso también pueden prepararse con chiles poblanos para hacer una versión menos picante. Los chiles deben comerse, literalmente, en cuanto salen de la sartén. ¡Imposible esperar!

Rinde 12 chiles

Los chiles

13 chiles jalapeños grandes, frescos, asados y pelados como si fueran chiles poblanos (ver pág. 474)
Sal al gusto
120 a 180 g de queso fresco, desmoronado
1 cucharada copeteada de epazote picado
Aceite vegetal para freír

Para servir

12 tortillas recién hechas y aún calientes
1 taza de crema

Haga una incisión a lo largo del chile, dejando el tallo intacto. Con cuidado, raspe las venas y semillas para eliminarlas. Para que no queden tan picosos, ponga los chiles en una cacerola y cúbralos bien con agua fría. Añada la sal, ponga en el fuego y deje que rompa el hervor; permita que se cuezan lentamente durante 5 minutos. Cuele bien y seque los chiles sobre toallas de papel.

Mezcle el queso fresco con el epazote y sal al gusto, y rellene los chiles. Caliente el aceite en una sartén y coloque los chiles para freírlos. Debe acomodarlos en una sola capa y con la abertura hacia arriba. Fríalos a fuego medio durante aproximadamente 7 minutos. Voltéelos de vez en cuando hacia un lado y luego hacia el otro (no deje que se cocinen con la abertura hacia abajo, ya que el relleno se derretirá y se saldrá).

Ponga cada chile en una tortilla caliente, cubra con un poquito de crema, doble y sirva de inmediato.

Plátanos rellenos con queso

Señora María Elena Romero. Tlacotalpan, Veracruz

Los "plátanos" hechos a base de masa de plátano macho a la que se le vuelve a dar la forma de ese fruto son una botana típica de las tardes veracruzanas, sobre todo en Alvarado y Tlacotalpan. Al igual que las empanadas que se hacen de la misma masa, se preparan en puestecitos de comida alineados a lo largo de la ribera del inmenso río Papaloapan. El relleno está hecho con un queso fuerte que se hace en Chiapas, finamente rallado, o con picadillo de carne.

La suave masa tiende a absorber mucha grasa cuando se fríe, así que es necesario tener bastante papel de estraza o toallas de papel. Otro método que resulta muy eficaz es recalentar los "plátanos" sobre toallas de papel en el horno, como lo haría con los chiles rellenos. Así, el exceso de grasa sale fácilmente.

Yo acostumbro servirlos de un modo poco tradicional, con un poco de arroz blanco y salsa de jitomate, a manera de entrada.

Necesita plátanos machos maduros y amarillos, pero muy firmes al tacto.

Rinde aproximadamente 8 "plátanos" de 13 cm

700 g de plátano macho (ver la nota superior)
3 cucharadas de harina
½ cucharadita de sal
Aceite vegetal para freír
¾ de taza de queso de Chiapas, finamente desmoronado (ver la nota superior), o queso cotija

Monde los extremos de los plátanos, pero no los pele. Córtelos en trozos como de 13 cm de largo. Póngalos en una olla, cúbralos con agua, tápelos, póngalos en el fuego y deje que rompa el hervor. Cuézalos a fuego medio hasta que la pulpa esté suave (aproximadamente 1 hora). Escúrralos y déjelos a un lado para que se enfríen.

Pele los plátanos, macháquelos y amáselos con la harina y sal hasta obtener una pasta de consistencia muy lisa.

Caliente a fuego lento el aceite —que debe tener unos 2 cm de profundidad— en una sartén. Humedezca sus manos ligeramente y divida la masa en ocho partes iguales. Haga una bolita como de 5 cm de diámetro con cada una. Presiónela con sus manos o con una prensa para tortillas forrada con una bolsita de plástico (ver las instrucciones para hacer tortillas en la pág. 72) hasta formar un círculo como de 10 cm de diámetro y 75 mm de espesor. Ponga aproximadamente 1 cucharada rasa de queso a lo largo del centro de la masa, pero no en el borde.

Humedezca otra vez sus manos y dele forma a la masa como si fuera un platanito de 13 cm de largo y 3 cm de ancho. El aceite debe estar caliente pero no a más 120 ºC, pues podrían dorarse mucho por fuera pero quedar crudos por dentro.

Fría dos o más plátanos, según el tamaño de la sartén. Recuerde que necesita mucho espacio para voltearlos, ya que tienden a pegarse en el fondo. Fríalos durante unos segundos, luego empiece a darles vuelta de vez en vez, hasta que adquieran un color dorado profundo parejo (de 10 a 12 minutos). Sáquelos y escúrralos (ver la nota superior).

Sírvalos calientes, como botana.

Nota: La masa puede prepararse con varias horas de anticipación.

Molletes

Ciudad de México

Este popular platillo para el almuerzo se hace con bolillos.

Rinde 6 porciones

6	bolillos
⅓	de taza de mantequilla sin sal, derretida
2	tazas de frijoles refritos (ver pág. 179), calientes
¼ kg	de queso chihuahua rallado
2	tazas de salsa mexicana cruda (ver pág. 263) o salsa verde (ver pág. 264)

Caliente el horno a 200 ºC. Corte los bolillos horizontalmente por la mitad y quíteles el migajón, dejando sólo la costra con menos de 1.5 cm de grosor. Coloque los bolillos en una charola para hornear bien engrasada. Con una brocha, ponga un poco de mantequilla en el interior del bolillo y hornéelo hasta que las orillas apenas comiencen a ponerse crujientes (aproximadamente 10 minutos).

Saque los bolillos del horno. Rellénelos con los frijoles refritos y vuelva a hornearlos durante aproximadamente 5 minutos o hasta que los frijoles estén bien calientes. Sáquelos brevemente, espolvoréelos con el queso y hornee nuevamente para derretir el queso, sin que llegue a dorarse. Sirva de inmediato con abundante salsa encima.

Guajolotas

Señora María Luisa de Martínez. Ciudad de México

Un día que estaba en Cuautla, mi amiga María Luisa de Martínez, quien frecuentemente me da ideas y recetas, preparó estos pambazos, que ella convirtió en *guajolotas*. Son muy sabrosas, crujientes y llenadoras, pero sí se requiere un buen sistema digestivo. En Tulancingo, Hidalgo, y en la Ciudad de México, se le llama *guajolota* al bolillo relleno de tamal.

Rinde 6 porciones

2	chiles anchos desvenados y sin semillas
1	cucharadita de sal, o al gusto
1	cucharada de cebolla blanca toscamente picada
1	diente de ajo toscamente picado
1 ¼	tazas de agua fría
4	piezas de chorizo peladas y desmoronadas
¼ kg	de papas cocidas y cortadas en cubitos de 1.5 cm
2	chiles chipotles adobados, licuados con ¼ de taza de agua
6	pambazos grandes o teleras
4 a 6	cucharadas de aceite vegetal
120 g	de queso chihuahua o manchego, rallado
2	tazas de lechuga rallada

Caliente el horno a 200 °C. Coloque la charola para hornear en la parrilla superior.

Ase ligeramente los chiles limpios en una plancha o comal. Cúbralos con agua hirviendo y déjelos en remojo hasta que se suavicen (aproximadamente 10 minutos). Cuélelos, páselos al vaso de la licuadora, añada la sal, la cebolla, el ajo y agua fría. Licúe hasta obtener un puré de textura lisa. Vierta la mezcla en un tazón no muy hondo y reserve.

Ponga los chorizos pelados y desmoronados en una sartén chica. Cocínelos a fuego bajo hasta que la carne esté cocida y suelte toda la grasa, pero cuide de no freírlos hasta que estén crujientes y secos. Escurra el exceso de grasa y guárdela para un uso futuro.

Agregue los cubitos de papa cocida y los chipotles licuados. Fría todo unos cuantos minutos más, revolviendo constantemente.

Corte los pambazos horizontalmente por la mitad. Elimine parte del migajón. Caliente 2 cucharadas del aceite en una sartén chica. Sumerja una de las mitades del pambazo muy rápidamente en la salsa —apenas debe quedar cubierto de salsa, no estar empapado— y fríalo rápidamente por ambos lados. Inmediatamente después, colóquelo sobre la charola para hornear, que debe estar caliente y en el horno. Repita el proceso hasta que todos los pambazos estén listos. Añada un poquito de aceite a la cacerola según sea necesario (si pone demasiado aceite de una sola vez, el pan lo absorberá y se pondrá muy grasoso). Hornee los pambazos hasta que estén ligeramente crujientes (aproximadamente 10 minutos).

Rellene la mitad inferior de los pambazos con la mezcla de chorizo y papa. Espolvoréelos generosamente con el queso rallado y adórnelos con una capa de lechuga picada. Cubra con las tapas y sirva de inmediato.

Semitas

Semita es un nombre que puede resultar confuso, ya que fuera de Puebla se refiere a un tipo de pan dulce que varía de un lugar a otro. Sin embargo, en Puebla una semita es un pan medio redondo, un poco aplanado y crujiente, espolvoreado con ajonjolí y con un característico nudo arriba. Las semitas más deliciosas suelen cocerse en hornos de leña y no tienen ningún rastro del azúcar que se usa para que la masa levante más rápido, algo que constituye la ruina de muchas de las panaderías mexicanas actuales.

Las semitas clásicas están rellenas con cubitos de papa, pata de res en escabeche y aguacate, todo sazonado con chiles chipotles y pápalo quelite, una hierba de sabor punzante y hojas redondas.

Torta mexicana

La torta mexicana no tiene igual en el mundo de los sándwiches. La telera, un pan medio ovalado y no muy grueso, se corta de manera horizontal y se rellena hasta que se desborda. Es necesario usar ambas manos para comerla e, incluso así, se necesitan muchas servilletas; ¡si están rellenas adecuada y generosamente, el relleno se sale por todos lados a la primera mordida! Aunque los ingredientes que se mencionan abajo son los más comunes, hay mucho campo para innovar.

Primero elimine un poco de migajón. Después unte una parte de la telera abierta con una generosa porción de frijoles refritos (ver pág. 179) y añada varias rajas de chile jalapeño en escabeche. La otra cara puede untarse, también generosamente, con aguacate machacado, en tanto que al centro pueden ir rebanadas de queso fresco o oaxaca, tomate, crema, queso de puerco o puerco en adobo (ver pág. 305), pollo deshebrado o jamón.

Empanadas de San Cristóbal de Las Casas

Señora Rode. San Cristóbal de Las Casas, Chiapas

En una visita que hice a San Cristóbal probé estas deliciosas y crujientes empanadas rellenas de pollo espolvoreadas con azúcar. Durante un viaje posterior a esa ciudad, un taxista gourmet apodado *El Tigre* me presentó a la señora Rode, una de las pocas mujeres que aún hacen estas empanadas comercialmente y que conserva la calidad y tradición que hizo famosa a su tía hace muchos años.

Era imposible no encontrar su casa porque, a medida que uno avanzaba por la calle, percibía el incitante y apetitoso aroma del horno en medio del fresco aire montañoso de la tarde. La señora Rode, todavía bastante joven, robusta, chapeada, estaba acabando con paciencia una última tanda de quinientas empanadas para una boda que se celebraría al día siguiente.

Había estado trabajando desde las cinco de la mañana. La cocina estaba tibia y la masa muy suave, y, sin embargo, con una habilidad asombrosa, volteaba las orillas de la masa para convertirlas en plieguecitos perfectos. Para satisfacer las preferencias locales, rellenaba algunas de papa, otras de atún, otras con crema pastelera o, simplemente, las espolvoreaba con queso seco rallado. Pero las verdaderamente fastuosas eran las que estaban rellenas de pollo y ésta es la receta que me dio para hacerlas.

Seguí la receta tal como me la dio la señora Rode, con la que se obtiene una costra muy quebradiza que hay que manejar con delicadeza.

Rinde 24 empanadas

La masa

400 g	de harina
60 g	de maicena
¾	de cucharadita de sal
180 g	de manteca de puerco
60 g	de manteca vegetal
30 g	de mantequilla sin sal
1 a 2	cucharadas de agua
3	huevos enteros
3	cucharadas de manteca de puerco derretida para barnizar

El relleno

1	cucharada de aceite vegetal
¼	de taza de cebolla blanca finamente picada
3	chiles serranos en escabeche, o al gusto, finamente picados
¼ kg	de jitomates finamente picados
½	taza de calabacitas cocidas y partidas en cubos de 75 mm
½	taza de zanahorias cocidas y partidas en cubos de 75 mm
2 ½	tazas de pollo cocido y finamente picado (ver pág. 496)
2	cucharadas del líquido del escabeche
½	cucharadita de sal, o al gusto
	Pimienta negra, recién molida

Para adornar

60 g	de azúcar

Cierna la harina, la maicena y la sal juntas en una superficie de trabajo lisa, haga un hoyo en el centro de la mezcla y coloque ahí la manteca de puerco suave, la manteca vegetal, la mantequilla, el agua, los huevos con todo y yemas y trabaje bien esos ingredientes hasta obtener una masa suave y tersa.

Divida la masa en tres bolas iguales, de aproximadamente 300 g cada una. Con una brocha, únteles bastante manteca derretida, cúbralas con una toalla y déjelas reposar (no las refrigere) durante 2 o 3 horas.

Extienda cada una de las bolas con el rodillo hasta formar cuadrados de aproximadamente 23 por 23 cm y 75 mm de ancho. Con la brocha, úntelos con bastante manteca derretida, espolvoréelos con harina y coloque un cuadrado encima del otro. Utilice el rodillo para extenderlos nuevamente y hacer un solo cuadrado más grande, de aproximadamente 28 por 28 cm. (La señora Rode extiende una bola, le unta manteca y le espolvorea harina, luego extiende la segunda encima de la primera y la tercera encima de la segunda. Mi sugerencia es mucho más sencilla.)

Con cuidado, enrolle las tres capas juntas —no demasiado apretadas ni demasiado flojas— para formar una salchicha como de 4 cm de diámetro. Unte el rollo con manteca derretida y déjelo en reposo durante 2 horas en el refrigerador.

Mientras tanto, prepare el relleno. Caliente el aceite en una sartén y fría juntos la cebolla, los chiles y los jitomates a fuego medio, hasta que la mezcla se reduzca y se sazone (aproximadamente 3 minutos). Incorpore los vegetales y el pollo, sazone y deje que la mezcla se enfríe completamente antes de rellenar las empanadas.

Caliente el horno a 220 ºC.

Corte el rollo de masa en rodajas de aproximadamente 1.5 cm de ancho. Con el rodillo, extienda cada una hasta obtener un círculo como de 10 cm de diámetro. Ponga una cucharada copeteada del relleno en uno de los lados de la masa y cúbralo doblando encima el otro lado. Pellizque firmemente la orilla semicircular torciendo la masa con los dedos para formar pequeños pliegues. Coloque las empanadas, muy separadas entre sí, en una charola para hornear sin engrasar, y hornéelas durante unos 25 minutos, hasta que estén bien doradas.

Espolvoréelas con azúcar y sirva de inmediato como platillo para una cena ligera o como entrada.

Ensaladas

A fines de la década de 1950, todos los sábados por la mañana íbamos al mercado de San Juan, en la Ciudad de México. Esas visitas provocaban que se nos hiciera agua la boca y también consumían mucho tiempo. Había montoncitos de delicadísimas cebollitas de cambray; hermosos y crujientes rabanitos que tenían un ligero gusto a nuez; aguacates de todas formas y tamaños; berros, pepinos y todo tipo de verduras imaginables. Pero las más frescas y delicadas eran las que vendía una indígena que se sentaba en el piso a la entrada del mercado. Alargaba la mano para darle un tironcito a mi falda, o para atraer mi atención me decía "marchanta" con un ligero siseo. Tenía montoncitos perfectamente ordenados de hierbas recién cortadas, o flores de calabaza, o chícharos y habas recién sacados de la vaina. Yo casi siempre terminaba comprando de más, pues se me olvidaba lo que en verdad había ido a conseguir, de modo que volvía a casa con dos gigantescas canastas que desbordaban todo tipo de preciosos y delicados productos frescos. En tal cantidad, que dos personas jamás habrían podido consumirlos antes de que se marchitaran.

Pero era el domingo por la mañana cuando nos apresurábamos a los puestos donde, en grandes platones, se exhibían las ensaladas ya preparadas de nopalitos o, sobre todo, de habas intrincadamente adornadas con rodajas de tomate y cebolla y espolvoreadas con cilantro picado.

La ensalada no es una parte indispensable de la comida mexicana, como sí lo son los frijoles, por ejemplo. Pero esto no significa que en México no se consuman verduras crudas. Por el contrario, resulta inconcebible comer un antojito sin una auténtica cascada de lechuga picada, rebanadas de jitomate y rabanitos, ya sea cortados en rodajas o en forma de flor. Y también están las salsas de mesa y los aderezos de guacamole, la salsa mexicana cruda y su contraparte de Yucatán, el *xni-pec*, que se comen en grandes cantidades con tacos o con tortillas solas.

Durante los meses de verano, los vendedores ambulantes ofrecen pepinos pelados y cortados que parecen una flor, servidos con bastante chile piquín en polvo, sal y un chorrito de limón. En invierno, los pepinos se sustituyen por jícamas, que se rebanan finamente y se aderezan de la misma forma.

Antes se le llamaba "ensalada" a casi cualquier cosa que sirviera de acompañamiento para un platillo principal. Me resulta fascinante leer en los libros de cocina mexicana del siglo XIX sobre una ensalada de piña cruda y de cómo se cocían las manzanas con bastante jerez; sobre los xoconostles hervidos con canela y azúcar, y una "ensalada de damas" que se consideraba mucho más apropiada para las señoritas —en vez de las carnes que se ofrecían a los caballeros— porque las damas "no son tan fuertes y llevan una vida más sedentaria", según el autor. Las damas comían una asombrosa mezcla de verduras cocidas —betabel, ejotes, chícharos, calabacita, coliflor—, picadas y combinadas con plátano macho, piña, camote, manzana, aguacate, aceitunas y chiles en vinagre.

También se sugería que, para ocasiones más elegantes, las ensaladas verdes se adornaran con coloridas flores comestibles como borraja, mastuerzo, malva, achicoria silvestre o azahar.

Como es natural, hoy en día la influencia gastronómica de Estados Unidos es muy fuerte e incluso han empezado a aparecer barras de ensaladas en algunas de las cadenas de restaurantes más populares, así como en los de los hoteles. Pero en la privacidad del hogar es mucho más probable que a uno le sirvan la tradicional ensalada de verduras cocidas —calabacita, coliflor, ejotes—, aderezada con aceite de oliva y vinagre, y espolvoreada con orégano y aros de cebolla cruda.

Realmente nunca pude tomar en serio la vistosa ensalada de Nochebuena: una mezcla de lechuga, betabel, caña de azúcar, naranja, plátano, lima, jícama, cacahuates y colación (dulces de azúcar). Pero dos ensaladas que me vienen a la mente —porque a mi parecer tienen la combinación justa de elementos, resultan diferentes y muy mexicanas— son la ensalada de nopales y la de chiles rellenos, cuyas recetas brindo aquí, junto con otras de ensaladas de verduras cocidas y una ensalada de jícama que es muy refrescante.

La original ensalada Alex-César Cardini

Alex Cardini, Sr. (†). Ciudad de México

A principios de la década de 1970 murió uno de los restauranteros más queridos de la Ciudad de México, Alex Cardini, Sr. Se había iniciado en el negocio de los restaurantes en Italia, cuando tenía diez años de edad. Para cuando era adolescente, ya había trabajado en algunos de los mejores restaurantes europeos. Como piloto de combate de la Fuerza Aérea Italiana recibió una condecoración por el valor y el arrojo que demostró durante la Segunda Guerra Mundial.

En 1926, Alex alcanzó a su hermano César en Tijuana, donde éste último tenía un próspero restaurante y donde inventó su famoso aderezo. Con este aderezo y una combinación única de otros ingredientes, Alex inventó su ensalada en honor de los pilotos de la Base Aérea de Rockwell, en San Diego. Al principio se le conoció como la "ensalada del aviador" y posteriormente se le llamó y se le imitó con el nombre de *ensalada César*, pero yo me referiré a ella por su nombre correcto: ensalada Alex-César Cardini.

Unos meses antes de que muriera, asistí a una de esas largas y maravillosas comidas con los hermanos Cardini y sus amigos. Platicamos durante horas sobre las rarezas y lo fascinante que es la comida mexicana, y Alex nos preparó su ensalada.

Rinde 2 porciones

10	hojas de lechuga orejona
6	rebanadas de bolillo o pan francés duro, de aproximadamente 1.5 cm de grosor
¼	de taza de aceite de oliva
3	dientes de ajo
6	filetes de anchoa
1	huevo grande, crudo
1	cucharada de jugo de limón
1	cucharadita de salsa Worcestershire
¼	de taza de queso parmesano, recién rallado
	Sal y pimienta recién molida, al gusto

Lave la lechuga, sacúdala para secarla, envuélvala en un trapo seco y métala al refrigerador para que se ponga crujiente.

Caliente el horno a 200 ºC. Coloque las rebanadas de pan en una charola sin engrasar y hornéelas hasta que estén crujientes (20 minutos). Con una brocha, úntelas con 1½ cucharadas del aceite y vuelva a meterlas al horno para que se doren (aproximadamente 10 minutos).

Machaque el ajo y las anchoas juntos. Poco a poco, añada 1 cucharada de aceite. Unte esta mezcla sobre las rebanadas de pan y apártelas.

Cubra el huevo con agua hirviendo y cuézalo durante 1 minuto; la clara debe estar opaca, pero apenas cuajada.

Ponga las hojas de lechuga en la ensaladera, añada el resto de los ingredientes y revuelva con el huevo y el pan hasta que todo quede bien incorporado. Se sirve de inmediato.

Chiles en escabeche colimenses

Esperanza Orozco de Olea. Colima

Ésta es una versión deliciosamente diferente de los chiles rellenos. Me la dio una distinguida cocinera de Colima. Para mejores resultados, hay que empezar esta receta tres días antes de servir el platillo. Un chile por persona es suficiente porque resulta muy llenador cuando se sirve como ensalada o entrada.

Rinde 6 porciones

Los chiles

⅓ de taza de aceite vegetal
6 chiles poblanos medianos

La mezcla para el escabeche

5 dientes de ajo cortados por la mitad
1 taza de cebolla morada, partida en rebanadas delgadas
1 zanahoria mediana, pelada y en rebanadas delgadas
½ taza de vinagre de vino
2 cucharadas de agua
1 cucharadita de sal, o al gusto

El relleno

¼ kg de frijoles canarios o flor de mayo cocidos (ver pág. 178) y con su caldo
350 g de chorizo
2 cucharadas de manteca de cerdo
3 cucharadas de cebolla blanca finamente picada
200 g de jitomates finamente picados
3 cucharadas de queso ranchero seco o añejo, rallado

Para servir

Hojas de lechuga orejona para adornar el platón
6 rebanadas de queso panela

Tres días antes de servir, caliente el aceite en una sartén y fría los chiles a fuego medio, volteándolos con frecuencia, hasta que estén ampollados y bien dorados (aproximadamente 10 minutos). Retire la sartén del fuego, deje ahí los chiles y tápelos para que "suden" alrededor de 5 minutos. Saque los chiles de la sartén, escúrralos y déjelos aparte para que se enfríen mientras prepara el escabeche. Elimine todo el aceite, excepto 3 cucharadas.

En el mismo aceite, fría ligeramente el ajo, hasta que esté apenas dorado. Agregue los otros ingredientes del escabeche y deje que rompa el hervor. Baje la flama y permita que la mezcla hierva suavemente durante unos 2 minutos, revolviendo de vez en cuando. Vierta el contenido de la sartén en un tazón de vidrio o de porcelana.

Pele los chiles (si los frio bien, podrá quitarles la piel con facilidad). Con cuidado, haga una abertura en cada chile y quítele las semillas y las venas, cuidando de no romperlos y de mantener el tallo intacto. Agregue los chiles al tazón y refrigérelos durante 2 o 3 días, volteándolos de vez en cuando para que se impregnen completamente del escabeche.

Prepare el relleno el día que tenga planeado servir los chiles. Licúe los frijoles con su caldo pero no tanto como para que pierdan totalmente una cierta textura, y apártelos.

Pele y desmorone el chorizo, caliente la manteca en una sartén y fría el chorizo suavemente —tenga cuidado, ya que el chorizo se quema fácilmente— hasta que la carne suelte toda la grasa (aproximadamente 5 minutos). Saque el chorizo de la sartén y apártelo.

En la misma grasa fría la cebolla ligeramente, sin dorar, hasta que se acitrone. Añada los jitomates y fríalos 3 minutos. Agregue los frijoles licuados y el chorizo. Fría la mezcla, revolviendo y raspando el fondo de la sartén, hasta que se reduzca y forme una pasta espesa. Retire la mezcla del fuego y deje que se enfríe. Incorpore el queso rallado.

Rellene los chiles con la mezcla de frijol y dispóngalos alrededor de un platón adornado con las hojas de lechuga. Cubra cada chile con una rebanada de queso panela y con las piezas de cebolla y zanahoria del escabeche. Sirva a temperatura ambiente.

Chiles de la sierra

Puebla

Ésta es una forma muy sencilla de preparar los chiles anchos enteros para servirlos con carnes asadas o rostizadas, o como aderezo con carnes frías. La receta proviene de la sierra de Puebla.

Hace algunos años asistí en Morelia a una exposición de comida tradicional mexicana donde sirvieron casi esta misma receta a manera de botana: los chiles anchos estaban rellenos de requesón, ¡una magnífica idea! Los chiles pueden comerse el mismo día de su preparación o, mejor aún, después de dejar que se sazonen uno o dos días en el refrigerador.

Rinde 6 porciones

Un día antes

6	chiles anchos medianos (que habrá que limpiar con un trapo)
3	cucharadas de aceite vegetal
1	cebolla blanca chica, en rebanadas delgadas
½	taza de vinagre
½	cucharadita de sal, o al gusto
½	taza de agua
60 g	de queso añejo, finamente rallado
¼	de cucharadita de orégano

Para servir

1	cebolla blanca chica, en rebanadas delgadas
6	hojas de lechuga orejona
1	jitomate mediano, en rebanadas

Un día antes de servir el platillo, caliente un comal sin engrasar a fuego medio y deje que los chiles se calienten, volteándolos de vez en cuando, hasta que se suavicen. Aplane cada chile lo más posible y luego hágale una abertura a lo largo y hasta la mitad de la parte superior, donde se unen la corona y el tallo. Elimine las semillas y las venas.

Caliente el aceite en una sartén. Presione el interior de un chile a la vez en el aceite y deje que se fría así durante aproximadamente medio minuto, hasta que adquiera un tono café opaco. Cuide que la flama no esté muy alta o el chile se quemará enseguida. Cuando todos los chiles estén fritos, séquelos y escurra el exceso de aceite.

Agregue a la sartén la cebolla rebanada y fríala ligeramente, hasta que se acitrone; no debe dorarse. Añada el vinagre, la sal, el agua y los chiles, y deje que se cocinen suavemente unos 10 minutos, o hasta que los chiles estén completamente suaves. Saque los chiles de la sartén, escúrralos y apártelos para que se enfríen.

Espolvoree un poquito de queso en el interior de cada chile. Vuelva a darles forma doblando las orillas y acomodándolas en su lugar. Luego colóquelos en un platón, en una sola capa, y vierta encima el líquido de la sartén. Espolvoréelos con orégano. Adórnelos con aros de cebolla cocida y cruda. En este punto, los chiles pueden dejarse marinar en el refrigerador durante uno o dos días. Justo antes de servir, decore los bordes del platón con las hojas de lechuga y las rebanadas de jitomate.

Ensalada de chiles rellenos

Elizabeth Borton de Treviño. Monterrey, Nuevo León

Rinde 6 porciones

La marinada

⅓	de taza de agua
2	cucharadas de vinagre
1	diente de ajo rebanado
3	ramas de mejorana o ⅛ de cucharadita de mejorana seca
1	hoja de laurel
	Sal al gusto
3	cucharadas de aceite de oliva

Los chiles

6	chiles poblanos chicos, asados y pelados (ver pág. 474)

El relleno de guacamole

3	cucharadas de cebolla blanca finamente picada
2	aguacates medianos
½	cucharadita de jugo de limón
	Sal al gusto

Para servir

	Hojas de lechuga
	Granos de granada

Mezcle bien todos los ingredientes de la marinada y apártela.

Deje intacto el tallo de los chiles, hágales un corte a lo largo y elimine con cuidado las semillas y las venas. Ponga los chiles en la marinada y refrigérelos durante por lo menos 2 días, volteándolos esporádicamente.

Cuando esté listo para servir los chiles, machaque la cebolla. Abra los aguacates y saque la pulpa con una cuchara. Macháquela junto con la cebolla, el jugo de limón y la sal.

Cuele los chiles y rellénelos con el guacamole. Dispóngalos en un platón sobre una cama de hojas de lechuga y adórnelos con granos de granada.

Ensalada de nopalitos

Centro de México

Ésta es una versión de las muchas existentes, las cuales dependen del gusto de cada cocinera.

Rinde 6 porciones

La ensalada

- 2 tazas de nopalitos cocidos (ver pág. 495)
- 2 cucharadas de aceite de oliva (opcional)
- 4 cucharadas de vinagre suave
- ¼ de cucharadita de orégano
- 3 cucharadas de cebolla blanca finamente picada
- Sal al gusto
- ¼ de taza de cilantro toscamente picado

Para servir

- Hojas de lechuga
- Rajas de chile jalapeño en escabeche
- 1 cebolla morada chica, rebanada
- 2 jitomates medianos, rebanados

Mezcle bien todos los ingredientes de la ensalada y apártelos para que se sazonen (aproximadamente 1 hora).

Adorne un platón con hojas de lechuga, ponga la ensalada encima y complemente con el resto de los ingredientes.

Ensalada de ejote y calabacita

Centro de México

Rinde 6 porciones

350 g	de calabacitas cocidas
350 g	de ejotes cocidos
1	cebolla blanca chica, finamente rebanada
	Un aderezo de aceite y vinagre bien sazonado
2	duraznos pelados y rebanados
1	aguacate chico, pelado y cortado en rebanadas
	Los granos de media granada

Corte las calabacitas a lo largo y luego en cuartos. Corte los ejotes en tercios. En un tazón de vidrio, mezcle la cebolla con las calabacitas y los ejotes.

Mezcle las verduras con el aderezo y dispóngalas en un platón.

Para servir, decore la ensalada con los duraznos, las rebanadas de aguacate y los granos de granada.

Ensalada de calabacita

Centro de México

Rinde 6 porciones

700 g	de calabacitas cocidas (o coliflor, o chayote), que conserven su textura
½	cucharadita de orégano
	Aderezo de aceite y vinagre bien sazonado

Para servir

	Rebanadas de cebolla blanca desflemada en jugo de limón
1	aguacate chico, rebanado
	Aceitunas verdes
120 g	de tiras de queso fresco

Corte las calabacitas a lo largo y luego en cuartos. O bien, divida la coliflor en ramilletes. Si usa chayote, sólo pélelo y rebánelo.

Mezcle con el orégano y con el aderezo en un tazón de vidrio. Disponga la mezcla en un platón y decórela con los aros de cebolla, las rebanadas de aguacate, aceitunas y las tiras de queso.

Ensalada yucateca de jícama

Yucatán

Rinde 6 porciones

2	jícamas chicas o una grande (alrededor de 700 g)
1	cucharada copeteada de cilantro finamente picado
	Sal al gusto
½	taza de jugo de naranja agria o sustituto (ver pág. 492)
1	naranja dulce grande

Pele las jícamas con un pelador de papas y córtelas en cubitos de 75 mm. Póngalos en un tazón de vidrio. Añada el cilantro, sal y el jugo de naranja agria. Aparte la mezcla y deje que se sazone durante al menos una hora.

Pele y rebane finamente la naranja para adornar la ensalada. Sirva.

Platillos de vegetales y legumbres

El botín de los toltecas

Gozaban de un gran botín.
Había abundancia de comida y de todo lo que sustenta a la vida.
Dicen que las calabazas eran tan grandes
que algunas llegaban a medir hasta dos metros de diámetro
y que las mazorcas de maíz eran tan largas como moletas de piedra;
sólo podían abarcarse con ambos brazos.

Fragmento del *Códice Matritense de la Biblioteca Real de Palacio*

Para un extranjero curioso que esté en México, una de las vistas más interesantes es la de caminar,
temprano por la mañana, por el canal que conduce al Lago de Chalco.
Hasta ahí llegan constantemente cientos de indios en canoas de distintos tamaños y formas,
cargadas con la más enorme variedad de productos animales y vegetales de los alrededores;
por lo general las mujeres navegan acompañadas por su familia.
Las mejores verduras cultivadas que se producen en los jardines europeos,
y las innumerables frutas de la zona tropical
—muchos de cuyos nombres son desconocidos para nosotros—,
se apilan en pirámides y se decoran con las flores más llamativas.

Fragmento de *Seis meses de residencia y viaje en México,* de W. H. Bullock, siglo XIX

Recuerdo con claridad a un anciano sentado sobre un costal de chiles en el Mercado Juárez de la Ciudad de México, a finales de la década de 1950. Mientras yo comentaba llena de emoción acerca de la variedad y la belleza de los chiles, las hierbas y las flores comestibles que vendía su mujer, él respondió: "¡Sí, señora. Aquí comemos al pie de la vaca!".

Si a un campesino mexicano se le dan unos cuantos metros cuadrados de tierra, casi de inmediato construirá un pequeño cobertizo y lo adornará por fuera con cientos de latitas llenas de plantas con guía y de flores de todos colores. En verano, la parcelita estallará de vida: plantas de maíz, altas y fuertes, entretejidas con las sinuosas guías de la calabaza y las plantitas del frijol. Los chícharos estarán en flor y las hierbas se apiñarán en cada resquicio donde encuentren un espacio, celebrando con exuberancia la llegada de las tan ansiadas lluvias.

Pero ya no llegan a la ciudad las canoas con su cargamento de productos frescos. En vez de eso, en las cuadras que circundan al mercado de La Merced —el gran mercado al mayoreo de la Ciudad de México— hay una densa masa de lentísimos camiones que llegan de todas partes del país forcejeando para encontrar un sitio donde estacionarse para descargar sus productos.

Los jóvenes invierten en pequeñas carretillas, o diablitos, donde cargan los productos hasta los puestos que están en el interior del mercado, pero todavía quedan muchos ancianos que, encorvados bajo el peso de gigantescos bultos desbordantes que amarran con cinturones de cuero, llevan la pesada carga sobre la cabeza. Avanzan, virando entre la multitud y apartando a la gente con una discreta y monótona cantaleta que, milagrosamente, se escucha por encima del estruendo del mercado: "Golpe... golpe... bulto".

A pesar de la austeridad de los edificios de concreto de los mercados modernos, éstos aún conservan un carácter típicamente mexicano. Hay que recorrer algunos de los mercados locales más pequeños, como el de Santa Julia, el Mercado Juárez, el de Medellín o el de San Ángel. Algunos puestos tienen torres de productos que se desbordan hasta el piso, mientras que otros sólo ofrecen unos cuantos montoncitos de chiles de brillantes colores, tunas pequeñas, ya sea rojas o anaranjadas, algunas de las cuales están cuidadosamente peladas, listas para comerse; unas cuantas flores de colorín para tortas, o unos limoncitos color verde pálido. Uno se pregunta cómo es que la persona que está ahí sentada se las ingenia para pasar el día y, al final, cuántos pesos habrá ganado para alimentar a su familia.

Los mercados de San Juan y Santa Julia tienen una variedad particularmente asombrosa de hongos. Más o menos desde mediados de julio y hasta octubre hay setas de color bermejo; morillas de un profundo color café; pequeños hongos blancos para la ensalada; hongos clavitos para sopas y quesadillas; yemas de profundo color anaranjado y, muy de vez en cuando, unos cuantos hongos azules de las sierras que circundan Valle de Bravo.

Hay grandes atados de huauzontles, delicados romeritos que se cocinan con camarón seco para hacer tortitas en mole para Cuaresma y Navidad, verdolagas silvestres que se guisan con carne de puerco; acelgas, coles, poros y nabos... ahí encontrará todo tipo de verduras imaginables. Si hay algún producto que no conozca y que no sepa cómo cocinar, en menos de cinco minutos recibirá tantas recetas como el número de personas que haya escuchado su pregunta. Y mientras compra, habrá un coro de voces jóvenes que preguntan constantemente: "¿Le ayudo con su mandado? ¿Le ayudo?", pues todos quieren ganarse unos cuantos pesos cargando los bultos de la compra.

Por lo general, las verduras se sirven como un plato aparte, antes del platillo principal. Se preparan en forma de tortitas —frituras capeadas que se sirven con salsa de jitomate—, guisadas en budines bastante sólidos hechos a base de huevo, queso y harina, cocinadas en un guisado de carne o de pescado, o en sopas muy sustanciosas, como el mole de olla o el pozole de milpa, que es uno de los platillos preferidos en Sonora.

Nopales al vapor estilo Otumba

Estado de México

Entre más vivo en México, más variadas se vuelven mis fuentes para conseguir recetas. Ésta me la dio el chofer de un autobús en el pueblo de Otumba (cerca de las pirámides de Teotihuacan), a quien le gustaba mucho cocinar. Su cuñado, también chofer, conducía el camión que debía llevar a nuestro grupo al mercado de La Merced a fin de comprar las variadas y exóticas provisiones que necesitábamos para una de las clases de cocina que yo imparto desde hace muchos años.

Invadido por la curiosidad, el chofer quería conocerme, así que nos acompañó durante una parte del trayecto. Me contó que había montado su "cocina" —una pequeña estufita de carbón con dos cazuelas y un comal— en el garaje donde guardaba el camión y ahí cocinaba el almuerzo (cuando el tiempo se lo permitía) para el resto de sus compañeros, todos choferes como él. A juzgar por el tamaño de sus vientres, debe haber sido un buen cocinero. Para mí, ésta es la mejor receta para preparar nopales que conozco.

Rinde 2½ tazas, suficiente para rellenar 12 tacos

- 2 cucharadas de aceite vegetal
- 2 dientes de ajo finamente picados
- ½ kg de nopales limpios de ahuates (o espinas) y cortados en cubitos (ver pág. 495)
- 1 cebolla de rabo finamente picada
- 2 chiles jalapeños con venas y semillas, finamente rebanados
- 1 cucharadita de sal, o al gusto
- 2 ramas grandes de epazote toscamente picado

Caliente el aceite en una sartén grande y pesada. Fría el ajo, sin dorar, durante unos segundos. Añada el resto de los ingredientes, excepto el epazote. Tape la sartén y cocine a fuego bajo, revolviendo la mezcla de vez en cuando, hasta que los nopales estén casi tiernos; soltarán un jugo viscoso.

Destape la sartén y siga cociendo los nopales a fuego un poquito más alto, hasta que se reseque todo el líquido viscoso (aproximadamente 20 minutos, según lo tiernos que estén). Incorpore el epazote 3 minutos antes del final del tiempo de cocción.

Para servir, ponga un poquito de nopales en una tortilla caliente, recién hecha y, si desea, agregue un poco de queso fresco.

Nota: Este platillo puede prepararse con anticipación.

Legumbres en pipián oaxaqueño

Señora Domitila Santiago de Morales (†). Oaxaca

Hace muchos años, mientras cocinaba con mi amiga, la señora Domitila, ella sugirió que hiciéramos un pipián de chícharos y nopales. Este platillo constituye un magnífico plato principal vegetariano, cuyo color, textura y sabor resultan deliciosos.

Domitila o *La Regañadora*, como yo la llamaba, no dejó de quejarse y de regañarme durante todo el tiempo que cocinamos. Mientras tostaba las semillas para esta receta, le pregunté hasta qué punto tenían que dorarse. "Ni muy, muy, ni tan, tan", respondió con un chasquido de su lengua que me indicaba la decepción que le causaba mi pregunta. Y luego, mientras ella molía las pepitas en el metate —algo que es suficiente para que cualquiera se queje, según me ha mostrado la experiencia—, me dijo que la preparación de la comida mexicana era "dura pero segura". (Por cierto, las pepitas molidas son pasadas por un colador pequeño hecho a base de un guaje con agujeritos.)

Desde luego, este pipián puede hacerse con pollo, carne de puerco o de conejo y, durante la Cuaresma, con camarones secos. Yo lo preparé con calabacitas en cubitos y champiñones cortados en cuartos y cocidos durante unos minutos. Salió muy bien. Tan deliciosa es la salsa, que puede añadir legumbres al gusto.

Rinde 6 porciones

¼ kg	de pepitas de calabaza enteras, crudas
1	chile ancho
2	chiles chilcostle o guajillo
1	diente de ajo
1 l	de agua fría
¼	de cucharadita de cominos
3	cucharadas de aceite vegetal
2	cucharaditas de sal, o al gusto
½ kg	de nopales en cuadritos y cocidos (ver pág. 495)
2	ramas grandes de epazote o 1 hoja de aguacate asada

En una sartén muy gruesa, tueste las pepitas a fuego lento. Voltéelas constantemente hasta que se doren parejo. Tenga muy a mano una tapadera, porque suelen saltar. Apártelas para que se enfríen.

Elimine las semillas y las venas del chile ancho; deje enteros los chiles guajillo o chilcostle. Cubra los chiles con agua y hiérvalos a fuego muy lento durante 5 minutos, y luego deje que se remojen 5 minutos más. Escúrralos y páselos al vaso de la licuadora. Añada el ajo y 1 taza del agua; licúe hasta obtener una mezcla suave y lisa.

Cuando las pepitas tostadas se hayan enfriado, muélalas junto con el comino —de preferencia en un molino para café o para especias— hasta que aún conserven un poco de textura. Póngalas en un tazón e incorpore las 3 tazas de agua restantes, hasta obtener una mezcla lisa. Pásela por un colador mediano y apártela (quedarán muchos desechos de las cáscaras de pepita en el colador).

Caliente el aceite en una sartén grande y pesada. Añada la salsa de chile, pasándola por un colador y presionando para extraer todo el jugo posible de los chiles. Baje la flama y fría la salsa de chile, raspando el fondo de la sartén constantemente, hasta que se haya reducido y sazonado (aproximadamente 2 minutos).

Poco a poco, incorpore la mezcla de pepita y cocínela a fuego lento durante unos 20 minutos, revolviendo y raspando el fondo de la sartén de vez en cuando, mientras la salsa se sigue espesando. Agregue la sal y las verduras y deje que todo se caliente bien durante 15 minutos más. Añada el epazote o la hoja de aguacate justo antes del final del tiempo de cocción. Cuando la salsa está bien cocinada se forman charquitos de aceite en la superficie. La salsa debe tener una consistencia medianamente espesa y cubrir ligeramente el revés de una cuchara de madera.

Sirva el pipián caliente con tortillas recién hechas.

Nota: Puede hacer la salsa con anticipación.

Coliflor en aguacate

Centro de México

Esta receta proviene del libro *Recetas de cocina,* un volumen de 1911. La idea de cocinar la coliflor con anís me causó mucha curiosidad; le da un sabor interesante, pero es probable que el anís sea usado por la única y sutil razón de que ayuda a disminuir el efecto gaseoso de la coliflor. Este platillo puede servirse como un plato de vegetales independiente o como ensalada, pero como no tiene una apariencia muy atractiva, yo prefiero servirlo como *dip* —coliflor *al dente* con guacamole— o disfrazado con guacamole, a manera de ensalada o acompañamiento.

Este platillo debe prepararse en su totalidad justo antes de servirlo. De lo contrario, el guacamole pierde su color y se pone un poco acuoso, la coliflor se amarga y el anís pierde su delicado sabor. Éste es uno de esos casos en que un guacamole liso es apropiado.

Rinde 6 porciones

La coliflor

½ kg	de coliflor sin las hojas exteriores
1	pizca grande de semillas de anís atadas en un pedacito de manta de cielo
1	cucharadita de sal

El guacamole

2	chiles serranos
3	ramas de cilantro
2	cucharadas de cebolla blanca finamente picada
¼	cucharadita de sal, o al gusto
¼ kg	de jitomates asados (ver pág. 490)
2	aguacates

El adorno

60 g	de queso fresco desmoronado

Enjuague bien la coliflor y divídala en racimos pequeños. Ponga a hervir agua en una olla grande. Añada la coliflor, las semillas de anís y la sal. Cuézala hasta que apenas esté tierna (aproximadamente 5 minutos después de que el agua vuelva a hervir). Cuele la coliflor y apártela para que se enfríe.

Prepare el guacamole mientras la coliflor se cuece. Machaque los chiles, el cilantro, la cebolla y la sal en la licuadora hasta obtener una pasta. Añada los jitomates y licúelos durante uno o dos segundos más. Pele los aguacates y macháquelos hasta que tengan una textura lisa. Añada los ingredientes licuados y mezcle bien.

Para servir este platillo a manera de *dip* vegetariano, coloque el guacamole en un tazón chico y adórnelo con el queso desmoronado. Ponga el tazón en medio de un platón grande y disponga la coliflor alrededor.

Si prefiere servirlo como un plato vegetariano o ensalada, coloque la coliflor en un platón plano, en una sola capa. Vierta encima el guacamole y adorne con el queso desmoronado.

Chayotes rellenos

Centro de México

Quizás ésta sea la mejor manera de preparar chayotes, que tienden a ser algo insípidos cuando se les cocina sin embellecerlos un poco. Elija un refractario no muy hondo en el que quepan las mitades de chayote.

Los chayotes rellenos pueden servirse como entrada con salsa ranchera (ver pág. 267), sin la cebolla, o como un platillo principal vegetariano.

Rinde 6 porciones

3	chayotes
2	cucharaditas de sal
2	cucharadas copeteadas de mantequilla sin sal
⅔	de taza de cebolla blanca finamente picada
2	dientes de ajo finamente picados
4	huevos grandes bien batidos, con sal y pimienta
200 g	de queso fresco desmoronado
12	tiras de queso fresco o de queso chihuahua
⅔	de taza de crema (ver pág. 489), o al gusto

Cubra los chayotes enteros con agua hirviendo con sal, ponga en el fuego y deje que rompa el hervor; cuézalos a fuego medio, tapados, hasta que estén apenas tiernos.

Sáquelos y deje que se enfríen. Cuando pueda tomarlos con sus manos, córtelos por la mitad. Elimine el centro y la semilla que tiene forma de almendra. (¡Cómase la semilla antes de que alguien se la gane!) Con cuidado, saque la pulpa con una cuchara, dejando intacta la cáscara. Machaque bien la pulpa y déjela escurrir en un colador durante unos minutos, porque en México los chayotes tienen mucha agua. Ponga las cáscaras de chayote al revés, para que se escurran.

Caliente el horno a 200 ºC. Derrita la mantequilla en una sartén. Fría la cebolla y el ajo a fuego medio hasta que se acitronen. Agregue los huevos y menéelos como si fuera a hacer huevos revueltos, hasta que cuajen apenas.

Luego agregue la pulpa machacada de chayote y deje que la mezcla se reseque un poquito, a fuego lento, durante uno o dos minutos.

Incorpore el queso desmoronado y rellene las cáscaras de chayote que escurrió y reservó. Colóquelas en el refractario.

Ponga las tiras de queso y la crema sobre los chayotes rellenos y caliéntelos en el horno aproximadamente 15 minutos antes de servirlos. Eso sí: no intente comerse la cáscara.

Chiles rellenos de elote con crema

Centro de México

De todas las recetas de chiles, elote y crema, ésta es exquisita. Puede usar chiles poblanos o anchos, pues son igualmente deliciosos. Este platillo constituye una entrada maravillosamente rica y exótica.

Los chiles horneados sobre arroz blanco constituyen un delicioso platillo vegetariano (ver pág. 189).

Rinde 6 porciones

¼	de taza de mantequilla sin sal
1 ¼	tazas de cebolla blanca finamente picada
2	dientes de ajo finamente picados
4	tazas de granos de elote
	Sal al gusto
⅓	de taza de agua, si es necesario
3	cucharadas de epazote finamente picado
12	chiles poblanos chicos, asados, pelados y limpios (ver pág. 474) o 12 chiles anchos, desvenados y sin semillas, remojados en agua caliente durante 15 minutos (ver pág. 477)
¼ kg	de queso fresco cortado en rebanadas gruesas
2	tazas de crema (ver pág. 489)
100 g	de queso chihuahua rallado

Derrita la mantequilla en una sartén grande. Fría ligeramente el ajo y la cebolla, sin dorar, hasta que estén suaves (aproximadamente 2 minutos). Agregue el elote y la sal, luego tape la sartén y cocine el elote a fuego bajo hasta que los granos estén tiernos. Si el elote está muy seco, añada aproximadamente ⅓ de taza de agua. El tiempo de cocción varía de 10 a 15 minutos. Agregue el epazote y ajuste la sazón. Retire del fuego para que se enfríe un poco.

Caliente el horno a 180 ºC.

Limpie los chiles con cuidado, dejando intacta la corona y el tallo. Rellene bien los chiles con la mezcla de elote. Ponga una rebanada de queso en el centro del relleno (los chiles deben estar gordos pero abiertos).

Coloque los chiles en una sola capa en un refractario no muy hondo, donde quepan sin quedar apretados. Vierta encima la crema y hornéelos hasta que estén bien calientes. Luego espolvoréelos con el queso rallado y hornéelos hasta que éste se derrita.

Nota: Puede preparar el relleno de elote con anticipación y refrigerarlo. De hacerlo así, caliéntelo ligeramente antes de rellenar los chiles. Tape el refractario y hornee a 180 ºC durante 20 o 30 minutos.

Chile pasilla de Oaxaca (mixe)

Chiles habaneros inmaduros

Chiles cristalinos frescos del mercado

Páginas siguientes: Fila superior, de izq. a der.: chilcostle, chiltepe, chilhuacle rojo, taviche y amarillo

Fila intermedia: seco de Hidalgo, chilhuacle negro, chilhuacle amarillo y seco norteño

Fila inferior: seco yucateco, pasilla de Oaxaca, costeño, pico de pájaro, comapeño y onza

Fotografía: Michael Calderwood

Chilacas frescas y sus contrapartes secos, los chiles pasilla

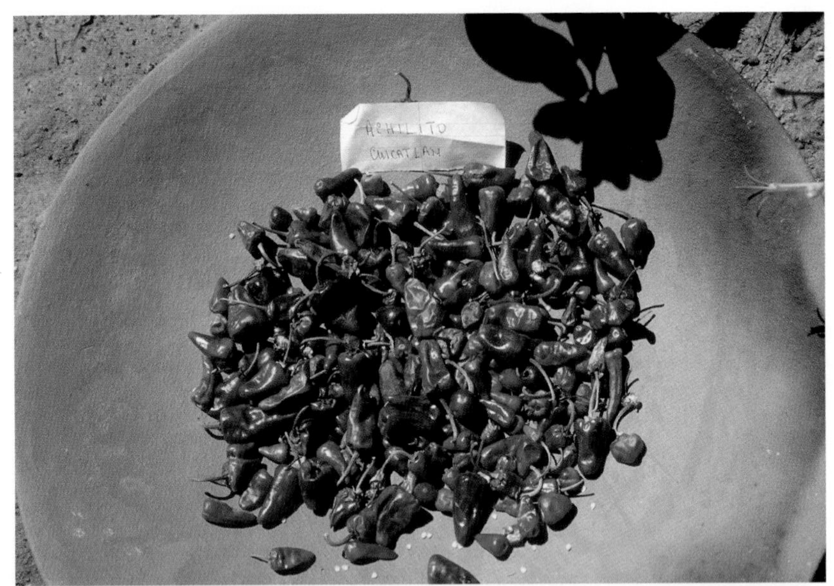

Achilitos secos de San Juan
Bautista Cuicatlán, Oaxaca

Planta de chile tampico

Chile (habanero) de Cuba

Chiltepín, Tampico, Tamaulipas

Chile guajón seco, Jerez, Zacatecas

Chiles criollos (joyeños) secos y frescos,
de Chilapa, Guerrero

Chile perón o manzano, Zitácuaro, Michoacán

Chile criollo fresco, Tapachula, Chiapas

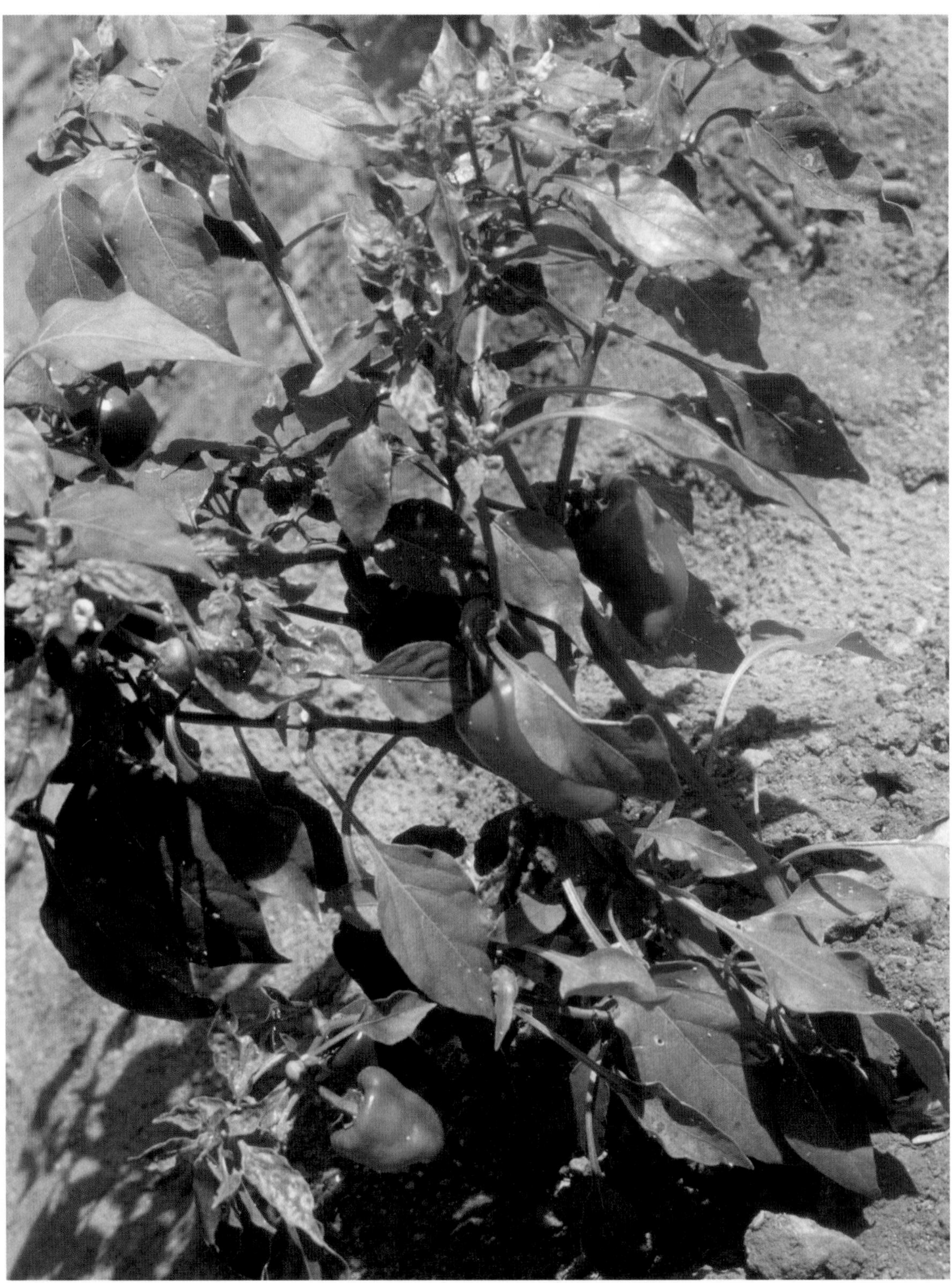

Chilhuacle rojo

Chilhuacle fresco amarillo

Chilhuacles secos

Chilhuacles amarillos, negros y rojos frescos, endémicos de Cuicatlán, en la región de La Cañada, Oaxaca

Chiles jalapeños de Huejutla, Hidalgo

Chiles serranitos frescos y secos, Huejutla, Hidalgo

Chiles secos: joyeños, delgados, anchos y chilacas, en el mercado de Chilapa, Guerrero

Chiles costeños amarillos y rojos secándose al sol en Putla, Villa de Guerrero, Oaxaca

Chiles dulces en su planta y cultivados, originarios de la península de Yucatán

Chiles rellenos de calabacitas

Centro de México

Esta receta me llamó la atención mientras hojeaba un librito titulado *Recetas de cocina*, publicado en la Ciudad de México en 1911. Como muchos recetarios de su época, es una recopilación hecha por un grupo de mujeres para alguna causa de caridad. Ésta, en especial, era para reunir fondos a fin de construir el Templo del Arcángel San Gabriel. He incluido aquí algunas de las recetas más interesantes, como la coliflor en aguacate (ver pág. 238). Estas recetas siempre son vagas. Por ejemplo, la de este platillo da las siguientes instrucciones: "Después de asarlos y limpiarlos (los chiles), rellénelos con calabacita cocida, cebolla, orégano, etcétera".

Este platillo constituye una ensalada tibia que es tan deliciosa como poco común.

Rinde 6 porciones

2 ½	cucharadas de aceite vegetal
⅔	de taza de cebolla blanca finamente picada
2	dientes de ajo finamente picados
700 g	de calabacitas mondadas y cortadas en cubitos de 75 mm
	Sal al gusto
¼	de cucharadita de orégano
2	cucharadas de vinagre de vino
½	cucharadita de jugo de limón
2	cucharadas de aceite de oliva
200 g	de queso fresco desmoronado
6	chiles poblanos medianos, asados y limpios, listos para rellenar (ver pág. 474)
2	cucharadas de mantequilla sin sal

Para adornar

	Hojas de lechuga orejona
6	rábanos cortados en flor

Caliente 1½ cucharadas del aceite en una sartén gruesa. Agregue 2 cucharadas de la cebolla y la mitad del ajo, y fría ligeramente sin dorar durante 2 minutos. Agregue las calabacitas y sal, tape la sartén y cocine todo a fuego medio, meneando la sartén de vez en cuando para que la mezcla no se pegue, hasta que las calabacitas estén apenas cocidas (unos 8 minutos). Las calabacitas varían mucho según su grado de humedad. En esta receta, deben cocerse al vapor, es decir, en su propio jugo, así que si están muy secas, añada un poquito de agua; si están demasiado jugosas, destape la sartén y reduzca el líquido.

Cuando la mezcla aún esté tibia, añada el resto de la cebolla picada y del ajo, el orégano, el vinagre, el jugo de limón, el aceite de oliva y el queso. Ajuste la sazón.

Rellene los chiles hasta que puedan juntarse los bordes de la abertura. Debe quedarle de ⅓ a ½ taza de relleno según, desde luego, el tamaño de cada chile. Asegure la abertura de cada chile con un palillo.

Derrita la mantequilla y el aceite restante en una sartén. Agregue los chiles rellenos y fríalos a fuego medio, volteándolos cuidadosamente para que el relleno no se salga. Deben quedar ligeramente dorados.

Disponga los chiles en un platón y adórnelos con la lechuga y las florecitas de rábano. Coloque encima el relleno sobrante. Pueden servirse fríos o calientes, a manera de primer plato.

Chiles rellenos de picadillo

Centro de México

Ésta fue la primera receta que me enseñó la señora Godileva, quien me ayudaba con los quehaceres de la casa. Es una receta de 1957 que sigo usando hasta la fecha.

Desde luego, hay muchas variedades de chiles rellenos, pero quizá la más conocida y popular es la de los chiles poblanos, asados, pelados y sin semillas. Con la corona intacta, los chiles se rellenan ya sea de carne o de queso, se capean, se fríen y se sirven en caldillo de jitomate.

Muchas cocineras se saltan un paso y usan carne molida, pero el sabor y la textura del relleno de picadillo son mucho más ricos si la carne se cuece primero y luego se deshebra. Además, uno obtiene el caldo para la salsa. La combinación del toque dulce que le dan las pasas y el acitrón (ver pág. 495), lo crujiente del acitrón y las almendras y el sabor ligeramente ácido del caldillo de jitomate con los chiles, que no son muy picantes, dan como resultado un platillo muy interesante.

Cuando los chiles poblanos maduran y se secan se convierten en chiles anchos, los cuales me gustan rellenos de queso. Primero hay que remojar brevemente los chiles anchos enteros para que se suavicen, luego se abren con cuidado, se les quitan las semillas y las venas y se rellenan.

Rinde 6 porciones

El picadillo

1 kg	de maciza de puerco con un poco de grasa y cortada en cubos de 2.5 cm
½	cebolla blanca rebanada
2	dientes de ajo
	Sal al gusto
¼	de taza de manteca o aceite vegetal
⅔	de taza de cebolla blanca finamente picada
3	dientes de ajo finamente picados
8	pimientas negras machacadas
5	clavos enteros machacados
1	raja de canela de 1.5 cm trozada en pedazos pequeños, machacados
3	cucharadas copeteadas de pasitas
2	cucharadas de almendras peladas y cortadas
2	cucharadas copeteadas de acitrón en cuadritos (ver pág. 495)
600 g	de jitomates toscamente picados

El caldillo de jitomate

600 g	de jitomates toscamente picados
3	cucharadas de cebolla blanca toscamente picada
2	dientes de ajo toscamente picados
2	cucharadas de manteca o aceite vegetal
4	clavos enteros
5	pimientas negras
2	hojas de laurel
3	ramas de tomillo fresco o ¼ de cucharadita de tomillo seco
1	raja de canela de 2.5 cm, cortada en dos
3	tazas del caldo en que se coció la carne de puerco
	Sal al gusto

Los chiles

6	chiles poblanos asados y pelados (ver pág. 474)

Para el capeado

	Aceite vegetal para freír
4	huevos grandes, yemas y claras por separado
¼	de cucharadita de sal
⅓	de taza de harina

Picadillo: Ponga en el fuego la carne en una olla grande con la cebolla rebanada, el ajo y la sal, y cúbrala apenas con agua. Deje que brote el hervor y siga cociendo la carne a fuego lento hasta que esté tierna (aproximadamente 40 minutos). Deje que se enfríe en el caldo y cuando pueda tomarla con las manos, cuélela y reserve el caldo.

Primero deshebre y luego pique la carne hasta obtener una textura mediana; debe obtener aproximadamente 3 tazas de carne picada.

Derrita la manteca en una cazuela. Fría la cebolla picada y el ajo hasta que se acitronen (aproximadamente 2 minutos).

Agregue la carne y deje que se cocine a fuego vivo hasta que se empiece a dorar (aproximadamente 8 minutos).

Añada las especias a la mezcla de carne, junto con el resto de los ingredientes para el picadillo, excepto los jitomates. Cocine la mezcla unos minutos más para que se sazone bien.

Licúe brevemente los jitomates y añádalos a la mezcla. Siga cocinando a fuego alto durante unos 10 minutos, revolviendo la mezcla de vez en cuando para que no se pegue. Debe quedar húmeda, pero no jugosa. Añada sal al gusto.

Para preparar el caldillo de jitomate: Licúe los jitomates con la cebolla y el ajo hasta obtener una mezcla lisa.

Derrita la manteca o caliente el aceite en una cazuela y fría los jitomates licuados a fuego alto durante aproximadamente 3 minutos, revolviendo para que no se pegue. Agregue el resto de los ingredientes, excepto el caldo y la sal, y cocínelos a fuego alto durante unos 5 minutos, revolviendo.

Añada el caldo de la carne y siga cocinando el caldillo a fuego medio durante aproximadamente 10 minutos. Para entonces, el caldillo estará bien sazonado y se habrá reducido un poco, pero seguirá siendo un caldillo, más que una salsa espesa. Añada sal, si es necesario.

Para preparar los chiles: Haga una abertura lateral en cada chile y elimine con cuidado las semillas y las venas. Procure dejar intacta la corona del chile.

Rellene cada chile con aproximadamente ⅓ a ½ taza del picadillo, hasta que quede bien relleno, pero cuidando que las orillas puedan juntarse.

Para preparar el capeado: Caliente el aceite en una sartén honda.

Mientras tanto, bata las claras a punto de turrón, pero que no queden demasiado secas. Añada la sal y las yemas, una por una, batiendo bien después de cada adición.

Prepare un chile a la vez: con un trapo seque el chile completamente (de lo contrario, el capeado no se adhiere) y espolvoréelo ligeramente con harina. Cúbralo con el huevo batido.

Fríalo en el aceite caliente, volteándolo de vez en cuando, hasta que el capeado adquiera un color dorado intenso (aproximadamente 2 minutos).

Cuele los chiles sobre toallas de papel y colóquelos en el caldillo de jitomate —que debe llegar como a la mitad de cada chile— para que se calienten bien a fuego medio. Sirva de inmediato.

Nota: Puede preparar el relleno, el caldillo y limpiar los chiles el día anterior. Pero no rellene los chiles sino hasta unas 2 horas antes de cocinarlos. Si prepara los chiles 2 horas antes, no los ponga en el caldillo. Déjelos sobre una charola para hornear con varias capas de toallas de papel, y recaliéntelos en el horno a 180 ºC durante unos 20 minutos (5 minutos si están rellenos de queso; la receta se da a continuación). Este método tiene la ventaja adicional de que el papel absorbe gran parte de la grasa. Luego coloque los chiles en el caldillo. Sirva con tortillas calientes.

Chiles rellenos de queso

Centro de México

Para hacer esta receta, puede usar chiles poblanos o anchos.

Siga las instrucciones de la pág. 243 para preparar los chiles. Para rellenarlos, use tiras de queso en vez de picadillo. En México suele usarse queso oaxaca o chihuahua, pero puede emplear cualquier otro tipo de queso que se derrita fácilmente. Luego siga las instrucciones de la receta anterior para hacer el caldillo de jitomate y el capeado.

Rajas de chile estilo oaxaqueño

Señora Domitila Santiago de Morales (†). Oaxaca

Nunca había visto esta receta, hasta un día de agosto, hace muchos años, cuando estaba cocinando con mi amiga doña Domitila, en Oaxaca. Tradicionalmente, las rajas se sirven sobre una cama de arroz blanco, lo que constituye una combinación poco común de sabores y texturas.

En Oaxaca usan chiles de agua para hacer esta receta. Tienen un color verde claro y son muy picantes, pero usted puede usar chiles poblanos o chilacas.

Rinde 6 porciones

3	cucharadas de aceite vegetal
½	taza de cebolla blanca en rebanadas delgadas
½	taza de hojas de epazote enteras
9	chiles de agua, chiles poblanos o chilacas, asados, pelados y limpios (ver págs. 471 y 474) y cortados en rajas
	Sal al gusto (según el tipo de queso)
1 ¾	tazas de leche entera
350 g	de queso fresco en rebanadas

En una sartén gruesa de unos 25 cm de diámetro, caliente el aceite, agregue la cebolla y las hojas enteras de epazote y fríalas hasta que se marchiten, revolviendo de vez en cuando durante aproximadamente 2 minutos. Añada las rajas de chile y sal, y fríalas durante unos 3 minutos, removiendo de vez en cuando. A fuego lento, incorpore poco a poco la leche, agregue las rebanadas de queso y cocínelas hasta que se derritan. Sirva las rajas calientes sobre arroz blanco (ver pág. 188).

Nota: Estas rajas pueden prepararse con anticipación agregando el queso justo antes de servir.

Rajas de chile poblano

Las rajas son las tiras delgadas del chile poblano que se asa y se pela. Son deliciosas para acompañar carnes asadas. También pueden servirse sobre arroz blanco, fritas con papas, añadidas a una salsa de jitomate o incorporadas a platillos como el budín azteca, entre muchas otras posibilidades.

Rinde 6 porciones

12	chiles poblanos asados y pelados (ver pág. 474)
¼	de taza de aceite vegetal
1	taza de cebolla blanca en rebanadas delgadas
	Sal al gusto

Elimine los tallos, las semillas y las venas de los chiles y córtelos en rajas de unos 8 cm de largo y poco menos de 1.5 cm de ancho.

Caliente el aceite en una sartén grande, agregue la cebolla y fríala hasta que se acitrone (unos 2 minutos). Añada las rajas y sal, tape la sartén y cocine, meneando la sartén de vez en cuando, durante unos 8 minutos. Sirva las rajas calientes.

Nota: Este platillo puede prepararse con varias horas de anticipación.

Chile con queso

Chihuahua

Hasta que fui a Chihuahua, siempre había pensado que el chile con queso era un platillo texano. En Chihuahua se come a manera de verdura con la carne asada o como botana con tortillas calientes. El chile que usan es un anaheim verde claro que se cultiva en el norte de México y el suroeste de Estados Unidos. Se utiliza frecuentemente en las cocinas de Chihuahua y Sonora.

Dos de los mejores quesos mexicanos provienen de Chihuahua: el queso del mismo nombre que hacen los menonitas que viven ahí, y el queso asadero, que es muy cremoso, ligeramente ácido y tiene forma de madeja, igual que el mozzarella. Casi siempre se usa derretido y se distingue por la cremosidad que producen sus hebras. Un hecho curioso es que, en algunas partes del estado de Chihuahua, para coagular la leche se usan las pequeñas bayas de una planta silvestre —que son verdes cuando están frescas y adquieren un tono amarillo/rojizo cuando están secas— en vez de usar el cuajo común y comercial.

Rinde 6 porciones

- 5 cucharadas de aceite vegetal
- 1 ½ tazas de cebolla blanca finamente rebanada
- 1 taza de jitomate finamente rebanado
- 15 chiles anaheim asados, pelados y cortados en rajas (no elimine las semillas; ver pág. 475)
- Sal al gusto
- ¾ de taza de leche entera
- 3 cucharadas de agua
- ¼ kg de queso chihuahua o asadero en rebanadas delgadas

Caliente el aceite en una sartén honda y fría la cebolla a fuego muy bajo hasta que se acitrone (aproximadamente 2 minutos).

Agregue los jitomates con las rajas y sal. Tape la sartén y cocine las rajas a fuego medio durante unos 5 minutos. Añada la leche y el agua, y deje que la mezcla se cocine unos minutos más.

Justo antes de servir, incorpore el queso. Lleve a la mesa en cuanto el queso se derrita.

Nota: El chile con queso debe comerse recién cocinado. Sin embargo, puede preparar la mezcla de chile y jitomate con anticipación y añadir el queso poco antes de servir.

Chiles en nogada

Puebla

Mucho se ha escrito sobre este ostentoso platillo de chiles rellenos cubiertos con una salsa de nueces y decorados con granos de granada y hojas de perejil.

Los autores que he consultado al respecto coinciden en que la receta es obra de los agradecidos habitantes de la ciudad de Puebla que, el 28 de agosto de 1821, ofrecieron un banquete para celebrar el santo de Agustín de Iturbide. Él y sus seguidores habían librado la última batalla contra los españoles.

Como emperador autoproclamado, Iturbide acababa de firmar los Tratados de Córdoba. Según cuenta la historia, todos los platillos del banquete fueron preparados con ingredientes que tuvieran uno de los colores de la bandera mexicana: el verde de los chiles, el blanco de la nogada y el rojo de los granos de granada.

Sin embargo, una eminente cocinera y restaurantera está en total desacuerdo con esta versión. Doña Lucila Merlos nació en Teziutlán, Puebla, y es la propietaria de un muy exitoso restaurante que lleva su nombre y se dedica a la cocina de ese estado. Doña Lucila afirma que en su juventud se acostumbraba —como se hizo durante generaciones— que los habitantes de los pueblos de la zona donde ella nació compitieran por producir el chile poblano más grande del estado. A inicios de julio —los patrones climáticos han cambiado desde entonces—, familias enteras salían a los campos a recoger los chiles junto con las cosechas de frutas nuevas que había en el huerto: grandes duraznos de pulpa blanca, peras rojas y manzanas (de variedades que ya no existen) para rellenar los chiles. Recolectaban las nueces —de los nogales traídos a México por los españoles— para hacer la salsa o nogada, y todos los miembros de la familia participaban en la laboriosa tarea de sacarlas de la cáscara y quitarles la suave piel, tan delgada como el papel que las cubre.

Como muchos otros platillos que han pasado de una generación a otra, el relleno y la nogada han sufrido modificaciones y embellecimientos. Teresa Irigoyen, una cocinera muy conocida de Puebla, usa carne molida para el relleno y le agrega un poquito de coñac a la nogada. La mamá de una gran amiga mía, también de Puebla, emplea carne de puerco cocida y luego deshebrada, y añade una pequeña cantidad de pan blanco molido para suavizar un poco la nogada. En el libro *La cocinera poblana* (publicado en 1877), la receta lleva queso fresco, azúcar y un poquito de aceite; las variaciones no tienen fin, pero la mayoría está de acuerdo en que para cada chile se necesitan diez nueces.

El relleno de estos chiles es asombrosamente dulce y lleva muy poca carne, al contrario de las proporciones de otras recetas que se han publicado, incluida una mía.

Siempre vale la pena probar este colorido platillo, propio de finales del verano y, en especial, ir a Casa Merlos, donde puede estar seguro de que encontrará los auténticos chiles en nogada.

Se sirven como platillo principal con tortillas —como entrada podría servir un arroz, sopa o ceviche—, pero el plato se sirve con el chile solo, sin ningún otro acompañamiento.

Si le resulta más fácil, cueza la carne de puerco antes de deshebrarla y picarla.

350 g	de lomitos de puerco finamente picados, no molidos
⅔	de taza de agua
	Sal al gusto
3	cucharadas de manteca de puerco
200 g	de jitomates asados (ver pág. 490)
1	rebanada de cebolla blanca
1	diente de ajo
½ kg	de duraznos pelados, sin hueso y cortados en cubos chicos
½ kg	de manzanas peladas, sin corazón y cortadas en cubos chicos
½ kg	de peras peladas, sin corazón y cortadas en cubos chicos

1 plátano macho maduro, pelado y cortado en cubos chicos
⅓ de taza de pasitas
⅓ de taza de almendras peladas y fileteadas
3 cucharadas de azúcar
8 chiles poblanos grandes, asados, pelados, desvenados y sin semillas (ver pág. 474)

El capeado

Aceite vegetal para freír
4 huevos grandes, claras y yemas por separado
¼ de cucharadita de sal
Harina para enharinar los chiles

Para decorar

1 taza de semillas de granada
½ taza de hojas de perejil

Ponga la carne de puerco en una olla grande y pesada. Agregue el agua y la sal. Tape y cueza la carne a fuego lento hasta que esté tierna (aproximadamente 25 minutos). Es probable que tenga que agregar un poquito más de agua, según lo suave que esté la carne, que debe quedar húmeda, pero no jugosa. Añada la manteca y fría la carne a fuego medio durante unos 3 minutos.

Licúe los jitomates con la cebolla y el ajo, y cocine esta mezcla en una sartén a fuego muy alto hasta que los tomates estén casi secos (aproximadamente 5 minutos).

Incorpore el resto de los ingredientes, excepto los chiles, y cocínelos a fuego lento con la olla tapada durante los primeros 10 minutos, y luego, durante unos 20 minutos más, destapado, revolviendo de vez en cuando para que nada se pegue. La fruta debe quedar tierna, no pastosa. Aparte y deje que se enfríe.

Rellene bien los chiles: cada uno debe llevar aproximadamente ½ taza de relleno. Luego siga las instrucciones de la pág. 243 para capearlos y freírlos. Escúrralos sobre toallas de papel. Cubra cada chile con la nogada y decórelo con las semillas de granada y las hojas de perejil.

Para la nogada

72 nueces de castilla, sin cáscara, peladas y toscamente picadas
½ taza de leche entera (de ser posible, cruda)
⅔ de taza de jerez semiseco
¼ de cucharadita de sal

Justo antes de freír los chiles, licúe las nueces con la leche e incorpore el jerez y la sal. La salsa debe tener una textura ligera.

Nota: Aunque los chiles en nogada saben mejor si se preparan y se sirven de inmediato, puede hacerlos con anticipación hasta el punto en que se rellenan y se fríen. Puede recalentarlos en el horno a 180 °C en una charola para hornear forrada con toallas de papel para que absorban un poco de grasa.

Esquites

Centro de México

El nombre *esquite* proviene del náhuatl y significa "elote tostado". Probablemente se refiere a que el elote se abre cuando se tuesta, pero ahora se usa comúnmente para describir al elote que se prepara de una manera muy sencilla y que se vende en las calles, afuera de los mercados o en las esquinas de la Ciudad de México y Toluca. A veces los granos de elote se rasuran de la mazorca y a veces la mazorca entera se corta en rodajas gruesas. Pero, de nuevo, aquí lo importante es el epazote. El elote debe estar muy fresco y tierno.

Rinde 6 porciones

- 6 elotes pequeños
- 2 cucharadas de mantequilla sin sal o de aceite vegetal
- 3 cucharadas de manteca de puerco o de aceite vegetal
- 1 ½ cucharadas de sal, o al gusto
- 2 chiles serranos finamente picados
- 3 cucharadas copeteadas de hojas de epazote picadas

Corte cada mazorca en la base y elimine todas las hojas y los pelos del elote. Corte los elotes en rodajas como de 4 cm de ancho.

Caliente una cacerola muy gruesa en la que quepan todos los elotes en una sola capa. Derrita la mantequilla y la manteca, luego agregue las rodajas de elote, sal y los chiles. Tape la cacerola y cueza los elotes a fuego medio, sacudiendo la olla de vez en cuando y volteando los elotes una vez, hasta que estén tiernos y ligeramente dorados (aproximadamente 15 minutos). Incorpore el epazote tres minutos antes de terminar de guisar los esquites.

Nota: Puede preparar los esquites con anticipación, pero añada el epazote tres minutos antes de servirlos.

Elote con crema

Centro de México

Estos dos ingredientes hacen que cualquier platillo resulte siempre delicioso. A mí me gusta servirlo como entrada, con tortillas de maíz, antes de un platillo principal de pescado.

Rinde 6 porciones

¼	de taza de mantequilla
⅔	de taza de cebolla blanca finamente picada
1	diente de ajo finamente picado
5	chiles poblanos asados, pelados y sin semillas (ver pág. 474)
4	tazas de granos de elote
1	cucharadita de sal, o al gusto
120 g	de queso chihuahua en cubitos
1	taza de crema

Caliente el horno a 180 ºC.

Derrita la mantequilla en una cacerola que pueda meter al horno y acitrone la cebolla y el ajo a fuego lento.

Corte los chiles en rajitas delgadas, agréguelos a la olla y cocínelos tapados durante unos 5 minutos.

Añada los granos de elote y la sal. Tape bien y meta la olla al horno durante unos 20 minutos. Agregue el queso justo antes de que termine el tiempo de horneado.

Sirva este platillo caliente y con crema. Sabe mejor si se come justo después de ser preparado porque el queso se endurece cuando se recalienta.

Torta de elote

Esta torta de elote constituye una entrada deliciosa, sobre todo cuando se sirve con rajas en salsa de jitomate (ver pág. 245).

Para obtener mejores resultados, necesita encontrar elotes maduros y jugosos.

Rinde 6 porciones

5	tazas de granos de elote
	Un poquito de leche
120 g	de mantequilla sin sal, suavizada
½	taza de azúcar granulada
4	huevos grandes, claras y yemas por separado
	Sal al gusto
1	cucharadita de polvo para hornear
	Crema (ver pág. 489)

Caliente el horno a 180 ºC y ponga a calentar una charola.

Engrase un refractario de aproximadamente 23 por 23 por 5 cm y espolvoréelo con pan finamente molido.

Ponga aproximadamente un tercio de los granos de elote en la licuadora o en el procesador de alimentos, añadiendo sólo la leche necesaria para liberar las aspas de la licuadora. Licúe los granos de elote hasta obtener una mezcla consistente. Poco a poco, incorpore el resto del elote. Apague la licuadora con frecuencia para liberar las aspas. Aparte la mezcla.

Bata la mantequilla y el azúcar juntos hasta que esponjen.

Añada las yemas, de una en una, y siga batiendo hasta que todo esté bien incorporado. Agregue sal y la mezcla de elote y vuelva a batir.

Bata las claras hasta que estén a punto de turrón e incorpórelas con un movimiento envolvente, junto con el polvo para hornear.

Vierta la mezcla sobre el refractario que engrasó. Colóquelo sobre una charola ya caliente dentro del horno y hornee alrededor de 1 hora o hasta que la torta se sienta esponjosa al tocarla.

Sirva de inmediato con crema o con rajas de chile poblano en salsa de jitomate (ver pág. 245).

Cuitlacoche con calabacitas estilo Querétaro

Señoras Obdulia y Ana María Vega. Querétaro

El cuitlacoche, un lujo para muchos, está de moda hoy en día. Ana María y Obdulia Vega me dicen que antes era uno de los alimentos más baratos en el ranchito de Querétaro donde nacieron y crecieron. Cocinado así, el cuitlacoche resulta maravilloso como relleno para tacos; también puede servirse como verdura.

Rinde 6 porciones

¼	de taza de aceite vegetal
2	cebollitas finamente picadas
1	diente de ajo picado
½ kg	de calabacitas mondadas y cortadas en cubitos
1	taza de granos de elote
½ kg	de cuitlacoche rasurado de la mazorca y toscamente picado
2	chiles jalapeños o serranos cortados en rajitas
½	cucharadita de sal, o al gusto
1	cucharada copeteada de hojas de epazote toscamente picadas

Caliente el aceite en una sartén grande y fría ligeramente las cebollitas y el ajo, sin dorarlos, hasta que se acitronen. Añada la cuarta parte de las calabacitas partidas en cubos y cocínelas unos cuantos segundos a fuego muy alto, revolviendo constantemente, y luego añada el otro cuarto, y así, hasta acabar. Cuando todas las calabacitas estén en la sartén, fríalas unos minutos más.

Poco a poco, añada los granos de elote, de la misma forma en que lo hizo con las calabacitas. Agregue el cuitlacoche del mismo modo. Añada las rajitas de chile y sal, y tape la sartén. Cocine todo a fuego lento, revolviendo de vez en cuando, hasta que los vegetales estén tiernos (aproximadamente 15 minutos). Los vegetales deben quedar jugosos y cocinarse en su propio jugo. Si se resecan, rocíelos con agua.

Cuando ya estén casi cocidos, añada las hojas de epazote y deje que todo hierva lentamente unos cuantos segundos más.

Nota: Este platillo puede prepararse con una media hora de anticipación antes de servirlo y recalentarlo ligeramente.

Calabacitas con crema

En México hay cientos de maneras de guisar las calabacitas y cada cocinera o cocinero tiene su propio método y sazón. Esta receta me la dio Godileva, la señora que me ayudaba a hacer el aseo, y era un platillo muy común en nuestra mesa. Tiene un sabor exótico y no se parece a ningún otro platillo de calabacitas que haya probado.

Rinde 6 porciones

700 g	de calabacitas mondadas y cortadas en cubitos
350 g	de jitomates finamente picados
6	pimientas negras
4	ramas de cilantro
2	ramas de hierbabuena
1	raja de canela de 1.5 cm
4	clavos enteros
2	chiles serranos enteros
½	taza de crema
½	cucharadita de sal, o al gusto

Ponga las calabacitas en una cacerola gruesa junto con el resto de los ingredientes. Tape bien y cueza la mezcla a fuego lento, raspando el fondo de la olla y revolviendo la mezcla de vez en cuando para que no se pegue. Si las calabacitas se secan demasiado, añada un poquito de agua. Estarán cocidas en aproximadamente media hora.

Nota: Este platillo puede prepararse con anticipación y quizás hasta sepa mejor si se recalienta al día siguiente.

Torta de calabacitas

Las calabacitas que más me gustan son las que se encuentran todo el año en el Valle de Oaxaca y en temporada de aguas en Zitácuaro, Michoacán.

Lamento decir que no recuerdo quién me dio esta receta, que constituye un excelente y colorido platillo vegetariano.

Rinde 6 porciones

700 g	de calabacitas
	Sal al gusto
2	cucharadas de pan finamente molido y tostado
⅓	de la receta de rajas de chile poblano con salsa ranchera (ver págs. 245 y 267), usando 4 chiles,
–	300 g de tomate y media cebolla blanca mediana
200 g	de queso chihuahua
3	huevos grandes, claras y yemas por separado
3	cucharadas de mantequilla suavizada

Limpie y monde las calabacitas y córtelas en rodajas como de 5 mm de grosor. Póngalas en una cacerola grande, cúbralas con agua hirviendo, añada sal y cuézalas hasta que estén apenas tiernas (aproximadamente 3 minutos, según el tipo de calabacita). No debe permitir que se cuezan demasiado. Cuele las calabacitas y apártelas para que se enfríen.

Mientras tanto, vaya calentando el horno a 180 °C. Enmantequille un molde para soufflé y espolvoréelo con el pan molido.

Prepare las rajas, deje que se enfríen, y luego rebane el queso finamente y córtelo en pedacitos.

Bata las claras a punto de turrón, añada sal al gusto y después incorpore las yemas, una por una, batiendo bien tras cada adición.

Ponga una capa de calabacitas en el fondo del molde, vierta la mitad de las rajas encima, ponga un tercio del queso sobre la salsa y cubra con un tercio de los huevos batidos. Ponga encima unos pedacitos de mantequilla. Repita en el mismo orden y termine la torta con una capa de calabacitas, el resto de los huevos batidos, mantequilla y queso.

Hornee en la parrilla superior del horno hasta que los huevos estén bien cuajados (de 25 a 30 minutos). Sirva de inmediato.

Nota: Los distintos elementos de este platillo pueden prepararse con anticipación. Luego puede batir los huevos y armar la torta en el último minuto.

Calabacitas rellenas de elote

Centro de México

Rinde 6 porciones

700 g	de calabacitas (elija 6 que estén gordas)
2	tazas copeteadas de granos de elote
2	huevos grandes
2	cucharadas de leche
	Sal al gusto
200 g	de queso fresco desmoronado
3	cucharadas de mantequilla sin sal suavizada
1 ½	tazas de salsa ranchera (ver pág. 267), sin la cebolla

Caliente el horno a 180 ºC. Tenga listos dos refractarios, no muy hondos, ligeramente engrasados.

Limpie y monde las calabacitas. Córtelas a lo largo y, con una cuchara, retire la pulpa, dejando una cáscara de 1.5 cm de grosor. Use la pulpa para otro platillo. Coloque las calabacitas en el refractario y apártelas mientras prepara el relleno.

Licúe los granos de elote, los huevos, la leche y la sal hasta obtener una mezcla con textura. No añada más líquido a menos que sea absolutamente necesario para liberar las aspas de la licuadora. Agregue aproximadamente tres cuartas partes del queso a la mezcla de elote y guarde el resto para adornar.

Rellene las calabacitas huecas con la mezcla de elote, que estará bastante aguada. Espolvoréelas con el resto del queso y póngales encima unos trocitos de mantequilla. Tape el refractario y hornee hasta que las calabacitas estén tiernas (aproximadamente 30 minutos). Sírvalas cubiertas con salsa de jitomate.

Nota: Este platillo sabe mucho mejor si se come justo después de cocinarlo. Sin embargo, el relleno, las calabacitas y la salsa pueden prepararse con anticipación, de manera que todo esté listo para acomodar en el refractario y hornear.

Calabacitas guisadas estilo Michoacán

Señora Ifigenia Hernández. Michoacán

De las innumerables versiones de calabacitas guisadas con jitomate, ésta es mi favorita. Es uno de los dos platillos que me enseñó a guisar una muchacha, hija de una familia vecina. Curiosamente, no le gustaba cocinar.

Pueden servirse con pescado; espolvoreadas con queso, hacen un magnífico platillo vegetariano.

Rinde 6 porciones

¼	de taza de aceite vegetal
1 kg	de calabacitas mondadas y cortadas en cubitos
⅓	de taza de cebolla finamente picada
⅓	de taza de hojas de epazote toscamente picadas
	Sal al gusto
350 g	de jitomates asados (ver pág. 490)
2	chiles serranos asados (ver pág. 475)
2	dientes de ajo

Caliente el aceite en una cacerola grande y honda. Añada las calabacitas, la cebolla, el epazote y la sal. Revuelva bien, tape y cocine a fuego medio, revolviendo todo el tiempo, hasta que las calabacitas estén apenas tiernas (aproximadamente 10 minutos).

Licúe los jitomates, los chiles y el ajo, e incorpore esta mezcla a las calabacitas. Cocínelas a fuego medio, sin tapar, hasta que estén suaves y la salsa de jitomate se haya absorbido (aproximadamente 15 minutos). Las calabacitas deben quedar húmedas, pero no muy jugosas. Ajuste la sazón y sirva de inmediato.

Nota: Este platillo sabe mejor si se consume en cuanto se prepara, ya que tiende a aguadarse.

Budín de chícharo

Jalisco

Descubrí los budines de verduras en Jalisco. Se sirven como primer plato, después de la sopa o para acompañar la carne.

Obtuve esta receta, y la que sigue, de una familia de Ciudad Guzmán, Jalisco.

Rinde 6 porciones

1 kg	de chícharos, preferiblemente frescos porque los descongelados se aguadan
180 g	de mantequilla sin sal
3	huevos grandes, claras y yemas por separado
½	taza de azúcar granulada
200 g	de harina de arroz cernida, o maicena
1	cucharadita de sal
120 g	de queso chihuahua rallado
1 ½	cucharaditas de polvo para hornear

Para servir

Una salsa hecha a base de combinar 2 tazas de jugo de naranja con ¾ de taza de nueces finamente picadas

Caliente el horno a 260 ºC. Enmantequille un refractario cuadrado y ponga a calentar una charola para hornear.

Pase los chícharos por el disco mediano de un molino para comida o procéselos en el procesador de alimentos. Derrita la mantequilla y apártela para que se enfríe.

Apartando las claras, bata las yemas hasta que espesen. Añada el azúcar y siga batiendo hasta que todo esté bien incorporado. Agregue la harina de arroz alternada con la mantequilla.

Incorpore el puré de chícharos, la sal, el queso y mezcle bien. Agregue el polvo para hornear.

Bata las claras a punto de turrón e incorpórelas a la mezcla con movimientos envolventes. Vierta la mezcla en el refractario que preparó. Colóquelo sobre la charola, que ya debe estar caliente, y hornee durante 10 minutos. Luego baje la temperatura del horno a 180 ºC y hornee 45 minutos más. El budín debe quedar suave y esponjoso al tacto; la tapa y los lados deben estar dorados, pero el interior debe tener una consistencia húmeda.

Sirva de inmediato, acompañado de la salsa de jugo de naranja y nueces.

Nota: La charola se pone a calentar para dar "empuje" a la mezcla.

Budín de zanahoria

Rinde 6 porciones

1 kg de zanahorias cocidas

Siga la receta para el budín de chícharo (ver pág. 258), omitiendo el queso y añadiendo ½ taza de pasas.

Puede comerse caliente, para acompañar el café, o como postre, con un almíbar ligero y ¼ de taza de ron vertido encima justo antes de servir.

Budín de elote

Jalisco

Rinde 6 porciones

Licúe 1 kg de granos de elote con el mínimo de leche necesaria para liberar las aspas de la licuadora. Siga las instrucciones del budín de chícharo (ver pág. 258) y sirva con sal toscamente molida y crema.

Salsas

Sería impensable sentarse a comer una auténtica comida mexicana y no encontrar un plato de salsa o de chiles jalapeños en vinagre en la mesa; son tan comunes como la sal y la pimienta. Supongo que no es de sorprender, dada la enorme variedad de chiles que se cultivan —además de los que crecen en forma silvestre— a todo lo largo y ancho de México. Hay una gran diferencia en cuanto al grado de picor en el color y en el sabor de los chiles, tanto frescos como secos. Las formas de preparar los chiles y los ingredientes con que se combinan son muy regionales, como lo demostrarán muchas de las siguientes recetas. Dudo mucho que cualquier otra cocina tenga semejante variedad de condimentos.

Salsa mexicana cruda

Esta salsa sabe mejor si se consume de inmediato. Aunque podría prepararla hasta con 2 horas de anticipación, tiende a perder su frescura y su consistencia se marchita. Va bien con prácticamente todo.

Rinde aproximadamente 1 ½ tazas

- 200 g de jitomates finamente picados
- ½ taza de cebolla blanca finamente picada
- ⅓ de taza de cilantro finamente picado
- 3 chiles serranos finamente picados
- Sal al gusto
- ⅓ de taza de agua (opcional)

Mezcle bien todos los ingredientes y sirva a temperatura ambiente.

Salsa de tomate verde

Centro de México

Ésta es la más popular de las salsas de mesa mexicanas; todos los ingredientes van crudos, excepto por el tomate verde que —por lo general, pero no siempre— se cuece antes de usarse.

Desde luego, los tradicionalistas de hueso colorado que tengan manos fuertes pueden hacer esta salsa en el molcajete —siempre es mejor por razones de textura y de sabor— pero, si usa una licuadora, trate de mantener un poquito de textura en la salsa y no licuarla en exceso.

Las cantidades de los ingredientes son flexibles; en especial, los chiles y el cilantro dependen mucho del gusto de cada quien. Pero no abuse de la cebolla y el ajo.

Rinde aproximadamente 1 ¼ tazas

- 2 (o más) chiles serranos finamente picados
- 1 cucharada copeteada de cebolla blanca finamente picada
- 1 diente de ajo pequeño finamente picado
- ⅓ de taza muy apretada de cilantro toscamente picado
- ¼ kg de tomates verdes cocidos (ver pág. 491) y parcialmente escurridos
- Sal al gusto

Para servir

- 1 cucharadita extra de cilantro finamente picado (opcional)
- 1 cucharada extra de cebolla finamente picada

Ponga los chiles, la cebolla, el ajo y el cilantro en el molcajete o en la licuadora, y machaque o licúe (en este caso necesitará un poquito de agua) los ingredientes hasta formar una pasta. Poco a poco añada los tomates verdes y licúe hasta obtener una salsa con cierta textura. Para servir, coloque el cilantro y la cebolla extras encima.

Nota: Esta salsa puede hacerse hasta con 3 horas de anticipación, pero tiende a perder color y sabor después de transcurrido ese tiempo.

Variaciones:

Aquí hay variaciones que, con los mismos ingredientes y en las mismas cantidades, producen salsas más rústicas:

1. Pique todos los ingredientes juntos en crudo y licúe brevemente hasta obtener una salsa con cierta textura.
2. Ase los chiles y los tomates verdes en un comal a fuego medio hasta que estén suaves y ligeramente dorados. Luego lícuelos junto con el resto de los ingredientes.
3. Igual que la anterior, sólo que cociendo chiles y tomates, en lugar de asarlos.

Chiles serranos o jalapeños en escabeche

Nota importante: los chiles parcialmente cocidos permiten el crecimiento de bacterias, así que es muy importante asegurarse de que estén bien cocidos si desea guardarlos durante un lapso prolongado. Pueden hacerse también en rajas.

Rinde 1.5 l

700 g	de chiles serranos o jalapeños
¾	de taza de aceite vegetal
2	cebollas blancas medianas, en rebanadas gruesas
2	zanahorias medianas, peladas y en rodajas delgadas
1	cabeza de ajo con los dientes separados pero sin pelar
750 ml	de vinagre suave
2	cucharadas de sal
2	hojas de laurel
½	cucharadita de orégano
6	ramas de mejorana fresca o ½ cucharadita de mejorana seca
6	ramas de tomillo fresco o ½ cucharadita de tomillo seco
1	cucharada de azúcar

Lave los chiles, dejando intactos los tallos. Corte una cruz en la punta de cada chile para que el vinagre pueda penetrar.

Caliente el aceite en una sartén grande y profunda, añada los chiles, las cebollas, las zanahorias y el ajo y fríalos a fuego medio durante aproximadamente 10 minutos, volteándolos con frecuencia. Agregue el vinagre, la sal, las hierbas y el azúcar. Cuando rompa el hervor, baje la flama y deje que hiervan a fuego lento durante 5 minutos si usa chiles serranos, y 10 minutos, si usa jalapeños. Llene 6 frascos esterilizados de 250 ml con los chiles, las verduras y las hierbas. Añada el vinagre y séllelos.

Estos frascos duran aproximadamente un mes en el refrigerador.

Rajas de chiles jalapeños frescos

Señora Arcelia Vázquez de Valles. Durango

Este aderezo fresco y picante invariablemente aparece en la mesa de los hogares y de los restaurantes en Durango. Se come con carnes asadas, encima del arroz o con frijoles.

Rinde aproximadamente 2 tazas

¼ kg	de chiles jalapeños
1	cebolla blanca mediana en rebanadas delgadas
4	dientes de ajo enteros
1 ½	cucharaditas de sal, o al gusto
½	cucharadita de orégano
¾	de taza de vinagre suave
¼	de taza de aceite vegetal

Lave y seque bien los chiles. Elimine los tallos y corte los chiles a la mitad, a lo largo. Elimine tantas semillas como le sea posible y corte cada chile en cuatro rajas. Mézclelas con el resto de los ingredientes y apártelas para que se marinen por lo menos durante 2 horas.

Nota: Estas rajas pueden usarse transcurridas las 2 horas, pero saben mejor al día siguiente. Duran hasta una semana en el refrigerador.

Salsa ranchera

Centro y Norte de México

Aunque por lo general la salsa ranchera suele asociarse con los huevos rancheros (pág. 197), es en realidad una salsa de usos múltiples (ver también las recetas de queso flameado, en la pág. 39 y de molletes, en la 217).

Desde luego, el número de chiles depende del gusto de cada quien.

Si los jitomates deben usarse crudos o asados es una discusión interminable. Yo los prefiero asados por su sabor y textura, aunque implica un poco más de trabajo.

Rinde aproximadamente 1 taza

½ kg	de jitomates asados (ver pág. 490)
4	chiles serranos, o cualquier chile verde picante, asados (ver pág. 475)
1	diente de ajo toscamente picado
2	cucharadas de aceite vegetal
2	cucharadas de cebolla blanca finamente picada
½	cucharadita de sal, o al gusto

Licúe los jitomates, los chiles y el ajo juntos hasta obtener una salsa lisa.

Caliente el aceite y fría ligeramente la cebolla, sin dorar, hasta que se acitrone. Agregue los ingredientes licuados y la sal y cocine la salsa a fuego bastante alto durante unos 5 minutos, revolviendo y raspando el fondo de la sartén hasta que la salsa se haya reducido un poquito y esté bien sazonada.

Nota: Desde luego, esta salsa puede hacerse con varias horas de anticipación y dura de un día para el otro.

Salsa de jitomate sonorense

Sonora

Los sonorenses están muy orgullosos de su cocina regional. Afirman ser muy saludables porque no tienen las especias ni los chiles picantes que se usan en el resto de México y que tanto irritan el estómago. Ciertamente, ésta es una salsa bastante suave pero deliciosa que puede encontrarse a diario en la mesa, y un muy buen acompañamiento para la típica carne asada sonorense asada a la leña que se sirve en los restaurantes al aire libre que hay en Hermosillo. Allá también me han servido esta salsa con almejas y ostiones frescos del Golfo de California, que está muy cerca.

Rinde aproximadamente 2 tazas

½ kg de jitomates asados (ver pág. 490)
1 cucharada de cilantro toscamente picado
⅓ de taza de cebolla blanca finamente picada
Sal al gusto
2 chiles verdes del norte, asados y cortados en rajas con todo y semillas (ver pág. 475)
1 ½ cucharaditas de vinagre blanco suave

Licúe los jitomates hasta obtener una consistencia con cierta textura. No los licúe demasiado.

Transfiera la salsa de jitomate a un tazón de vidrio y añada el cilantro y la cebolla con la sal. Añada los chiles con sus semillas. Por último, agregue el vinagre. Aparte la salsa para que se sazone durante unos 30 minutos.

Nota: Esta salsa sabe mejor el día de su preparación.

Salsa de jitomate veracruzana

Veracruz

Ésta es la salsa que típicamente acompaña las garnachas veracruzanas y otros antojitos de la región de la costa en los alrededores del Puerto de Veracruz, Alvarado y Tlacotalpan.

La mayoría de las cocineras de hoy usan licuadora, pero tradicionalmente esta salsa se habría hecho en molcajete. Dura refrigerada alrededor de 3 días.

Rinde aproximadamente 1 ½ tazas

350 g	de jitomates asados (ver pág. 490)
2	chiles jalapeños asados
1	diente de ajo toscamente picado
	Sal al gusto

Ponga todos los ingredientes (no pele los jitomates ni elimine las semillas de los chiles) en el vaso de la licuadora y licúelos para obtener una salsa lisa; añada sal y licúe para mezclar. Sirva la salsa a temperatura ambiente.

Salsa de jitomate yucateca

Yucatán

Ésta es una salsa de tomate sencilla, o chiltomate, que se ocupa en muchas de las recetas yucatecas. Se usa para los papadzules, el pan de cazón y el frijol con puerco (pág. 309).

También hay una discusión interminable acerca de la mejor manera de prepararla. Parece que tras cocer los tomates a la manera tradicional sobre las piedras calientes del *pib* (el pozo que se hace en la tierra para cocer la carne con el calor de las piedras ardientes), sólo se machacaban y nunca se freían... pero los tiempos han cambiado.

A pesar de que el chile habanero tiene la reputación de ser uno de los más picosos del mundo —si es que realmente uno puede hacer estas comparaciones—, tiene un sabor deleitante; esto, y no su picor, es lo que debe quedar impregnado en la salsa. Pero, como ocurre tantas veces, hay distintas formas de hacerla, y algunas cocineras licúan un pedacito de chile con el jitomate.

Rinde alrededor de 2 tazas

700 g	de jitomates cocidos o asados (ver pág. 490)
3	cucharadas de aceite vegetal
¼	de taza de cebolla blanca toscamente rebanada
1	chile habanero entero
½	cucharadita de sal, o al gusto

Si asa los jitomates, úselos con todo y piel; si los hirvió, elimine la piel, ya que la piel hervida tiende a endurecerse. Machaque o licúe los jitomates brevemente, pues la salsa debe tener un poco de textura.

Caliente el aceite en una sartén y fría la cebolla a fuego lento, sin dorar, hasta que se acitrone. Agregue los jitomates, el chile entero y la sal, y cocine la salsa a fuego medio, revolviendo de vez en cuando hasta que se haya reducido y sazonado (aproximadamente 5 minutos).

Nota: Refrigerada, esta salsa dura alrededor de 2 días.

Salsa de muchos chiles

Señora María Elena Lara. Ciudad de México

Ésta es otra de esas salsas de mesa picantes que se hacen con los ingredientes crudos y que se usa como condimento, al contrario de las salsas guisadas, que se convierten en una parte integral del platillo. Esta salsa tiene tantos sabores excitantemente distintos que, junto con la salsa de chile cascabel (ver pág. 277), es una de las favoritas imprescindibles de mi cocina.

María Elena Lara siempre servía esta salsa —que ella llamaba simplemente así: salsa— en su restaurante Los Migueles, de la Ciudad de México (el establecimiento ya no existe), con unas suculentas gorditas rellenas de chicharrón prensado. Esas gorditas eran un aperitivo maravilloso, acompañadas de un caballito de tequila, para una de esas tradicionales comidas dominicales. Esta salsa sirve muy bien para acompañar carnes asadas, sopes u otros antojitos.

Si usted no tiene a la mano todos los chiles que lleva esta receta —los cuales hay que limpiar con un trapo— sustitúyalos por los que tenga en casa, pero recuerde que los chiles ancho y mulato casi nunca se usan para este tipo de recetas.

Rinde aproximadamente 1 ½ tazas

2 chiles cascabel
2 chiles morita
2 chiles de árbol
1 chile chipotle
1 chile guajillo
300 g de jitomates asados (ver pág. 490)
Sal al gusto
½ taza de agua fría
1 diente grande de ajo toscamente picado
1 cucharada de cilantro toscamente picado

Caliente una sartén o un comal sin engrasar y ase los chiles, volteándolos constantemente para que no se quemen. Deje que se enfríen y luego píquelos (después de asarlos, será muy fácil), con todo y semillas y venas.

Ponga los jitomates sin pelar, la sal y el agua en el vaso de la licuadora. Luego añada el ajo y los chiles picados y licúe todo hasta que tenga una salsa con cierta textura (podrán verse los trozos de la piel de los chiles). Incorpore el cilantro y sirva la salsa a temperatura ambiente.

Nota: Esta salsa puede prepararse con varias horas de anticipación, pero no añada el cilantro sino hasta antes de servirla.

Salsa de chile de árbol I

Señora Clara Zabalza de García. Guadalajara, Jalisco

Ésta es quizá la mejor forma de usar el feroz chile de árbol en una salsa, e incluso entonces puede ser que quiera reducir el número de chiles en proporción al de jitomates. Usada con discreción, la salsa puede servirse con tacos, flautas y otros antojitos, o con platillos a base de arroz o pasta.

Resulta aconsejable enjuagar los chiles rápidamente y luego limpiarlos con cuidado con un trapo para eliminar cualquier resto de polvo o tierra.

Rinde alrededor de 1 ¼ tazas

5	chiles de árbol, que hay que limpiar con un trapo
1	cucharada de aceite vegetal
300 g	de jitomates asados (ver pág. 490)
5	tomates verdes medianos, cocidos (ver pág. 491)
2	dientes de ajo toscamente picados
	Sal al gusto

Haga un corte a los chiles, elimine las venas y saque las semillas. Caliente el aceite en una sartén y fría los chiles y las semillas hasta que estén bien dorados, pero no deje que se quemen o, de lo contrario, la salsa tendrá un gusto amargo.

Ponga los jitomates, los tomates verdes, el ajo y la sal en el vaso de la licuadora.

Añada los chiles y las semillas fritos y licúe brevemente, pero no en exceso.

Nota: Esta salsa puede prepararse con bastante anticipación. Ya refrigerada, dura hasta 3 días.

Salsa de chile de árbol II

Jalisco

Ésta es una de las muchas salsas crudas de mesa de Jalisco que se usa como condimento para carnes asadas y huevos, en sopas o para adornar antojitos. También puede diluirse con agua y freírse con carne deshebrada para hacer un relleno para tacos. Es ferozmente picante, así que reduzca el número de chiles a su gusto.

Rinde aproximadamente 1 ½ tazas

- 9 chiles de árbol, que hay que limpiar con un trapo
- 1 ½ tazas de tomates verdes, cocidos y parcialmente escurridos (ver pág. 491)
- ½ taza de agua
- Sal al gusto
- 1 diente de ajo toscamente picado

Ase bien los chiles enteros en una plancha o comal, volteándolos constantemente para que no se quemen (ver pág. 271).

Ponga los tomates verdes en el vaso de la licuadora con el agua, la sal y el ajo. Elimine los tallos de los chiles. Desmorónelos, con todo y venas y semillas, en el vaso de la licuadora. Lícuelos hasta que la mezcla esté casi lisa, pero debe quedar con un poco de textura y deben verse pedacitos de la piel de los chiles.

Nota: Esta salsa puede prepararse con bastante anticipación. Ya refrigerada, dura hasta 3 días.

Salsa de chile guajillo

Michoacán

Esta salsa del Centro de México constituye un acompañamiento maravilloso para carnes asadas y para todo tipo de tacos. Es inusual porque, por lo general, este tipo de chile no suele utilizarse en las salsas de mesa.

Rinde alrededor de 1 ½ tazas

6	chiles guajillos, que hay que limpiar con un trapo
1	taza de agua
200 g	de jitomates asados (ver pág. 490)
1	rebanada de cebolla blanca toscamente picada
1	diente de ajo toscamente picado
	Sal al gusto

Caliente una plancha o comal y ase bien los chiles por ambos lados (ver pág. 271); al enfriarse deben estar casi crujientes, pero cuide de no quemarlos o la salsa tendrá un gusto amargo.

Ponga el agua en el vaso de la licuadora, agregue el resto de los ingredientes y licúe hasta que estén casi lisos (deben verse pedacitos de la piel de los chiles).

Nota: Esta salsa, ya refrigerada, dura hasta 3 días.

Salsa arriera

Centro de México

El más sencillo de los tacos, que supuestamente es el que come un arriero, se hace con una tortilla caliente, un trozo de queso añejo (que es bastante fuerte) y un poquito de esta salsa.

Rinde alrededor de ½ taza

20	chiles serranos frescos
2	cucharadas de cebolla blanca toscamente picada
1	diente de ajo toscamente picado
3 a 4	cucharadas de agua fría
	Sal al gusto

Ase los chiles sobre un comal o una plancha medianos (ver pág. 271), volteándolos de vez en cuando hasta que les salgan ampollas y estén tostados. Mientras aún están calientes, muélalos en el molcajete (de preferencia) junto con el resto de los ingredientes, hasta obtener una pasta de textura gruesa.

Nota: Esta salsa puede prepararse con varias horas de anticipación.

Salsa de chile serrano rojo

Señor José Meza. Restaurante El Pastor, Monterrey, Nuevo León

Cuando hace muchísimos años fui a Monterrey a fines de octubre, los mercados estaban llenos con pilas de brillantes chiles serranos rojos, es decir, ya maduros. Según me dijeron, para hacer salsa en esta parte de México la gente prefiere los chiles cuando están rojos. Sin embargo, un poco más al sur, las salsas más populares son las que se hacen con chiles serranos verdes, que pican y tienen un sabor penetrante. Casi podría decirse que ésta es una salsa violenta, pero muy colorida. Va muy bien con el cabrito al pastor que comí durante mi estancia en Nuevo León, ese cabrito asado a la leña que es una especialidad del norte de México. Aquella vez también ordené la cabeza del cabrito al vapor —sólo para comprobar que mi memoria no exageraba en cuanto a lo suculento que había sido este platillo cuando lo probé en una visita anterior— y luego pedí machitos (el intestino delgado que se enmadeja y se asa a la leña). Todo estaba maravillosamente acompañado por un tarro de cerveza de barril y, para terminar, un plato de frijoles rancheros (por cierto, los mejores que he comido en mi vida) y esta salsa.

Rinde alrededor de 1 ¼ tazas

60 g	de chiles serranos rojos (maduros)
200 g	de jitomates
¼	de taza de agua
½	cucharadita de sal, o al gusto

Ponga los chiles en una cacerola pequeña junto con los jitomates. Cúbralos con agua y deje que hiervan suavemente. Cuézalos, sin tapar, durante unos 15 minutos o hasta que estén suaves.

Cuele los chiles y los jitomates. Transfiéralos al vaso de la licuadora. Añada el agua y la sal, y licúelos brevemente, permitiendo que quede un poco de textura.

Sirva esta salsa con carnes asadas o al carbón.

Nota: Esta salsa puede prepararse con varias horas de anticipación, pero no recomiendo congelarla.

Salsa de chile cascabel

Centro y Norte de México

Ésta es otra de esas salsas rústicas que resultan muy satisfactorias. El chile cascabel asado tiene un sabor muy rico, como de nuez. Aunque las semillas también se muelen, la salsa no es demasiado picante. Me topé con esta salsa cuando en la década de 1960 visitamos Palenque y planeábamos un viaje a la selva para ver las ruinas de Bonampak y Yaxchilán. Nos la sirvieron en el pequeño restaurante que una familia de Chihuahua tenía en las afueras de la zona arqueológica. Cuando llegué a casa todos la adoptaron y se convirtió en una de nuestras salsas favoritas.

Rinde aproximadamente 1 ½ tazas

10	chiles cascabel, que hay que limpiar con un trapo, desvenados y sin semillas (reserve las semillas)
350 g	de jitomates asados (ver pág. 490)
3	dientes de ajo toscamente picados
½	cucharadita de sal
⅔	de taza de agua

Ase los chiles sobre un comal o plancha medianos, volteándolos constantemente para que no se quemen.

Tueste las semillas hasta que adquieran un profundo color dorado, moviéndolas continuamente para evitar que se quemen.

Muela en la licuadora primero las semillas. Añada después el ajo y un poco de jitomate; cuando ya estén bien molidos, agregue el resto de los jitomates, el chile y un poco de agua. La salsa debe tener una consistencia bastante floja, pero se irá espesando mientras reposa.

Salsa de chile pasilla

Centro de México

Rinde alrededor de 1 taza

4 chiles pasilla enteros, que hay que limpiar con un trapo
1 diente de ajo toscamente picado
Sal al gusto
¾ de taza de agua fría
1 cucharada copeteada de cebolla blanca finamente picada

Ase bien los chiles sobre un comal o plancha medianos (ver pág. 271). No los remoje.

Luego licúe los chiles con el ajo, la sal y el agua. No los licúe en exceso: la salsa debe tener una textura espesa. Ponga la salsa en un plato y adórnela con la cebolla.

Nota: Refrigerada, esta salsa dura 3 días aproximadamente.

Salsa de la tía Georgina

Señora Rosamaría Casas. Centro de México

A veces a esta salsa se le llama salsa de tijera, ya que los chiles se cortan en rajitas con un par de tijeras. Estrictamente hablando, es más un aderezo que una salsa. Dura indefinidamente y mejora con la edad. Tiene una textura interesante y constituye un acompañamiento muy rústico y crujiente para carnes asadas, carnitas (pág. 46) y arroz.

Ésta es una receta de familia y es una variación de varias recetas del mismo tipo.

Cuando los chiles pasilla se usan de esta manera, a la salsa se le llama salsa de moscas. La salsa de los reyes tiene los tres tipos de chile: mulato, ancho y pasilla. Todas estas salsas se usan principalmente con barbacoas.

Rinde aproximadamente 1 ½ tazas

8	chiles anchos desvenados y sin semillas
⅓	de taza de cebolla blanca finamente picada
4	dientes de ajo finamente picados
½	taza de aceite vegetal o de aceite de oliva ligero
½	taza de vinagre suave
	Sal al gusto
¼	de taza de queso fresco desmoronado

Corte los chiles en rajitas delgadas. Mezcle todos los ingredientes excepto el queso. Aparte la salsa para que se sazone durante al menos 2 horas o toda la noche.

Para servir la salsa, espolvoréela con queso desmoronado.

Nota: Esta salsa dura por lo menos 9 meses en el refrigerador.

Salsa de chile habanero

Yucatán

Ésta es una salsa muy concentrada que se usa con medida, y más como un condimento que como una salsa, en el estricto sentido de la palabra.

Tradicionalmente, los chiles se muelen en un mortero de madera que se llama *kokoic*, con el jugo de limón y la sal, hasta obtener una pasta de consistencia floja.

Rinde alrededor de 1 taza

12 chiles habaneros
⅔ de taza de jugo de limón
o de vinagre blanco suave
Sal al gusto

Ase los chiles ligeramente en un comal o plancha a fuego medio, volteándolos constantemente hasta que estén bastante suaves. Licúe los chiles con el resto de los ingredientes durante unos segundos.

Nota: Esta cantidad de salsa rinde mucho y se conserva bien durante una semana.

Cebollas encurtidas yucatecas

Yucatán

Rinde alrededor de 2 tazas

1	cebolla morada grande finamente rebanada
10	pimientas negras
4	pimientas gordas
1	cucharada rasa de orégano (de Yucatán, si es posible) asado y desmoronado
2	dientes de ajo rebanados
¾	de taza de vinagre suave
	Sal al gusto

Mezcle bien todos los ingredientes en un tazón de vidrio. Apártelos en el refrigerador durante por lo menos 24 horas antes de servir.

Cebollas encurtidas para panuchos

Señora Bertha López de Marrufo. Yucatán

Estas deliciosas cebollas ligeramente encurtidas se usan para adornar panuchos (pág. 66). Desde luego, son aún más ricas si, para hacerlas, consigue naranjas agrias. Debe prepararlas por lo menos con 2 horas de anticipación y, refrigeradas, duran varios días. Puede ser que le llamen la atención las cantidades, pero las cebollas reducen su volumen considerablemente.

Rinde alrededor de 2 tazas

2 cebollas blancas medianas, en aros finamente rebanados
4 tazas de agua hirviendo
½ taza de jugo de naranja agria o sustituto (ver pág. 492)
½ taza de agua
1 cucharada rasa de orégano (de Yucatán, si es posible) asado y desmoronado
1 chile habanero finamente rebanado
Sal al gusto

Remoje los aros de cebolla durante unos segundos en una cacerola con agua hirviendo hasta que estén ligeramente desflemados. Escúrralos bien y póngalos en un tazón de vidrio.

Mezcle el resto de los ingredientes y deje que las cebollas se sazonen durante al menos 2 horas antes de usarlas.

Salsa chile agua

Chiapas

Aunque esta salsa —conocida también como salsa de cebolla— parece más un aderezo que una salsa propiamente dicha, le da una crujiente y picosa acidez a ciertas comidas, como el arroz o los tamales. La señora Esperanza Murillo, de Tapachula, Chiapas, la sirve con filetitos fritos de malanga. También es perfecta con papas fritas.

Rinde alrededor de 1 taza

⅔ de taza de cebolla blanca finamente picada
¼ de taza de jugo de limón
½ taza de agua
2 chiles serranos finamente picados
Sal al gusto

Mezcle bien todos los ingredientes y deje la salsa reposar al menos 1 hora antes de servir.

Nota: Este tipo de salsa fresca dura entre 2 y 3 días en el refrigerador.

Pico de gallo con duraznos

Dr. Alfredo Garduño. Estado de México

Se le llama pico de gallo a un colorido aderezo que se prepara a base de ingredientes finamente picados y sazonados con chile. La primera vez que probé un pico de gallo fue en Jalisco; estaba hecho con jícama y naranja, y se sirvió con las bebidas, antes de la comida. En algunas partes del norte de México se utiliza este nombre para designar una salsa mexicana de jitomates picados, chiles, cebolla y cilantro. Aquí ofrezco una versión más, pero esta vez con duraznos.

Los duraznos crecen durante varios meses al año en los recónditos valles del este de Michoacán y el vecino Estado de México. Son pequeños, firmes y su pulpa es de un color anaranjado muy pálido; resultan ideales para pelarlos y cortarlos en cubitos para esta receta que me dio el doctor Alfredo Garduño, de Coatepec de Harinas, en el Estado de México. En San Pancho, el pueblo donde vive en Michoacán, se prepara una versión más sencilla.

Rinde alrededor de 2 tazas rasas

1 ½ tazas de duraznos firmes, pero maduros, cortados en cubitos muy finos
3 cucharadas de cebolla blanca finamente picada
2 cucharadas de epazote finamente picado
1 chile perón sin semillas y finamente picado, o 3 chiles serranos finamente picados, con todo y semillas
3 cucharadas de jugo de limón
Sal al gusto

Mezcle todos los ingredientes y deje reposar para que se sazonen durante al menos ½ hora antes de usar.

Nota: Este pico de gallo se sirve como aderezo para acompañar el arroz o la sopa, o bien, para adornar tlacoyos y muchos otros antojitos.

Salsa de chile pasilla de Oaxaca

Abigail Mendoza. Oaxaca

La señorita Abigail Mendoza —la "estrella de la cocina zapoteca", como a mí me gusta llamarla— generosamente me permitió reproducir aquí su receta para esta salsa de mesa. Se parece mucho a la pasta oscura del chintesle que tradicionalmente se lleva durante los viajes largos y las peregrinaciones para untar o para las tortillas. Es tan nutritiva como llenadora.

Abigail insiste en que los chiles enteros deben asarse ligeramente sobre cenizas calientes, lo que da a los sabores de la salsa un balance ligeramente distinto. Pero si usted no tiene las cenizas calientes, ase los chiles sobre un comal no muy caliente.

Aunque no se puede comparar en sabor, a veces se usa el chile de agua seco para hacer esta receta; sin embargo, fuera del Valle de Oaxaca son muy difíciles de encontrar.

Cuando las hermanas Mendoza preparan esta salsa a la manera tradicional, la muelen en el metate o en la chilmolera de barro, un mortero de barro que tiene surcos en el interior. Ésta es una salsa espesa, de textura ligera.

Rinde poco más de 1 ⅓ tazas

1 ⅓ tazas de agua
6 chiles pasilla de Oaxaca medianos
4 hojas santas grandes
¼ de taza de cabezas de camarón seco sin ojos (ver pág. 495), enjuagadas y secas (puede usar los cuerpos para hacer arroz o sopa)
3 dientes de ajo pequeños, toscamente picados
Sal al gusto

Ponga el agua en el vaso de la licuadora.

En un comal tibio, caliente bien los chiles, volteándolos constantemente durante unos 2 minutos para que no se quemen. Despedácelos y añádalos al agua de la licuadora. Ase las hojas santas sobre el comal tibio hasta que estén secas y crujientes (aproximadamente 3 minutos). Desmorónelas en el vaso de la licuadora.

Ase las cabezas de camarón secas, volteándolas para que no se quemen, durante unos 2 minutos. Desmorónelas en el vaso de la licuadora. Añada el ajo y licúe todo hasta obtener una salsa de textura gruesa. Añada sal, si es necesario.

Salsa de chile pasilla de Oaxaca

Carnes

En una casa hecha con palos se sirvió comida en abundancia, al estilo español. No pude distinguir los componentes de la mayoría de los platillos, pero uno llamó mucho mi atención: Un lechón de tres meses de edad, rostizado entero, y relleno con nueces, que me pareció un platillo excelente y bien preparado.

Descripción del siglo XIX de una comida rural en las afueras de Xalapa, en *Seis meses de residencia y viaje a través de México*, de W. H. Bullock

Durante mis primeros días en México en la década de 1950, las mañanas del sábado significaban para mí una visita a los mercados. Salía temprano, primero rumbo a San Juan, y luego me detenía en el Mercado Juárez de regreso a casa. Para esa hora el señor Raúl, mi carnicero, ya estaba preparando su almuerzo; podía olerse desde el momento en que uno entraba al mercado y casi a una cuadra de distancia. Hacía que todos sintiéramos mucha hambre y mucha envidia. Le encantaba cocinar y su almuerzo no era nada común. Siempre, a la misma hora, llegaba una niñita con un gran vaso de café con leche y una bolsa de pan dulce, de ése que tiene una concha redonda de azúcar con canela en la parte de arriba; una vieja tiraba de golpe unas tortillas blandas y humeantes sobre el mostrador y todos nos asomábamos con curiosidad hacia la estufita que don Raúl tenía ahí para ver qué estaba guisando ese día. A menudo era un trozo de carne enchilada —adobada con chile guajillo— o una chuleta en adobo (ver pág. 304) que preparaba para sus clientes.

Una vez estaba batiendo unos huevos a los que añadió carne de res deshebrada. A cucharadas, echó la mezcla en el aceite caliente y enseguida las tortitas de carne se esponjaron y doraron, listas para el caldillo de jitomate en que iban a servirse.

Don Raúl me enseñó lo deliciosos que pueden ser los riñones de ternera, pero los que él vendía no eran tan grandes como los que estamos acostumbrados a conseguir. El riñón entero con su cubierta grasosa no medía más de 6.5 cm de largo, y cada ondulación medía alrededor de 1 cm. Él los rebanaba, con todo y grasa, y los freía ligeramente. Me sugirió que comprara estos riñoncitos y los horneara, con todo y su cubierta grasosa, hasta que el exterior estuviera crujiente y dorado mientras el interior estaba muy tierno y jugoso. ¡Una delicia!

Me enseñó también cómo cortar el filete para hacer carne asada y a preparar el adobo para las chuletas de cerdo. Como no vendía carne de ternera yo tenía que ir a un puesto vecino, donde un grupo de alegres y energéticos muchachos cortaban las escalopas a la perfección y rebanaban el hígado entero —que no pesaba ni un kilo y que tenía un color café rojizo pálido— en rebanadas delgadas como el papel. Sólo como hígado cuando lo compro ahí. Así que, aunque no podía conseguir el mejor *roast beef* o las mejores chuletas de cordero, había muchas otras cosas.

Como muchos mexicanos que viven en el campo, Godileva, quien nos ayudaba en casa, a menudo engordaba un par de cerditos en su jardín a manera de inversión. Ningún desecho escapaba a su ojo avisor, de modo que Godileva se llevaba las cáscaras de papa y las hojas exteriores de la lechuga, así como el pan viejo y las tortillas secas de los vecinos para alimentar a sus puerquitos.

En los mercados de los pueblos y de las ciudades pequeñas los puestos de los carniceros tienen colgados metros y metros de carne delgada: tasajo de cecina fresco, secándose o ya seco. Yo quería aprender a cortarlo, así que un domingo en la mañana, durante un viaje a la Sierra Norte de Puebla, me dirigí a un mercado casi desierto en Huauchinango. Los dos carniceros eran muy amables. Tomaban un flanco de res o de cerdo, o un gigantesco trozo de pulmón de buey, y con un cuchillo largo y delgado cortaban primero una capa delgada; luego le daban vuelta a la carne y cortaban en la otra dirección hacia adelante y hacia atrás, volteándola una y otra vez hasta que, casi de inmediato, la pieza quedaba esparcida en una tira larga y continua. Con un quiebre de muñeca, le lanzaban una capa delgada de sal, le exprimían encima bastante jugo de limón y doblaban la carne en un canasto para ropa, donde la dejaban sazonar toda la noche. Al día siguiente la colgaban en un sitio aireado para que se secara. Asada al carbón y acompañada de una salsa de tomate verde o de una salsa de chile cascabel es muy sabrosa.

En México, el norte es la región por excelencia en lo que a carne se refiere. En Chihuahua visité algunos de los restaurantes especializados en carne más ostentosos de todo el país. Se dice que el exquisito sabor de su carne se debe a que los animales se alimentan de orégano silvestre. Hacia el oeste, en Hermosillo, sirven los trozos de carne más grandes de todos en los restaurantes al aire libre, donde se cocinan a la leña. Y yéndose al otro extremo, tienen la carne machacada, que parece un encaje de tan delgada.

He probado el cabrito en muchos lugares, pero en ningún sitio es tan delicioso como en Monterrey. El cabrito no debe tener más de 30 días de nacido, ya que después de ese tiempo deja de alimentarse de leche. Conforme empieza a pacer, su carne se vuelve más dura y adquiere un sabor como a cabra. De preferencia, debe comerse al aire libre y cocinarse sobre una leña de huisaches, pero yo me conformaría con el cabrito que con tanto esmero preparan en el Restaurante Principal o en El Tío, de Monterrey. El cabrito se abre plano. Luego se empala y se coloca a un ángulo de 70 grados sobre el borde del fuego. Tarda dos horas en cocerse y se le cambia de posición cada media hora. La cocción sigue un estricto patrón y cuando hay por lo menos 10 cabritos cocinándose, es difícil imaginar cómo se las ingenia el cocinero para acordarse exactamente del orden en que debe voltearlos, pero lo hace. La riñonada, que es la parte más suculenta, es la parte inferior de la espalda, bañada por el goteo continuo del riñón grasoso. Está dorada y crujiente por fuera, pero la carne del interior es tan delicada y tan suave como la ternera más fina.

Pero ese cabrito venía acompañado de otras cosas: un tazón de frijoles rancheros con una fuerte sazón a comino; una salchicha de tripa rellena con el hígado y el riñón, a la que llaman machitos. Y lo más exquisito de todo es la cabeza del cabrito cocida al vapor: la lengua constituye la mayor de las exquisiteces. O también está la fritada, un caldo de cabrito espesado con sangre, para el cual se requiere más que un gusto adquirido.

En Culiacán los puestos de carne tienen pilas de chilorio color ladrillo —listo para freír y rellenar tacos— elaborado con carne de cerdo cocida, frita y sazonada con chiles molidos y especias. Hay también unos cortes de carne de res que se llaman gusano, el cual se usa para preparar el asado placero sinaloense (pág. 317). Curiosamente, no es carne asada, como su nombre lo indica, sino hervida y luego frita en cubitos con papas, bañada con salsa de jitomate y adornada con calabacitas, zanahorias, aros de cebolla y lechuga. Es un platillo muy popular para la merienda, sobre todo en Mazatlán, porque a esa hora ya no hace tanto calor y uno tiene hambre debido a que la comida de mediodía es ligera, generalmente un platillo a base de mariscos.

En Guadalajara, la birria (pág. 328) es el plato de carne más popular y, a lo largo del Altiplano del centro de México, el domingo los mercados están llenos de carne de borrego, de pancita y montalayo que se cuecen en una barbacoa forrada con hojas de maguey. La pancita es el estómago del borrego relleno con el hígado, los riñones y los intestinos del animal sazonados con chile. En Hidalgo y en Tlaxcala casi siempre se consigue el mixiote, que es carne de borrego sazonada con chiles secos y cocida en paquetitos cubiertos con la membrana exterior de la hoja del maguey. En Oaxaca, la barbacoa se hace de carne de borrego o de cabra, cocinada sobre una cama de maíz martajado, que absorbe todos los jugos y es realmente deliciosa.

Antes, uno solía subir al piso de arriba del mercado de Mérida para encontrar todos los cortes imaginables de venado cocido en un *pib*, en la tierra, sólo que ahora ya está prohibido. La carne del pequeño venado que abundaba en Yucatán tiene un color claro y un sabor delicado, mucho más parecido a la ternera que al venado de intenso sabor y color rojo al que estamos acostumbrados. Suele servirse con un pipián hecho a base de unas diminutas pepitas de calabaza que se asan y se muelen, con todo y cáscara. O se deshebra finamente y se mezcla con rábanos muy finamente picados, cebolla y cilantro, y humedecido con naranja agria para hacer un salpicón para tacos (ver pág. 31).

Parece que en Campeche el sábado sigue siendo el día en que se mata al ganado para hacer el chocolomo, una especialidad que se sirve por la noche. Únicamente se hace con la carne y las menudencias de la res recién sacrificada. Es uno de esos caldos muy nutritivos que se encuentran por todo México, pero con una diferencia: junto con la carne, se guisan los sesos, los riñones, el hígado y el corazón, con ajo y cebolla asados. Ya al final, se le da sabor con la lima agria que le da nombre a la sopa de lima típica de Yucatán.

Podría seguir y seguir. Las variaciones son enormes, como verán por las recetas que se dan a continuación.

Carne de puerco

Caldillo de puerco duranguense

Señora Arcelia Vázquez de Valles. Durango

Este platillo, muy popular en el norte del estado, más que un caldillo es un guisado que se hace con filete de res o con carne seca y deshebrada de res o de puerco. Se parece mucho a la carne de puerco en chile colorado de Chihuahua.

La señora Arcelia Vázquez de Valles, una cocinera de gran reputación, famosa sobre todo por sus exquisitas frutas de mazapán, me dio esta receta hace muchos años.

Rinde 6 porciones

8	chiles anchos
5 ½	tazas de agua
1	taza de tomates verdes cocidos (ver pág. 491) y parcialmente colados
3	cucharadas de aceite vegetal o de manteca de puerco
1 kg	de maciza de puerco con un poco de grasa y cortada en cubitos de 1.5 cm
2	dientes de ajo finamente picados
⅔	de taza de cebolla blanca finamente picada
	Sal al gusto
2	cucharaditas de harina
¼	de cucharadita de orégano

Cubra los chiles enteros con agua y póngalos en el fuego para que hiervan ligeramente hasta que estén suaves (aproximadamente 10 minutos, según qué tan secos estén). Cuélelos y páselos al vaso de la licuadora, agregue 2 tazas del agua y los tomates verdes y licúe hasta obtener una mezcla lisa. Apártela.

Caliente el aceite o la manteca en una cacerola ancha y fría la carne, junto con el ajo, la cebolla y la sal, hasta que esté dorada, revolviendo constantemente durante unos 5 minutos. Espolvoréela con la harina y fríala, revolviendo hasta que esté ligeramente dorada. Agregue a la cacerola los chiles licuados y cocine todo a fuego bastante alto, durante unos 10 minutos, raspando el fondo de la cacerola para que no se pegue.

Añada el orégano y unas 3 tazas del agua, de manera que la carne quede cubierta por la salsa. Luego tape la cacerola y deje que hierva suavemente hasta que la carne esté tierna (aproximadamente 30 minutos). Cuando está cocida, la salsa debe estar algo caldosa, como un atole de consistencia media; añada más agua si es necesario.

Sirva en tazones, con mucho caldillo y tortillas de harina.

Nota: Este platillo puede prepararse con varias horas de anticipación.

Carne de puerco en chile colorado

Señora Rosa Margarita J. de Mejía. Chihuahua

Aunque prefiero la comida del sur, con sus fascinantes hierbas, chiles y verduras del centro de México, los guisados sencillos del norte son muy buenos y especialmente reconfortantes después de tanta comida complicada.

La señora Rosa Margarita J. de Mejía, una talentosa cocinera de Chihuahua que me ha revelado muchos de los platillos regionales, me dio esta receta en particular. Se prepara con chile de la tierra, pero puede sustituirlo por chilacates de Jalisco. Si no los consigue, use chiles guajillos sin venas y remojados durante media hora.

Rinde 6 porciones

1 kg de maciza de puerco con un poco de grasa y cortada en cubos de 1.5 cm
2 cucharaditas de sal, o al gusto
3 ½ tazas de agua, aproximadamente
2 dientes de ajo
⅛ de cucharadita de cominos
¼ de cucharadita de orégano
8 chiles de la tierra (ver pág. 480) o chilacates, con todo y semillas
2 cucharadas de aceite vegetal
2 cucharaditas de harina

Ponga la carne, la sal y ¼ de taza de agua en una cacerola grande y pesada en la que pueda colocar la carne en dos capas. Tape la cazuela y cueza la carne a fuego lento, meneando la olla de vez en cuando para que no se queme, hasta que todo el líquido se haya absorbido, la carne esté apenas tierna y haya soltado la grasa (aproximadamente 45 minutos, según el corte de la carne y qué tan suave esté). Si se pone muy seca durante el tiempo de cocción, añada un poquito más de agua.

Machaque el ajo, el comino y el orégano en un molcajete o en un mortero. Cubra los chiles con agua en una cazuela pequeña y deje que hiervan suavemente, sin tapar, durante 10 minutos o hasta que la piel esté suave. Cuélelos y transfiéralos al vaso de la licuadora, junto con 1 taza del agua y los ingredientes que machacó. Licúe hasta obtener una mezcla lisa. Aparte.

Agregue aceite a la grasa de la cazuela para completar unas 3 cucharadas. Caliente el aceite y fría la carne ligeramente, volteándola de vez en cuando. Espolvoree la harina sobre la carne y siga volteándola y friéndola hasta que se dore un poquito. Añada la salsa de chile a la cazuela pasándola por un colador y fríala unos minutos más, revolviendo y raspando el fondo de la cazuela. Agregue las 2 tazas restantes del agua, hasta que la salsa quede algo ligera. Cocine el guisado de 15 a 20 minutos más.

Sírvalo en tazones con mucha salsa y tortillas de harina.

Nota: Este platillo puede prepararse con varias horas de anticipación y congelarse hasta por 2 semanas, aproximadamente.

Ayocotes con carne de puerco estilo Querétaro

Obdulia y Ana María Vega. Querétaro

Los ayocotes son grandes frijoles secos que vienen en todos los tonos de café y morado, y que pueden encontrarse en los mercados a lo largo del centro de México. Pueden guisarse cuando están recién cosechados, pero más a menudo se secan y se almacenan para los meses siguientes. Las grandes vainas se cosechan, se secan bajo el ardiente sol de octubre y luego se golpean con unos palos para que se abran y liberen los frijoles. En Puebla se acostumbra servirlos para acompañar el mole.

En realidad, los ayocotes nunca me habían gustado mucho hasta que Ana María y Obdulia Vega, que trajeron una bolsa enorme de ayocotes de regreso de una visita a su casa, me enseñaron a guisarlos como solía hacerlo su madre en su ranchito de Querétaro. Los chiles parecen acentuar el delicioso y terroso sabor de los ayocotes, aunque uno pensaría justo lo opuesto, que taparían su sabor. Puede sustituir los ayocotes por cualquier tipo de frijol grande seco.

Rinde 6 porciones

Los frijoles

3 tazas de ayocotes secos
2 l de agua fría
2 cucharaditas de sal, o al gusto

La carne

700 g de carne de puerco, mitad costillitas y mitad maciza, cortada en cubitos de 4 cm
Sal al gusto
Manteca de puerco, si es necesario

La salsa

9 chiles pasilla desvenados y sin semillas
9 chiles guajillo desvenados y sin semillas
5 pimientas toscamente machacadas
¾ de cucharadita de cominos machacados
3 clavos enteros machacados
2 dientes de ajo machacados
2 ½ tazas de agua caliente
2 hojas de laurel

Enjuague bien los frijoles y póngalos en una olla. Cúbralos con el agua y déjelos remojando por 30 minutos. En la misma agua, ponga a hervir los frijoles, bajando la flama cuando rompa el hervor y hasta que estén tiernos (de 2 a 3 horas, según qué tan secos estén); añada sal.

Mientras tanto, cueza la carne de puerco. Ponga los cubos de carne en una olla ancha y gruesa, cúbralos apenas con agua, añada sal y cuézala, sin tapar, revolviendo de vez en cuando para que suelte la grasa y se dore bien. Si la carne es muy magra tendrá que añadir un poco de manteca, digamos ¼ de taza. Retire la carne de la olla y sólo deje ¼ de taza de la grasa.

Caliente una plancha o un comal y ase bien los chiles (ver pág. 271), cuidando de no quemarlos o la salsa tendrá un gusto amargo. Cubra los chiles con agua caliente por separado y déjelos en remojo unos 5 minutos; cuélelos.

Añada las especias que machacó y el ajo junto con ½ taza de agua al vaso de la licuadora y licúe muy bien. Agregue otra taza de agua y los chiles pasilla escurridos y licúe hasta que estén casi lisos. Recaliente la manteca en la olla y luego añada los ingredientes licuados. Fríalos a fuego medio. En 1 taza de agua, licúe muy bien los chiles guajillo y agréguelos a la olla, pasándolos y exprimiéndolos por un colador fino para eliminar los pedacitos de piel dura. Siga cocinando la salsa a fuego medio, revolviendo de vez en cuando.

Agregue los frijoles con su caldo y el laurel. Ajuste la sazón y cocine a fuego lento durante 20 minutos más.

Nota: Este platillo puede prepararse con anticipación y congelarse durante una semana.

Cochito al horno

Chiapas

Cochito, contracción de *cochinito*, es una palabra que se usa en Chiapas y en Tabasco. Tradicionalmente, el cuero del puerco se deja intacto y se corta en trozos grandes antes de sazonarlo y asarlo. La cantidad y variedad de especias que se usan, dentro de las cuales domina el sabor de la pimienta gorda, son características de la comida del área circundante a Tuxtla Gutiérrez, Chiapa de Corzo y San Cristóbal de Las Casas.

Ya he mencionado en otra ocasión las famosas botanas frías y calientes que se sirven en los bares y en los pequeños restaurantes de la región, las que con frecuencia incluyen el cochito guisado así. No encontrará este platillo en los menús ordinarios pero, hace mucho tiempo, vi que lo servían con tortillas calientes a manera de un abundante almuerzo o un desayuno tardío en el pequeño y viejo aeropuerto de Tuxtla Gutiérrez.

De preferencia, empiece a cocinar un día antes para acentuar su sabor.

Rinde de 6 a 8 porciones

4	chiles anchos desvenados y sin semillas
6	ramas de tomillo fresco o 1 cucharadita de tomillo seco
4	hojas de laurel
10	pimientas negras machacadas
6	clavos enteros machacados
20	pimientas gordas machacadas
1	raja de canela de 5 cm machacada
4	dientes de ajo machacados
1 ½	cucharadas de sal
⅔	de taza de vinagre suave
2 ½ kg	de espaldilla o pierna, de ser posible con hueso y cuero
1	taza de agua

Para servir

2	tazas de cebolla blanca finamente rallada
2	tazas de lechuga orejona rallada

En un tazón, cubra los chiles con agua hirviendo y déjelos en remojo 15 minutos o hasta que estén suaves. Licúe muy bien las hierbas, las especias, el ajo, la sal y el vinagre. Poco a poco agregue los chiles remojados y escurridos, y licúelos hasta que estén lisos, deteniendo la licuadora de vez en cuando para liberar las aspas; quizá tenga que agregar un poquito de agua, pero la mezcla debe tener la consistencia de una pasta floja.

Perfore la carne por todos lados con un cuchillo afilado. Úntela con bastante pasta y déjela reposar por lo menos 4 horas o, de preferencia, toda la noche.

Caliente el horno a 180 °C.

Ponga la carne en una olla o refractario y cocínela durante 1 hora. Dele vuelta y déjela al fuego 1 hora más, todavía tapada. En este punto, raspe la pasta que se haya pegado al fondo y dilúyala con agua tibia. Vuelva a voltear la carne y hornéela 2 horas más o hasta que esté muy tierna, bañándola de vez en cuando con los jugos de la olla. Cuando la carne esté cocida, debe quedar bastante salsa en la cacerola.

Sirva la carne rebanada y con un poco del jugo de la cacerola. Adórnela con bastantes aros de cebolla y lechuga rallada. Se come con tortillas recién hechas.

Nota: La carne puede sazonarse hasta con 2 días de anticipación, pero una vez guisada sabe mejor si se consume el día de su preparación.

Puerco en naranja

Centro de México

La primera vez que probé esta receta, la cocinera había usado lomo sin hueso. Como ese corte de carne suele tener poca grasa y estar un poco seco, yo uso cabeza de lomo con su hueso, que es mucho más suculento.

Ésta es una de las muchas variaciones del puerco en naranja —cada cocinera tiene su propio toque secreto— con mi método para cocinarlo. A menudo se sirve con rajas de chile poblano fritas con cebolla, que complementan la carne muy bien.

Rinde de 6 a 8 porciones

2 ½ kg	de cabeza de lomo con su hueso (si es necesario, en dos trozos para completar esta cantidad)		Sal al gusto
		2	cucharaditas de orégano
		12	pimientas negras
5	dientes de ajo	3	naranjas

Perfore la carne por todos lados con la punta de un cuchillo afilado. Machaque el ajo junto con la sal, el orégano y las pimientas, y humedézcalo con el jugo de una naranja. Unte la carne con esta mezcla y deje que se sazone durante 1 hora.

Caliente el horno a 180 ºC.

Ponga la carne de puerco en una cacerola pesada en la que quepa ajustada y humedézcala con el jugo de una segunda naranja. Ponga la cáscara de la naranja en la cacerola, tápela y hornee durante 2 horas.

Cuele los jugos de la cacerola, excepto 3 cucharadas y resérvelos. Dele vuelta a la carne y hornéela 1 hora más, sin tapar, bañándola de vez en cuando.

De nuevo, cuele los jugos de la cacerola y resérvelos. Suba la temperatura del horno a 200 ºC. Deje que la carne se dore por arriba, luego dele vuelta y deje que se dore del otro lado.

Mientras tanto, elimine casi toda la grasa de los jugos que reservó de la olla. Agregue a estos jugos los que estén en la cacerola junto con el jugo de la tercera naranja y reduzca la salsa rápidamente, a fuego alto. Rebane la carne y pase la salsa por separado o sirva la salsa sobre la carne a medida que la vaya rebanando.

Nota: Este asado de puerco sabe mejor si se come el día de su preparación. Al día siguiente, más que recalentarlo, prefiero servirlo a temperatura ambiente, rebanado.

Asado de puerco a la veracruzana

Veracruz

Conseguí esta receta en Huatusco, Veracruz. Debe empezar a prepararla un día antes para que sepa mejor. Originalmente, era para la pierna de puerco, pero a mí me parece algo seca, así que sugiero usar espaldilla.

Este asado también sabe bien al día siguiente, ya sea rebanado o frío, y es excelente para sándwiches o tortas.

Rinde de 6 a 8 porciones

2 ½ kg	de espaldilla de puerco con hueso
6	dientes de ajo
1	cucharada de sal
3	cucharadas de jugo de limón
6	chiles anchos desvenados y sin semillas
4	chiles morita o 1 chile chipotle o 1 chile mora
1	taza de agua
4	pimientas gordas machacadas
	Suficientes hojas de plátano para envolver el asado en una capa doble (opcional; ver pág. 470)

Con la punta de un cuchillo afilado perfore la carne por todos lados. Machaque el ajo con la sal y humedézcalo con el jugo de limón. Unte bien la carne con esta mezcla y apártela para que se sazone mientras prepara los chiles.

Ase ligeramente los chiles anchos (ver pág. 271) sobre una plancha o comal caliente. Cúbralos con agua caliente, añada los chiles morita enteros y sin asar, y hiérvalos suavemente durante 5 minutos. Apague el fuego y deje que los chiles se remojen 5 minutos más.

Transfiera los chiles al vaso de la licuadora con el agua. Agregue las pimientas gordas y licúelas hasta que estén lisas. Agregue un poquito más de agua, si es necesario, para liberar las aspas de la licuadora.

Cubra la carne con bastante pasta de chile. Pase las hojas de plátano sobre la lumbre para que se suavicen y envuelva la carne con ellas. Deje que la carne se sazone toda la noche en el refrigerador. Si no usa la hoja de plátano, simplemente deje la carne descubierta.

Caliente el horno a 160 ºC.

Ponga la carne en una cacerola con tapa firme y hornéela durante 2 horas. Al final de ese tiempo debe haber bastante jugo en el fondo. Destape la cacerola y siga horneando la carne, bañándola de vez en cuando y durante otras 2 horas o hasta que esté suave.

Sirva la carne caliente, con tortillas de maíz.

Nota: Más que recalentar la carne al día siguiente, prefiero comerla fría.

Puerco en mole verde veracruzano

Señora Ángela de Galindo. Veracruz

Ángela de Galindo, la esposa de Sergio Galindo, el reconocido dramaturgo veracruzano, me dio esta receta de su familia en Xalapa. El sabor preponderante es el de la hoja santa. La receta original lleva las guías tiernas del chayote: si las consigue, pele la capa fibrosa que está alrededor de la parte inferior del tallo y córtelas en pedazos chicos. No hay sustituto.

Opcional: Para enriquecer este platillo se añaden bolitas de masa con un hueco en el centro, conocidas como ombliguitos.

Rinde 6 porciones

La carne

2 kg	de espinazo y costillas de puerco

Los vegetales

½	cebolla blanca toscamente rebanada
2	dientes de ajo
8	pimientas negras
1	cucharada de sal
½ kg	de calabacitas
½ kg	de chayote
¼ kg	de ejotes
10	brotes tiernos de la guía del chayote cortada en pedazos chicos (ver la nota superior)
¼ kg	de habas frescas

La salsa

3	tazas de tomates verdes crudos, toscamente picados
2	dientes de ajo toscamente picados
6	chiles serranos toscamente picados
¼	de taza de manteca o de aceite vegetal
2	tazas del caldo que reservó
1	rama grande de perejil
4	ramas grandes de cilantro
3	hojas de lechuga orejona
3	hojas santas
	Sal al gusto

Corte o compre la carne en piezas adecuadas para servir. Póngala en una cacerola grande con la cebolla, el ajo, las pimientas y la sal. Cúbrala apenas con agua y ponga en el fuego; cuando rompa el hervor, baje la flama y deje que hierva a fuego lento durante 25 minutos.

Monde las calabacitas y córtelas en cuartos. Pele los chayotes, quíteles el corazón y córtelos en gajos de 1.5 cm de grosor. Monde los ejotes y córtelos a la mitad. Agregue los vegetales (excepto las habas) a la carne de la cacerola y cocine 15 minutos más o hasta que la carne y los vegetales estén suaves. No los cueza demasiado.

Cueza las habas por separado y apártelas.

Licúe el tomate verde, el ajo y los chiles hasta obtener una salsa lisa. Caliente la manteca en una sartén y cocine la salsa a fuego alto hasta que se reduzca y se espese un poquito (alrededor de 10 minutos). Agregue al caldo con la carne.

Licúe el perejil, el cilantro, la lechuga y la hoja santa hasta que estén listos y añádalos al mole, pasando la mezcla por un colador, a último minuto. Deje que el mole apenas rompa el hervor, agregue sal si es necesario y sirva de inmediato con las habas.

Tradicionalmente este mole se sirve solo, con tortillas.

Nota: Como cualquier guisado, esta receta puede hacerse con anticipación y luego calentarse muy lentamente durante 30 minutos antes de servir, pero añada el puré verde hasta el último minuto.

Puerco en mole verde de cacahuate

Señora Virginia Villalón. Veracruz

En 1977 volví a Pánuco, el pequeño pueblo ribereño que está al norte de Veracruz, con la esperanza de visitar a la señora Chanita, quien seis años atrás me había preparado un tamal enorme y muy especial que se llama *sacahuil*, pero me enteré de que había muerto hacía dos años. Cuando pregunté quién conocía la comida regional y sabía cocinarla bien, me mandaron al modesto restaurante de Virginia Villalón, situado en una de las calles principales. Virginia era bastante joven. Su tía le había enseñado a preparar los sencillos platillos de la región. Pacientemente me dictó sus recetas, deteniéndose de vez en cuando para darme probaditas de algunas de las grandes cazuelas que burbujeaban en su estufa. Éste fue uno de los guisos.

Rinde 6 porciones

La carne

1 kg	de carne de puerco, con todo y grasa y cortada en cubos de 2.5 cm, o 1 ½ kg de costillas de puerco cortadas en trozos chicos
⅓	de taza de cebolla blanca toscamente picada
2	dientes de ajo toscamente picados
2	cucharaditas de sal, o al gusto

La salsa

4	cucharadas de aceite vegetal o manteca de puerco
1	taza de cacahuates crudos y sin cáscara
¼ kg	de tomates verdes toscamente picados
1	manojo chico de cilantro
6	pimientas gordas
3 o 4	chiles serranos toscamente picados
2	dientes de ajo
½	taza de cebolla blanca en rebanadas delgadas

Ponga la carne, la cebolla, el ajo y la sal en una cacerola. Cubra con agua y deje que hierva suavemente. Cuézala durante unos 30 minutos (según la calidad y el corte de la carne). Cuele la carne y reserve el caldo. La carne debe quedar medio cocida y debe obtener 3 ½ tazas de caldo.

Mientras tanto, caliente 1 cucharada del aceite y fría los cacahuates (o tuéstelos en un horno tostador), volteándolos constantemente, hasta que tengan un profundo color dorado. Macháquelos y transfiéralos al vaso de la licuadora. Agregue el tomate verde, el cilantro, las pimientas, los chiles, el ajo y ¾ de taza del caldo de la carne. Licúe todo hasta que la mezcla tenga una consistencia casi lisa (quizá tenga que agregar un poquito más de caldo, pero cuide que la salsa no se vuelva muy aguada).

Caliente las 3 cucharadas restantes de aceite en una cacerola gruesa y fría juntos el puerco y la cebolla rebanada hasta que se doren, volteando las piezas constantemente. Agregue la salsa licuada y cocínela unos minutos más, revolviendo y raspando el fondo de la cacerola todo el tiempo. Agregue aproximadamente 2 ½ tazas del caldo, luego ajuste la sazón y hierva el mole lentamente por 20 minutos o hasta que la carne esté tierna y la salsa bien sazonada. Quizá tenga que diluir la salsa un poco más —debe tener una consistencia mediana, como una crema ligera—, ya que se espesará considerablemente mientras se cocina.

Sirva este platillo con bastante salsa y tortillas calientes.

Nota: Esta receta puede prepararse con varias horas de anticipación.

Calabaza guisada con puerco

Señora Domitila Santiago de Morales (†). Oaxaca

Éste es un guisado oaxaqueño muy sencillo, ni picante ni muy condimentado. Todo el año los mercados de Oaxaca están llenos de calabacitas color verde pálido que tienen un sabor increíblemente delicado y dulce. Puede usar cualquier calabacita para preparar este platillo, pero podría sustituirla por calabaza tierna.

Rinde 6 porciones

La carne

1 kg	de costillas de puerco cortadas en cubos de 4 cm
2	cucharaditas de sal
¼	de cebolla blanca toscamente picada
2	dientes de ajo toscamente picados

La salsa

1 ½	cucharadas de aceite vegetal
200 g	de jitomates finamente picados
2	cucharadas de cebolla blanca finamente picada
2	dientes de ajo pequeños finamente picados
½ kg	de calabacitas o calabaza mondada y cortada en cubitos de 1.5 cm
1 ½	tazas de granos de elote
1	rebanada gruesa de piña fresca, pelada y cortada en cuadritos
1	chile ancho
⅛	de cucharadita de comino machacado
1	plátano macho mediano, muy maduro, pelado y cortado en rodajas de 1.5 cm
	Sal al gusto

Ponga la carne en una cacerola grande junto con la sal, la cebolla y el ajo, y cúbrala apenas con agua. Cuando hierva, baje la flama y deje la cacerola sin tapar hasta que la carne esté apenas tierna (alrededor de 45 minutos). Cuélela y reserve el caldo.

Para la salsa, caliente el aceite en una olla grande y pesada. Acitrone la cebolla y el ajo. Agregue los jitomates, revolviendo constantemente hasta que la mezcla se haya reducido un poco (unos 4 minutos). Añada las calabazas, el elote, la piña y 2 tazas del caldo de la carne.

Tape la olla y cocínela a fuego medio, revolviendo de vez en cuando, durante unos 10 minutos. Las calabacitas y el elote deben estar apenas tiernos.

Hágale un corte al chile ancho, elimine las semillas y las venas, cúbralo con agua caliente y hiérvalo durante 5 minutos. Pase el chile al vaso de la licuadora, junto con ⅓ de taza de agua y el comino. Licúe hasta que esté liso.

Agregue el plátano macho, el chile licuado y la carne a la salsa. Ajuste la sal y hierva lentamente alrededor de 15 minutos.

Sirva con tortillas calientes.

Guiso de puerco

Oaxaca

Rufina venía de un pueblo muy pobre de Oaxaca. Trabajó con nosotros varios años, era joven e impaciente y, en realidad, no le gustaba cocinar. Sin embargo, le encantaba comer y todo lo que nos preparaba era delicioso, como esta receta que ella me dio. Este platillo de puerco guisado en una salsa de tomates y piña, con especias y ligeramente dulce, es muy simple y refrescante, ideal para aquéllos a los que no les gusta la comida picante, ya que el chile se guisa entero y sólo le da sabor a la salsa. El chile güero —que es largo, delgado y de un color amarillo verdoso— tiene un sabor delicioso y se usa para este guisado aunque no es de Oaxaca. Probablemente Rufina ocupaba chile de agua en su pueblo.

Rinde 6 porciones

La carne

2 kg	de costillas de puerco cortadas en 12 porciones
1	cucharada de sal
6	pimientas negras
2	dientes de ajo
1 ½	tazas de cebolla blanca rebanada delgada

La salsa

¼	de taza de manteca
1	cebolla blanca mediana en rebanadas delgadas
3	dientes de ajo rebanados
1 ¼ kg	de jitomates toscamente picados
1 ½	rebanadas gruesas de piña fresca, pelada
1	plátano macho grande y maduro, pelado
2	ramas de perejil
¼	de cucharadita rasa de orégano
1	cucharada copeteada de almendras peladas y fileteadas
2	cucharadas de pasas
2	cucharaditas de azúcar granulada (opcional)
1	cucharadita de sal, o al gusto
1	raja de canela de 1.5 cm
4	clavos enteros
4	chiles de agua o güeros
10	aceitunas deshuesadas
2 a 3	tazas del caldo de la carne
	Sal, la necesaria

Ponga la carne, junto con la sal, las pimientas, el ajo y la cebolla en una olla grande. Cúbrala apenas con agua fría, ponga en el fuego y deje que rompa el hervor. Baje la flama y deje que la carne hierva lentamente en la olla tapada hasta que esté apenas tierna (aproximadamente 35 minutos). Reserve y deje que la carne se enfríe en el caldo.

Derrita la manteca en una cazuela o en una olla gruesa y deje que la cebolla y el ajo se acitronen.

Licúe los jitomates unos segundos solamente y añádalos a la cebolla y al ajo.

Cocínelos a fuego alto hasta que se reduzcan y se espesen (unos 10 minutos).

Corte la piña en trozos pequeños y el plátano macho en rebanadas gruesas. Agréguelos junto con el resto de los ingredientes de la salsa a la olla y cocínelos a fuego bastante alto durante 15 minutos. Para entonces, la salsa se habrá espesado de manera considerable y estará muy bien sazonada.

Añada la carne con el caldo a la salsa. Cocínela otros 15 minutos a fuego lento y agregue sal al gusto. La salsa no debe quedar muy aguada ni muy seca; es probable que necesite añadirle un poquito más de caldo o agua.

Nota: Este guiso sabe mejor si se consume el mismo día de su preparación, pero puede hacerse varias horas antes, añadiendo la carne y el caldo en el último minuto.

Puerco con verdolagas

Señora María Elena Lara. Ciudad de México

Rinde 6 porciones

2 kg	de espinazo de puerco cortado en piezas de 4 cm
1	cebolla blanca mediana toscamente rebanada
8	dientes de ajo
	Sal al gusto
1 kg	de verdolagas
2	tazas de agua hirviendo
4	tazas de tomates verdes, cocidos y colados; reservar 1 taza del agua de la cocción
4 a 6	chiles jalapeños, cocidos con los tomates verdes
60 g	de manteca de puerco
2	tazas de cebolla blanca finamente rebanada
½	cucharadita de comino
¼	de cucharadita de orégano

Ponga la carne en una olla grande y cúbrala apenas con agua. Agregue la cebolla toscamente rebanada, 2 dientes de ajo y sal, ponga en el fuego y deje que rompa el hervor. Baje la flama y permita que la carne hierva lentamente hasta que esté apenas tierna (40 minutos aproximadamente). No la cueza demasiado. Cuele la carne y reserve el caldo, del cual debe tener por los menos 3 tazas. Si es necesario, agregue agua para completar esta cantidad.

Lave las verdolagas. Elimine las raíces y los tallos muy gruesos. Pique toscamente las hojas y los tallos tiernos. Ponga aproximadamente 2 tazas de agua hirviendo en una olla junto con las verdolagas y 1 cucharadita de sal. Tape la olla, póngala en el fuego, deje que rompa el hervor a fuego alto y cuézalas durante unos 3 minutos, revolviéndolas de vez en cuando. Cuélelas, eliminando el agua de la cocción y apártelas.

Licúe los tomates verdes con los chiles y 1 taza del agua en que los coció. Apártelos.

En una cacerola gruesa, derrita la manteca y fría la carne y la cebolla en rebanadas finas. Espere a que la carne esté ligeramente dorada y la cebolla esté suave, volteando las piezas a menudo.

Machaque el ajo restante, el comino y el orégano en un molcajete o mortero y agréguelo a la carne que está friendo en la cacerola. Con un poquito del puré de tomate verde "limpie" el molcajete. Añada esto y el resto del puré de tomate verde a la cacerola. Fríalo unos minutos más, revolviendo de vez en cuando para que no se pegue.

Agregue las verdolagas a la olla junto con 3 tazas del caldo de la carne y deje que hierva suavemente durante 10 minutos más. Ajuste la sazón antes de servir con tortillas recién hechas.

Nota: Este platillo puede prepararse con varias horas de anticipación.

Tinga poblana de carne de puerco

Puebla

En el menú de todos los restaurantes poblanos encontrará las tostadas de tinga. Desde luego, puede servirla como platillo principal y se acompaña muy bien —aunque no es típico— con arroz blanco a la mexicana (ver pág. 188).

El *Diccionario de mejicanismos* traduce la palabra *tinga* como algo "vulgar" o "desordenado". ¡Debo decir que es un desorden muy sabroso!

Rinde suficiente para 12 tostadas

½ kg	de maciza de puerco cortada en cubitos de 2.5 cm
½	cucharadita de sal, o al gusto
¼ kg	de chorizo
½ kg	de jitomates finamente picados
⅓	de taza de cebolla blanca toscamente rebanada
3	ramas de tomillo fresco o ⅛ de cucharadita de tomillo seco
⅛	de cucharadita de orégano seco
2	hojas de laurel
3	chiles chipotles enlatados en vinagre, o en adobo, cortados en rajas
2	cucharadas del líquido o de la salsa de los chipotles enlatados

Para servir

1	aguacate cortado en rebanadas delgadas
1	taza de lechuga rallada

Cubra los cubos de carne con agua, agregue sal, ponga en el fuego y deje que rompa el hervor. Baje la flama para que hierva lentamente hasta que la carne esté tierna (unos 40 minutos). Deje que la carne se enfríe en el caldo, luego escúrrala, reserve el caldo y deshebre la carne finamente.

Pele el chorizo, desmorónelo en una sartén y fríalo a fuego lento hasta que suelte toda la grasa. Retire las piezas de chorizo de la sartén y apártelas.

Elimine toda la grasa de la sartén excepto 2 cucharadas. Añada los jitomates y la cebolla y fríalos a fuego bastante alto durante unos 5 minutos, revolviendo bien la mezcla y raspando el fondo de la sartén de vez en cuando. A la salsa de jitomate añada la carne deshebrada, el chorizo frito, el tomillo, el orégano, las hojas de laurel, los chiles, el líquido o salsa de la lata de chiles y ½ taza del caldo. Ajuste la sazón y deje que la mezcla se cocine y sazone aproximadamente 10 minutos, revolviendo bien de vez en cuando. La tinga debe quedar húmeda pero no caldosa.

Úsela en tostadas y adórnelas con el aguacate y la lechuga rallada.

Nota: Puede prepararla con un día de anticipación.

Chuletas de puerco adobadas

Sierra Norte de Puebla

El adobo se usa mucho para sazonar carnes. Yo me volví aficionada a esta forma de preparar las chuletas de puerco una vez, hace muchos años, cuando comí en Xicotepec de Juárez en un lugar llamado Mi Ranchito. La carne, que era de puerco criollo, estaba tierna y deliciosa. Me sirvieron las chuletas con salsa verde y, curiosamente, con crema.

El adobo se hace con chiles secos, especias, hierbas y sal molidos con vinagre hasta obtener una pasta. En esta receta recomiendo sazonar la carne con un día de anticipación: vale la pena en términos de sabor.

Las chuletas deben tener un poco de grasa; aunque no tenga que comérsela necesariamente, ayuda a mejorar mucho la textura y el sabor.

Nota: Se puede preparar el adobo en cantidades grandes porque se conserva bien y así siempre lo tiene a mano.

Rinde 6 porciones

El adobo

4 chiles anchos grandes, desvenados y sin semillas
⅛ de cucharadita de comino machacado
⅛ de cucharadita de orégano
3 ramas de tomillo fresco o ⅛ de cucharadita de tomillo seco
1 cucharada de sal
2 dientes de ajo
½ taza de vinagre blanco suave o de jugo de naranja agria

6 chuletas gruesas de puerco
Manteca derretida o grasa de puerco para freír

Para servir

1 ½ tazas de cebolla blanca en rebanadas delgadas
Rábanos en rodajas
Lechuga rallada

Es mejor preparar el adobo un día antes. Ase los chiles ligeramente, volteándolos de forma constante para que no se quemen.

Póngalos en un tazón y cúbralos con agua hirviendo. Deje que se remojen alrededor de 10 minutos, luego sáquelos con una cuchara perforada y transfiéralos al vaso de la licuadora. Agregue el resto de los ingredientes del adobo y licúelos hasta obtener una pasta bastante lisa. Añada agua, si es necesario, para soltar las aspas de la licuadora.

Haga que el carnicero le aplane las chuletas hasta el grueso deseado. Úntelas con la pasta por ambos lados y deje que se sazonen durante toda la noche en el refrigerador.

Al día siguiente, caliente la grasa y fría las chuletas muy lentamente por ambos lados hasta que estén bien cocidas (alrededor de 20 minutos, pero depende del grosor de la carne). Cuando estén así, suba el fuego y dórelas rápidamente.

Sirva las chuletas de inmediato y adórnelas con la cebolla rebanada. Decore el plato con los rábanos y la lechuga.

Puerco en adobo

Señora Godileva Castro. Guerrero

En mis primeros meses en México, Godileva Castro nos ayudaba con las labores de la casa. Su nombre aparece varias veces en este libro porque era una talentosa y entusiasta cocinera que me enseñó mucho sobre la comida de su región. En numerosas ocasiones, cuando yo no estaba en el trabajo, las labores del hogar ocupaban un segundo plano y nos poníamos a cocinar.

Desde luego, Godileva usaba una cantidad extravagante de manteca para freír, para que el platillo brillara y se viera más apetitoso.

Rinde de 6 a 8 porciones

1 ½ a 2 kg de maciza de puerco con un poco de grasa, cortada en cubos de 4 cm
½ kg de espinazo
½ cebolla blanca rebanada
2 dientes de ajo
8 pimientas
1 cucharada de sal

El adobo

6 chiles anchos desvenados y sin semillas
10 chiles pasilla desvenados y sin semillas
1 raja de canela de 2.5 cm machacada
5 clavos enteros machacados
6 pimientas negras machacadas
6 ramas de tomillo fresco o ¼ de cucharadita de tomillo seco
6 ramas de mejorana fresca o ¼ de cucharadita de mejorana seca
¼ de cucharadita de cominos machacados
6 dientes de ajo toscamente picados
2 cucharadas de vinagre blanco suave
1 taza de agua

La etapa final

¼ de taza de manteca
2 hojas de laurel
2 cucharadas de azúcar
3 tazas del caldo de la carne
Sal al gusto
2 tazas de cebolla blanca en rebanadas delgadas

Ponga la carne, los huesos, la cebolla, el ajo, las pimientas y la sal en una olla grande. Cubra apenas la carne con agua, ponga en el fuego y cuando rompa el hervor, baje la flama y deje que la carne hierva suavemente hasta que esté apenas tierna (alrededor de 35 minutos). Deje que la carne se enfríe en el caldo. Cuélela y reserve el caldo. Apártela.

Ase los chiles ligeramente, volteándolos de vez en cuando para que no se quemen. Cúbralos con agua caliente y déjelos en remojo 10 minutos. Transfiera los chiles a la licuadora junto con 1 taza de agua. Añada el resto de los ingredientes del adobo y licúelos hasta obtener una mezcla bastante lisa, añadiendo más agua si es necesario.

Derrita la manteca en una cacerola grande. Agregue la salsa del adobo, las hojas de laurel y el azúcar y cocínela durante unos 15 minutos, revolviendo casi todo el tiempo para que no se pegue. Tenga a la mano una tapadera para evitar las salpicaduras. La salsa estará lista cuando se espese y adquiera un color rojo oscuro.

Poco a poco añada el caldo y sal, según sea necesario. Agregue la carne y siga cocinando el adobo a fuego muy lento durante 10 minutos más.

Sirva el platillo adornado con aros de cebolla.

Nota: La salsa en sí puede hacerse con 2 o 3 días de anticipación —de hecho, mejora con el tiempo— hasta el punto en que se añade el caldo. Cueza la carne el día en que la vaya a usar. Si sobra algo, la salsa se congela muy bien y, mezclada con carne deshebrada, constituye un excelente relleno para tacos.

Carne de puerco con uchepos

Señora Beatriz Dávalos (†). Morelia, Michoacán

Durante años oí hablar de los uchepos, pero nunca los había probado hasta que, en 1969, fui a Morelia por vez primera. La señora Dávalos, en aquel tiempo una de las grandes cocineras de la región, hizo que los prepararan especialmente para mí en el Casino Charro. Ella me dio esta receta. Los uchepos proveen el maravilloso contraste del delicado sabor del elote fresco y de los tamales y la suavidad de la carne de puerco en su salsa de jitomate asado, con el sabor penetrante y atintado de las rajas de chilaca y la textura de la crema y el queso. Ni qué decir de los colores: amarillo, rojo y blanco, con una celosía de verde negruzco. A veces se usan corundas.

Rinde 6 porciones

La carne

2 kg	de costillitas de puerco
2	cucharaditas de sal
4	dientes de ajo pelados

La salsa

1 ½ kg	de jitomates asados (ver pág. 490)
4	chiles serranos asados (ver pág. 475)
2	dientes grandes de ajo
	Sal al gusto

Para servir

18	uchepos chicos (ver pág. 132) o corundas
1	taza de crema (ver pág. 489)
¼ kg	de queso fresco
3	chilacas grandes o chiles poblanos asados, pelados y cortados en rajas (ver pág. 474)

En una cacerola, cubra la carne con agua, añada sal y los ajos. Ponga en el fuego y cuando rompa el hervor, siga cociéndola a fuego medio y sin tapar durante unos 30 minutos. Retire unas 2 tazas de caldo y resérvelas. Siga cociendo la carne hasta que esté apenas tierna (unos 15 minutos más); deje que suelte toda la grasa y fríala en ella hasta que esté ligeramente dorada (como si fuera a hacer carnitas; ver pág. 46). Retire la carne y toda la grasa, excepto 4 cucharadas.

Mientras tanto, prepare la salsa de jitomate. Licúe los jitomates con los chiles, el ajo y la sal hasta obtener una consistencia lisa. Añada la salsa de jitomate a la grasa de la cacerola y guísela a fuego alto durante unos 8 minutos, hasta que se reduzca y se espese un poquito. Baje el fuego, agregue la carne y deje que se caliente lentamente.

Sirva cada porción de carne con dos o tres uchepos o corundas y bastante salsa, un poco de crema, tiras de queso y rajitas de chile.

Nota: La salsa y la carne pueden prepararse con varias horas de anticipación. Es posible que, cuando caliente la salsa, tenga que diluirla con un poquito de caldo.

Cochinita pibil

Yucatán y Campeche

La primera vez que probé la cochinita pibil estaba deshebrada en unos panuchos (pág. 66). Esto fue a fines de la década de 1950 en nuestro restaurante yucateco favorito: El Círculo del Sureste. Quedé prendada.

Pib es una palabra maya usada en la península de Yucatán para designar un horno tradicional o para barbacoa. Se prepara cavando un hoyo rectangular como de un metro de profundidad, cuyo fondo se forra con piedras grandes que se calientan a la leña. Cuando las brasas se apagan y las piedras están lo suficientemente calientes (sólo los expertos saben cuándo, por instinto) las carnes que se van a cocer (la carne de puerco con todo y piel, guajolote o tamales de carne como el *muk-bil pollo*; ver pág. 129) se envuelven en varias capas de hoja de plátano, se colocan en un traste de metal y se cubren con costales y tierra. La cocción lleva varias horas. Las carnes adquieren una suculencia y un sabor muy especiales. Ésta es la forma en que puede hacer la cochinita pibil en casa.

La mayoría de las cocineras compra el recado de achiote (ver pág. 486) ya preparado, pero puede hacerse y es bastante sencillo. Sólo no caiga en el error de servirlo aparte, como si fuera una salsa, porque su sabor resulta insoportable.

Rinde 6 porciones

Un día antes

1 ½ a 2 kg de carne de puerco, de preferencia cabeza de lomo, con grasa
3 cucharaditas de sal
2 cucharadas de jugo de naranja agria

El recado

1 cucharada copeteada de semillas de achiote
¼ de cucharadita de comino
¼ de cucharadita de orégano
12 pimientas negras
3 pimientas gordas
4 clavos
4 dientes de ajo
⅛ de cucharadita de chile seco yucateco molido (ver pág. 482) o de paprika picante molida (opcional)
3 cucharadas de jugo de naranja agria o de vinagre blanco suave
2 hojas de plátano grandes (ver pág. 470)
½ taza de agua

La salsa

½ taza de cebolla morada muy finamente picada
3 chiles habaneros muy finamente picados
½ cucharadita de sal
⅔ de taza de jugo de naranja agria o sustituto (ver pág. 492)

Un día antes, perfore la carne por todos lados y úntela con 2 cucharaditas de la sal y el jugo de naranja agria. Apártela mientras prepara el recado para sazonar.

En un molino eléctrico para especias o para café, muela las semillas de achiote, el comino, el orégano, las pimientas y los clavos, hasta obtener un polvo liso. Páselo por un colador fino y muela los deshechos una vez más.

Machaque el ajo junto con el chile seco, la cucharadita de sal restante y el jugo de naranja agria, y mézclelos con las especias que molió. La pasta debe quedar espesa. Úntela a la carne.

Pase rápidamente las hojas de plátano por la flama de la estufa para que se suavicen. Envuelva la carne en ellas y deje que se sazone en el refrigerador por lo menos 6 horas o toda la noche.

Caliente el horno a 160 ºC.

Coloque una parrilla para hornear en la parte inferior del horno y ponga ahí la carne envuelta en una cacerola. Agregue agua y tape bien. Voltee la carne y báñela con los jugos. Hornéela durante 2 ½ horas o hasta esté suave y se desprenda del hueso.

La salsa

Mientras tanto, prepare la salsa. Mezcle todos los ingredientes. Apártelos para que se sazonen durante aproximadamente 2 horas.

Para servir, deshebre la carne toscamente. Vierta encima la grasa y los jugos que quedaron en la cacerola. Sirva la cochinita pibil caliente, con tortillas, y la salsa en un plato aparte para que cada quien se haga sus propios tacos.

Frijol con puerco

Señora Bertha López de Marrufo. Mérida, Yucatán

Éste es uno de esos grandes platillos mixtos que recuerdan a sus populares equivalentes del Caribe y de Brasil. Los frijoles, la carne y el arroz son de color negro y están llamativa y pródigamente salpicados con rábanos bien picados, hojas de cilantro y salsa de jitomate, y servidos con limón en cuartos y rebanadas de aguacate: un platillo sustancioso, crujiente y llenador.

Recomiendo cocer los frijoles un día antes, justo hasta el punto en la receta en que se añade la carne. La salsa de jitomate también puede prepararse con anticipación, pero de cualquier manera el tiempo de cocción es de 2½ horas, pues no puede empezar a preparar el arroz hasta que la carne se haya cocido.

Rinde 6 porciones

Los frijoles

½ kg de frijoles negros
1 cucharada de manteca de puerco
⅓ de taza de cebolla blanca toscamente rebanada
14 tazas de agua fría
Sal al gusto
1 rama de epazote

Limpie los frijoles para eliminar cualquier piedra o pedacito de tierra. Enjuáguelos y póngalos en el fuego en una olla muy grande junto con la manteca, la cebolla y el agua. Deje que hiervan y cuézalos lentamente hasta que la piel empiece a reventar (alrededor de 1½ horas). Añada la sal y el epazote y déjelos cocer otra ½ hora, no más.

La carne de puerco

¼ kg de carne maciza de puerco cortada en cubos grandes
½ kg de chambarete de puerco cortado en rebanadas de 1.5 cm
½ kg de costillitas de puerco cortadas en cubos de 5 cm
1 oreja de puerco cortada en pedacitos (opcional)
1 pimiento verde, desvenado y sin semillas, cortado en cuadritos
2 ramas grandes de epazote
2 cucharadas de cebolla blanca toscamente picada
1 cucharada de sal, o al gusto

Agregue la carne de puerco y el resto de los ingredientes a los frijoles cuando estén a medio cocer. Tape la olla y siga cociéndolos a fuego lento, revolviéndolos de vez en cuando. Debe haber bastante caldo, teniendo en cuenta que va a emplear 3 tazas para el arroz. Si el caldo parece haberse reducido demasiado, añada 1 taza de agua más o menos. Cueza todo hasta que los frijoles estén suaves y la carne esté tierna (alrededor de 1 hora y 15 minutos).

Durante la cocción, empiece a preparar el arroz.

El arroz

1½ tazas de arroz blanco
⅓ de taza de aceite vegetal
¼ de cebolla blanca pequeña toscamente picada
3 tazas del caldo de los frijoles
1 diente de ajo toscamente picado
Sal al gusto

Cubra el arroz con agua caliente y déjelo remojando unos 5 minutos. Luego enjuáguelo con agua fría y cuélelo bien. Caliente el aceite en una cacerola muy gruesa (el caldo de frijol tiende a pegarse mucho) e incorpore el arroz meneando hasta que todos los granos estén uniformemente cubiertos de grasa. Agregue la cebolla y el ajo. Fría el arroz, moviéndolo de vez en cuando, para que adquiera un color dorado parejo. Ladee la cacerola y escurra el exceso de aceite.

Añada el caldo de los frijoles y sal. Tape la olla y cocine el arroz suavemente hasta que todo el líquido se haya absorbido (aproximadamente 15 minutos). Retire del fuego. Tape el arroz con un pedazo de manta de cielo y apártelo durante 25 minutos para que se siga cociendo y se expanda en su propio vapor.

Armado del platillo

2	tazas de salsa de jitomate yucateca (pág. 270)
1	taza de rábanos muy finamente picados
½	taza de cilantro muy finamente picado
4	limones cortados en cuartos
2	aguacates cortados en rebanadas

Saque la carne de los frijoles y colóquela en un platón caliente. Sirva el arroz en la cacerola en la que lo coció. Sirva los frijoles y su caldo en platitos hondos individuales y pase por separado el resto de los ingredientes, para que cada persona se sirva al gusto.

Nota: Consulte el texto al principio de la receta para preparar este platillo con anticipación. Cuando esté listo, debe servirse sin demora.

Lomitos

Señora Bertha López de Marrufo. Yucatán

Rara vez aparece este platillo en los menús de los restaurantes yucatecos; como muchas otras de las especialidades locales, tiene más probabilidades de encontrarlo en los mercados, temprano por la mañana. La primera vez que probé una versión local de esta receta fue en el mercado de Valladolid, donde se servía en tacos o apilado en un *pim* (un pastelito redondo hecho con masa para tortillas mezclada con manteca y sal, y cocido sobre una plancha o comal; por lo general, un *pim* mide 8 cm de diámetro y "un dedo" de grueso). Esta receta de la señora Marrufo es una versión de lomitos algo refinada, pero igualmente deliciosa.

Los lomitos también se sirven sobre una cama de ibis —frijolitos blancos que crecen en la península de Yucatán— o de arroz blanco.

Rinde 6 porciones

1	cucharada de recado rojo simple (pág. 486)
2	cucharadas de jugo de naranja agria o sustituto (ver pág. 492)
1 kg	de maciza de puerco cortada en cubos de 1.5 cm
2	cucharadas de aceite vegetal o de manteca de puerco
350 g	de jitomates finamente picados
½	pimiento verde finamente picado o 1 chile dulce
⅔	de taza de cebolla blanca finamente picada
2	cucharaditas de sal
1	cabeza chica de ajo sin pelar
1	chile habanero entero o cualquier chile verde picante
2 a 2 ½	tazas de agua

Diluya el recado rojo con el jugo de naranja agria y úntelo a la carne. Aparte y deje que se sazone durante 30 minutos.

Caliente el aceite o manteca en una sartén y fría los jitomates, los pimientos y la cebolla a fuego bastante alto, revolviendo bien y raspando el fondo de vez en cuando, durante unos 10 minutos. Agregue sal y aparte.

Ase la cabeza entera de ajo sobre una plancha o comal volteándola de vez en cuando, hasta que se haya dorado por fuera y los dientes estén bastante suaves por dentro. Ase el chile.

Ponga en el fuego una olla grande y pesada, y ponga la carne con el agua, apenas cubriéndola. Agregue la mezcla de jitomate, el ajo asado y sin pelar, y el chile, y deje que rompa el hervor. Baje la flama para que la carne hierva lentamente, sin tapar, hasta que esté tierna (aproximadamente 1 hora). La salsa debe tener una consistencia media; si se ve muy aguada, suba la flama y redúzcala rápidamente. Sirva el platillo caliente.

Nota: Los lomitos pueden prepararse con varias horas de anticipación. De hecho, su sabor aumenta con el reposo.

Calzones del diablo

Señorita Elvia Carrillo. Coatepec, Michoacán

Una vecina mía de Coatepec, la señorita Elvia Carrillo, heredó esta receta de su madre, quien, a su vez, la aprendió de una ancianita que vivía en su mismo pueblo. Sin embargo, a su mamá el nombre del platillo le parecía un poco indecente y por eso lo rebautizó como "mole blanco".

Elvia me dio instrucciones muy estrictas para preparar este platillo: la carne debe cocerse en una olla de barro o en una cacerola de peltre, y por ningún motivo debe usarse una olla exprés. Deben utilizarse chiles serranos en escabeche —no jalapeños— y, al servirse, el platillo debe tener bastante grasa en la superficie.

Rinde de 4 a 6 porciones

1 kg	de costillitas de puerco cortadas en cubos de 5 cm
	Sal al gusto
60 g	de ajonjolí (como ⅔ de taza)
3	cucharadas de manteca de puerco o de aceite vegetal
1	chile ancho desvenado y sin semillas
1	cebollita grande con un poco de la parte verde o 1 cebolla blanca pequeña cortada en rebanadas gruesas
1	diente de ajo
4	chiles serranos en escabeche
4	jitomates
2	rebanadas de pan francés blanco como de 2.5 cm de ancho
1	clavo entero
2	pimientas negras
1	pimienta gorda
1	hoja de laurel
2	ramas de mejorana fresca o ¼ de cucharadita de mejorana seca
2	ramas de tomillo fresco o ⅛ de cucharadita de tomillo seco

En una olla grande cubra la carne con agua, agregue sal y cuézala tapada a fuego medio hasta que esté tierna pero no demasiado suave (aproximadamente 40 minutos). Cuélela y reserve el caldo. Enfríelo y desengráselo, pero guarde la grasa.

En una sartén sin engrasar, tueste el ajonjolí hasta que adquiera un color dorado profundo, con cuidado de no quemarlo. Enfríelo y muélalo en un molino eléctrico para café o para especias, hasta obtener un polvo con cierta textura.

Derrita en la sartén 2 cucharadas de manteca o aceite, aplane el chile ancho y fríalo unos segundos hasta que el interior adquiera un color café claro. Escúrralo, despedácelo y póngalo en el vaso de la licuadora. En la misma grasa, fría la cebollita, el ajo, los chiles y los jitomates enteros durante 1 minuto o hasta que la cebollita se acitrone. Transfiéralos al vaso de la licuadora. Agregue la manteca o aceite restante a la sartén y fría el pan hasta que esté crujiente por fuera; desmorónelo dentro del vaso de la licuadora. Agregue 1 taza del caldo que reservó y licúe todo hasta que esté bastante liso.

Ponga en una olla 2 cucharadas de la grasa que le quitó al caldo, añada los ingredientes que licuó junto con el ajonjolí molido y fríalos a fuego medio, revolviendo y raspando el fondo de la olla para que no se pegue, durante unos 5 minutos. Agregue la carne y el resto de los ingredientes (enteros) junto con el caldo restante, cocine todo a fuego lento 10 minutos más y ajuste la sazón. La salsa, de consistencia mediana, debe cubrir el revés de una cuchara de palo con una capa delgada.

Puerco en mole chatino

Señorita Francisca Pérez. Oaxaca

Éste es un mole muy poco común, y muy picante, de la región de Sola de Vega, en la Sierra Sur de Oaxaca. La receta me la dio una joven y talentosa cocinera de esa zona. Es poco común porque para hacerla no se emplean los chiles de la región sino chiles guajillo y de árbol, que son más comunes y baratos, y tiene una base muy sustanciosa de nueces y semillas.

Como podrá ver, casi todos los ingredientes van asados. Es mejor asar los chiles en un comal o una plancha a fuego medio para voltearlos en el momento indicado y así evitar que se quemen: deben estar bien asados para que se pongan crujientes cuando se enfríen. Las nueces y las semillas pueden tostarse en un horno, o mejor aún —aunque no muy tradicional— en un hornito eléctrico, para que se tuesten lenta y uniformemente sin quemarse.

La mayoría de los moles que se hacen con chiles secos saben mejor si los ingredientes se asan o se fríen y luego se muelen en seco; tradicionalmente esto se hacía en el metate, y todavía se sigue haciendo así en algunas áreas rurales. Sin embargo, bien vale la pena moler los ingredientes en un molino eléctrico para café o para especias, o en una licuadora con potencia, de poquito en poquito, o deshacer los ingredientes primero en un procesador de alimentos, aunque este aparato no sirve para todo el proceso.

Los ingredientes molidos requieren una cantidad bastante generosa de manteca para que, al freírse, no se peguen ni se quemen; sin embargo, después la grasa flotará en la superficie y podrá eliminarse.

A mí me gusta usar carne de puerco con hueso y un poco de grasa, pero es cuestión de gustos. También puede usar pollo o una mezcla de ambas carnes.

Si el mole le parece muy picante, incremente la cantidad de jitomates.

Rinde aproximadamente 10 porciones

La carne

1 ½ kg de costillitas de puerco cortadas en piezas de 5 cm
1 jitomate grande toscamente rebanado
½ cebolla blanca mediana toscamente rebanada
6 dientes de ajo sin pelar
Sal al gusto

La salsa

25 chiles guajillo desvenados y sin semillas, asados
28 chiles de árbol asados enteros
1 taza de pepitas peladas y asadas
1 taza de cacahuates crudos y pelados, asados
½ taza de ajonjolí tostado
40 almendras sin pelar y tostadas
⅔ de taza de nueces tostadas
2 cucharadas de orégano oaxaqueño o 2 cucharaditas de orégano normal
3 ramas de tomillo fresco o ½ cucharadita de tomillo seco
4 pimientas negras martajadas
2 clavos martajados
½ cucharadita de comino martajado
1 cebolla blanca chica cortada en seis y asada
8 dientes de ajo sin pelar y asados
½ taza de manteca derretida o de aceite vegetal
¼ kg de jitomate asado (ver pág. 490)

Ponga la carne en una olla grande, añada el jitomate, la cebolla, el ajo y sal. Cúbrala bien con agua y póngala a cocer a fuego medio hasta que empiece a hervir suavemente, tápela y espere a que esté apenas tierna. Retírela del fuego y deje que se enfríe en el caldo. Cuélela y apártela. Necesitará 10 tazas de caldo; si es necesario, complete con agua.

Muela todos los ingredientes de la salsa, excepto la manteca y los jitomates, hasta obtener una pasta de consistencia quebradiza.

Caliente la manteca en una cacerola pesada y agregue los ingredientes molidos. Fríalos a fuego medio, revolviendo constantemente para que no se peguen, durante unos 10 minutos. Licúe los jitomates, incorpore a la cacerola la mezcla que frio y cocínela durante otros 5 minutos. Poco a poco, incorpore el caldo que reservó y cocínelo a fuego medio hasta que los ingredientes estén bien incorporados y el mole se empiece a espesar; ¡en este punto empezará a chisporrotear de manera alarmante! Pruébelo de sal, luego agregue la carne y vuelva a cocinarla aproximadamente 10 minutos. El mole estará bastante espeso.

Nota: Este mole puede prepararse un día antes utilizando el caldo de puerco o de pollo que pueda tener a mano, pero resulta mejor cocer la carne el día que vaya a servirlo.

Carne de res

Carne con chile verde

Señora Rosa Margarita J. de Mejía. Chihuahua

Rinde 6 porciones

1 kg	de aguayón con un poco de grasa, cortado en cubos de 1.5 cm
	Sal al gusto
3	dientes de ajo finamente picados
2	tazas de agua
	Aceite vegetal
1 ¼	tazas de cebolla blanca finamente picada
1 ½	cucharadas de harina
12	chiles anaheim o poblanos, asados, pelados, sin semillas y cortados en cuadritos
¼ kg	de jitomates asados y machacados

En una cacerola grande y pesada ponga la carne en no más de dos capas. Agregue la sal, el ajo y ½ taza del agua. Tape la olla y cueza la carne a fuego muy lento hasta que esté casi tierna, el líquido se haya evaporado y empiece a soltar la grasa (aproximadamente 45 minutos, según el corte y la calidad de la carne). Es probable que tenga que añadir un poquito más de agua para que la carne no se pegue, pero si cuando la carne esté por alcanzar el punto correcto de suavidad tiene demasiado líquido, destape la olla, suba la lumbre a fuego alto y reduzca el líquido rápidamente. Agite la olla y dele vuelta a la carne de vez en cuando.

Agregue suficiente aceite a la cacerola para completar aproximadamente 3 cucharadas de grasa. Baje la lumbre a fuego medio, agregue la cebolla y dore la carne ligeramente. Espolvoree la harina en la cacerola y deje que se dore, sin dejar de revolver. Añada los chiles, los jitomates y las 1 ½ tazas del agua restante. Tape la olla y cocine todo a fuego lento durante otros 20 minutos. Debe quedar un poco de líquido en la olla, sin estar caldoso; es probable que tenga que añadir un poquito más de agua durante el tiempo de cocción.

Ajuste la sazón y sirva la carne caliente con tortillas de harina.

Nota: Este platillo puede prepararse con varias horas de anticipación y luego recalentarse.

Asado placero sinaloense

Señora María Luisa Cárdenas. Restaurante La Negra, Mazatlán, Sinaloa

Este platillo es muy popular en Sinaloa y ocupa un sitio en cualquier colección de recetas típicas mexicanas. Desde luego, no existe un consenso en cuanto a qué vegetales deben usarse; algunas cocineras incluyen zanahorias, chayotes y ejotes.

En Mazatlán se acostumbraba comer mariscos a mediodía y un asado, tacos o antojitos por la noche. Si hace unos años usted hubiera preguntado cuál era el mejor lugar para comer asado, la respuesta inmediata habría sido el restaurante La Negra. Acudí al local y, desde luego, estaba cerrado: lo estaban pintando. Hallé a la señora Cárdenas sentada en su cocina, en la parte trasera del restaurante, y cuando le expliqué que había hecho el viaje especialmente para verla, con gran generosidad me brindó su receta.

Sugiero usar aguayón o bola. O puede hacerla con sobrantes de *roast beef* pero, en ese caso, debe saltarse la primera parte de la receta.

Rinde 6 porciones

La carne y los vegetales

- 1 kg de carne de res (vea el texto superior) cortada en cubos de 1.5 cm
- ½ cebolla blanca mediana toscamente rebanada
- 3 dientes de ajo
- Sal
- ½ kg de papas cortadas en cubos de 1.5 cm
- 2 tazas de cebolla blanca rebanada delgada
- ½ taza de vinagre suave
- ½ taza de betabel cocido y cortado en cubos (opcional)
- ¼ de taza de aceite vegetal
- 1 taza de col finamente rallada y desflemada en agua hirviendo
- 2 tazas de lechuga rallada

Ponga la carne, la cebolla toscamente rebanada, el ajo y aproximadamente 1 cucharada de sal en una olla grande. Cubra la carne con agua, póngala en el fuego, deje que rompa el hervor y cuézala hasta que esté tierna (aproximadamente 45 minutos, aunque el tiempo varía mucho, según el grosor de la carne). Deje que la carne se enfríe en el caldo.

En otra olla cubra las papas con agua, añada sal al gusto, tape la olla y cuézalas hasta que todavía estén *al dente*. Escúrralas, deje que se enfríen un poco y luego pélelas.

Ponga la cebolla rebanada y el betabel en el tazón de cristal. Agregue el vinagre y sal al gusto, y deje que se maceren.

Caliente el aceite y fría la carne y las papas juntas hasta que estén ligeramente doradas. Luego ajuste la sazón y sírvalas adornadas con la cebolla, la col y la lechuga. Pase la salsa por separado.

La salsa

- ½ kg de jitomates
- 1 diente de ajo
- 1 chile serrano
- Sal al gusto
- ½ cucharadita de orégano

Prepare la salsa: Cubra los jitomates con agua y deje que hiervan a fuego lento hasta que estén suaves (aproximadamente 15 minutos). Escúrralos y licúelos con el ajo, el chile y la sal hasta que estén lisos. Agregue el orégano y sirva la salsa aparte, pero que esté tibia.

Bisteces rancheros sonorenses

Señora Consuelo M. de Martínez. Hermosillo, Sonora

Este platillo es un típico ejemplo de la sencilla pero robusta cocina sonorense. No predomina ninguno de los sabores, y el toque de cilantro y de los chiles —que casi no pican— resulta perfecto. Aunque por lo general esta receta se cocina en la estufa, a mí me gusta más su sabor cuando se hace en el horno.

Rinde 6 porciones

6	bisteces como de 75 mm de grueso (alrededor de 1 kg)
1	diente grande de ajo aplastado
	Sal y pimienta al gusto
¼	de taza de aceite vegetal
2	tazas de cebolla blanca en rebanadas delgadas
1 kg	de jitomates
8	ramas enteras de cilantro
	Sal al gusto
½ kg	de papas
3	chiles anaheim o poblanos, asados, pelados, desvenados y sin semillas

Sazone los bisteces por ambos lados con ajo, sal y pimienta y apártelos durante más o menos 1 hora.

Caliente el horno a 180 ºC.

Caliente 2 cucharadas del aceite en una sartén. Dore rápidamente los bisteces por ambos lados, añadiendo más aceite si es necesario. Colóquelos en una sola capa en un refractario, apártelos y manténgalos calientes.

Deje que el aceite se enfríe un poquito, luego agregue la cebolla y acitrónela ligeramente, sin dorar.

Corte la tapa a cada jitomate. Ralle la pulpa en un rallador grueso hasta que sólo le quede la piel aplanada en la mano. No olvide rallar la pulpa de las tapas.

Agregue la pulpa de jitomate, el cilantro y la sal a la cebolla en la sartén y deje que la salsa se cocine rápidamente a fuego bastante alto durante unos 5 minutos. Menéelo de vez en cuando para que no se pegue.

Pele las papas, haga rebanadas como de 75 mm de grosor y colóquelas sobre los bisteces. Vierta la salsa sobre la carne y las papas.

Corte los chiles en rajas delgadas y colóquelas sobre la salsa. Tape el refractario y hornéelo durante 35 minutos y luego sin tapar, por otros 35 minutos más. Para entonces, la salsa se debe haber reducido y las papas apenas deben comenzarse a dorar.

Nota: Este platillo puede prepararse con un par de horas de anticipación; de hecho, mejora su sabor.

Carne de res con col

Señora Patricia Martínez. Tapachula, Chiapas

Cuando estoy en Tapachula, Chiapas, me gusta desayunar en el mercado. Una mañana tuve un desayuno un tanto inusual: tostadas de carne de res con col, adornadas con aros de cebolla macerada en jugo de limón. La señora Patricia me dijo que esa carne también puede usarse para rellenar chiles o como platillo principal, con arroz blanco. Sirve muy bien para tostadas, pero decorada con cebolla y limón.

A mí me gusta preparar esta receta con un poco de anticipación para que los sabores se intensifiquen.

Rinde 4½ tazas, para usarse en tostadas
Como platillo principal alcanza para 4 porciones

3	dientes de ajo toscamente picados
6	pimientas negras
	Sal al gusto
½ kg	de carne molida de aguayón con un poquito de grasa
3	cucharadas de aceite vegetal
¼	de taza de cebolla blanca finamente picada
1	chile verde criollo de Chiapas o jalapeño finamente picado
200 g	de jitomates finamente picados
4	tazas de col finamente rallada
⅔	de taza de agua
½	taza de cilantro toscamente picado, muy apretado

Machaque los ajos, las pimientas y la sal, y mezcle la pasta que resulta con la carne (lo mejor es usar las manos). Apártela para que se sazone durante unos minutos.

Caliente el aceite en una sartén grande y pesada. Agregue la cebolla, el chile y una espolvoreada de sal, y cocine a fuego medio hasta que la cebolla se acitrone (aproximadamente 1 minuto). Agregue los jitomates y siga cocinando hasta que casi todo el jugo se absorba (unos 3 minutos).

Incorpore la carne a la sartén y cocínela a fuego bastante alto, revolviendo de vez en cuando, durante unos 7 minutos. Añada la col, el agua y el cilantro y siga cocinando a fuego medio, revolviendo de vez en cuando hasta que la mezcla esté bien sazonada y húmeda, pero no caldosa (alrededor de 15 minutos). Déjelo de lado durante media hora para aumentar el sabor. Sirva como se sugiere arriba.

Estofado de lengua

Señora Domitila Santiago de Morales (†). Ciudad de Oaxaca, Oaxaca

Rinde de 6 a 8 porciones

2 ¼ kg	de lengua de res
1	cebolla blanca chica toscamente picada
3	dientes de ajo toscamente picados
8	pimientas
	Sal al gusto

La salsa

2	cucharadas de ajonjolí
6	cucharadas de manteca o de aceite vegetal
2	chiles anchos limpios, desvenados y sin semillas
⅓	de taza de almendras sin pelar
1	tortilla chica, seca y despedazada
½	taza del caldo de la lengua o agua
⅛	de cucharadita de orégano
6	ramas de tomillo fresco
	o 1 cucharadita de tomillo seco
6	ramas de mejorana fresca
	o 1 cucharadita de mejorana seca
1	raja de canela de 1.5 cm machacada
1 kg	de jitomates finamente picados
	Sal al gusto
½	taza de aceitunas

Coloque la lengua de res con la cebolla, el ajo, las pimientas y sal en una olla. Cúbrala con agua, póngala en el fuego y cuando rompa el hervor, baje la flama y deje que hierva suavemente hasta que la lengua esté suave (alrededor de 3 horas). Deje que la carne se enfríe en el caldo. En cuanto pueda manejarla con las manos, elimine la piel. Cuele el caldo y vuelva a poner la lengua en el caldo. Manténgala caliente.

Tueste el ajonjolí en una sartén a fuego bajo durante unos 5 minutos, revolviéndolo y agitando la sartén de vez en cuando hasta que el ajonjolí adquiera un color dorado profundo, cuidando que no se queme.

Caliente 3 cucharadas de la manteca o aceite en una sartén chica y fría los chiles a fuego medio, aproximadamente medio minuto de cada lado: el interior debe adquirir un color tabaco. Escúrralos y apártelos.

En la misma manteca, fría las almendras a fuego medio, revolviéndolas y agitando la sartén hasta que adquieran un tono más oscuro. Escúrralas y macháquelas bien para después no forzar demasiado la licuadora.

En la misma manteca, fría los trozos de tortilla durante unos minutos, hasta que estén crujientes. Escúrralos y apártelos.

En el vaso de la licuadora ponga ½ taza del caldo en el que se coció la lengua o la misma cantidad de agua. Agregue las hierbas y la canela, y licúe hasta obtener una mezcla lo más lisa posible. Poco a poco agregue los chiles, los jitomates, el ajonjolí, las almendras y la tortilla, licuando muy bien tras cada adición, y añada más líquido si es necesario.

Caliente las 3 cucharadas restantes de manteca en una cacerola gruesa, añada la salsa y cocínela a fuego medio durante unos 10 minutos, revolviendo y raspando el fondo de la cacerola de vez en cuando para que no se pegue. Incorpore sal al gusto. La salsa debe tener una consistencia media y cubrir ligeramente el revés de una cuchara de palo. Si es necesario, añada más caldo para diluirla.

Cuele la lengua y córtela en rebanadas gruesas. Dispóngala en un platón, en una sola capa, con casi toda la salsa. Adórnela con las aceitunas y sirva de inmediato. Pase el resto de la salsa por separado.

Nota: Esta receta puede prepararse con horas de anticipación, incluso un día antes, y luego recalentarse.

Carne claveteada

Señora Domitila Santiago de Morales (†). Ciudad de Oaxaca, Oaxaca

Esta receta me la dio una de las cocineras más interesantes que conocí en Oaxaca: la señora Domitila Santiago de Morales, a quien ya he mencionado en muchas ocasiones porque fue mi mentora en lo que a cocina oaxaqueña se refiere, allá por 1970.

La carne puede cocinarse en las hornillas de la estufa, pero yo prefiero hornearla. Este platillo queda muy bien si se acompaña con una ensalada verde sencilla, aunque no es lo tradicional.

Rinde 6 porciones

- 1 ½ kg de pecho de res en un solo trozo, con la mitad de su grasa
- 1 ½ cucharadas de almendras fileteadas
- ¼ kg de tocino o jamón cortado en pedacitos
- 3 chiles anchos grandes, desvenados y sin semillas
- 1 ½ cucharadas de vinagre suave
- ¾ de taza de agua
- 3 clavos enteros machacados
- 1 raja de canela de 1.5 cm machacada
- 4 pimientas negras machacadas
- 6 ramas de tomillo fresco o ¼ de cucharadita de tomillo seco
- 6 ramas de mejorana fresca o ¼ de cucharadita de mejorana seca
- ¼ de cucharadita de orégano
- 3 dientes de ajo toscamente picados
- 3 cucharadas de manteca o de aceite vegetal
- Sal al gusto
- 700 g de papas

Caliente el horno a 160 ºC.

Perfore toda la carne con la punta de un cuchillo y méchela con las almendras y el tocino o jamón. Aparte la carne mientras prepara la salsa.

Ase los chiles ligeramente, volteándolos a menudo para que no se quemen. Póngalos en un tazón, cúbralos con agua caliente y déjelos remojar durante unos 10 minutos.

Ponga el vinagre y el agua en el vaso de la licuadora y agregue las especias, las hierbas y el ajo. Licúe todo hasta obtener una consistencia lo más lisa posible. Agregue los chiles y licúelos hasta que todo esté bastante liso.

Caliente la manteca en una cacerola con tapa y cuando esté muy caliente selle bien la carne por todos lados. Retire la carne y apártela. Cuele la grasa y deje sólo 2 cucharadas en la cacerola. Añada la salsa a ésta y deje que se cocine rápido durante unos 5 minutos, sin dejar de revolver. Añada sal al gusto.

Vuelva a poner la carne en la cacerola y báñela con la salsa. Tape bien la cacerola y hornee durante unas 2 horas.

En una olla, ponga las papas sin pelar, cúbralas con agua hirviendo y cuézalas durante 5 minutos. Escúrralas y apártelas para que se enfríen. Cuando pueda manejarlas con las manos, quíteles la piel.

Saque la cacerola del horno, dele vuelta a la carne y báñela bien con la salsa. Raspe la salsa de los lados y del fondo de la cacerola y agregue un poquito de agua si está muy espesa.

Ponga las papas en la salsa, alrededor de la carne, vuelva a tapar la cacerola y deje que la carne se cueza hasta que esté muy suave, pero sin desmoronarse: pruébela después de transcurrida 1 hora.

Corte la carne en rebanadas bastante gruesas y dispóngalas en un platón con las papas alrededor. Vierta la salsa encima.

Nota: De ser necesario, este guisado puede prepararse con un día de anticipación, pero en ese caso tendrá que cocer las papas por separado y luego calentarlas en la salsa.

Aguayón estilo Leonor

Señorita Leonor. Oaxaca

Esta receta me la dio una mujer oaxaqueña que trabajaba con una amiga. Aunque no es un platillo sobresaliente en sí mismo, tiene un sabor delicioso y les encantó a unos amigos a los que usé como conejillos de indias. Yo siempre sirvo esta carne adornada con chile pasilla frito para agregarle un poco de textura.

Rinde 6 porciones

1 a 1 ½ kg de aguayón en un solo trozo
2 cucharaditas de sal, o al gusto
Pimienta negra recién molida
3 cucharadas de aceite vegetal
3 chiles pasilla, que deben limpiarse con trapo, desvenados y sin semillas
2 ½ tazas de agua
350 g de jitomates toscamente picados
¾ de taza de ajonjolí tostado
3 rebanadas de bolillo tostado hasta que esté crujiente y machacado
2 dientes de ajo toscamente picados

Para servir

4 chiles pasilla, que deben limpiarse con trapo, fritos hasta que estén crujientes (opcional, ver pág. 478)
Papitas hervidas

Sazone la carne con sal y pimienta. Caliente el aceite en una cacerola y dore la carne ligeramente por todos lados. Retírela del aceite y apártela.

Ase los chiles en un comal o plancha no muy caliente. Cuando se enfríen deben estar bastante crujientes, pero tenga cuidado de no quemarlos o la salsa tendrá un gusto amargo. Ponga 1 taza de agua en el vaso de la licuadora y agregue los jitomates, los chiles asados, el ajonjolí, el pan y el ajo, y licúe hasta obtener una mezcla lisa. Es probable que necesite un poquito más de agua, pero use sólo la suficiente para liberar las aspas de la licuadora.

Fría la salsa a fuego relativamente alto, revolviendo y raspando el fondo de la cacerola, durante unos 5 minutos. Agregue la carne y 1 ½ tazas de agua. Ajuste la sazón, tape la cacerola y cocine a fuego lento de 3 a 4 horas o hasta que la carne esté suave.

Para servir, corte la carne en rebanadas un poco gruesas, vierta encima la salsa, adorne con los chiles pasilla fritos y acomode las papitas hervidas alrededor.

Nota: Este platillo puede prepararse con varias horas de anticipación, incluso un día antes, y recalentarse.

Carnes varias

Conejo en chile

Señora María Elena Lara. Hidalgo

Ésta es la receta tal como me la dio la señora Lara. Es particularmente apropiada para guisar un conejo de más edad y carne compacta, que tiene un sabor más fuerte. Sin embargo, mi experiencia al comprar conejos a lo largo y ancho del país es que su tiempo de cocción puede variar muchísimo. Si usted tiene un buen proveedor de conejos tiernos o va a usar dos conejos más pequeños, le sugiero que suprima el primer paso en que se hierve la carne y, tras preparar la salsa, fría las piezas de conejo crudo.

Rinde 6 porciones

El conejo

1	conejo (de alrededor de 1 ½ kg) cortado en 6 piezas
2	cucharaditas de sal
½	taza de vinagre suave
2	hojas de laurel
6	ramas de tomillo fresco o 1 cucharadita de tomillo seco
6	ramas de mejorana fresca o 1 cucharadita de mejorana seca

La salsa

15	chiles guajillos, que deben limpiarse con trapo
10	chiles pasilla, que deben limpiarse con trapo
2	tazas de agua
600 g	de jitomates asados (ver pág. 490)
	Sal al gusto

Especias y ajo para sazonar

2	dientes de ajo grandes
¼	de cucharadita de comino
½	cucharadita de orégano
6	ramas de mejorana fresca o 1 cucharadita de mejorana seca
6	ramas de tomillo fresco o 1 cucharadita de tomillo seco
2	hojas de laurel
½	cucharadita de sal, o al gusto
2	cucharadas de agua

Para terminar

3 o 4	cucharadas de manteca o de aceite vegetal
1 ½	tazas de cebolla blanca en rebanadas delgadas
2	tazas de caldo de pollo (ver pág. 496) o agua

Ponga el conejo en una cacerola grande y añada la sal, el vinagre y las hierbas. Cúbralo con agua, póngalo en el fogón y deje que hierva apenas a fuego lento (unos 40 minutos, según lo tierno que esté el conejo). Cuélelo y elimine el agua de la cocción.

Prepare la salsa mientras el conejo se está cociendo. Elimine los tallos, las venas y las semillas de los chiles. Ábralos y áselos por ambos lados aplanándolos sobre una plancha o comal caliente (ver pág. 271), con cuidado de no quemarlos. Al enfriarse, deben estar crujientes.

Ponga las 2 tazas de agua, los jitomates sin pelar y sal en el vaso de la licuadora y desmorone dentro la mitad de los chiles. Licúelos hasta que estén casi lisos. Desmorone la mitad restante de los chiles en la licuadora y licúelos brevemente; la salsa debe tener textura. Puede añadir un poquito más de agua a la licuadora, pero procure que sea sólo la suficiente para liberar las aspas. Aparte la salsa mientras prepara el sazonador de ajo.

Machaque el ajo en el molcajete, luego muélalo junto con el comino, el orégano, la mejorana, el tomillo, el laurel y sal. Diluya con agua y aparte.

Derrita la manteca o caliente el aceite en una cacerola gruesa y fría ligeramente las piezas de conejo junto con la cebolla rebanada. Agregue la mezcla de ajo y especias, y fríalo un minuto más, revolviendo constantemente. Lave el mortero o el molcajete con un poquito más de agua y añádala a la cacerola. Agregue la salsa de chile y fríala, revolviendo y raspando constantemente el fondo de la cacerola (aproximadamente 2 minutos). Añada las 2 tazas de caldo o agua y cueza todo a fuego lento durante unos 20 minutos, revolviendo de vez en cuando. La salsa debe tener una consistencia media. Si se reduce demasiado, añada más caldo o agua.

Sirva este platillo caliente, con tortillas recién hechas.

Nota: Esta receta puede prepararse con varias horas de anticipación.

Mixiotes

Señora María Elena Lara. Hidalgo

Las gigantescas plantas de maguey son primordiales en el paisaje del centro de México. La hoja larga, puntiaguda y carnosa del maguey, o penca, se usa para forrar el hoyo para la barbacoa, lo que da un sabor muy especial a la carne. La penca está cubierta por una membrana recia y transparente que se desprende y se usa para envolver la carne que va a cocerse en el hoyo. Además de ser impermeable, también da un sabor particular a la carne. Estos paquetitos de carne sazonada con chiles se llaman mixiotes. Hoy en día, la venta de hojas de maguey está prohibida debido a la sobreexplotación de esta planta antes de que alcance su madurez.

Ya que resulta poco probable que usted tenga un hoyo para barbacoa forrado con hojas de maguey, así como la piel para el mixiote, use una vaporera convencional y envuelva la carne con papel para cocinar (evite el de aluminio; en mi opinión, no debería usarse para cocinar). La señora Lara cuece los mixiotes en una vaporera que tiene una mezcla de pulque y agua, aunque hay quienes sugieren el uso de agua con cerveza. En mi opinión, esta última opción da a la carne un sabor demasiado fuerte, pero es mejor que no usar nada. Aunque en el centro de México las carnes más populares para hacer los mixiotes son las de carnero y conejo, puede usar cualquiera, incluso pollo que, de hecho, sabe muy bien así guisado. Yo prefiero la carne con hueso, ya que no es tan seca y se cocina mejor, y me parece que las costillas de res son particularmente suaves y jugosas para este platillo.

Rinde 6 porciones

1 ½ kg	de carne, de preferencia con hueso, cortada en cubos de 6 cm (ver nota superior)
4	cucharaditas de sal, o al gusto
8	chiles guajillo, que deben limpiarse con trapo
7	chiles pasilla, que deben limpiarse con trapo
1 ½	tazas de pulque o de cerveza o ½ taza de vinagre suave más 1 taza de agua
¼	de cucharadita de comino
½	cucharadita de orégano
6	ramitas de tomillo o 1 cucharadita de tomillo seco
6	ramitas de mejorana o 1 cucharadita de mejorana seca
5	clavos enteros
2	hojas de laurel
3	dientes de ajo
1	cucharada de vinagre suave
12	cuadros, de alrededor de 18 por 18 cm, de mixiote (ver la nota superior) o de papel para cocinar
	Líquido para la vaporera (partes iguales de pulque o cerveza y agua)

Un día antes, sazone la carne con 2 cucharaditas de la sal y apártela mientras prepara los chiles.

Elimine las venas y las semillas de los chiles. Aplánelos y áselos bien (ver pág. 271) sobre una plancha o comal caliente, de manera que cuando se enfríen puedan desmoronarse con facilidad, pero tenga cuidado de no quemarlos o la salsa tendrá un gusto amargo. Ponga los chiles ya desmoronados en el vaso de la licuadora, agregue el pulque y deje que se remojen unos 15 minutos.

Mientras tanto, machaque el comino, el orégano, el tomillo, la mejorana, los clavos, el laurel y el ajo junto con las 2 cucharaditas restantes de sal. Añada el vinagre y muela en la licuadora todo hasta obtener una pasta; ponga ahí los chiles y licúelo todo brevemente. La salsa debe conservar cierta textura.

Unte la carne generosamente con la salsa y, si tiene tiempo, deje que se marine toda la noche en el refrigerador.

Si usa mixiotes, al día siguiente cúbralos con agua caliente y déjelos en remojo durante unos 5 minutos o hasta que estén relativamente suaves pero flexibles.

Divida la carne y la salsa en 12 porciones. Ponga una porción en el centro de cada cuadrado de mixiote o papel y junte todas las orillas para formar un paquetito. Amárrelos fuertemente y métalos a la vaporera. Coloque una moneda en el fondo de la vaporera (cuando la moneda deje de "bailar", usted sabrá que debe agregar más líquido). Agregue el pulque (si tiene) y agua, y deje que rompa el hervor. Permita que los mixiotes se cuezan hasta que la carne esté suave (aproximadamente 2 ½ horas, según el tipo y el corte de la carne que haya usado). Los mixiotes deben tener bastante jugo.

Sirva los mixiotes calientes, con tortillas recién hechas.

Nota: Esta receta puede prepararse con anticipación.

Birria

Jalisco

La palabra *birria* se refiere a algo deforme o grotesco, y se utiliza coloquialmente en el noroeste de México para designar algo que es un desastre o un fracaso. ¡Ciertamente este platillo se ve como un desastre, pero es un desastre delicioso!

Se trata de un platillo muy rústico; por lo general toda una cabra o un borrego —aunque en algunas partes sólo se usan las menudencias— se sazona con una pasta de chiles secos y especias, y se cuece en un hoyo para barbacoa.

Al recorrer Guadalajara de noche era evidente que los tacos de birria encabezaban la lista de los antojitos de los puestos callejeros y pequeñas cenadurías, además de aparecer en primerísimo lugar en los menús dominicales de los pequeños restaurantes familiares.

Ésta es una versión poco común de la birria, pero yo me he tomado ciertas libertades con la receta para la cual usé una variedad de chiles que son más propios del estado de Zacatecas. La mezcla de distintos tipos de carne, como una cocinera de allá me sugirió, confiere a este platillo una textura y calidad interesantes. Necesitará aproximadamente 3¼ kilos de carne, de preferencia surtida. Se usa el suave chilacate o guajillo.

Rinde de 8 a 10 porciones

2	piernas de cordero
1	pecho de ternera
1	pecho de cordero
1 ½ kg	de lomo de puerco (costillas o cabeza de lomo)
2	cucharadas de sal
6	chiles anchos desvenados y sin semillas
3	chiles chilacates o guajillos desvenados y sin semillas
10	chiles cascabel desvenados y sin semillas
1	taza de agua caliente
½	taza de vinagre suave
18	pimientas martajadas
4	clavos enteros martajados
¼	de cucharadita de orégano
¼	de cucharadita rasa de comino martajado
¼	de taza de cebolla blanca toscamente picada
6	dientes de ajo toscamente picados
1 ½	tazas de agua
2	cucharaditas de sal
1 kg	de jitomates asados (ver pág. 490)
1	taza de cebolla blanca finamente picada
½	cucharadita de orégano

Tendrá entre 2 ¾ y 3 ¼ kilos de carne. Perfore las carnes hasta el hueso en varios sitios y úntelas bien con sal. Mientras tanto, prepare la pasta de chile.

Caliente el comal y ase los chiles ligeramente, volteándolos de vez en cuando para que no se quemen (ver pág. 271). Déjelos en remojo durante 15 minutos en agua caliente y luego escúrralos.

Licúe bien el vinagre, las especias, la cebolla y el ajo en el vaso, agregue las 1 ½ tazas de agua y, poco a poco, vaya agregando los chiles, licuando muy bien después de cada adición. Añada sal. La mezcla debe ser una pasta espesa.

Cubra la carne con una capa espesa de esta pasta y apártela durante 12 horas, si el tiempo se lo permite.

Caliente el horno a 180 ºC.

Ponga agua en una cacerola gruesa y coloque la carne sobre una rejilla colocada justo arriba del agua. Selle la tapa con una pasta de harina y agua, y cueza la carne de 3 ½ a 4 horas; para entonces, la carne casi debe desprenderse del hueso.

Cuele los jugos que están en el fondo de la olla, deje que se enfríen y desengráselos. Debe tener aproximadamente 2 tazas de jugo; si no es así, añada agua hasta completar esa cantidad.

Licúe los jitomates hasta obtener una salsa lisa. En una sartén en el fuego, agregue la salsa de jitomate al jugo de carne que desengrasó y deje que rompa el hervor.

Sirva una porción de las distintas carnes en un plato hondo. Vierta encima ½ taza de la salsa y añada cebolla picada y el orégano.

La birria se come con tortillas calientes.

Fiambre potosino

Restaurante La Lonja. San Luis Potosí

A fines de la década de 1950, cada vez que Paul y yo íbamos en auto hasta Monterrey o Laredo nos deteníamos en San Luis Potosí a comer en La Lonja, uno de los restaurantes regionales verdaderamente famosos de la época. Sin excepción, ordenábamos el fiambre, que tras largas y calurosas horas de manejar en carretera resultaba refrescante y ligero.

Algunos años después, cuando volví a San Luis para saber más sobre la comida potosina, conocí a don Miguel Armijo, dueño y administrador del restaurante. Era un hombre de edad, muy distinguido y encantador que, junto con Arturo, su *maitre d'*, me enseñó, fascinado, los platillos regionales. Una comida que resultó inolvidable —y sé bien que esto puede resultar irrelevante aquí, pero la comida fue tan maravillosa que no puedo evitar describirla— fue organizada con el propósito de mostrarme todas las delicias que puede producir el desierto. Inició con lo que yo llamé *hors d'œuvre* del desierto, pues el platillo tenía botones de flor de yuca con huevo; el delicado corazón de la palmera regional con una vinagreta excelente; unos botones de flor del maguey que se llaman chochas, en escabeche, y los brotes circulares de una biznaga grande en forma de cojín que se llaman cabuches. Después, había una tira de filete al carbón al estilo de la Huasteca, servida con un platito de garambullos, una fruta redonda, parecida a una uva, que proviene de un cacto conocido como órgano; la frutita es pequeña, pero dulce y jugosa, y tiene semillas crujientes en el interior. Y de postre, un queso de tuna especial, elaborado por un anciano que vivía en un pueblo vecino y que lo preparaba mejor que nadie con una receta secreta. El queso de tuna es una pasta espesa de color café que se hace con tunas rojas cocidas con piloncillo, la cual luego se seca al sol.

Para preparar el fiambre las carnes deben cocerse por separado. Se sirve a temperatura ambiente.

Rinde 6 porciones

Las patitas de puerco

3 patitas de puerco cortadas por la mitad
1 hoja de laurel
10 pimientas negras
½ cebolla blanca mediana toscamente picada
2 dientes de ajo
6 ramitas de tomillo fresco
o 1 cucharadita de tomillo seco
6 ramitas de mejorana
o 1 cucharadita de mejorana seca
Sal al gusto

La lengua de res

1 lengua de res fresca (de 650 a 800 g)
Sal al gusto
6 pimientas
1 diente de ajo
¼ de cebolla blanca
1 hoja de laurel
3 ramitas de tomillo fresco
o ⅛ de cucharadita de tomillo seco
3 ramitas de mejorana
o ⅛ de cucharadita de mejorana seca
Sal al gusto

Las pechugas de pollo

3 pechugas enteras de pollo con hueso y piel
¼ de cebolla blanca chica
1 diente de ajo

Las verduras

4 zanahorias grandes
5 papas
Sal al gusto

La vinagreta

½ taza de aceite de oliva
¼ de taza de aceite vegetal
1 taza de vinagre de buen vino
2 cucharaditas de mostaza inglesa

	Sal y pimienta recién molida, al gusto
2	cucharaditas del vinagre de los chiles jalapeños en lata
1	diente de ajo machacado
1	cucharada de perejil muy finamente picado
3	yemas de huevo duro finamente picadas

Ponga las patitas de puerco en una olla junto con el resto de los ingredientes, con suficiente agua fría como para cubrirlas. Ponga en el fuego y, cuando rompa el hervor, baje la flama y deje que hiervan a fuego lento hasta que estén suaves (de 2 a 2 ½ horas). Luego deje que se enfríen en el caldo.

Mientras tanto, elimine el exceso de grasa de la lengua. Póngala en una olla junto con los otros ingredientes, cúbrala con agua fría, ponga en el fuego y, cuando rompa el hervor, baje la flama para que hierva a fuego lento hasta que la lengua esté suave (alrededor de 1 hora y 20 minutos). Deje que la lengua se enfríe un poquito en el caldo. Cuando pueda manejarla con las manos, pélela y vuélvala a meter al caldo hasta que se enfríe por completo. Córtela en rebanadas gruesas.

Ponga las pechugas de pollo en otra olla con el resto de los ingredientes, cúbralas con agua y deje que hiervan lentamente durante unos 20 minutos. Deje que se enfríen en el caldo, luego quíteles el hueso y córtelas en rebanadas delgadas.

Pele las zanahorias y córtelas en rodajas de 1 cm. Pele las papas y córtelas en cuartos. Cubra ambas con agua caliente, añada la sal y cuézalas durante unos 10 minutos. No deben estar suaves sino retener su consistencia *al dente*. Escúrralas y apártelas.

Mezcle los ingredientes de la vinagreta.

Ponga las carnes y los vegetales en un tazón grande y vierta encima la vinagreta.

Mezcle bien y deje que el fiambre se marine durante al menos 2 horas, revolviéndolo bien ocasionalmente.

Disponga todas las carnes y los vegetales en un platón y vierta encima la vinagreta.

Albóndigas en chipotle quemado

Señora María Elena Lara. Ciudad de México

Me parece que ésta es una innovación genial y deliciosa: una variante de las albóndigas con chipotle.

Rinde 6 porciones

Las albóndigas

6	ramitas de tomillo fresco o 1 cucharadita de tomillo seco
6	ramitas de mejorana o 1 cucharadita de mejorana seca
1	hoja de laurel
¼	de cucharadita de comino machacado
8	pimientas negras machacadas
2	cucharaditas de sal
⅓	de taza de leche entera
1	huevo grande
2	dientes de ajo
1	rebanada de pan duro
350 g	de carne molida de res
350 g	de carne molida de puerco con un poco de grasa
⅓	de taza de arroz blanco parcialmente cocido
1	huevo grande cocido finamente picado

La salsa

6	chiles chipotle secos, no de lata
2	cucharadas de manteca de puerco o de aceite vegetal
700 g	de jitomates maduros, asados (ver pág. 490)
½	taza de cebolla blanca en rebanadas delgadas
2	dientes de ajo
¼	de cucharadita de comino
1	cucharadita de sal, o al gusto
2 ½	tazas de caldo de carne o de agua

Licúe las hierbas, las especias, la sal, la leche, el huevo crudo y el ajo hasta obtener una mezcla lisa. Remoje ahí el pan hasta que esté totalmente empapado. Luego añada todo a las carnes molidas, junto con el arroz y el huevo cocido, y amáselo con las manos. Esta cantidad rendirá para aproximadamente 24 albóndigas de unos 3 cm de diámetro. Forme las albóndigas y apártelas mientras prepara la salsa.

Caliente un comal o una plancha y caliente los chiles, volteándolos de vez en cuando hasta que estén suaves y flexibles. Ábralos a lo largo.

En una cacerola gruesa caliente la manteca o aceite y fría los chiles, aplanándolos con una espátula, hasta que adquieran un color café muy oscuro, casi negro. Retírelos de la olla, deje la manteca y ponga los chiles en el vaso de la licuadora junto con los jitomates asados, sin pelar. Licúelos hasta que estén lisos.

Recaliente la manteca de la cacerola y deje que la cebolla se acitrone ligeramente, sin dorar. Machaque el ajo, el comino y la sal en un molcajete o en un mortero. Añada 2 cucharadas de agua —para limpiar el molcajete— y añada la mezcla a la cebolla que está en la cacerola. Fría, revolviendo y raspando el fondo de la cacerola, a fuego alto, hasta que la mezcla esté casi seca. Luego agregue los ingredientes que licuó y fríalos a fuego bastante alto, revolviendo y raspando constantemente el fondo de la cacerola hasta que la salsa se reduzca y se espese.

Añada el caldo y las albóndigas —la salsa debe cubrirlas apenas—, tape la cacerola y cocine a fuego medio, volteando las albóndigas de vez en cuando, hasta que estén bien cocidas y esponjosas (de 30 a 45 minutos).

Nota: Esta receta puede prepararse hasta con un día de anticipación.

Albóndigas de Jalisco

Jalisco

Cada región tiene su propia receta de albóndigas, pero creo que este platillo verdaderamente hace valer sus méritos en el noroeste de México: en Sonora, Sinaloa y, más al sur, en Jalisco. La señora Rubio, de Guadalajara, que tiene reputación de ser una magnífica cocinera, me dio sus recetas familiares y aquí están las dos siguientes. Creo que son las mejores albóndigas que he comido. Son muy suaves por la carne finamente molida y la forma de cocinarlas larga y lentamente; también tienen la textura que les dan las calabacitas y el fresco sabor de la hierbabuena.

Siempre que voy a hacer albóndigas le dejo un poquito de grasa a la carne porque les agrega sabor y les da una textura más esponjosa. Mi buena amiga y gran cocinera María Luisa Martínez muele un poco de chicharrón y lo añade a la mezcla de carne por los mismos motivos.

Rinde 6 porciones

Las albóndigas

1 ½	cucharadas de arroz blanco
350 g	de carne molida de puerco
350 g	de carne molida de res
200 g	de calabacitas
2	huevos grandes
¼	de cucharadita rasa de orégano
3	ramas de hierbabuena (picar las hojas)
8	pimientas negras martajadas
¾	de cucharadita de sal
¼	de cucharadita rasa de comino martajado
⅓	de taza de cebolla blanca finamente picada

La salsa

350 g	de jitomates
2	cucharadas de aceite vegetal
1	taza de cebolla blanca en rebanadas delgadas
4	tazas de caldo ligero de carne o de pollo

Cubra bien el arroz con agua hirviendo y déjelo remojar unos 45 minutos.

Muela la carne usando el disco más fino del molino para carne. Monde las calabacitas y píquelas muy finamente. Agréguelas a la carne.

Licúe los huevos con el resto de los ingredientes para las albóndigas, hasta que estén lisos y bien mezclados con la carne.

Cuele el arroz y añádalo a la mezcla. Forme 24 albóndigas, cada una como de 4 cm de diámetro.

Vierta agua caliente sobre los jitomates hasta cubrirlos y deje que se cuezan durante unos 5 minutos. Escúrralos y licúelos hasta que estén casi lisos.

Caliente el aceite en una cacerola grande para que la cebolla se acitrone ligeramente. Agregue los jitomates, y cuando rompa el hervor, deje que se cuezan rápidamente durante unos 3 minutos. Añada el caldo a la salsa de tomate y deje que hierva a fuego lento. Agregue las albóndigas, tape la cacerola, y deje que hiervan 45 minutos. Sirva en platos hondos con bastante salsa.

Nota: Puede cocinar estas albóndigas con anticipación, un día antes.

Albóndigas en salsa de jitomate y chipotle

Jalisco

Rinde 6 porciones

Las albóndigas

350 g	de carne molida de puerco
350 g	de carne molida de res
200 g	de calabacitas
2	huevos grandes
¼	de cucharadita rasa de orégano
8	pimientas negras martajadas
¼	de cucharadita rasa de comino martajado
⅓	de taza de cebolla finamente picada
	Sal al gusto

La salsa

1 kg	de jitomates
3 o 4	chiles chipotles en adobo, o al gusto
3	cucharadas de aceite vegetal
¾	de taza de caldo ligero de carne o de pollo
	Sal al gusto

Muela la carne usando el disco más fino del molino para carne.

Monde las calabacitas y píquelas muy finamente. Agréguelas a la carne.

Licúe los huevos junto con el resto de los ingredientes para las albóndigas y mézclelos bien con la carne. Forme 24 albóndigas de aproximadamente 4 cm de diámetro cada una.

Cubra los jitomates con agua hirviendo y deje que se cuezan durante unos 5 minutos. Escúrralos y licúelos con los chiles hasta obtener una salsa bastante lisa.

Caliente el aceite en una cacerola grande, añada la salsa, ponga en el fuego y cuando rompa el hervor, cocínela a fuego alto durante unos 5 minutos. Agregue el caldo y deje que hierva lentamente. Añada las albóndigas y, una vez más, permita que hiervan lentamente.

Tape la olla y siga cocinando las albóndigas a fuego lento hasta que estén listas (aproximadamente 50 minutos). Ajuste la sazón justo antes del final del tiempo de cocción.

Nota: Puede preparar este platillo con anticipación o, incluso, el día anterior.

Fin de semana y barbacoa en Oaxaca

Nunca he podido resistir una invitación a una barbacoa y mucho menos a ésta, la que se llevaría a cabo un día a fines de septiembre para celebrar la maduración del maíz, en un remoto pueblito del estado de Oaxaca. De sólo pensarlo se me hizo agua la boca.

Mis anfitriones, Teófilo y su esposa Blanca, eran los veladores de unos departamentos muy elegantes en la Ciudad de México, donde, año tras año, solía quedarme con unos amigos. Teófilo siempre era muy pulcro; robusto, tenía una mata de cabello negro entrecano y grandes ojos como de búho detrás del grueso armazón de sus lentes. No hablaba mucho pero era muy agradable y siempre respondía con una sonrisa a cualquier cosa que uno le dijera. Se veía extremadamente bien alimentado.

Su esposa, doña Blanca, tenía reputación de ser buena cocinera. Cuando me enteré, no pude dejar pasar la oportunidad y me apresuré a conocerla formalmente. Era una mujer monumental —una "mujer doble", como se dice en México— con rasgos muy indígenas, largo y suave cabello ondulado, grandes ojos brillantes de color café, siempre sonriente y dueña de una voz acariciante.

Desde el principio nos hicimos amigas. Con orgullo, yo le llevaba los panes que personalmente había horneado en una panadería cercana. Ante el asombro de mis amigos, ella enviaba a cambio un tazón de un guisado humeante o un fragante mole de la comida de su familia. A menudo cocinábamos juntas. Platicábamos durante horas sobre su familia y la de Teófilo, y sobre la infancia de ambos en Tezoatlán.

Al principio las invitaciones a visitar su pueblo habían sido sólo tentativas, pero aquel verano la visita y la barbacoa por fin se iban a llevar a cabo... y yo me ofrecí a pagar la cabra.

Como el trayecto en automóvil era muy largo, planeamos un fin de semana que duraría tres días. Durante toda la mañana del viernes Teófilo empacó cosas en su camioneta, un auto reciclado que, cinco años atrás, literalmente había sacado del deshuesadero y que —con hojalatería, refacciones y algunas adiciones menores— había servido perfectamente bien desde entonces. Lo habían pulido hasta sacarle brillo y estaba atestado con blancos y muebles para la casita nueva que todavía estaban construyendo en Tezoatlán, así como cubetas y tazones de plástico de colores chillantes para llevarles a sus parientes.

Los tres nos sentamos en el asiento delantero mientras Francisca, la hija adoptiva que ayudaba a doña Blanca con los quehaceres del hogar y en la cocina, se sentó apretujada en la parte posterior. Y así, al mediodía emprendimos puntualmente el viaje, dejando atrás la Ciudad de México rumbo a la carretera a Cuernavaca. Después de una media hora ya íbamos a medio camino en el largo descenso hacia el valle de Morelos: un trayecto pausado que permite admirar la impactante belleza del paisaje de fértiles planicies y montañas distantes. En ese punto viramos hacia Cuautla.

Pasamos por las dramáticas formaciones rocosas de Tepoztlán y por los desarrollos turísticos de Cocoyoc y Oaxtepec. Durante muchos kilómetros recorrimos la planicie agrícola, donde se cosechaban vastas extensiones de tomate que se cargaba en los camiones estacionados a un lado de la carretera.

Teófilo siempre era muy puntual con sus comidas, y a las 2:30 PM en punto nos detuvimos en un paraje muy agradable y sombreado que estaba junto a un veloz arroyo. Bordeando el río había un campo de amaranto en flor. Yo había escuchado que la semilla del amaranto se usaba desde épocas precolombinas para hacer distintos tipos de preparaciones. Aquella vista era maravillosa.

Teófilo desempacó una gran canasta cubierta con un trapo impecable. Todo lo que había dentro estaba cuidadosamente envuelto en servilletas blancas: tortas hechas con el pan blanco que se llama telera; abierto por la mitad, estaba relleno —hasta el punto de desbordarse— con frijoles refritos, chiles, jamón, queso, lechuga y jitomate. Luego siguió un melón muy dulce y jugoso, cuyo exquisito sabor destacó aún más por el calor del sol. Fue un almuerzo sencillo y delicioso.

Pronto volvimos a emprender el rumbo y pasamos cerca de Izúcar de Matamoros, en el estado de Puebla. Luego, por unos campos de azúcar de caña, y muy pronto empezamos a serpentear a través de unas colinas rocosas de piedra caliza, salpicadas de plantas de mezquite, pequeñas palmas y enormes órganos.

No había señal de vida hasta que el auto se acercó a un río donde encontramos un asentamiento de casas primitivas con techo de palma, rodeadas por unos maizales diseminados y, de vez en cuando, unos parches de brillante alfalfa. Ahí vi por primera vez esos curiosos graneros en forma de cono puntiagudo que se llaman cuescomates y de los que sólo había oído hablar: estaban elevados sobre unos pilotes para proteger al maíz seco de los predadores.

Nos detuvimos brevemente en Huajuapan —a mitad de viaje entre la Ciudad de México y Oaxaca—, y luego viramos rumbo al Oeste, hacia un camino de terracería. Ya había atardecido. Después de la contaminación y el ruido de la ciudad, el aire era fresco y fragante y había un silencio maravilloso.

La tarde-noche estaba tan clara que parecía que podía tocar las estrellas y lo único que veía alrededor eran las siluetas borrosas de las escarpadas montañas y los brillantes parches de luz de los pueblos distantes, que cambiaban de posición constantemente a medida que el camino viraba y serpenteaba. Avanzamos en completo silencio.

Cuando por fin llegamos a Tezoatlán ya había oscurecido. Primero fuimos a casa de Petra, la hermana de Blanca. Ella y Pedro, su marido, tenían nueve hijos y todos estaban allí. Acompañados por sus esposas, dos de los hijos mayores que vivían y estudiaban en la ciudad habían viajado especialmente para la ocasión.

La familia vivía en una gran casa rústica muy vieja que estaba dispuesta alrededor de un patio rectangular salpicado de arbustos y flores. La parte que daba a la calle principal alguna vez había sido una tienda, pero en aquel tiempo no tenía techo y estaba abandonada. Ahí, en una humeante fogata, había una gran olla de agua, donde estaban cocinando maíz, con un toque de cal para suavizarlo. Se usaría para hacer la masa del tamal para la barbacoa del día siguiente. Cerca había otra olla con maíz puesto a remojar hasta el día siguiente, para hacer una sopa que se llama *lligue*. Y así empezó mi lección. Mis numerosas y entusiastas maestras estaban sorprendidas de que un extranjero se interesara tanto en la vida y en los alimentos que ellos consideraban de lo más común.

Nos llamaron a cenar. Petra, Francisca y otra muchacha a quien la familia había adoptado desde muy niña prepararon y sirvieron la comida exactamente como, sin duda, pudo haberse hecho siglos atrás. La "estufa" era típica de las haciendas coloniales: un fogón, una construcción con un amplio espacio, hecha con ladrillos de adobe y un terminado como de cemento color terracota. Incrustados en el mostrador, en línea recta, había pequeños pocitos de barro para contener el carbón humeante, y de cada lado había varios niveles, uno de ellos a la altura perfecta para moler en metate. También había otros niveles para acomodar las cazuelas, los trastes y las ollas de barro vidriado, así como para almacenar las canastas de frutas y vegetales. Una gran olla de frijoles negros hervía al lado de otra de leche, con su gruesa nata amarilla de crema, y otra más donde hervía el café, con canela y piloncillo.

Petra estaba en el metate, moliendo y amasando las cuajadas de queso. Cuando pensaba que las cuajadas estaban lo suficientemente lisas, usaba ambas manos para empacarlas firmemente dentro de un aro de madera de unos 15 centímetros de diámetro y 2.5 de profundidad. Luego levantaba el aro con ambas manos y empezaba a presionar el queso entre las palmas, primero de un lado y luego del otro, como si hiciera una tortilla. Cuando el queso estaba listo, Petra le daba unos golpecitos al aro sobre la mesa y el queso salía: un queso fresco, compacto y cremoso (al que a veces se le llama queso de metate), listo para comerse en la cena.

La mayoría de los invitados eligieron la cecina que el carnicero, un vecino que vivía a unas puertas de distancia, había salado y secado apenas dos días antes. Sencillamente la echaron sobre el carbón ardiente y se asó durante un minuto por cada lado. Para complementar la carne, en el molcajete había una salsa picosa de fragantes chiles frescos. Desde luego, también había tortillas, pan dulce de la panadería y chocolate caliente.

Petra había preparado el chocolate con granos de cacao tostado, almendras sin pelar, canela y azúcar, machacándolos y moliéndolos en el metate, bajo el cual había un poco de carbón ardiente para darle al chocolate la consistencia exacta. Una vez molido, el chocolate se aplanó en unos moldecitos redondos y se dejó secar al sol. Almacenado en una gigantesca vitrolera, el chocolate ahora estaba listo para hervirse con agua y batirse con un batidor de madera fabricado a mano y cuyos cuatro anillos móviles, hechos del mismo bloque de madera, darían al chocolate una corona de apetitosa espuma.

Teófilo y Blanca no habían regresado a su casa en varios meses, así que tenían que ponerse al corriente de muchísimos chismes y eso nos retuvo hasta bastante tarde. Pero todavía nos faltaba detenernos a cenar en la casa de la hermana de Teófilo, donde guardaríamos el coche.

Celosos de que hubiéramos cenado en otro sitio, los anfitriones insistieron en que por lo menos nos tomáramos una copita antes de dormir. Aunque yo estaba exhausta y, además, tenía un dolor de cabeza espantoso, me sorprendió la calidad del brandy hecho en casa: una infusión de flor de jamaica (*Hibiscus sabdariffa*) en alcohol.

Por fin pudimos proseguir para desempacar las cosas del coche y acarrearlas por la calle, una empinada formación de gigantescas rocas que conducían a la casa de Teófilo y Blanca. El pueblo entero parecía dormir y sólo el incesante ladrido de los perros rompió el silencio. Tuvimos que gritar un buen rato para despertar a la viejecita que cuidaba la casa, pero por fin salió a abrir la puerta para dejarnos entrar.

Teófilo y Blanca me mostraron con orgullo su hogar, que todavía se encontraba en obra negra: una construcción de concreto con techo de lámina de asbesto. La casa estaba inmaculada. Me pareció que había transcurrido una eternidad antes de que, por fin, acomodáramos todo lo que habíamos traído, que el cilindro del gas quedara conectado y la llave del agua, abierta. Sacaron sábanas limpias para tender las camas y luego, en mi cuarto, Blanca colocó discretamente una bacinilla sobre un banquito de madera y al pie de éste, un tapete blanco cuidadosamente doblado, para que no se me enfriaran los pies en el piso de cemento.

Fue una noche muy corta. A las cinco de la mañana me despertaron "Las mañanitas", que retumbaban a todo volumen en mis oídos. Afuera se escuchaba el suave sonido de pasos y susurros de los devotos habitantes del pueblo que subían por la colina hacia la capilla, que estaba a menos de cien metros de distancia, mientras cuatro altavoces colocados en la torre de la iglesia emitían canciones sentimentales y valses de Strauss a todo volumen. Éste era sólo uno de los treinta días que durarían las celebraciones en honor a la Virgen del Rosario.

Para entonces ya se me había quitado el sueño. Evidentemente, no quedaba más remedio que levantarse. Nos vestimos y caminamos a casa de Petra, donde ya estaban llegando las cubetas de leche espumosa. Una parte se usaría para el desayuno y de inmediato se puso el resto a cuajar para hacer queso (no usaron pastillas de cuajo, sino un coagulante natural que consiste en una infusión a base de un trozo de estómago de vaca seco). Casi de inmediato me apresuraron para ir al molino donde se muele el maíz para las tortillas y los tamales, con las dos tandas de maíz para la barbacoa. El joven que operaba el molino recibió instrucciones mucho muy precisas. El maíz que se había cocido la noche anterior tenía que molerse, pero no demasiado fino, para la masa de los tamales, mientras que el maíz remojado debía triturarse apenas para preparar el *lligue*. El joven continuamente detenía la máquina y nos enseñaba un pedacito de masa para que lo sintiéramos y le dijéramos cuando alcanzara el punto perfecto.

Después, a desayunar. Petra nos ofreció la misma comida de la noche anterior, huevos que habían recogido por la mañana, y bolillos. Pero el tiempo apremiaba y aún faltaba mucho por hacer.

El traqueteo y los gritos en la calle anunciaron la llegada del camión que iba a transportarnos a nosotros y a la comida hacia el sitio donde se iba a llevar a cabo la barbacoa. Empezaron a cargar el camión: un costal entero de elotes, gigantescas ollas de barro, cajas de cerveza y de refrescos, enormes cantidades de leña, chiles, sal, especias y manojos de hierbas frescas. La lista parecía interminable. Por fin, cuando todo quedó empacado, avanzamos por las calles pero nos deteníamos a cada instante para recoger aún a otro pariente más. Todos me miraban con curiosidad, pero eran demasiado educados como para preguntar quién era yo o qué hacía ahí.

Transcurridos unos quince minutos, el camino de terracería se terminó abruptamente en un puente a medio terminar que pasaba sobre un río angosto, pero de corriente veloz. Ahí empezamos a desempacar y, por relevos, cargamos todo a través de un maizal cuya altura nos cubría por completo, hasta que llegamos a un claro que estaba río arriba. Ahí, junto a un enorme y frondoso árbol habían cavado un hoyo como de un metro cuadrado y un metro de profundidad. A Teófilo, a Pedro y a mí nos dejaron ahí, pues el resto de las personas tenían que volver a sus casas para terminar las labores del día. Sin embargo, casi de inmediato se nos unieron otras tres personas: dos hombres que ayudaban a la familia a trabajar las tierras y *La Señorita*, como todos la llamaban.

La Señorita era una mujer como de cincuenta años. Su cabello cano y fuertemente trenzado colgaba de ambos lados bajo su sombrero: de paja, de hombre y de ala ancha. Su rostro estaba muy arrugado y maltratado por la intemperie; sus ojos azules brillaban, y tenía un cuerpo ligero y musculoso. Era la especialista del pueblo en lo referente a preparar cabras para barbacoa.

Casi no hablamos; no era necesario, porque todos sabían qué hacer. Me limité a seguirlos y los ayudé a recoger piedras no muy grandes del lecho del río para cubrir el fondo del hoyo de la barbacoa. Recogimos leña y cortamos la madera que habíamos traído. Lanzamos todo al hoyo hasta que la pila rebasó los bordes. Alguien encontró los cerillos y encendimos la fogata.

Pedro me contó que el hombre que nos había vendido la cabra había ido a traerla.

De alguna forma yo esperaba que volviera con grandes trozos de carne lista para cocinarse, pero no: a través de la bruma de la hoguera pronto lo vi volver con un largo y delgado machete en una mano y en la otra una hermosa cabra blanco y canela, atada a una cuerda. Cuando el animal nos vio lanzó unos cuantos balidos femeninos, pero cuando olió el aroma de la leña empezó a mover los ojos nerviosamente. "Ahora puede aprender a matar a una cabra", me dijo el marido de Petra entre risas, mientras el hombre afilaba su machete en una piedra.

Regañé a todos por no haber elegido un animal feo y bizco en vez de ese lindo animalito. Después me tapé las orejas, me di la media vuelta y me puse a caminar a lo largo de la ribera del río, tratando de concentrarme en una gran mariposa negra con magníficas manchas rojas que revoloteaba alrededor de un grupo de flores moradas. Cuando por fin me di la vuelta y emprendí el camino de regreso, todos se rieron de mí: me dijeron que me había saltado una parte importante de la lección.

Para entonces, *La Señorita* sostenía la cabeza laxa de la cabra con una mano, mientras que con la otra recolectaba en una cubeta la sangre de brillante color rojo que emanaba a borbotones de la yugular pulsante del animal. Cuando estuvo satisfecha y consideró que tenía suficiente sangre, la mezcló rápidamente con unos granos de sal gruesa para evitar que se coagulara.

En cuestión de minutos, los hombres ya habían despellejado al animal y, con gran pericia, lo estaban destazando. Con una puntería precisa lanzaron los intestinos y el estómago hacia una piedra en el río, a unos cuantos pasos de *La Señorita*, que estaba parada con el agua hasta las rodillas y las enaguas amarradas alrededor de la cintura. Siempre la recordaré parada allí, volteando hábilmente al revés metros y metros de intestinos que flotaban mientras la corriente los golpeaba y los limpiaba contra las rocas. Luego, *La Señorita* tomó el estómago, desechó su contenido de forraje sin digerir y lo lavó tallándolo con limón para quitarle el fuerte olor. Muy pronto todo estuvo limpio, raspado y cortado, y la carne y las entrañas colgaban ordenadamente en una rama, en la parte más sombreada del árbol.

Cuando la leña ya se había convertido en cenizas, se apilaron más troncos y ramas. Cuando el fuego se reanimó, Teófilo decidió que nos habíamos ganado nuestro primer bocado. Lanzó al fuego unos elotes, todavía envueltos en sus hojas verdes. En cuestión de minutos, los sacó con una rama y, en cuanto pudimos tomarlos con las manos, desenrolló las hojas de la punta y sopló con fuerza dentro de cada elote. "Ayuda a que se terminen de cocer", explicó. El elote estaba crujiente y dulce, mucho más delicioso que el maíz sobrecocido que nos dieron más tarde.

Hasta este punto todo me había parecido sorprendentemente bien organizado, pero entonces ocurrió el retraso fortuito que es tan típico de la vida en México. Alguien se había olvidado de traer la manteca, nadie había cortado las ramas de aguacate del árbol de un vecino y el molcajete no aparecía por ningún lado. Mandaron a dos hombres a traer todo eso.

Entre tanto, nosotros platicamos y observamos a *La Señorita* mientras preparaba el relleno para el estómago de la cabra. De nuevo batió vigorosamente la sangre, a la que añadió más sal y agua para alisar los grumos. Los intestinos del animal se cortaron en trozos más pequeños. Picó hierbabuena y mejorana, y molió el comino con el ajo y la cebolla. Incorporó todo esto a la sangre y yo sostuve el estómago mientras ella vertía esta mezcla en el interior. Luego tomó los bordes desiguales del estómago y los amarró fuertemente con una tira de fibra que consiguió en la penca de un agave, asegurándola firmemente alrededor de una varita de madera especialmente cortada para este propósito, que tenía unos 10 cm de largo.

Las hermanas de Téofilo ya habían llegado y ayudaban. Una de ellas batió la masa para el tamal, con manteca y sal, hasta que estuvo ligera y esponjosa. Luego la esparció en una capa de "dos dedos" de ancho en un traste para hornear poco profundo, forrado con capas sobrepuestas de hoja santa. Las hojas desbordaban los bordes de la olla y se doblaron sobre las orillas de la masa. Cubrieron la masa con otra capa de hojas y... listo.

Uno de los invitados trajo pollos; otro, conejos, y de nuevo hubo un pequeño retraso mientras se preparaba la pasta de picosos chiles costeños secos, molidos con vinagre y hierbas. Los cuerpecitos de los animales se untaron con una gruesa capa de esta pasta y se apartaron hasta que el fuego estuvo lo suficientemente caliente.

A estas alturas *La Señorita* ya había comenzado a preparar el *lligue*. Había puesto a remojar el maíz martajado en agua traída del río, y empezó a tallarlo con fuerza entre las palmas de sus manos para aflojar la dura y transparente piel exterior de los granos que flotaban hacia la superficie. Cuidadosamente, se juntaron estas cascaritas para alimentar con ellas al ganado. Lavaron el maíz tres veces más y mucho se discutió si estaba listo o no para ponerse en la olla. Había dos ollas grandes de barro llenas de agua, como hasta dos tercios de su capacidad. Guardaron casi toda el agua del remojo para dársela a los puercos, pero otra parte se usó para el *lligue*. Se utilizaron casi 4 kilos de maíz para alimentar a 45 invitados y todavía sobró un poco para la familia.

La mamá de Blanca empezó a ayudar. Enjuagó unos chiles secos, guajillos y costeños (un chile delgado, de color rojo anaranjado que, como su nombre lo indica, crece en la zona costera, y que es muy apreciado por los oaxaqueños), y los molió en el molcajete durante unos minutos antes de colar la salsa muy picosa en cada una de las dos ollas. Alguien tomó unas cuantas ramas de hojas del aguacate local y las pasó sobre las cenizas calientes, de modo que sisearon y chisporrotearon, emanando un maravilloso aroma a aguacate anisado, antes de hundirlas en la sopa. Por último, un poco de sal de grano, un poco de grasa de la cabra, un vigoroso meneo... y listo.

Una vez más, los leños se habían convertido en cenizas y las piedras estaban lo suficientemente calientes para comenzar a cocinar. Dos de los hombres más fuertes alzaron las ollas, se tambalearon un poco bajo el peso, y casi corrieron hacia el hoyo, donde bajaron su carga con cuidado hacia las piedras candentes. Algunos hombres cortaron ramas de los árboles de cazahuate que estaban del otro lado del río. Suele usarse ese tipo de madera porque se carboniza pero no se quema. Cortaron las ramas en varitas y las colocaron en una red de líneas cruzadas encima de las ollas para formar unas parrillas. Pusieron las gruesas y puntiagudas pencas del agave de mezcal sobre esas parrillas de cazahuate, y encima los perniles, los lomos y los flancos abiertos de la cabra junto con el estómago relleno y el hígado entero. Luego metieron los pollos y los conejos y, por último, los dos trastes planos del tamal. Alguien había olvidado meter la cabeza de la cabra a la barbacoa y también lo hicieron. Le habían cortado los cuernos, quitado la piel y limpiado.

De una manera algo pintoresca, se colocó un pequeño taquete —hecho con el extremo de una mazorca de maíz— en la parte superior del cráneo, para que los sesos no se desbordaran. Se colocó otra rama grande de aguacate sobre la carne y luego, encima de todo, dos hombres arrastraron un par de petates ahumados que habían estado remojándose en el río. Varios jóvenes tomaron entusiastamente las palas y cubrieron por completo los petates con la tierra suelta que habían sacado del hoyo. Un jirón de humo escapó, pero rápidamente se extinguió con una última palada de tierra.

La fiesta crecía. Un gran camión de ganado acababa de detenerse en el puente y se escuchaban las risas distantes de un grupo de jóvenes que estaban llegando junto con un innumerable grupo de tías, cuñadas y padrinos; incluso la abuelita, que jamás salía de su cuarto en la casa familiar, llegó en brazos de dos de los jóvenes más fuertes, que la cargaron a través del maizal.

Ahora comenzaba la agónica espera por la comida. Estábamos despiertos desde las cinco de la mañana y ya era más de la una. Lo único que habíamos comido desde la hora del desayuno era el elote y una mandarina. Como aún tenía una migraña espantosa, decidí tomar una siesta, pero cuando me acomodé bajo un árbol, las moscas —atraídas por la matanza—, así como algunos insectos regionales cuyo nombre no puedo deletrear ni pronunciar, me atacaron sin piedad para saciar su sed. Me di por vencida.

Era un día luminoso, pero el agua estaba demasiado fría siquiera para vadear, no digamos para que me bañara como el resto de las mujeres. Tras breves saludos y presentaciones, observé a toda una tropa dirigirse río arriba hacia su sitio preferido para bañarse en la parte más honda. El murmullo de su parloteo y los ocasionales gritos que se escuchaban al lanzarse al agua helada llegaban hasta nosotros e interrumpían la silenciosa conversación de los hombres que, ordenada y constantemente, bebían brandy mexicano bajo el calor del sol.

Transcurrió como una hora antes de que las mujeres se vistieran y volvieran en grupitos para cuidar la barbacoa. Era el turno de los hombres que, con paso lento, se alejaron, algunos de ellos ya muy borrachos. El agua tonificante cobró su precio y después de un tiempo, vimos a Teófilo cargado en hombros de sus compañeros, tambaleándose, hasta que por fin se colapsó en el banco del río, a unos cien metros de nosotros, y no volvió a moverse hasta que estuvimos listos para partir.

Ya eran las cuatro y media. Todos nos moríamos de hambre y los niños se quejaban de que ya no podían aguantar más. Tras cierta discusión se decidió abrir el hoyo de la barbacoa. Se hizo a un lado la tierra, se quitaron los petates y emergió el aroma fragantísimo de las hierbas, la carne, los chiles y, desde luego, las hojas de aguacate. Mientras sacaban la carne, algunos de los niños más grandes se robaron unos pedacitos, pero la mayoría se sentó pacientemente alrededor del mantel rectangular que estaba en el suelo.

Se encendieron otras dos fogatas. En una olla hervían los elotes; en la otra había un comal: un gigantesco disco de barro sin barnizar que se había estado calentando todo el día, listo para recibir las tortillas.

Petra se apresuraba a hacer una salsa de chiles y jitomates asados. La mamá de Blanca revolvía el *lligue*, que se había enriquecido aún más con los jugos de la carne, y empezó a servir grandes platos del caldo con un poco de maíz blanco martajado, ya suave, del fondo de la olla. Yo corté los tamales en cuadros mientras *La Señorita* rebanaba el estómago relleno con su afilado cuchillo y Blanca servía la carne. Todo el mundo ayudó con entusiasmo y, durante un rato, el grupo se quedó en silencio.

La carne estaba suculenta, con un toque ahumado y un dejo de las hojas del aguacate. Debo confesar que el caldo estaba demasiado fuerte para mi gusto, pero el tamal —rico, esponjoso y maravillosamente fragante por la hoja santa— me pareció, junto con la pancita y su sabroso relleno, el epítome de la excelencia gastronómica. Me serví una y otra vez, un poquito más y un poquito más, sólo para asegurarme de que no me estaba imaginando nada.

"A la barbacoa le hizo falta por lo menos una hora más", opinó el marido de Petra, un hombre sombrío y pesimista. "Y lo que es más, *La Señorita* no batió bien la sangre. Está grumosa", dijo, mientras comía apenas, ponderando cada mordida. Pero estaba solo en lo que respecta a sus comentarios. Todos los demás se sirvieron dos y tres veces, hasta que no pudieron comer ni un bocado más.

Algunas de las piezas más suculentas de carne se guardaron para que Blanca se las llevara de vuelta a la ciudad. De pronto recordé la cabeza de la cabra. ¿Dónde estaba? Ésa era la parte que más ganas tenía de probar, recordando las delicadas cabecitas de cabrito al pastor que había comido en Monterrey, donde las preparan como en ningún otro lugar de la República. Pero también la cabeza se había guardado discretamente pues, como la barbacoa se había llevado a cabo en su terreno, la madre de Blanca había reclamado el preciado cráneo.

Cuando nos hartamos y no pudimos comer más, nos sentamos a bromear, cantar, platicar y eructar, hasta que las sombras se hicieron más largas y las fogatas se apagaron hasta convertirse en cenizas. Justo antes de que el sol desapareciera detrás de las montañas, empezamos a guardar las cosas en gigantescas canastas que se cargaron en el camión hasta que prácticamente no quedaba lugar. El vehículo emprendió la marcha, meciéndose precariamente rumbo a casa a través del camino polvoroso y desigual, mientras algunos de nosotros decidimos caminar de regreso, disfrutando de la fresca brisa de la tarde y el extravagante azul brillante del ocaso.

Para cuando llegamos a la casa, lo único que yo quería era dormir, pero en cuanto posé mi cabeza sobre la almohada, los abominables altavoces de la iglesia empezaron a proferir los estrepitosos saludos nocturnos a la Virgen del Rosario. Estaba desesperada; pero como ese fin de semana yo era la invitada de honor, las jóvenes sobrinas de Blanca fueron corriendo a la iglesia con una petición sin precedentes: bajar el volumen de la música. Para asombro de todos, así lo hicieron.

Todavía faltaba mucho para que terminara el fin de semana. Para disfrutarlo al máximo, Blanca decidió que teníamos que formar parte del espíritu festivo del pueblo: nos levantaríamos al son de "Las mañanitas" para ir a las peñas a bañarnos.

Apenas estaba aclarando el día cuando emprendimos el camino, cargando toallas, champú, jabón y contenedores para el agua. Blanca había mencionado este viaje varias veces, pero yo no estaba segura sobre a qué se refería. Conforme ascendimos por la colina y pasamos junto a la iglesia, escuchamos a la congregación que oraba. Las calles estaban desiertas y sólo los gigantescos cebúes atados en el jardín de un vecino se volvieron para inspeccionarnos con curiosidad. La mayoría de las casas estaban construidas en el mismo estilo rústico y con los mismos materiales: paredes de adobe con techos de grandes tejas de terracota curva que sobresalían de las amplias canaletas, apoyadas sobre fuertes vigas que formaban galerías alrededor de las casas. El aire estaba invadido por el aroma de las fogatas que se habían prendido desde temprano para cocinar las primeras tortillas del día.

Estábamos en las afueras del pueblo. Escalamos entre unas enormes rocas que sobresalían unos cientos de metros y de pronto nos encontramos en un paisaje de enormes piedras lisas que se inclinaban aproximadamente un kilómetro hasta un pastizal. Algunas personas habían llegado antes que nosotros y llevaban sus burros, cargados en ambos lados con botes de agua fresca, llenos hasta el tope. Delante de nosotros iban dos niñitos: sobre los hombros cargaban un rústico yugo de madera del cual se balanceaban las cubetas llenas de agua.

Primero fuimos al manantial principal. Al principio parecía apenas un chorrito que salía de una abertura entre dos rocas gigantescas; sin embargo, después caía en una cuenca que estaba abajo para formar un pozo pequeño pero muy cristalino. Nos inclinamos para beber de un guaje: el agua helada estaba deliciosa. Con razón a diario la gente venía desde kilómetros a la redonda para traerla y se negaban a beber cualquier otra cosa.

Blanca y yo le encargamos nuestros contenedores a Teófilo mientras las dos escalamos más arriba para encontrar un pozo en el cual bañarnos. Satisfecha con el lugar, Blanca se desvistió sin el menor pudor y se sentó en el pozo como una escultura viviente de Zúñiga, echándose agua con abandono y lavando su largo cabello negro. A esa hora, el agua me parecía tan fría como la de cualquier baño inglés (que aborrezco desde que era niña), pero a medida que el sol subió yo también me hallé a mí misma sumergida en un pozo claro y profundo. El golpe del agua helada me hizo temblar, pero fue maravillosamente refrescante y me dejó la piel y el cabello suave y satinado.

Cuando regresamos para relevar a Teófilo, Blanca mencionó casualmente que me había estado vigilando mientras me bañaba: resulta que las serpientes de agua se esconden en los pozos. Si alguien las molesta salen de su escondite y, con la velocidad de un rayo, ¡se enroscan alrededor del intruso!

Cuando volvimos a casa nos esperaba un gran desayuno que había preparado Francisca. Luego dio inicio un día tan atiborrado de actividades que, en comparación, cualquier grupo turístico bien organizado se habría sentido avergonzado. Primero fuimos al mercado, donde los indígenas de pueblos distantes vendían su pequeña producción de maíz, calabaza, chiles o hierbas. Recogían el dinero, o vendían tortillas, con unas canastas altas y angostas que se llaman tenates. A menudo llevaban varios, uno dentro del otro. El de afuera tenía un cinturón de cuero cocido para colgarlo al hombro. Sentados, platicando o vigilando a sus animales en el campo tenían las manos en constante movimiento, mientras tejían tenates y sombreros de ala ancha con un rollo de fibra (que se hace pelando y secando la palma de la región que crece en abundancia en las zonas semiáridas de Oaxaca) bajo la axila. Se saludan tocándose, no apretándose las manos, siempre con una sonrisa, y hablando incesantemente en su suave lengua mixteca.

Después de la visita al mercado teníamos que ir a misa, visitar la tumba del padre y comer con las hermanas de Teófilo, que habían preparado una especialidad oaxaqueña: amarillito, que es carne de pollo o puerco con muchas verduras, preparada en una salsa ligera, aderezada y coloreada con un chile costeño amarillo seco. Habían preparado tamales cocidos al vapor en las hojas del elote, y de postre, un delicioso ate de guayabas de la región.

En cuanto terminó la comida y pudimos despedirnos, Teófilo, Francisca y yo fuimos a buscar provisiones para llevar de regreso a la Ciudad de México, mientras Blanca fue a consolar a su mamá porque no habíamos ido a comer a su casa. Primero nos dirigimos a la carnicería. Al fondo del establecimiento había un cuartito completamente protegido contra las moscas, en el cual por todos lados colgaba la cecina de res. El olor era extremadamente fuerte y me sentí feliz cuando por fin terminamos de escoger varios kilos de carne. La doblamos minuciosamente en una canasta como si se tratara de la ropa más fina. De ahí nos dirigimos al barrio —como todos lo llamaban—, que estaba como a un kilómetro del pueblo. Era un área no muy grande de fértil tierra negra al pie de un acantilado rocoso. Los pequeños propietarios la habían plantado densamente con huertas, solares de verduras con frondosas filas de cilantro y flores. Compramos barriles de guayabas, cientos de limas dulces para hacer agua fresca (en este caso, limonada de lima, el refresco favorito de Blanca y de Teófilo), calabazas, cebollas y rosas.

De ahí nos dirigimos al otro lado del pueblo hacia los campos de jitomate ("tomate rojo", como se dice allá), donde a Blanca y a Teófilo —que ahora nos acompañaban— les dieron canastos de dulces y frescos jitomates: los de forma de guaje para hacer salsas y los verdes para madurar después. Petra había añadido quesos hechos en casa, envueltos en hojas de higo, y algunas tabletas de su famoso chocolate para beber. Cientos de tortillas completaron el paquete de comida campirana, suficiente para durarles varios meses, hasta la próxima vez en que regresaran a abastecerse de nuevo. A la mañana siguiente, rodeados de embriagadores aromas, manejamos lentamente de regreso a la Ciudad de México. Teófilo todavía padecía los efectos de su poco común racha alcohólica.

Barbacoa

En México, la carne que se cocina en barbacoa es una comida de domingo, y varía de una región a otra. Hay especialistas que se dedican a la barbacoa, pues implica mucha preparación y tarda mucho tiempo en cocerse. Quizá la barbacoa más conocida es la del centro de México —en los estados de Hidalgo, Tlaxcala y México—, donde la carne sin sazonar, por lo general de carnero, se cuece en un hoyo forrado con pencas de maguey. Se incluye la cabeza del animal, así como el estómago, que se rellena con los riñones, el hígado y los intestinos picados, y se sazona con sal y chiles. Se coloca un recipiente de metal bajo la carne para recolectar los jugos, que se sazonan con cebolla, tomate y chile, y que se sirve por separado en tacitas de consomé de barbacoa: un caldo ligero y muy sabroso, casi la mejor parte. Tradicionalmente la carne, que es muy suave, se come en tacos: se envuelve en suaves y humeantes tortillas y se adereza con una salsa incendiaria de chile pasilla y pulque que se llama salsa borracha.

En Coahuila, en el norte, el carnero entero (incluida la cabeza, pero no el estómago ni los intestinos) se envuelve en varias capas de costales que se amarran con un cordel, al que luego se le ata una fuerte manija para bajar el atado al hoyo caliente. Me han dicho —aunque no he tenido la fortuna de probarlo— que la carne es particularmente suculenta.

Creo que una de las formas más deliciosas de cocinar en la tierra es la que se hace en la península de Yucatán, en un *pib* (la palabra maya para barbacoa). El lechoncito que se va a guisar se sazona primero con achiote molido con especias y diluido con jugo de naranja agria, para luego envolverse en hojas de plátano que le dan a la carne un sabor exquisito.

Oaxaca es otra de las regiones donde la barbacoa siempre me ha fascinado. Incluso en ese estado el tipo de barbacoa varía según la región. En las páginas anteriores describo la de la parte norte, y a continuación la versión hecha en casa que proviene de la zona que circunda a la ciudad de Oaxaca.

Barbacoa de carnero oaxaqueña

Señora Domitila Santiago de Morales (†). Oaxaca

Ésta es la versión casera de la barbacoa de carnero del centro del estado de Oaxaca. La pasta o adobo de chile, con su canela y su ajonjolí, tiene un sabor maravilloso, y la fragancia que emana del horno —masa, chiles y hojas de aguacate— es tan provocadora y satisfactoria en sí misma que uno no quiere que termine el tiempo de guisar.

La señora Domitila cocía su propio maíz con cal, lo dejaba remojando toda la noche y lo mandaba al molino a la mañana siguiente con instrucciones precisas de que debía quedar muy toscamente molido para que los trozos de la mazorca le dieran a la masa una textura crujiente: quebrajada o martajada.

Obviamente, no necesita usar los cortes más caros de borrego; si puede conseguirlo, es preferible usar carnero. Yo hice una pierna de cordero y salió deliciosa. Para esta receta necesitará de 1½ kg a 2 kg de carne,según cuánto hueso tenga.

Rinde de 6 a 8 porciones

La salsa de barbacoa

3	chiles anchos desvenados y sin semillas
8	chiles guajillo o, en Oaxaca, chilcosles, desvenados y sin semillas
2	cucharadas de ajonjolí
1	raja de canela de 75 mm machacada
2	cucharadas de vinagre suave
1 ½	tazas de agua
3	dientes grandes de ajo asados y pelados
6	ramas de tomillo fresco o 1 cucharadita de tomillo seco
1	cucharada de orégano, de ser posible oaxaqueño
1 ½	cucharaditas de sal, o al gusto

La carne

2	cucharaditas de sal
2 kg	de distintos cortes de carnero, borrego o cabra
2	ramas grandes de hojas de aguacate

La masa

¼	de taza de manteca de puerco suavizada
2	cucharaditas de sal, o al gusto
1 kg	de masa para tamales martajada

Ase bien los chiles sobre una plancha o comal caliente, cuidando de no quemarlos; conforme se enfríen, los chiles guajillos deben ponerse crujientes. Cubra los chiles con agua en una cacerola, póngala en el fuego y deje que rompa el hervor. Retírelos del fuego y déjelos 5 minutos en remojo.

Mientras tanto, ponga el ajonjolí en una sartén sin engrasar a fuego lento. Menéelo todo el tiempo hasta que adquiera un color dorado. Apártelo para que se enfríe. Cuando esté tibio, póngalo junto con la canela en un molino para especias o en un molcajete, y muélalo lo más finamente posible. Este paso puede parecer innecesario, pero si pone todos los ingredientes juntos en la licuadora, casi todo el ajonjolí quedará entero.

Cuele los chiles y ponga los anchos en el vaso de la licuadora. Añada el vinagre, 1 taza del agua, el ajo, las hierbas, sal y la mezcla de ajonjolí molido. Licúe hasta que todo esté casi liso: la salsa debe tener algo de textura y debe quedar bastante espesa, casi como una pasta. Añada un poquito más de agua sólo si necesita liberar las aspas de la licuadora. Licúe los chiles guajillo o chilcosles por separado con el agua restante y páselos por un colador.

Póngale sal a la carne y después cúbrala libremente con la salsa de chile, apartando 2 cucharadas para añadirlas después a la masa. Aparte la carne para que se sazone.

Caliente el horno a 180 ºC. Tenga listo un traste para rostizar en el que la carne y las hojas de aguacate quepan ampliamente. Coloque una rejilla dentro del traste y agregue 1 taza de agua fría. Pase las dos ramas de hojas de aguacate sobre la flama o sobre una hornilla eléctrica muy caliente: deben sisear, crepitar y emanar un fuerte aroma a aguacate.

Incorpore la manteca, la sal y la salsa de chile que reservó a la masa de tamal. Divida la masa en dos partes iguales y aplane cada una para lograr una forma más o menos circular de unos 2 cm de grueso. Coloque la carne sobre una de las piezas de masa y tápela con la segunda pieza; presione los bordes de la masa para que la carne quede completamente sellada.

Coloque la carne cubierta de masa sobre las hojas de aguacate y cúbrala con la segunda rama de hojas. Cubra el traste bien con una tapadera ajustada o con papel aluminio bien sellado, para que no escape el vapor.

Ponga el traste en la rejilla de en medio del horno y hornéelo durante 1 hora. Baje la temperatura del horno a 160 ºC y hornee hasta que la carne esté suave (aproximadamente 3 horas, según la calidad y el corte de la carne). Durante el tiempo de cocción asegúrese de que quedé un poco de líquido en el fondo del traste: quizá tenga que agregar ½ taza de agua para que la masa no se reseque. Al final del tiempo de cocción la carne estará muy suave; debe quedar un poco de salsa alrededor y la masa debe estar húmeda y esponjosa.

Corte la carne y sírvala con bastante masa, junto con tortillas recién hechas, frijoles refritos (ver pág. 179) y rajas de chile jalapeño en escabeche.

Nota: Esta carne puede sazonarse con un día de anticipación; de hecho, mejora su sabor. La masa también puede prepararse un día antes. Pero esta barbacoa sabe mejor si se consume en cuanto sale del horno.

Aves de corral

Guajolote en mole poblano

Puebla

Un día de Navidad de 1972, durante una transmisión de radio desde México, a los franceses les sorprendió mucho oír que un corresponsal decía: "Hoy, mientras come pavo y pastel de chocolate (*bûche de Noël*), deténgase un minuto a pensar que lo que está a punto de comer proviene del Nuevo Mundo. El chocolate y el pavo son ambos originarios de América; el chocolate y el pavo provienen ambos del México precolombino. Aquí en México, hoy nosotros también comemos lo mismo; la única diferencia es que comemos el pavo y el chocolate juntos".

Ninguna celebración especial está completa si no hay mole poblano de guajolote. Se prepara con amor y cariño e, incluso hoy, en la mayoría de los casos, es el platillo por excelencia que hace que saquemos el metate: los chiles, las especias, las nueces, las semillas y las tortillas se muelen en él. En las fiestas de los pueblos a cada mujer se le asigna una labor: algunas limpian y asan los chiles y otras los muelen; hay que sacrificar y preparar a los guajolotes, medir especias, y el maíz para los tamales tiene que remojarse y limpiarse a conciencia.

Sería imposible decir cuántas versiones de mole existen, pues cada cocinera, desde el caserío más pequeño hasta la mansión más encumbrada de la ciudad, tiene su propio toque especial: unos cuantos chiles mulatos más aquí, menos chiles anchos, un toque de chipotle guisado con el guajolote; algunas insisten en usar cebolla, otras ni siquiera lo consideran. Muchas cocineras de la misma Puebla insisten en asar los chiles, a menudo sólo los mulatos, en una flama abierta y luego molerlos en seco. Las discusiones y variantes son interminables.

En *La cocinera poblana*, un volumen publicado en Puebla en 1877, resulta interesante el comentario acerca de que existen por lo menos siete recetas para hacer mole poblano y ninguna de ellas menciona el uso de cacao o chocolate dentro de su lista de ingredientes.

Recuerdo que justo antes de Navidad, durante mis primeros años en México, el tráfico sobre el Paseo de la Reforma se detenía por completo mientras parvadas enteras de guajolotes avanzaban a instancias de sus dueños. Uno por uno, se iban vendiendo y, durante el resto de la semana, se escuchaba un graznido constante en las azoteas de las cuadras circundantes a nuestra casa. Los guajolotes se engordaban y luego se sacrificaban para el mole de Navidad.

La palabra *mole* proviene del náhuatl *molli* que significa "mezcla". Cuando se menciona el mole, la mayoría de los extranjeros responde: "Ah, sí, ya sé: la salsa de chocolate. No creo que me guste". Bueno, pues no es una salsa de chocolate. Un pedacito de chocolate se agrega a una enorme cazuela llena de chiles de un profundo color café, como el chocolate. Y a todo aquel a quien se lo he servido le ha sorprendido y deleitado, pues en esta salsa, como en muchas otras salsas mexicanas, los condimentos y las especias no se usan de una forma tan exagerada como para que luchen entre sí para reconocerlos, sino que constituyen un todo armonioso.

Hay muchas historias con respecto a sus orígenes, pero todas concuerdan en que el mole nació en uno de los conventos de la ciudad de Puebla de los Ángeles. La versión más frecuente, supongo, es que sor Andrea, la madre superiora del Convento de Santa Rosa, quería agasajar al arzobispo por haber construido un convento especialmente para esa orden. Al tratar de mezclar los ingredientes del Nuevo Mundo con los del mundo antiguo creó el mole poblano. Hay otra historia que cuenta que el virrey, don Juan de Palafox y Mendoza, estaba de visita en Puebla. Esta vez fue fray Pascual quien preparaba un banquete en el convento a donde Palafox iba a comer. Los guajolotes se estaban cociendo en unas cazuelas y cuando fray Pascual reprendió a sus asistentes por el desorden que tenían en la cocina, reunió todas las especias que habían estado usando y las juntó en un traste. Luego, un repentino viento sopló por la cocina y las especias cayeron en las cazuelas. Pero, en palabras de un filósofo mexicano contemporáneo: "No tiene importancia precisar si el mole fue inventado por los ángeles o por las monjas de Santa Clara, si fue hecho para el virrey o para el arzobispo, según discrepan quienes cuentan la leyenda, pues lo que importa es confesar que la boca se hace agua ante la salsa aromática, sabrosa y excitante aunque no pique". (Dr. Alfredo Ramos Espinoza, en *Semblanza mexicana*.)

Si se usa un pavo para el mole, siga las instrucciones para freír y hornearlo; aunque no es un método muy tradicional le da un sabor riquísimo. Pero si usa un guajolote de rancho, que tiene una carne más dura, hay que cocinarlo con sus menudencias, reservando el caldo para el mole.

Rinde aproximadamente 10 porciones

Primer paso: Los chiles

½	taza de manteca
8	chiles mulatos desvenados y sin semillas
5	chiles anchos desvenados y sin semillas
6	chiles pasilla desvenados y sin semillas (reserve 1 cucharada de semillas de chile para el cuarto paso)

Segundo paso: El caldo de guajolote

	Las menudencias del guajolote
1	zanahoria chica, mondada y rebanada
1	cebolla blanca entera, toscamente picada
6	pimientas negras
	Sal al gusto

Tercer paso: El guajolote

⅓	de taza de manteca
1	guajolote chico (de alrededor de 3 ½ kg) cortado en piezas para servir
	Sal al gusto

Cuarto paso: Los ingredientes adicionales para la salsa

2	tazas de caldo de guajolote
½	taza de jitomate asado o tomates verdes, cocidos (ver pág. 491) y colados
3	dientes de ajo asados y pelados (ver pág. 491)
4	clavos enteros martajados
10	pimientas negras martajadas
1	raja de canela de 1.5 cm, tostada
⅛	de cucharadita de semillas de cilantro tostadas
⅛	de cucharadita de semillas de anís tostadas
1	cucharada de las semillas del chile que había reservado, tostadas por separado
7	cucharadas de ajonjolí tostado por separado
¼	de taza de manteca
2	cucharadas de pasitas
20	almendras sin pelar
⅓	de taza de pepitas enteras crudas, sin pelar
1	tortilla chica seca
2	rebanadas de pan seco
50 g	de chocolate mexicano para beber
6	tazas de caldo de guajolote
	Sal al gusto

Caliente la manteca en una sartén y fría brevemente los chiles por ambos lados —la pulpa del interior debe tornarse color tabaco— con cuidado, para que no se quemen. Reserve la manteca. Cuele los chiles, transfiéralos a un tazón de agua fría y déjelos en remojo durante 2 horas.

Caliente el horno a 160 °C. Ponga las menudencias en una olla, cúbralas bien con agua, agregue la zanahoria, la cebolla, las pimientas y sal, ponga en el fuego y deje que rompa el hervor. Hierva suavemente durante alrededor de 1 ½ horas, añadiendo más agua si es necesario. Cuele el caldo y apártelo.

Mientras tanto, caliente la manteca en una cazuela, añada unas cuantas piezas de guajolote a la vez y fríalas hasta que la piel se dore. Cuele el exceso de grasa y resérvela para freír el resto de los ingredientes. Vuelva a poner todas las piezas en la cacerola con un poco de agua, espolvoréelas con sal, tápelas y dórelas en el horno hasta que la carne esté casi suave (unos 40 minutos si usa pavo). Vierta los jugos de la olla, añádalos al caldo de menudencias y agregue agua para alcanzar unas 8 tazas de líquido.

Ponga 1 taza de agua en el vaso de la licuadora y licúe los chiles escurridos, poco a poco, hasta tener un puré con cierta textura, agregando sólo el agua necesaria para liberar las aspas. En una cazuela gruesa caliente la manteca que reservó y fría el puré de chiles a fuego medio (porque va a chisporrotear con ferocidad) durante unos 10 minutos, raspando el fondo de la cazuela constantemente para evitar que se pegue. Apártelo.

Ponga 1 taza del caldo en el vaso de la licuadora, añada los tomates verdes o el jitomate y el ajo pelado y licúe hasta que estén lisos. Añada gradualmente el resto de los ingredientes en pequeñas cantidades, conforme los vaya friendo o tostando.

Primero muela las especias juntas con las semillas de chile en un molino para café o para especias hasta tener un polvo con textura. Después muela todo el ajonjolí y aparte 4 cucharadas, hasta obtener un polvo también con cierta textura y agréguelo al vaso de la licuadora.

Derrita el ¼ de taza de manteca en una sartén y, por separado, fría las pasitas, las almendras, las pepitas, la tortilla y el pan, pasando cada ingrediente por un colador antes de añadirlo al vaso de la licuadora. (Es más fácil si las almendras, el pan y la tortilla se machacan un poco antes de licuarlos). Agregue otra taza del caldo o el suficiente para liberar las aspas de la licuadora, hasta que obtenga una pasta espesa.

Añada la pasta a los chiles de la cazuela y siga cocinando, raspando bien el fondo de la cazuela, durante unos 15 minutos. Troce el chocolate en pedacitos más pequeños y añádalo al mole junto con otra taza del caldo. Pruebe de sal y siga cocinando a fuego medio hasta que el mole esté bien sazonado y se formen charquitos de grasa en la superficie (unos 40 minutos). Agregue las piezas de guajolote y cocínelas otros 20 minutos más.

Sirva cada porción espolvoreada con un poco del ajonjolí que dejó aparte.

Nota: El mole puede prepararse con días de anticipación usando el caldo preparado, lo que, de hecho, mejora su sabor. Pero, naturalmente, el pavo o el guajolote cocido debe agregarse 20 minutos antes de servirse. El mole dura varios meses congelado.

Pato en mole verde de pepita

Ciudad de México y Puebla

Está asentado que en los tiempos de la Conquista española, Moctezuma y otros gobernantes comían guisados o chiles mezclados con tomates y pepitas. Mucho antes, al sur, los mayas cultivaban calabazas y usaban las pepitas en su comida. El pato en mole verde de pepita tiene una deliciosa salsa suave de color verde pálido que se espesa con pepita, a la que se le añade el sutil sabor de las hierbas: es un platillo verdaderamente clásico de la cocina del centro de México con variaciones regionales.

Ésta no es la forma tradicional de hacer el pato en mole, ya que primero se hierve o se pone crudo a cocer en la salsa. El método que ofrezco acentúa el sabor enormemente. Desde luego, puede usar pollo en vez de pato, pero tendría que escalfarlo porque su carne es demasiado suave para dorarse y se desharía en el mole.

Rinde 6 porciones

Cocinado del pato

	Las menudencias del pato
1	zanahoria chica, raspada y rebanada
1	cebolla blanca chica, rebanada
1	diente de ajo
6	pimientas negras
	Sal al gusto
1	pato de entre 2 y 3 kg
	Pimienta al gusto

La salsa

½	taza de pepitas peladas (ver pág. 493)
6	pimientas negras martajadas
⅛	de cucharadita de comino martajado
1	taza de caldo de pato
1	taza de tomates verdes, cocidos y colados (ver pág. 491)
6	chiles serranos toscamente picados
3	cucharadas de cebolla blanca toscamente picada
2	dientes de ajo chicos toscamente picados
3	ramas de epazote
5	ramas de cilantro
1	manojo chico de hojas de rábano
2	hojas grandes de lechuga orejona, trozadas
3	cucharadas de los jugos que reservó del pato
2	tazas de caldo de pato
	Sal, la necesaria

Caliente el horno a 160 ºC. Ponga las menudencias con los vegetales y sus condimentos en una olla grande, cúbralos con agua, ponga en el fuego y deje que rompa el hervor. Baje la flama y hierva lentamente, con la olla tapada, durante aproximadamente 1 ½ horas.

Caliente bien una cacerola y dore el pato por todos lados, perforando la piel (no la carne) para que suelte la grasa. Cuele el exceso de grasa de vez en cuando y resérvela.

Añada 1 taza de agua y cubra la cacerola con una tapadera ajustada y dore el pato, aproximadamente 40 minutos, según qué tan suave esté.

Aparte el pato para que se enfríe un poco y luego córtelo en piezas para servir.

Extraiga los jugos de la olla, resérvelos y añádalos al caldo de menudencias. Debe tener aproximadamente 5 tazas de líquido. Si es necesario, añada agua para completar esa cantidad.

En una sartén sin engrasar, tueste las pepitas durante unos 5 minutos, revolviendo de vez en cuando hasta que se inflen, pero no deje que se doren. Apártelas para que se enfríen y luego muélalas en un molino para café o para especias junto con las pimientas y el comino.

Ponga los ingredientes molidos en un tazón e incorpore la taza de caldo hasta que tenga una salsa lisa. Apártela.

Licúe los tomates verdes con los chiles, la cebolla y el ajo hasta que estén lisos. Añada las hojas verdes y licúe un poquito a la vez hasta que estén casi lisas. Aparte.

En una olla, caliente 3 cucharadas de la grasa de pato que reservó y fría los ingredientes molidos a fuego lento, revolviendo y raspando el fondo de la olla para que no se peguen (se queman con facilidad), durante aproximadamente 5 minutos.

Poco a poco, incorpore los ingredientes licuados y cocínelos a fuego lento, revolviendo de vez en cuando durante unos 10 minutos. Diluya con 2 tazas del caldo y siga cocinando a fuego muy lento durante otros 10 minutos más. Ajuste la sal al gusto.

Poco a poco añada el resto del caldo. Deje que la salsa se caliente bien, todavía a fuego muy bajo. Cuando esté listo, el mole debe formar una capa bastante espesa en el revés de una cuchara de palo. Agregue las piezas de pato y deje que se calienten bien.

Sirva de inmediato.

Pollo en salsa de cacahuate

Señora Leticia Castro. Ciudad de México

Una tarde, mientras tomaba té con la señora Leticia Castro, una famosa cocinera, estábamos hablando sobre comida oaxaqueña cuando llamó a una de las muchachas que ayudaba en su casa —que era de Oaxaca— y le pidió que nos dictara algunas de sus recetas favoritas. Sin dudar un minuto ni corregir la cantidad de algún ingrediente, lo hizo. Aquí está la receta, tal como ella nos la dio: es una forma muy interesante y deliciosa de preparar pollo. La salsa no es muy picante.

Rinde 6 porciones

2 kg	de piezas de pollo
1	cucharadita de sal, o al gusto
	Pimienta negra recién molida
4 o 5	cucharadas de jugo de limón
1	cebolla blanca mediana, cortada en cuartos
2	dientes de ajo sin pelar
1	raja de canela de 2.5 cm
6	pimientas negras
6	clavos enteros
1 ¼	de taza de cacahuates crudos (sin tostar, sin sal), medidos sin cáscara y sin su piel delgada
½ kg	de jitomates asados (ver pág. 490)
4	chiles chipotle en vinagre, en adobo o al gusto
3	cucharadas de aceite vegetal o de grasa de pollo
2	tazas de agua

Espolvoree el pollo con sal y pimienta y añada el jugo de limón. Apártelo para que se sazone mientras prepara la salsa.

Caliente una sartén pequeña o un comal sin engrasar y ase la cebolla y el ajo hasta que estén suaves. Pele el ajo. Eche las especias a la sartén caliente y tuéstelas ligeramente. Luego tueste los cacahuates hasta que estén dorados (un horno eléctrico funciona aún mejor).

Ponga los jitomates sin pelar, los chiles y los ingredientes que asó y tostó —excepto los cacahuates— en el vaso de la licuadora. Licúelos hasta que estén lisos. Poco a poco, añada los cacahuates y licúelos hasta que estén casi lisos. Agregue un poquito de agua sólo si necesita liberar las aspas de la licuadora.

Caliente el aceite o la grasa de pollo en una cacerola pesada y fría las piezas de pollo, en tandas, hasta que estén doradas. Retire el pollo de la olla y apártelo. Debe quedarle aproximadamente ¼ de taza de aceite en la cacerola. Quite o añada aceite para completar esa cantidad. Recaliente el aceite y fría los ingredientes licuados a fuego medio durante 3 minutos, revolviendo y raspando constantemente el fondo de la cacerola. Baje la lumbre y deje que la salsa se cocine aproximadamente 15 minutos más, sin dejar de raspar el fondo de la olla de vez en cuando.

Agregue las piezas de pollo y 2 tazas de agua. Ajuste la sazón y cocine el pollo a fuego lento hasta que esté suave (de 35 a 40 minutos). La salsa se espesará —debe cubrir ligeramente el revés de una cuchara de madera— y se formarán charquitos de aceite en la superficie.

Sirva el pollo con bastante salsa, acompañado de papitas hervidas.

Nota: Este platillo puede prepararse con varias horas de anticipación.

Manchamanteles

Señora María Cortés Chávez. Centro de México y Oaxaca

Tradicionalmente, el manchamanteles es un platillo que se hace para el día de Corpus Christi. De las múltiples versiones regionales que existen de este platillo, creo que ésta es una de las más deliciosas e interesantes. Es una receta de la señora Cortés Chávez, ganadora de un premio que apareció en una columna del periódico *Excélsior* en la década de 1970.

Rinde 6 porciones

350 g	de maciza de puerco cortada en cubos de 2.5 cm
	Sal al gusto
¼	de taza de aceite vegetal o de manteca de puerco
1	pollo grande (de alrededor de 1 ½ kg), cortado en piezas
25	almendras sin pelar
1	raja de canela de 4 cm
1 ½	cucharadas de ajonjolí
5	chiles anchos, que hay que limpiar con un trapo
350 g	de jitomates asados (ver pág. 490)
2	rebanadas frescas de piña pelada y cortada en cubos de 1.5 cm
1	plátano macho pelado y cortado en rebanadas gruesas
1	jícama chica pelada y cortada en rebanadas delgadas

Ponga la carne de puerco en una olla y agregue suficiente agua para cubrirla, con 1 cucharadita de sal. Ponga en el fuego y deje que rompa el hervor. Tape la olla y cueza la carne durante 25 minutos, no más, luego escúrrala y aparte el caldo. Cuele el caldo y desengráselo, añadiendo suficiente agua para completar 4 tazas. Apártelo.

En una olla gruesa, caliente el aceite o manteca y fría ligeramente las piezas de pollo, una a una. Retírelas y apártelas. En el mismo aceite y por separado, fría las almendras, la raja de canela y el ajonjolí, escurriendo el exceso de aceite en cada uno. Machaque las almendras y transfiera los ingredientes fritos al vaso de la licuadora.

En el mismo aceite, fría los chiles ligeramente por ambos lados. Escúrralos y transfiéralos al vaso de la licuadora. Agregue los jitomates asados y 1 taza del caldo al vaso de la licuadora. Licúe hasta que estén lisos. Cuide de añadir sólo el caldo suficiente para liberar las aspas de la licuadora; la salsa no debe quedar demasiado líquida.

Elimine el aceite restante de la olla excepto 3 cucharadas y fría la salsa de chile durante unos 4 minutos, revolviendo y raspando el fondo de la olla constantemente. Agregue 3 tazas del caldo que reservó, ponga en el fuego y deje que rompa el hervor. Agregue las piezas de pollo, los cubitos de carne de puerco, la fruta, la jícama y sal al gusto. Tape la olla y cocine el manchamanteles de 1 a 1 ½ horas o hasta que la fruta y la carne estén suaves, revolviendo de vez en cuando.

Sirva el platillo caliente, con tortillas recién hechas.

Nota: Este platillo puede prepararse con varias horas de anticipación.

Tapado de pollo

Veracruz

Éste es uno de esos guisados afrutados, no demasiado dulces sino agradablemente ácidos, que uno encuentra en Oaxaca, Veracruz, San Luis Potosí y otras partes de México. Se sirve de una manera muy sencilla, con tortillas calientes y con chiles en vinagre para quienes quieren agregarle un toque de picante a su comida. Para que sea verdaderamente auténtico, este platillo debe cocinarse en la estufa, pero a mí me parece que el sabor mejora si se hace en el horno.

Rinde 6 porciones

2 kg	de pollo en piezas grandes
1 ½	cucharaditas de sal
6	pimientas negras
1	clavo entero
1	raja de canela de 1.5 cm
1	cucharada de azúcar granulada
¼	de taza de jerez seco
3	dientes de ajo finamente picados
¼	de taza de vinagre suave
2	tazas de cebolla blanca en rebanadas delgadas
350 g	de jitomates rebanados
1	manzana chica, pelada, sin corazón y cortada en rebanadas gruesas
1	pera chica, pelada, sin corazón y cortada en rebanadas gruesas
2	hojas de laurel
6	ramas de tomillo fresco o ¼ de cucharadita de tomillo seco
⅛	de cucharadita de orégano

Para servir

¼	de taza de aceite vegetal
1	plátano macho muy maduro, pelado y rebanado a lo largo
2	cucharadas de alcaparras escurridas
15	aceitunas sin hueso y partidas a la mitad

Caliente el horno a 190 °C. Espolvoree las piezas de pollo con sal. Machaque las pimientas, el clavo y la canela juntos y mézclelos con el azúcar, el jerez, el ajo y el vinagre.

Ponga un tercio de la cebolla en el fondo de un traste refractario; cúbrala con un tercio de las rebanadas de jitomate y de las frutas. Añada una hoja de laurel y espolvoree con un poquito de las hierbas. Luego coloque encima la mitad de las piezas de pollo y vierta la mitad de la mezcla de vinagre y especias. Repita las capas, terminando con una capa de cebolla, jitomates y frutas.

Tape el traste y hornéelo aproximadamente 1 hora. Luego destápelo y hornéelo 30 minutos más, o hasta que el pollo esté suave y parte de los jugos se hayan reducido.

Mientras tanto, caliente el aceite y fría las rebanadas de plátano macho hasta que estén doradas. Retírelas y escúrralas. Para servir, adorne el tapado de pollo con las alcaparras, las aceitunas y el plátano macho frito.

Nota: Este platillo puede prepararse con varias horas de anticipación.

Pollo almendrado

Señora Leticia Castro. Coahuila

El pollo cocinado en una salsa de almendras es uno de los platillos más suaves y elegantes de la cocina mexicana. Existen muchas recetas para hacerlo. Ésta, que es una versión más inusual, me la dio la señora Leticia Castro, originaria de Coahuila. Generosamente me permitió copiar algunas recetas de su recetario familiar, el cual se ha usado durante varias generaciones. La receta original lleva "un pollo joven y tierno" que se cubre con una gruesa capa de "pasta" de almendras, por dentro y por fuera. Sin embargo, la costra se cae al servir el pollo, así que pienso que esta versión es más práctica.

Sugiero que sirva este pollo almendrado con papitas cocidas y una ensalada con aderezo ligero. Puede pasar unas rajas de chile jalapeño en escabeche por separado.

Rinde 6 porciones

2 kg	de piezas de pollo
2 ½	cucharaditas de sal, o al gusto
	Pimienta negra recién molida
3	cucharadas de jugo de limón
6	pimientas negras machacadas
2	clavos enteros machacados
2	hojas de laurel
¼	de taza de agua
½ kg	de jitomates asados (ver pág. 490)
4 a 6	cucharadas de manteca de puerco
1	taza de almendras peladas, toscamente picadas
2	rebanadas gruesas de bolillo duro

Sazone el pollo con 2 cucharaditas de sal, pimienta y el jugo de limón. Aparte el pollo para que se sazone por lo menos 1 hora.

Caliente el horno a 180 ºC.

Ponga las pimientas, el clavo, el laurel, ¼ de taza de agua y ½ cucharadita de sal en el vaso de la licuadora y licúe todo bien. Luego, poco a poco, incorpore los jitomates y vuelva a licuar. Derrita aproximadamente la mitad de la manteca en una sartén pequeña y fría las almendras hasta que estén doradas; macháquelas y transfiéralas al vaso de la licuadora. Añadiendo un poquito más de manteca, fría el pan, trócelo toscamente y añádalo a la licuadora. Luego licúe todos los ingredientes hasta obtener una pasta de textura ligera, añadiendo un poquito más de agua sólo si necesita liberar las aspas de la licuadora.

Elija un traste refractario poco profundo en el que quepan todas las piezas de pollo en una sola capa. Vierta un poquito de la manteca derretida en el traste y unte el fondo con un poquito más de un tercio de la salsa de almendras. Coloque las piezas de pollo encima de la salsa y cúbralas con la salsa restante. Hornee el pollo, sin tapar, bañándolo de vez en cuando con el resto de la manteca hasta que el pollo esté suave y se forme una costra ligera de salsa (aproximadamente 45 minutos).

Nota: Aunque este platillo puede prepararse con varias horas de anticipación y dejar que se sazone, debe comerse en cuanto salga del horno.

Pollo estilo Guanajuato

Señora María Luisa de Martínez. Guanajuato

Las naranjas se cultivan de manera extensiva en muchas partes de la República y se usan en muchos platillos regionales. Éste proviene de Guanajuato.

Para evitar que el pollo se cueza demasiado, los vegetales deben cocerse parcialmente con anterioridad.

Rinde 6 porciones

2 kg	de piezas grandes de pollo
	Sal y pimienta recién molida
3	cucharadas de aceite vegetal o de grasa de pollo derretida
1	taza de cebolla blanca en rebanadas gruesas
3	dientes de ajo finamente picados
½ kg	de jitomates asados (ver pág. 490)
6	ramas de tomillo fresco o ¼ de cucharadita copeteada de tomillo seco
6	ramas de mejorana fresca o ¼ de cucharadita copeteada de mejorana seca
1	raja de canela de 2 cm, trozada
1 ¼	tazas de jugo fresco de naranja
	La cáscara rallada de ½ naranja
12	papitas sin pelar
5	zanahorias medianas, raspadas y cortadas a lo largo en cuartos

Caliente el horno a 180 ºC. Sazone el pollo con sal y pimienta.

Caliente el aceite o la grasa en una cacerola gruesa en la que pueda colocar las piezas de pollo cómodamente y fríalas hasta que se doren. Retírelas de la cacerola y espolvoréelas con más sal y pimienta. Apártelas.

Cuele todo el aceite de la cacerola excepto 2 cucharadas. Fría ligeramente la cebolla y el ajo, sin dorar, hasta que se acitronen.

Licúe los jitomates sin pelar hasta que estén lisos. Añádalos a la cacerola, junto con el tomillo, la mejorana y la canela, y fríalos a fuego alto durante 3 minutos, revolviendo y raspando el fondo de la olla de vez en cuando. Agregue las piezas de pollo, el jugo y la cáscara de naranja, las papas y las zanahorias. Tape la cacerola y hornee aproximadamente 30 minutos, luego voltee las piezas de pollo y hornéelas hasta que estén suaves (otros 20 a 25 minutos).

Sirva el pollo con bastante salsa y los vegetales.

Nota: Aunque este platillo debe servirse en cuanto se cocine, puede prepararse con anticipación hasta el punto en que agrega el pollo.

Pollo en ajo-comino

Señora María Sánchez. San Luis Potosí

Éste es uno de esos guisados muy sencillos que se servían en los mercados de los pueblitos en el este de San Luis Potosí, un estado con tres distintas áreas geográficas: las zonas bajas de la costa, las zonas montañosas más frondosas y las tierras desnudas y semiáridas, cada una de las cuales tiene su comida distintiva.

Rinde 6 porciones

4	chiles anchos desvenados y sin semillas
1	cucharadita de comino
12	pimientas negras martajadas
1	cucharada de sal, o al gusto
1	clavo entero martajado
4	dientes de ajo
3 ½	tazas de agua
3	cucharadas de aceite vegetal
2 kg	de piezas grandes de pollo

Cubra los chiles con agua, hiérvalos suavemente durante unos 5 minutos, y déjelos en remojo 5 minutos más. Cuélelos. En un molcajete o en un mortero, muela el comino, la pimienta, la sal y el clavo, y luego machaque el ajo añadiendo poco a poco ¼ de taza del agua, para diluir la mezcla. Apártela.

Transfiera los chiles anchos ya escurridos al vaso de la licuadora junto con ¾ de taza de agua. Licúelos hasta que estén lisos y apártelos.

Caliente el aceite y fría las piezas de pollo (unas cuantas a la vez para que no se toquen entre sí en la cacerola) hasta que estén ligeramente doradas. Añada la mezcla de especias y fríala a fuego medio durante unos 3 minutos, revolviendo constantemente. Añada los chiles licuados y fríalos durante otros 3 minutos, raspando constantemente el fondo de la cacerola. Agregue el agua restante, luego ajuste la sazón y cocine el pollo lentamente, sin tapar, hasta que esté suave (aproximadamente 40 minutos), volteando las piezas de vez en cuando. La salsa no debe quedar muy espesa; agregue más agua si es necesario.

Sirva el pollo caliente, con tortillas recién hechas.

Nota: Este platillo puede prepararse con varias horas de anticipación.

Pollo tepehuano

Señor Gilberto Núñez. Durango

Esta receta proviene de un pueblo pequeño en Durango y me la dio Gilberto Núñez, quien durante algún tiempo trabajó como chef en la Ciudad de México antes de volver a su nativo Durango para abrir su propio restaurante. Este platillo lleva el nombre de los indios tepehuanes que viven en ese estado.

A mí me parece que, en general, los platillos de pollo con arroz son reconfortantes, pero un poco aburridos. Sin embargo, éste es una excepción, quizá porque el cilantro y el comino le confieren un sabor fascinante.

Rinde 6 porciones

4	cebollas de rabo
2 kg	de piezas grandes de pollo
8	tazas de caldo fuerte de pollo ver pág. 496)
1 ½	tazas de arroz blanco
	Sal al gusto
2	cucharadas de aceite vegetal
300 g	de jitomates finamente picados
2	chiles serranos finamente picados (opcional)
10	ramas de cilantro toscamente picado
½	cucharadita de comino machacado

Corte 3 de las cebollas de rabo a lo largo y en cuartos, usando la parte tierna del rabo. Póngalas, junto con las piezas de pollo y el caldo, en una olla grande, que pondrá en el fuego. Cuando rompa el hervor, cuézalas a fuego bajo en la olla tapada durante unos 10 minutos.

Mientras tanto, enjuague el arroz dos veces en agua fría y déjelo escurrir en el colador. Sacúdalo vigorosamente e incorpórelo, poco a poco, al caldo hirviendo. Añada sal. Siga cocinando hasta que el pollo y el arroz estén apenas suaves (el tiempo puede ir de 25 a 40 minutos, ya que varía enormemente según el tipo de olla que use, el tipo de arroz y la calidad del pollo).

Mientras tanto, pique finamente la cebolla restante. En una sartén, caliente el aceite y fríala durante unos 2 minutos, sin dorar, y luego agregue los jitomates, los chiles y el cilantro. Siga cocinándolos durante unos 5 minutos (los ingredientes deben reducirse hasta formar una salsa espesa). Incorpore la mezcla de tomate y el comino a la olla con el pollo y el arroz, y siga cocinando 5 minutos más. El platillo debe tener una consistencia de sopa.

Sirva caliente, con tortillas recién hechas.

Nota: Este platillo sabe mejor si se consume justo después de preparado. Sin embargo, puede aguantar un par de horas, en cuyo caso recomiendo recalentarlo en el horno a 180 ºC durante unos 20 minutos para que el arroz no se pegue ni se queme.

Pollo Tekantó

Señora Berta López de Marrufo. Mérida, Yucatán

Para la familia Marrufo, de Mérida, el pollo Tekantó se ha convertido en un plato de celebración. La señora Berta obtuvo la receta de la abuela de su marido, que era mitad española y mitad maya. Vivió la mayor parte de su vida en la Hacienda de Tekantó y era famosa por ser buena cocinera.

Aunque éste es un platillo delicado, tiene un regusto curiosamente perdurable por las almendras y aún más por el sabor de las cebollas y el ajo, todo ello tostado por fuera mientras el interior queda parcialmente cocido, lo cual es una característica de la cocina yucateca. Alteré la receta sólo en un aspecto. Requiere de una pasta que se llama recado para bistec; yo simplemente la sustituí por sus ingredientes separados: orégano, pimienta, ajo y sal.

Este platillo es particularmente delicioso si se hace, como en la receta original, con guajolote. Si usted lo recuerda a tiempo, sazone la carne del ave y déjela reposar toda la noche.

Rinde 6 porciones

2	cebollas blancas medianas
3	chiles *x-cat-ik* o güeros
1	cabeza de ajo sin pelar, más 2 dientes de ajo pelados
¾	de taza de almendras enteras sin pelar
	Sal al gusto
½	cucharadita de orégano, yucateco si es posible
½	cucharadita de pimientas negras machacadas
2	cucharadas de vinagre suave
3 ½	tazas de agua
2 kg	de piezas grandes de pollo o de piezas chicas de guajolote
4 a 5	cucharadas de aceite vegetal o de grasa de pollo derretida
1 ½	cucharadas de harina

Para servir

½	taza de aceite vegetal
12	rebanadas gruesas de pan francés duro
1	plátano macho grande, pelado y cortado diagonalmente en rodajas de 1.5 cm
	Hojas de lechuga, de preferencia orejona
6	"rosas" de rábano

Ponga las cebollas enteras, los chiles y la cabeza entera de ajo sin pelar directamente sobre la flama de la estufa o el carbón (si usa una estufa eléctrica use una plancha o comal muy calientes) y deje que se asen por completo. Los chiles deben estar ligeramente quemados; la cebolla y el ajo deben tener ampollas negras y el interior debe estar transparente pero no demasiado suave. Corte la capa exterior de la cebolla y pique toscamente la pulpa. Aparte la cabeza de ajo; no la pele. Deje los chiles enteros; no los pele.

Mientras tanto, cubra las almendras con agua caliente, ponga en el fuego, deje que rompa el hervor y permita que hiervan suavemente durante 5 minutos. Apártelas para que se enfríen en el agua. Cuando pueda manejarlas, quíteles la piel, machákuelas ligeramente y transfiéralas al vaso de la licuadora (el objeto de hervirlas es suavizarlas para la salsa). Añada la sal, el orégano, los dientes de ajo pelados (sin cocer), la cebolla cocida, las pimientas negras, ½ cucharadita del vinagre y alrededor de ½ taza de agua; licúe todo hasta que esté liso. Es probable que tenga que agregar un poquito más de agua para liberar las aspas de la licuadora, pero no agregue demasiada pues la consistencia de la salsa debe ser la de una pasta floja.

Embarre un cuarto de la mezcla de almendras sobre las piezas de pollo o guajolote (va a ser una capa muy ligera) y apártelas para que se sazone por lo menos 2 horas o toda la noche.

En una sartén gruesa, caliente 3 cucharadas del aceite hasta alcanzar una temperatura media; si está demasiado caliente la pasta de almendras se quemará. Agregue las piezas de pollo, en tandas, y fríalas ligeramente hasta que apenas empiecen a cambiar de color; podría necesitar un poco más de aceite.

Cuele el aceite que quedó en la sartén. Rompa la cabeza de ajos cocidos y coloque los dientes en el fondo de una cacerola, junto con los chiles. Ponga las piezas de pollo encima. Añada las 3 tazas de agua restante —casi debe cubrir el pollo—, tape la cacerola y deje que el pollo hierva lentamente hasta que esté apenas suave (de 35 a 50 minutos). Cambie la posición de las piezas de vez en cuando para que se cuezan parejo.

Mientras tanto, prepare los adornos. Caliente el aceite y fría el pan hasta que esté crujiente y dorado, luego retírelo y escúrralo. Fría las rodajas de plátano macho en el mismo aceite hasta que estén doradas. Retírelas y escúrralas.

Cuando el pollo esté casi suave, incorpore el resto de la pasta de almendras y vinagre y deje que hiervan lentamente, sin tapar, durante unos 10 minutos.

Vierta la harina en un tazón pequeño. Añada un poquito de la salsa caliente y revuélvala hasta que esté lisa. Agréguela al pollo revolviendo bien y cocínelo unos minutos más hasta que la salsa se espese.

Adorne los bordes de un platón con las hojas de lechuga. Disponga las piezas de pollo, cubiertas con un poco de salsa, sobre las hojas de lechuga y decore con las rosas de rábano y las rodajas de plátano macho. Disponga el pan frito en los bordes del platón y disperse los chiles y el ajo asados encima.

Sirva el pollo caliente y pase el resto de la salsa por separado.

Nota: Este platillo puede prepararse con un par de horas de anticipación. No recomiendo congelar los sobrantes.

Pollo en naranja de China

Señora Isela Rodríguez. Mérida, Yucatán

Hace unos años, durante un recorrido culinario en Mérida, Yucatán, me vino a visitar Isela Rodríguez acompañada de una amiga que quería conocerme. Yo había cocinado con Isela en múltiples ocasiones y algunas de sus recetas aparecieron en uno de mis libros, *El arte de la cocina mexicana*. Ella había estado pensando en nuevas recetas de su repertorio familiar para dármelas. Empezó a hablar sin parar, recitando de memoria varias recetas, hasta que la cabeza empezó a darme vueltas: no tenía mi grabadora conmigo. En especial me intrigaron dos de esas recetas, así que tomé mi cuaderno y las anoté. Eran herencia de su abuela. Una de ellas es esta receta de pollo y la otra es la de pescado en ajo quemado (pág. 377). La naranja de China es dulce.

Rinde 6 porciones

2	dientes de ajo
	Sal al gusto
2	cucharadas de jugo de naranja agria o sustituto (ver pág. 492)
1	cucharada de recado de toda clase (pág. 485)
2 kg	de piezas grandes de pollo
3	cucharadas de aceite vegetal o de oliva
2	chiles dulces (o 1 pimiento rojo grande), desvenados, sin semillas y cortados en rajas delgadas
350 g	de jitomates rebanados
⅓	de taza de pasas
2	cucharadas copeteadas de alcaparras grandes, escurridas o enjuagadas para quitarles la sal
20	aceitunas sin hueso, en mitades
1	cebolla blanca grande, cortada en cuartos y asada
2	chiles *x-cat-ik* o pimientos amarillos, asados, sin semillas y cortados en rajas delgadas sin pelar (ver pág. 472)
1	cabeza grande de ajo asada
1	taza de jugo de naranja (dulce)
½	taza de agua
1	naranja entera en rebanadas delgadas (sin pelar)

Tenga listo un traste refractario de por lo menos 8 cm de profundidad, en el que quepan las piezas de pollo y los vegetales en una sola capa.

En un tazón pequeño, machaque el ajo con la sal y el jugo de naranja agria e incorpore el recado. Unte muy ligeramente el pollo con esta pasta y apártelo para que se sazone por lo menos 2 horas o toda la noche.

Caliente el horno a 180 ºC.

Caliente el aceite en una sartén grande, agregue el pimiento y una espolvoreada de sal, y fríalo ligeramente sin dorar durante 1 minuto. Agregue las rebanadas de jitomate y cocínelas a fuego alto durante unos 3 minutos para que se reduzcan. Añada las pasas, las alcaparras, las aceitunas y cocine 3 minutos más. Esparza la mitad de esta mezcla sobre el fondo del refractario, coloque el pollo encima en una sola capa y cubra con el resto de la mezcla de jitomate.

Coloque la cebolla y los chiles encima. Corte la cabeza de ajo a la mitad por el medio e inserte cada mitad, boca abajo, en el platillo. Vierta encima el jugo de naranja y el agua. Tape el refractario y hornéelo durante una ½ hora. Destape y bañe el pollo con los jugos. Vuelva a tapar y hornee el platillo ½ hora más o hasta que el pollo esté suave. Sirva con las rebanadas de naranja.

Nota: Prefiero apartar este platillo durante una ½ hora antes de servir para que se incorporen todos los sabores. Sabe mejor si se consume el día de su preparación.

Pollo en pipián rojo

Señora Dora Larralde. Saltillo, Coahuila

Rinde 6 porciones

El pollo

	Las menudencias del pollo
½	cebolla blanca rebanada
2	dientes de ajo
1	rama de perejil
1	hoja de laurel
1	rama de tomillo fresco o una pizca grande de tomillo seco
	Sal al gusto

1 ½ a 2 kg de pollo cortado en piezas para servir

La salsa

6	chiles anchos desvenados y sin semillas (pero reserve 1 cucharada de semillas)
1	raja de canela de 1.5 cm, machacada
3	clavos enteros
5	pimientas negras
¾	de taza de ajonjolí
3	cucharadas de manteca de puerco
1	diente de ajo toscamente picado
	Sal al gusto
1	hoja grande de aguacate fresca o seca

Ponga las menudencias, la cebolla, el ajo, las hierbas y sal en una olla. Cúbralas con agua, ponga en el fuego y deje que rompa un hervor vigoroso. Siga hirviéndolos suavemente durante unos 30 minutos. Agregue las piezas de pollo y cuézalo a fuego lento hasta que esté apenas suave (aproximadamente 25 minutos). Cuélelo y reserve el caldo.

Ase los chiles ligeramente. Cúbralos con agua y déjelos en remojo durante 10 minutos.

Entre tanto, ponga las semillas de chile que reservó en una sartén sin engrasar y menéelas sobre un fuego medio hasta que adquieran un profundo color café dorado, pero cuide de no quemarlas. Apártelas para que se enfríen un poquito. Transfiéralas junto con las especias y muélalas en un molino para especias o para café hasta obtener un polvo fino.

En la misma sartén sin engrasar tueste el ajonjolí hasta que tenga un profundo color dorado y apártelo para que se enfríe un poquito. Añada al molino las semillas tostadas, ya tibias, el ajonjolí y las especias. Muela todo hasta que quede un polvo muy fino.

Derrita la manteca en una sartén y fría las semillas y especias molidas a fuego lento durante unos 3 minutos, revolviendo en forma continua.

Con una cuchara perforada transfiera los chiles al vaso de la licuadora. Agregue ½ taza del caldo que reservó y el ajo, y licúe hasta obtener un puré suave.

Incorpore los chiles licuados a la mezcla de especias fritas y deje que se cocine rápidamente durante unos 5 minutos, revolviendo de manera constante. Agregue 3 tazas del caldo que reservó y deje que la salsa se siga cocinando a fuego lento durante unos 20 minutos o hasta que se espese y esté bien sazonada. Agregue el pollo cocido y sal, y deje que el pollo se caliente.

Ase la hoja de aguacate sobre un comal o plancha y luego muélala finamente. Agréguela a la salsa.

Nota: La salsa puede prepararse con varios días de anticipación si tiene a mano un buen caldo de pollo. El pollo puede cocerse y tenerse listo para luego calentarse en la salsa cuando esté lista para servirlo.

Pollo pibil

Señora Bertha López de Marrufo. Mérida, Yucatán

Aquí doy las instrucciones para preparar una porción individual, pero si quiere extender la receta para un grupo grande de personas, coloque las piezas de pollo sazonado en un traste refractario grande forrado con hojas de plátano y, después de añadir el jitomate y la cebolla, tape con una doble capa de hojas de plátano. Consulte la referencia a la barbacoa de hoyo, el *pib*, en la receta para cochinita pibil, en la pág. 307.

Comience aproximadamente 6 horas o un día antes.

Rinde 1 porción

¼	de pollo grande
2 ½	cucharadas de pasta de achiote (ver pág. 486)
1	cucharada de agua
	Sal al gusto
1	pieza de hoja de plátano de unos 30 por 30 cm (ver pág. 470)
2	cucharadas de manteca o de aceite vegetal
4	rebanadas delgadas de cebolla blanca
4	rebanadas gruesas de jitomate

Con un tenedor perfore el pollo por todos lados. Diluya la pasta de achiote con el agua y deje aparte ½ cucharadita. Unte el pollo bien con el resto de la pasta y sal.

Pase la hoja de plátano rápidamente por la flama para hacerla más flexible y envuelva el pollo con ella para formar un paquetito. Apártelo para que se sazone en el refrigerador, de preferencia toda la noche.

Caliente el horno a 190 ºC.

Derrita la manteca en una sartén y fría la cebolla hasta que se acitrone. Agregue el jitomate y la ½ cucharadita de pasta de achiote y fríalo ligeramente por ambos lados.

Desenvuelva el pollo. Ponga la mitad de la cebolla y el tomate debajo del pollo y la otra mitad encima. Vuelva a envolverlo en la hoja.

Coloque el "paquete" en un traste refractario y tápelo bien. Hornéelo durante 20 minutos. Dele vuelta, báñelo en los jugos y hornéelo durante otros 20 minutos o hasta que esté apenas suave. No lo cueza demasiado.

Suba la temperatura del horno a 220 ºC. Destape el traste, abra la hoja de plátano y deje que el pollo se dore por encima.

Sírvalo aún envuelto en la hoja de plátano.

Nota: Este platillo puede prepararse y cocerse parcialmente con bastante anticipación y terminar la cocción una ½ hora antes de que planee servirlo.

Pollo en escabeche oriental

Valladolid, Yucatán

El faisán en un escabeche ligero, o encurtido, es uno de los platillos clásicos de España que se han adaptado y adoptado en Valladolid, Yucatán. Se supone que la receta es herencia de las familias que llegaron a Yucatán provenientes de la región de Extremadura, en España.

Alberto Salum, del Restaurante Continental de Alberto, en Mérida, me brindó esta receta la primera vez que fui a Yucatán en busca de material para mi primer libro, *The Cuisines of Mexico*. Alberto me llevó hasta la cocina donde estaban cociendo el pollo al carbón, algo que, desde luego, acentúa el sabor, si es que puede prepararlo de esa manera.

Para esta receta necesitará un pollo grande, o mejor aún, un pavo chico.

Algunas cocineras prefieren usar cebollas moradas, mientras que otras insisten en usarlas solamente para el pescado.

Rinde de 6 a 8 porciones

4 cebollas blancas medianas, rebanadas delgadas (unas 6 tazas), preparadas como para hacer cebollas encurtidas yucatecas (ver pág. 281), pero remojadas en un vinagre suave durante sólo 1 hora

El recado

8 pimientas gordas martajadas
10 clavos enteros martajados
1 cucharada de pimientas negras martajadas
1 cucharadita de orégano, de preferencia yucateco, tostado
1 cucharadita de comino martajado
10 dientes de ajo
Sal al gusto
3 cucharadas de vinagre blanco suave o jugo de naranja agria

El cocinado del pollo

1 pollo grande o un pavo chico (de alrededor de 2 ½ kg), cortado en piezas para servir
3 tazas de agua
4 dientes de ajo sin pelar y asados (ver pág. 491)
⅛ de cucharadita de orégano, de preferencia yucateco, tostado
1 cucharadita de sal
Un poquito de manteca derretida para untar el pollo
6 chiles *x-cat-ik* o chiles güeros enteros, asados (ver pág. 472), pero sin pelar

Prepare las cebollas.

Muela las especias juntas hasta obtener un polvo fino. Machaque el ajo e incorpore la sal, el vinagre o jugo y las especias molidas. La mezcla debe quedar como una pasta bastante espesa.

Usando sólo un tercio de la pasta, cubra muy ligeramente cada pieza de pollo. Apártelas para que se sazonen por lo menos 30 minutos.

Ponga suficiente agua en una olla grande para apenas cubrir el pollo. Agregue el ajo, el orégano y la sal. Ponga en el fuego y deje que rompa el hervor, añada las piezas de pollo y cuézalas aproximadamente 25 minutos a fuego lento hasta que estén casi suaves; tenga cuidado de no sobrecocerlas.

Cuele el pollo y póngalo en una rejilla. Reserve el caldo y manténgalo caliente. En cuanto pueda manejar el pollo, unte cada pieza con la pasta restante.

Con una brocha, unte las piezas de pollo con la manteca y póngalas en el asador hasta que la piel esté apenas crujiente y de un color dorado pálido.

Incorpore la cebolla preparada y los chiles ligeramente asados (pero sin pelar) en el caldo, ponga en el fuego y deje que rompa el hervor. Coloque las piezas de pollo sobre un platón caliente y vierta encima el caldo con las cebollas y los chiles.

Nota: Este platillo puede prepararse con mucha anticipación; puede comerse a temperatura ambiente.

Pechugas de pollo con rajas

Ciudad de México

Me temo que desconozco el origen de este platillo y no recuerdo quién me dio la receta, pero ha demostrado ser uno de los platillos favoritos de los aficionados a la cocina mexicana fuera de México. Para acompañarlo no necesita nada excepto arroz blanco (ver pág. 188).

Rinde 6 porciones

6	pechugas de pollo chicas
	Sal y pimienta recién molida
¼	de taza de mantequilla
¼	de taza de aceite vegetal
2	tazas de cebolla blanca finamente rebanada
1 kg	de chiles poblanos asados, pelados, desvenados, sin semillas y cortados en rajas finas (ver pág. 474)
½	taza de leche entera
2	tazas de crema (ver pág. 489)
120 g	de queso chihuahua rallado

Deshuese las pechugas y quíteles la piel. Corte cada una en 4 partes. Sazónelas bien con sal y pimienta.

Caliente la mantequilla junto con el aceite en una cacerola y fría el pollo durante unos instantes por ambos lados, hasta que esté ligeramente dorado. Cuélelo y apártelo.

En la misma grasa, fría la cebolla hasta que se acitrone; luego agregue las rajas de chile poblano, excepto ⅔ de taza, y sal. Tape la olla y cocínelas a fuego medio aproximadamente 5 minutos, agitando la cacerola de vez en cuando para que no se peguen.

Licúe las rajas restantes con la leche hasta que estén lisas. Agregue la crema y licúe unos segundos más. Añada sal a último minuto, ya que tiende a agriar la salsa.

Caliente el horno a 180 ºC.

Arregle la mitad de las piezas de pollo en un traste refractario. Cubra con la mitad de las rajas y la mitad de la salsa. Repita las capas.

Hornee el pollo hasta que esté cocido (aproximadamente 30 minutos). Espolvoree con el queso y vuelva a meterlo al horno hasta que el queso se derrita.

Nota: Puede preparar todo con mucha anticipación. Fría las pechugas, prepare los chiles y licúe la salsa, pero no arme el platillo sino unos minutos antes de meterlo al horno. Este platillo sabe mejor si se consume en cuanto esté listo.

Pollo en relleno de pan

Señora María Luisa de Martínez. Michoacán

La primera vez que probé este platillo fue en casa de María Luisa y su marido, el doctor Pedro Daniel Martínez, dos de las personas que más sabían sobre comida regional mexicana. María Luisa era una cocinera verdaderamente creativa y, año tras año, me regaló horas de su tiempo, hablándome sobre la comida y explicándome los matices que hacen de la gastronomía mexicana algo muy especial. Ella y su marido nacieron y crecieron en Michoacán, un estado que, para mi gusto, tiene deliciosa comida regional. Nunca encontraron este platillo en restaurantes ni en libros de cocina: es muy casero.

Rinde 6 porciones

1	pollo de 2 kg cortado en piezas para servir
½	cebolla blanca pequeña
2	dientes de ajo finamente rebanados
5	pimientas negras
	Sal al gusto
	Agua o caldo de pollo para cubrir
3	zanahorias medianas, peladas y cortadas en cubitos de 1.5 cm
3	calabacitas medianas, cortadas en cubitos de 1.5 cm
3	cucharadas de aceite vegetal
¼	de taza de cebolla blanca finamente rebanada
½ kg	de jitomates asados (ver pág. 490)
3	cucharadas de pasitas
2	cucharadas de almendras fileteadas
1	chorizo desmoronado y frito
3	chiles jalapeños en escabeche
2	cucharaditas del jugo de los chiles en lata
⅓	de taza de aceite vegetal
1 ½	tazas de migas de pan seco, pero no tostado

Ponga el pollo en una olla grande con la ½ cebolla, 1 diente del ajo, las pimientas y sal. Cúbralo con agua o caldo, ponga en el fuego y deje que rompa el hervor y que siga hirviendo lentamente alrededor de 15 minutos. Agregue las zanahorias y cuézalo 10 minutos más. Añada las calabacitas y siga cociendo el pollo a fuego lento hasta que esté apenas suave y los vegetales estén *al dente* (aproximadamente 10 minutos). Cuele el pollo y reserve el caldo.

Caliente el aceite en una cacerola gruesa y fría ligeramente la cebolla rebanada y el ajo restante hasta que se acitronen.

Licúe los jitomates hasta obtener una salsa bastante lisa y agréguela a la cebolla junto con ½ taza del caldo que reservó. Deje que la salsa se reduzca a fuego medio durante unos 5 minutos.

Agregue las piezas de pollo y los vegetales, las pasas, almendras, chorizo, chiles y el jugo de los chiles, y cocine todo lentamente 8 minutos más, revolviendo la mezcla de vez en cuando para evitar que se pegue. La salsa debe haberse reducido un poco.

Caliente el aceite en una sartén, añada las migas de pan y fríalas, revolviendo todo el tiempo hasta que tengan un color dorado parejo (aproximadamente 8 minutos). Luego espolvoree las migas sobre el pollo y los vegetales y sirva de inmediato.

Nota: Si quiere preparar todo con anticipación puede hacerlo fácilmente hasta el punto en que la salsa se reduce. Unos 15 minutos antes de servir, recaliente y reduzca la salsa; esto será suficiente para que el pollo se caliente bien. Incluso puede freír las migas de pan hasta que estén crujientes y mantenerlas calientes.

Pollo a la uva

Señora Ana María de Andrea. Aguascalientes

La primera vez que fui a Aguascalientes, a principios de la década de 1970, me impresionó la elegancia de la comida del Hotel Francia. Me presentaron al dueño y a su mujer, la señora Ana María de Andrea, quien muy generosamente me brindó esta receta y la de guayabas rellenas que, desde entonces y a lo largo de todos estos años, han permanecido como grandes favoritas de mi cocina.

En aquella época, la vinicultura y la fabricación de vinos eran muy importantes en Aguascalientes, pero ahora están eclipsados por muchas industrias "limpias", la producción de lácteos y la producción de guayabas a gran escala.

Muy al inicio del periodo colonial las viñas se importaron de España y se injertaron a una uva silvestre nativa de la zona. Las viñas empezaron a florecer a pequeña escala, sobre todo en las misiones de Oaxaca a Baja California. Conforme fueron extendiéndose, los españoles temieron que los vinos americanos empezaran a competir con los españoles que se importaban al Nuevo Mundo y, en 1543, se aprobó una legislación para desanimar su cultivo. El golpe final llegó cuando, en 1771, se impusieron sanciones muy severas a quien fuera descubierto cultivando ya fueran viñas u olivos.

Para sus banquetes, la señora Andrea presentaba los pollos en platones ovalados, decorados con hojas de parra y uvas blancas y negras intercaladas, cubiertas de azúcar. Para servirlo puede ser más fácil cortar los pollos en piezas grandes antes de verter la salsa encima.

Rinde 6 porciones

2	pollos grandes, de aproximadamente 1 ½ kg cada uno
2	cucharadas de mantequilla
2	cucharadas de aceite vegetal
	Sal y pimienta recién molida
1	taza de cebolla blanca en rebanadas delgadas
2	dientes de ajo
2	varas de apio picado
1 kg	de jitomates toscamente picados
6	ramas de tomillo fresco o 1 cucharadita de tomillo seco
6	ramas de mejorana fresca o 1 cucharadita de mejorana seca
⅔	de taza de vino blanco seco
½ kg	de uvas blancas sin semilla

Caliente el horno a 180 ºC.

Embroquete los pollos. Caliente la mantequilla y el aceite juntos en una cacerola de hierro forjado y dore los pollos completamente. Sazónelos con sal y pimienta. Retírelos y apártelos.

En la misma grasa, fría la cebolla, el ajo y el apio a fuego lento durante unos 5 minutos. Agregue los jitomates y las hierbas a la cacerola. Coloque los pollos de costado en la mezcla de jitomate. Tape la cacerola y hornee aproximadamente durante 20 minutos.

Voltee los pollos y siga horneándolos hasta que estén suaves (de 20 a 25 minutos).

Apague el horno. Transfiera los pollos a un platón tibio y vuélvalos a poner en el horno caliente.

Licúe los vegetales y los jugos de la cacerola hasta obtener una salsa lisa. Devuélvala a la cacerola y cocínela a fuego medio hasta que se reduzca y espese (aproximadamente 10 minutos). Agregue el vino y siga cocinando la salsa durante unos 3 minutos, revolviéndola de vez en cuando. Añada las uvas y siga cocinando la salsa a fuego vivo 3 minutos más.

Vierta la salsa encima y alrededor de los pollos. Sirva de inmediato.

Pollo en barbacoa comiteca

Señora Irma Espinoza. Chiapas

En 1994, unos amigos y yo visitábamos la zona arqueológica cerca de Comitán, Chiapas, y de regreso nos detuvimos en una pequeña hacienda para comer. La esposa del dueño, la señora Irma Espinoza, nos sirvió este delicioso platillo. ¡Al día siguiente los zapatistas tomaron San Cristóbal de Las Casas y nuestra excursión llegó a su fin!

Hoy en día no es tan difícil conseguir hojas de plátano (ver pág. 470), pero puede sustituirlas con papel para horno; personalmente, estoy tratando de erradicar el papel aluminio de mi cocina. Lo mejor es sazonar el pollo un día antes.

Rinde 6 porciones

6	porciones grandes de pollo
2	chiles anchos desvenados y sin semillas
200 g	de jitomates toscamente picados
120 g	de tomates verdes, sin cáscara y toscamente picados
1	taza de cebolla blanca toscamente picada
2	dientes de ajo toscamente picados
4	pimientas negras machacadas
2	clavos enteros machacados
	Sal al gusto
3	ramas frescas de tomillo o ½ cucharadita de tomillo seco
1	hoja de laurel trozada
1	cucharadita de orégano
½	taza de perejil toscamente picado
¼	de taza de almendras fileteadas
¼	de taza de pasitas
12	aceitunas sin hueso, en mitades
	Hojas de plátano o papel para horno para cubrir el platillo

Coloque las piezas de pollo, en una sola capa, en un traste refractario de por lo menos 8 cm de profundidad, y apártelo mientras prepara la pasta para sazonar.

Cubra los chiles anchos con agua caliente y déjelos en remojo 5 minutos.

Licúe bien los jitomates y, poco a poco, añada los chiles anchos escurridos, los tomates verdes, la cebolla, el ajo, las especias machacadas y sal. Licúe bien hasta obtener una mezcla bastante lisa. Viértala sobre el pollo, tápelo y refrigérelo toda la noche.

Al día siguiente caliente el horno a 160 ºC., voltee las piezas de pollo y cúbralas bien con la salsa. Esparza las hierbas, las almendras, las pasas y las aceitunas sobre la superficie, y cubra con 2 capas de hojas de plátano. Hornee el pollo durante 35 minutos. Voltee las piezas de pollo y báñelas bien con la salsa. Tape el traste y siga horneando el pollo hasta que esté suave y la salsa se haya espesado (aproximadamente 35 minutos más).

Nota: Una vez horneado, este platillo puede reposar un par de horas, pero reduzca el tiempo inicial de cocción para que pueda recalentarlo sin que el pollo quede demasiado cocido.

Pollo en cuitlacoche

Señora Paula R. De González. Tehuacán, Puebla

Estaba hojeando un recetario de cocina publicado en 1976, en Tehuacán, Puebla, cuando encontré esta receta que he modificado ligeramente. Espero que la señora Paula R. de González me perdone por hacerlo; además, le agradezco sinceramente esta receta.

Elegí incluir esta receta para pollo en cuitlacoche, antes que nada, porque es deliciosa, aunque su apariencia no es muy agradable. Por cierto, en las páginas iniciales de ese libro hay una sección titulada *Propósitos de un ama de casa*. Entre ellos: "1. Haré mejores comidas; 2. Prepararé platillos más atractivos; 3. Descubriré la alegría de poner mesas bellas, aunque nuestros medios sean modestos; 4. Mi cocina será funcional y limpia; 5. Inventaré procedimientos para que mi familia aprenda a comer lo que debe y no sólo lo que le gusta; 6. Seré moderada para que la hora de comer sea de armonía y placer", y otros propósitos que me parecieron enternecedores.

He modificado la receta usando grasa de pollo derretida en vez de aceite y caldo de pollo en vez de agua. También sugeriría que el pollo se deje ligeramente crudo y que el platillo se aparte para que se sazone durante una hora antes de servirlo. Luego puede recalentarse sin sobrecocer el pollo. Yo sirvo este platillo con arroz blanco.

Rinde 6 porciones

¼ de taza de grasa derretida de pollo o aceite vegetal
12 piezas grandes de pollo
2 tazas de cebolla blanca en rebanadas delgadas
2 dientes de ajo finamente picado
700 g de cuitlacoche toscamente picados
Sal al gusto
1 taza de caldo de pollo ligero (ver pág. 496) o agua
4 chiles poblanos asados, pelados, desvenados y sin semillas, cortados en rajas (ver pág. 474)
⅓ de taza de hojas de epazote apretadas y toscamente picadas

Caliente la grasa o aceite en una cacerola profunda y fría las piezas de pollo, por tandas, hasta que estén doradas. Escúrralas y apártelas.

Elimine toda la grasa de la cacerola excepto ¼ de taza. Agregue la cebolla y el ajo. Fríalos ligeramente sin dorar hasta que se acitronen (aproximadamente 2 minutos). Agregue el cuitlacoche, espolvoree bien con sal y siga cocinando, raspando el fondo de la cacerola para que no se queme, durante unos 10 minutos.

Agregue las piezas de pollo y el caldo. Tape la cacerola y siga cocinando a fuego lento alrededor de 30 minutos.

Añada las rajas de chile y el epazote. Siga cocinando, tapado, a fuego lento hasta que el pollo esté casi suave (otros 20 minutos). Aparte el platillo para que se sazone (vea la nota superior).

Pescados y mariscos

El despliegue de pescados... era de tal variedad y belleza
como nunca antes había presenciado y siquiera imaginado.
Sabía que, cuando están recién salidos del agua,
la raza que tiene aletas presentaba tonos más resplandecientes
y más variedad de formas, que las aves y los insectos,
pero ahora estaba convencido de esta verdad.
Cientos de distintas especies de peces
cubrían las piedras del mercado de la plaza de Veracruz:
brillaban con todos los colores del prisma;
sobrepasaban el fulgor de las gemas preciosas
y excedían todas las brillantes tonalidades de los chupamirtos.

Tomado de *Seis meses de residencia y viaje por México,* de W. H. Bullock, siglo XIX

En 1970 escribí: México es un país con una gran extensión de costa y algún día voy a recorrerla en su totalidad. Supongo que, inevitablemente, acabaría en mis sitios favoritos de mariscos —si todavía existen—, pero también me gustaría llenar los espacios y ver el resto de las cosas que no conozco. Desde luego, empezaría en Ensenada para buscar las almejas pismo, aunque ahí se les llama simplemente almejas. La última vez sólo las puede encontrar en forma de coctel... Si hay algo que mata a los mariscos es un coctel y esa salsa a base de *catsup* que es sencillamente espantosa. Yo quería ver la concha de las almejas y que las abrieran frente a mí. Después de un compromiso de comida, en que me sirvieron un filete ranchero de tortuga que estaba algo duro, para mi sorpresa salí del restaurante y encontré las almejas que había estado buscando en un puestecito callejero. La almeja pismo tiene una concha grande de color blancuzco, con un músculo rosáceo y jugoso en su interior: es la almeja más dulce y deliciosa que pueda haber.

Conforme bajé por la costa, varias veces comí totoaba, un pescado grande parecido al robalo, que abunda en la parte norte del golfo de California: es maravilloso. Luego, fui a Guaymas para comer camarones antes de dirigirme a Mazatlán. Ahí, a media mañana, el bocadillo favorito se vende en unos carritos callejeros: se trata de la pata de mula, que es grande, oscura y con una concha acanalada. Me adelanté a las hordas de gente y me dirigí a El Mamucas para almorzar un plato grande de sopa marinera, una sopa de maravilloso sabor que lleva pescado y mariscos, y después montones y montones de callos de hacha, que son las almejas pinna.

Recuerdo mi última visita a Zihuatanejo con Paul, justo antes de que nos mudáramos a Nueva York. Pasamos algunos días pescando con amigos. Recuerdo que acabábamos de atrapar un gran dorado: era tan hermoso en el agua que parecía un crimen sacarlo del mar y ver cómo se marchitaba e iba perdiendo sus tonalidades azul y dorado. Atracamos en una playa arenosa para un picnic y Gayo, el lanchero, prendió una fogata. En un rústico marco de ramas de huisache que amarró bien con tiras de corteza, asó la mitad del dorado y, después de sazonarlo con jugo de limón y sal gruesa, cortó un solo filete largo. Cuando llegó el momento de darle la vuelta al pescado, para asombro de todos nosotros, Gayo se dirigió al mar que le llegaba a las rodillas y sostuvo el pescado bajo el agua durante un par de minutos. Luego volvió para terminar de cocerlo del otro lado. Había tortillas calientes; no se necesitaba nada más.

Recuerdo haber comido ostiones recién sacados del mar, los camarones más pequeños y dulces y sierra asada a la orilla del agua en el golfo de Tehuantepec tras un largo y caluroso viaje desde Oaxaca, un mes de agosto. Hasta el agua del mar estaba demasiado caliente para nadar, pero nos refrescamos con cerveza helada y la frescura metálica de los ostiones y el jugo de limón que acompañaron nuestra comida.

De ahí llegué casi hasta Palenque. Una vez fui ahí a visitar las ruinas mayas y seguí a Bonampak y hacia el río Usumacinta, que divide a México de Guatemala, para llegar a Yaxchilán. Cuando nuestro avión aterrizó dando tumbos en una pista que no era otra cosa que unos cuantos metros de piedras sueltas, nos aguardaba un comité de recepción.

Era el cumpleaños del maestro del pueblo y aquella mañana nuestro guía en la selva —un ranchero y cazador de la zona— lo había estado celebrando, junto con otros amigos, durante un buen rato. De modo que nos recibieron calurosamente y nos llevaron en la parte trasera de un viejo camión para compartir la comida de la ceremonia. Encima de una fogata asaban un pejelagarto —un pez prehistórico de escamas gruesas y duras y una especie de pico largo— que acababan de sacar del río. Cuando la carne del pescado estaba cocida, se deshebró, se sazonó con un poco de achiote molido y hojas de epazote y sal. Lo comimos en tacos.

Al día siguiente yo ya había convencido al dueño de un restaurante local para que una mujer del pueblo, experta en preparar los platillos de la zona, nos hiciera shote y momo. *Shote* es el nombre que se da a un caracol de agua dulce que tiene una concha alargada de unos 4 cm de largo. El caracol se purga durante más o menos un día en agua fresca con hojas de momo. *Momo* es el nombre que se da a la hoja santa que se usa mucho en las cocinas de Oaxaca, Veracruz y Chiapas. Luego los caracoles se cocinan en un caldo sazonado con hojas de chaya (*Cnidoscolus chayamansa*) molida y se espesa con un poquito de masa de maíz. Se sirve en platos hondos y adentro tiene espinas duras como de 5 cm de largo que sirven para sacar los caracoles.

Luego hicimos un breve alto en Tabasco, donde los grandes cangrejos moros se rellenan y se calientan en una salsa de pepitas de calabaza, sazonada y coloreada con achiote.

Valdría la pena volver al Bal Hai de Cozumel para hacer que la señora Moguel nos preparara un *sac kol*, el nombre en maya de la sopa de langosta que preparan en la región y que, traducido literalmente, significa "caldo blanco". La langosta tiene que estar recién sacada del mar, recién muerta y limpia de las espinas y de las partes que no se comen. El resto se corta con el caparazón y se cuece, junto con la cabeza, en agua sazonada del típico modo yucateco con orégano, cebolla y una cabeza de ajo asada. El caldo se espesa con un poco de masa y se colorea con achiote molido. Mientras uno espera, puede acompañar con tequila las botanas de la región: salchicha de huevo de tortuga y nanches (*Byrsonima crassifolia*), que son las bayas ácidas de un arbusto que crece en tierra arenosa en algunas partes del sur de México. Los pescadores hacen la salchicha cuando salen a sus expediciones de pesca y atrapan tortugas. Se limpian los intestinos de la tortuga y se rellenan con los huevos. Luego la salchicha se hierve para cocer los huevos. La señora Moguel también preparaba un muy buen ajiaco: un guisado de tortuga, con especias, tomates y vino blanco. Pero yo prefiero la tortuga de río, que es más delicada, como la preparan en Tabasco, en una salsa verde hecha a base de hierbas molidas con hojas de la planta del chile.

Los campechanos y los yucatecos jamás me perdonarían si no mencionara su platillo favorito: pan de cazón. El cazón es un tiburón pequeño, cuya carne algo seca se cocina y se deshebra. Con ella se rellena una tortilla inflada a la que se le unta una pasta de frijol —igual que los panuchos— y luego se cubre con salsa de tomate. Los mejores cocineros a los que consulté insistían en que ésta era la versión correcta y no la que sirven en los restaurantes en que se apilan capas de tortilla con frijoles, pescado y la salsa en medio.

De todos los pescados que hay en México quizá la mayor delicia sea el blanco de Pátzcuaro: el famoso pez blanco acerca del cual Calderón de la Barca dijo que "habría regocijado el corazón de un Epicuro". Desde luego, puede comerlo en los restaurantes de la Ciudad de México, pero es mucho mejor ir directamente al lago de Pátzcuaro, en el hermoso campo michoacano, y comerlo frito, recién sacado del agua, en El Gordo, el pequeño restaurante que está en el embarcadero: un muellecito que hay para que las lanchitas vayan y vengan por el lago. O pruebe el caldo *michi*: un caldo ligero de verduras, sazonado con cilantro fresco, al que se añaden charales, unos pescaditos blancos que se agregan en el último momento para que su carne esté suave pero sin que se deshagan.

Se dice que Moctezuma y la nobleza comían camarones. Bernardino de Sahagún describe un platillo de camarones con jitomates y pepitas de calabaza molidas. Los mariscos llegaban del Golfo a Tenochtitlan, traídos por corredores de relevos que llegaban en unas doce horas... o al menos eso dicen.

Francamente, yo soy adicta a los camarones secos que se usan a todo lo largo del país. Desde la costa de Escuinapa en Sonora y Nayarit vienen los famosos sopes de vigilia. Como su nombre lo indica, se preparan en días en que está prohibido comer carne roja y, desde luego, son especialmente populares durante la Semana Santa. Los camarones secos se muelen y se mezclan con la masa para tortillas, a partir de la cual se hacen unas tortillitas gruesas que se cocinan en el comal. Luego se les pinchan los bordes para formar sopes que contienen un relleno de huevos revueltos, nopales y papas. Después se bañan con salsa de jitomate y se adornan con lechuga picada y rábanos en forma de flor.

Quienes hayan comido cabrito en El Correo Español de la Ciudad de México nunca olvidarán las tacitas de picante caldo de camarón; y luego está el caldo de camarón no tan fuerte que se sirve en las cantinas de Tuxtla Gutiérrez. Y, sin duda, el platillo más popular y querido que se sirve durante Vigilia y Navidad son los romeritos con torta de camarón, que también se llaman revoltijo de romeritos.

México tiene 6 mil kilómetros de costas que abarcan desde el golfo de California o Mar de Cortés, hasta el Océano Pacífico, el Golfo de México y el Mar Caribe, lo cual proporciona infinitas variedades de mariscos para consumo nacional y para exportar. Pero también hay pescados y moluscos en los ríos y lagos de México que ofrecen ingredientes para platillos locales muy especiales, así como para la manutención de muchas comunidades pesqueras que habitan sus márgenes.

Pescado en tikin xik

Yucatán y Campeche

Uno podría imaginar que los pescadores inventaron este método para asar pescado sobre una fogata de mangle. Las palabras *tikin xik* significan chile seco aunque, de hecho, se emplea muy poco para sazonarlo.

Rinde 6 porciones

2 meros o huachinangos de aproximadamente 1 ¼ de kg cada uno
¼ de taza de aceite de oliva
3 dientes de ajo pelados y picados
¼ de taza de jugo de naranja agria o de vinagre blanco suave

El recado

1 cucharada de semillas de achiote martajadas
¼ de cucharadita de pimientas negras martajadas
Sal al gusto
¼ de cucharadita de orégano yucateco, si es posible, u orégano común tostado
¼ de cucharadita de polvo de chile seco de Yucatán o chile de árbol

Para servir

Orégano asado
Chiles habaneros picados
Aguacate rebanado
Cebollas encurtidas yucatecas (pág. 281)
Jitomates rebanados
Naranjas agrias rebanadas

No quite las escamas al pescado. Elimine la cabeza y las aletas, y abra el pescado en una sola pieza aplanada. Elimine la espina dorsal.

Muela y licúe todos los ingredientes de la pasta para sazonar hasta obtener una consistencia lisa. Unte la pasta, en una capa no muy gruesa, sobre la carne (la parte abierta del pescado) y deje que se sazone aproximadamente durante 2 horas.

Con una brocha, unte el lado sazonado del pescado con el aceite y cuézalo (con el lado sazonado hacia abajo) sobre carbón o bajo el asador, de 5 a 8 minutos. Voltee el pescado y cocínelo sobre el lado de la piel hasta que la carne esté apenas bien cocida (aproximadamente 15 minutos, según el grosor del pescado).

Sirva el pescado caliente con tortillas frescas para que cada quien se prepare sus tacos; pase por separado platitos con los ingredientes que lo acompañan.

Sierra en escabeche

Yucatán

Éste es un platillo muy fresco y fragante que resulta muy superior a cualquier otra variante regional de pescado en escabeche. Me parece que sabe mejor aproximadamente una hora después de preparado y servido a temperatura ambiente. Dura uno o dos días en el refrigerador, aunque el pescado tiende a endurecerse.

He leído algunas recetas que incluyen más ingredientes aromáticos, como las hojas de la pimienta gorda, del arrayán y de la naranja.

Aunque tradicionalmente la sierra es el pescado que se usa, a veces me gusta preparar esta receta de una forma más colorida con filetes de salmón.

Rinde 6 porciones

Preparación del pescado

1	taza de agua
¼	de taza de jugo de limón
1	cucharadita de sal
6	filetes de sierra o de salmón, de 2.5 cm de grosor (alrededor de 1 ½ kg)
2	hojas de laurel
10	dientes chicos de ajo asados (ver pág. 491), pelados y enteros
	Sal al gusto
½	cucharadita de azúcar

Paso 1

½	cucharadita de pimientas negras martajadas
½	cucharadita de semillas de cilantro martajadas
½	cucharadita de comino martajado
2	clavos enteros martajados
1	raja de canela de 1.5 cm
2	pimientas gordas martajadas
2	dientes de ajo
½	taza de vinagre de vino
½	taza de agua
½	cucharadita de orégano yucateco, si es posible, u orégano común tostado

Paso 2

½	taza de aceite de oliva
¾	de taza de vinagre de vino
1 ¼	tazas de agua
½	taza de aceite vegetal
6	chiles güeros asados pero no pelados (ver pág. 471)
4	tazas de cebolla morada en rebanadas delgadas, desflemada como para hacer cebollas encurtidas yucatecas (pag. 281)

Vierta el agua, el jugo de limón y la sal sobre el pescado y apártelo durante 1 hora, volteándolo de vez en cuando.

Muela las especias en un molino eléctrico o en un mortero. Machaque los 2 dientes de ajo y muélalos hasta formar una pasta con las especias. Ponga la pasta de ajo y de especias en una olla en el fuego junto con el resto de los ingredientes del paso 1 y deje que rompa el hervor. Añada el aceite de oliva, el vinagre y el agua y, una vez más, deje que rompa el hervor. Apártela y manténgala caliente.

Seque muy bien los filetes de pescado. Caliente el aceite en una sartén y fríalos durante unos 5 minutos de cada lado. Deben estar apenas cocidos. Colóquelos en un platón y vierta encima el escabeche. Agregue los chiles y las cebollas. Aparte el pescado en el escabeche y deje que se sazone durante 1 hora al menos.

Sirva a temperatura ambiente.

Pescado en ajo quemado

Señora Isela Rodríguez de Alonso. Mérida, Yucatán

El método descrito en esta receta, los sabores y los ingredientes cocidos al carbón son típicos de la cocina de la península de Yucatán. La señora Isela usa también una cabeza de pescado para dar una textura más gelatinosa a la salsa. Yo prefiero servir este platillo con pan francés.

Rinde 6 porciones

6	filetes de pescado de unos 2 cm de grosor (alrededor de 1 ¼ kg)
1	cabeza de pescado
3	cucharadas de jugo de limón
	Sal al gusto
2	dientes de ajo toscamente picados
1	cucharada copeteada de recado de toda clase (ver pág. 485)
1 ½	cucharadas de jugo de naranja agria o de vinagre afrutado
⅓	de taza más 2 cucharadas de aceite de oliva
1 ½	tazas de cebolla blanca en rebanadas gruesas
1	pimiento verde grande, desvenado, sin semillas y finamente rebanado
350 g	de jitomates finamente rebanados
1	manojo chico de perejil toscamente picado
2	cabezas chicas de ajo bien asadas y cortadas a la mitad horizontalmente (ver pág. 491)
6	chiles *x-cat-ik*, o güeros, asados, enteros y sin pelar (ver pág. 472)
1	cucharada copeteada de orégano, yucateco si es posible, tostado y desmoronado

Sazone el pescado, incluida la cabeza, con el jugo de limón y la sal. Apártelo durante unos 15 minutos.

En un tazón pequeño, machaque el ajo junto con el recado y dilúyalo con el jugo de naranja agria. Unte una capa delgada sobre el pescado (y la cabeza) y apártelo para que se sazone por lo menos 1 hora.

Caliente el horno a 180 ºC.

Caliente ⅓ de taza de aceite de oliva en una sartén, agregue las cebollas, el pimiento y espolvoree con sal. Fría a fuego lento hasta que todo se suavice (aproximadamente 2 minutos). Agregue las rebanadas de jitomate y fríalas hasta que se haya evaporado un poco de jugo (unos 3 minutos).

Ponga la mitad de la mezcla de jitomate en un traste refractario en el que quepa el pescado en una sola capa. Coloque encima el pescado, espolvoree con la mitad del perejil y cubra con el resto de la mezcla de jitomate. Coloque las mitades de ajo y los chiles sobre la superficie, espolvoree con orégano y vierta las 2 cucharadas restantes de aceite de oliva.

Tape el traste y hornéelo durante aproximadamente 20 minutos. Sáquelo del horno y báñelo bien con los jugos, luego vuelva a taparlo y hornéelo 20 minutos más o hasta que esté apenas cocido. Apártelo para que se sazone una media hora antes de servir y luego recaliéntelo suavemente para no sobrecocer el pescado.

Nota: Este pescado puede sazonarse con anticipación y también puede guisar la mezcla de tomate, pero el pescado debe cocinarse no mucho antes de servir y montar el platillo.

Ceviche

Basado en una receta de la señora Josefina Velázquez de León. Guerrero

Aunque he capitulado y utilizo la ortografía aceptada para la palabra *ceviche*, don Amando Farga, español por nacimiento, uno de los más importantes gastrónomos durante las décadas de 1960 y 1970 en México, insistía en usar b en vez de v, pues decía que la palabra provenía de *cebar* que, entre otras cosas, significa "saturar" o "penetrar". También decía que este método de "cocinar" sin fuego se remontaba al Oriente cuando, durante el periodo colonial, los españoles abrieron las rutas comerciales entre las Filipinas y los puertos del Pacífico en América Latina. De hecho, muchos países tienen su propia receta para preparar el ceviche.

Rinde 6 porciones

½ kg	de filetes de sierra sin piel
	Jugo de 6 o 7 limones grandes, diluido en ½ taza de agua
350 g	de jitomates finamente picados
3 o 4	chiles serranos de lata en escabeche
¼	de taza de aceite de oliva
½	cucharadita de orégano
½	cucharadita de sal, o al gusto
	Pimienta recién molida

Para servir

1	aguacate pequeño en rebanadas
1	cebolla morada chica cortada en aros
2	cucharadas de cilantro picado

Corte el pescado en cubitos de aproximadamente 1.5 cm, póngalos en un tazón de vidrio y cúbralos con el jugo de limón. Apártelo en el refrigerador hasta que el pescado se ponga opaco (aproximadamente 3 horas). De vez en cuando, revuélvalo suavemente para que los cubitos se "cuezan" parejos en el jugo de limón.

Agregue los jitomates y el resto de los ingredientes. Aparte el ceviche en el refrigerador durante al menos 1 hora para que se sazone. Debe servir el ceviche frío, pero no tanto como para que el aceite se cuaje.

Antes de servir, adorne cada porción con rebanadas de aguacate y aros de cebolla, y espolvoree con un poquito de cilantro picado, si lo desea. Es mejor consumirlo el mismo día de su preparación.

Pámpano en salsa verde

Hotel Baluartes, Campeche

Oí hablar de este método de preparar el pámpano a fines de la década de 1960. No pude encontrarlo en el menú de los restaurantes populares, pero por fin convencí al cocinero del Hotel Baluartes, en Campeche, el único que entonces había en el malecón, para que me lo preparara. Reunió los ingredientes en la espaciosa pero algo desordenada cocina y lo guisó en una sartén no muy honda sobre la estufa. ¡Estaba delicioso! Odio decir esto, pero es perfecto para todo aquel que esté a dieta. La salsa debe licuarse y cocinarse al último minuto o, de lo contrario, perderá su sabor y su color fresco.

Rinde 6 porciones como entrada

2	pámpanos, cada uno como de 600 g
¼	de cucharadita de pimientas negras martajadas
¼	de cucharadita de comino martajado
½	cucharadita de sal
	El jugo de un limón grande

La salsa

⅓	de taza de agua
1	cucharada de vinagre blanco suave
2	dientes de ajo toscamente picados
½	pimiento verde desvenado, sin semillas y toscamente picado
1	chile serrano toscamente picado
3	ramas de cilantro toscamente picado
3	ramas de perejil toscamente picado
6	cebollitas
⅛	de cucharada de orégano, yucateco si es posible
½ kg	de jitomates verdes (no maduros), picados
	Sal al gusto
⅓	de taza de aceite de oliva

Haga que el pescadero limpie el pescado, dejando la cabeza y las aletas.

Muela las especias juntas, en seco, y mézclelas con la sal y el jugo de limón.

Perfore el pescado por todos lados con un tenedor y úntelo bien con el sazonador. Apártelo, en un traste refractario, a que se sazone por lo menos ½ hora.

Caliente el horno a 150 ºC.

Ponga el vinagre y el agua en el vaso de la licuadora y añada los ingredientes de la salsa, excepto el aceite, poco a poco, licuando bien después de cada adición, hasta obtener una mezcla de textura ligera.

Ponga un poquito de aceite debajo del pescado, vierta la salsa encima junto con el resto del aceite y hornee el pescado tapado con una cubierta floja, durante unos 20 minutos. Voltee el pescado con cuidado y hornéelo otros 15 minutos, bañándolo de vez en cuando con la salsa.

Nota: Este platillo debe prepararse y cocinarse de inmediato para que el pescado no esté sobrecocido.

Pescado en cilantro

Señorita Evelyn Bourchier. Ciudad de México

Los amigos en cuya casa probé este extraño platillo le agregaron camarones grandes, sin pelar, a la salsa. Aunque desconocían el origen de la receta, la habían encontrado en un librito encantador: una edición privada de la Ciudad de México titulada *Hierbas para nuestro uso* (1962), de Evelyn Bourchier y José Roldán Parrodí.

A primera vista parece que este platillo requiere de una cantidad excesiva de cilantro pero, al cocinarlo, se hace casi nada y su sabor no es tan fuerte como uno podría pensar... a menos, desde luego, ¡que usted no soporte el cilantro! Los sabores del chile, la cebolla y el cilantro, combinados con el picoso jugo de la lata de chiles, producen una salsa única.

Rinde 6 porciones como entrada

1 huachinango de 1 ¼ a 1 ½ kg
1 cucharada rasa de sal
Pimienta recién molida
1 ½ tazas de cebolla blanca en rebanadas delgadas
⅓ de taza de jugo de limón
⅓ de taza de aceite de oliva
3 chiles jalapeños en escabeche
3 cucharadas del jugo de la lata de chiles
2 tazas de cilantro toscamente picado

Haga que el pescadero limpie el pescado, dejando la cabeza y la cola.

Perfore el pescado por ambos lados con un tenedor y úntelo con la sal y la pimienta. Colóquelo en un traste refractario con la mitad de las cebollas debajo del pescado y el resto encima. Vierta el jugo de limón y apártelo aproximadamente 1 hora, volteándolo de vez en cuando.

Caliente el horno a 180 ºC.

Tape el traste y hornéelo durante unos 15 minutos de cada lado.

Agregue el resto de los ingredientes y siga horneando el pescado, tapado, hasta que esté apenas cocido, bañándolo de vez en cuando con los jugos del traste (aproximadamente 20 minutos).

Nota: Este platillo también resulta delicioso frío, ¡si es que sobra algo!

Pescado alcaparrado

Tabasco

Uno de los muchos excelentes cocineros que conocí en Tabasco, y cuyo nombre no puedo encontrar, me dio esta receta poco común. El pescado se cubre con una salsa cremosa de color verde pálido.

El robalo resulta excelente para este platillo y es un tipo de pescado que encontrará muy a menudo en el menú de los restaurantes mexicanos. Se trata de robalo blanco, un pescado alargado del género de los *Centropomus*, que tiene una carne blanca y rica. Junto con el huachinango, supongo que es uno de los pescados más populares de México, sobre todo a lo largo de la costa del Golfo y, aparentemente, así ha sido siempre. Se han identificado huesos de robalo en las cocinas del sitio olmeca de San Lorenzo, que se remonta a 1200-1000 a.C.

Rinde 6 porciones

El caldo de pescado

¼ kg de zanahorias raspadas en rebanadas delgadas
¼ kg de nabos pelados y en rebanadas delgadas
2 hojas de laurel
⅓ de taza de cebolla blanca en rebanadas delgadas
12 pimientas negras
2 cucharadas de jugo de limón
4 tazas de agua, o suficiente para cubrir el pescado
Sal al gusto
1 robalo de 1 ½ kg

La salsa

¾ de taza de almendras peladas, toscamente picadas
1 ½ tazas del caldo reservado de pescado
½ taza de migas de pan frescas
4 hojas grandes de lechuga trozadas
1 cucharada de alcaparras grandes, enjuagadas y escurridas
1 rama de perejil
4 dientes de ajo
¼ de taza de cebolla blanca toscamente rebanada
½ taza de aceite de oliva
Sal al gusto

Para adornar

El corazón de una lechuga orejona
1 cucharada de alcaparras grandes, enjuagadas y escurridas
12 aceitunas sin hueso
¾ de taza de cebolla blanca finamente picada
200 g de jitomates finamente rebanados

Ponga todos los ingredientes del caldo en una cacerola y hierva suavemente durante unos 30 minutos. Cuele y aparte el caldo, pero manténgalo caliente.

Limpie el pescado, dejando la cabeza y la cola, y colóquelo en un refractario no muy hondo. Cubra el pescado con el caldo tibio y escálfelo en la estufa a fuego lento hasta que esté apenas cocido (aproximadamente 20 minutos). Vierta el caldo y apártelo.

Caliente el horno a 180 ºC.

En un molino para café o para especias, muela las almendras tan finamente como sea posible: deben completar como ½ taza. Ponga 1 taza del caldo que reservó en el vaso de la licuadora, agregue las almendras molidas, las migas de pan, las hojas de lechuga, las alcaparras, el perejil, 2 dientes de ajo y la cebolla, y licúe hasta obtener una salsa con textura. Apártela.

Caliente el aceite ligeramente y agregue los 2 dientes de ajo restantes. En cuanto empiecen a dorarse, retírelos con una cuchara perforada y elimínelos. Incorpore la salsa licuada, agregue ½ taza del caldo que reservó y cocínela a fuego lento hasta que esté bien sazonada (aproximadamente 8 minutos).

Vierta la salsa sobre el pescado y póngalo en el horno hasta que se caliente bien (aproximadamente 15 minutos).

Disponga las hojas de lechuga alrededor del platillo y adórnelo con el resto de los ingredientes.

Huachinango a la veracruzana

Arquitecto Juan O' Gorman (†). Veracruz

El huachinango a la veracruzana es, sin duda, el platillo mexicano de pescado favorito y el más conocido, quizá junto con el ceviche. Existen muchas versiones de esta receta, algunas de las cuales incluyen pimiento rojo y otros ingredientes, pero ésta sigue siendo la número uno para mí. Lo probé por primera vez en una cena en casa de Juan O' Gorman, el famoso pintor, muralista y arquitecto mexicano, y de su esposa Helen, una distinguida botánica y pintora. Era una receta que él había traído de Veracruz, donde trabajó en un proyecto arquitectónico para hacer escuelas. Este platillo ha tenido mucho éxito a lo largo de los años, sobre todo en Tokio, donde lo serví durante una promoción de comida mexicana.

Rinde 6 porciones como entrada

1	huachinango de 1 ½ kg
1	cucharadita de sal, o al gusto
2	cucharadas de jugo de limón
¼	de taza más 3 cucharadas de aceite de oliva
1	taza de cebolla blanca finamente rebanada
2	dientes grandes de ajo rebanados
1 kg	de jitomates finamente picados
2	hojas de laurel
¼	de cucharadita de orégano
12	aceitunas sin hueso o rellenas de pimiento rojo, cortadas a la mitad
2	cucharadas grandes de alcaparras
2	chiles jalapeños en escabeche cortados en rajas, o chiles largos enteros
½	cucharadita de sal, o al gusto

Caliente el horno a 160 ºC.

Haga que el pescadero aliñe el pescado, dejando la cabeza y la cola intactos. Perfore el pescado por ambos lados con un tenedor y úntelo con sal y el jugo de limón. Apártelo en un traste refractario para que se sazone durante unas 2 horas.

Caliente ¼ de taza de aceite en una sartén y fría la cebolla y el ajo, sin dorar, hasta que se acitronen. Añada a la sartén los jitomates junto con el resto de los ingredientes y cocine la salsa a fuego alto hasta que esté bien sazonada y un poco de jugo se haya evaporado (aproximadamente 10 minutos). Vierta la salsa encima del pescado.

Espolvoree las 3 cucharadas restantes de aceite de oliva sobre la salsa y hornee el pescado aproximadamente 20 minutos, con una tapa suelta por un lado. Voltee el pescado con mucho cuidado y hornéelo hasta que esté apenas suave (unos 20 minutos). Durante el tiempo de cocción, báñelo frecuentemente con la salsa.

Pescado relleno

Señora Rosina González. Veracruz

Esta receta me la dio la mamá de mi amigo Gonzalo González, veracruzana y excelente cocinera. Ella fue muy paciente con mis interminables preguntas cuando nos sentamos horas y horas a hablar de sus platillos regionales. La receta original lleva huachinangos chicos.

Rinde 6 porciones

6	huachinangos chicos (cada uno de alrededor de 350 g), uno por persona
6	dientes de ajo
	Sal al gusto
10	pimientas negras martajadas
⅓	de taza de jugo de limón
2	cucharadas de mantequilla
2	cucharadas de aceite de oliva
1 ¼	tazas de cebolla blanca finamente picada
1 kg	de jitomates finamente picados
¼ kg	de camarones pelados y desvenados
¼ kg	de callo de hacha
2	cucharadas de perejil finamente picado
¼ kg	de carne de jaiba cocida
6	cucharadas de mantequilla derretida o aceite de oliva

Haga que el pescadero aliñe el pescado, dejando la cabeza y la cola. Pídale que retire la mayor parte posible de la espina dorsal para formar un buen hueco o bolsita a fin de rellenar el pescado sin tener que abrirlo por completo.

Machaque el ajo y mézclelo con la sal, la pimienta y el jugo de limón hasta formar una pasta. Perfore los pescados por todos lados con un tenedor y úntelos bien con la pasta, por fuera y por dentro. Aparte los pescados para que se sazonen por lo menos 1 hora.

Caliente el horno a 180 ºC y prepare el relleno.

Derrita la mantequilla con el aceite en una sartén y fría la cebolla hasta que se acitrone. Agregue los jitomates y cocínelos a fuego bastante alto hasta que se evapore un poco del jugo.

Corte los camarones a la mitad y los callos de hacha en cuartos. Agréguelos junto con el perejil, sal y pimienta a la mezcla de jitomate y deje que se cocinen a fuego medio hasta que estén apenas suaves (aproximadamente 10 minutos). Incorpore la carne de jaiba.

Rellene cada pescado con aproximadamente ½ taza de relleno y cósalo con hilo para cocinar. Ponga la mitad de la mantequilla o aceite de oliva en un traste refractario no muy hondo. Coloque los pescados uno al lado del otro y luego coloque encima la mantequilla o aceite restante. Tape el traste y hornéelo hasta que los pescados estén suaves (unos 20 minutos).

Nota: Todo puede hacerse con anticipación hasta el punto en que se rellena el pescado. Eso debe hacerse a último minuto para que el relleno no se haga aguado.

Jaibas en chilpachole

Señora María Cano Carlín. Veracruz

Ésta es una de las sopas más populares de Veracruz, que se hace con los cangrejitos azules del Golfo de México. Aprendí a prepararla hace muchos años, bajo la vigilante mirada de la señora María Cano Carlín, una de las meticulosas y entusiastas cocineras del restaurante Las Brisas del Mar, en Boca del Río, a unos kilómetros al sur del Puerto de Veracruz.

Como pueden imaginar, hay variaciones, pues algunas cocineras usan chiles anchos o chipotles. Yo le hice algunos ajustes a la receta original de doña María añadiendo un chile ancho para darle más color y asando los ingredientes en vez de cocinarlos en papel aluminio.

Muchas recetas llevan pulpa de jaiba, para no tener que chupar los caparazones.

Si usted quiere hacer una sopa más refinada, use 6 cangrejos para el caldo —para extraerles la grasa y los huevos— y considere aproximadamente ½ kg de pulpa de jaiba.

Otra cocinera muele un pedacito de caparazón para agregarle más sustancia al caldo. Trate de comprar cangrejos hembra, que pueden distinguirse por las patas con punta anaranjada y por la sección en forma de campana en el pecho (el macho tiene una marca larga y delgada en forma de pene).

Rinde 6 porciones

12	cangrejos hembra vivos
1 ½ l	de agua hirviendo, salada
1	chile ancho desvenado y sin semillas
½	cebolla blanca grande, toscamente rebanada y asada
6	dientes de ajo asados y pelados (ver pág. 491)
½ kg	de jitomates asados (ver pág. 490)
2	chiles jalapeños asados
3	cucharadas de aceite de oliva
3	ramas grandes de epazote

Si se atreve a hacerlo, talle bien los cangrejos en agua fría y échelos a una olla con el agua hirviendo. Deje que se cuezan durante no más de 3 minutos. Retire todos los cangrejos, excepto 2, y apártelos para que se enfríen. Hierva los dos cangrejos que dejó durante 10 minutos y luego sáquelos.

Cuando se hayan enfriado un poco y pueda manejarlos con las manos, retire la pieza en forma de campana del caparazón y levante la parte de atrás de los cangrejos. Retírela raspando los huevos color anaranjado, si es que los hay. Levante cualquier grasa que se oculte en los puntos extremos del caparazón y resérvela en un tazón chico. Retire las agallas esponjosas y muélalas en un molcajete o licuadora hasta hacer una pasta con los huevos y la grasa. Reserve.

Corte cada cangrejo por la mitad y rompa las tenazas. Reserve. Vuelva a poner los caparazones y los demás restos en la olla: deje que hiervan suavemente durante unos 10 minutos.

Cuele el caldo con un trozo de manta de cielo doble y vuélvalo a poner en la olla, eliminando los desechos. Debe tener aproximadamente 5 ½ tazas de caldo; si no es así, agregue agua para completar esa cantidad.

Ponga 1 taza del caldo de cangrejo que reservó en el vaso de la licuadora y agregue los pedazos de chile ancho, la cebolla, el ajo, los jitomates y los chiles, y licúelos hasta obtener una salsa consistente.

Caliente el aceite en una sartén y fría la salsa a fuego alto, revolviendo de vez en cuando para que no se pegue, hasta que se haya reducido y sazonado (aproximadamente 5 minutos). Añádala al caldo de la olla y deje que hierva suavemente unos 5 minutos. Agregue la pasta de grasa y huevos y hierva suavemente unos minutos más. Luego agregue los cangrejos, con todo y tenazas, y el epazote. Una vez más, hierva suavemente 5 minutos más.

Sirva en tazones hondos con pan francés o bolillos.

Nota: Esta sopa puede prepararse con anticipación. añadiendo los cangrejos y el epazote 5 minutos antes de servir. No se congela.

Jaibas rellenas

Costa del Golfo

Estas jaibas rellenas son uno de los grandes platillos favoritos en los restaurantes de los puertos del golfo de Veracruz, Tuxpan y Tampico.

Al escoger las jaibas azules, trate de que sean hembras, que tienen las puntas de las tenazas color anaranjado; sus huevos y su grasa agregan sabor al relleno.

Verá que sugiero que compre dos jaibas más para que se asegure de tener suficiente carne de relleno para las seis que va a servir.

Rinde 6 porciones como entrada

8	jaibas azules grandes
2	cucharadas de sal
¼	de taza más 3 cucharadas de aceite de oliva
1	diente de ajo finamente picado
⅔	de taza de cebolla blanca finamente picada
350 g	de jitomates finamente picados
1 ½	cucharadas de perejil finamente picado
2	chiles serranos finamente picados
1 ½	cucharadas de alcaparras grandes, enjuagadas
½	cucharadita de sal, o al gusto
6	cucharadas de migas de pan tostado y finamente molido

Eche las jaibas en agua salada hirviendo. Tape la olla. Deje que rompa el hervor y cuézalas durante 3 minutos. Retire la olla del fuego y escúrralas.

Cuando estén lo suficientemente frías como para tomarlas con las manos, retire la concha del frente —la que tiene forma de corazón— y levante el gran caparazón, manteniéndolo intacto. Retire raspando cualquier rastro de grasa y huevos que haya podido quedar en el caparazón, así como en la jaiba misma. Apártelos.

Talle 6 de los caparazones y apártelos. Retire la carne de las jaibas y apártela.

Caliente el horno a 180 ºC.

Caliente el ¼ de taza de aceite de oliva en una sartén y fría el ajo y la cebolla hasta que apenas empiecen a dorarse. Agregue los jitomates, el perejil, los chiles, las alcaparras y la sal, y cocine la mezcla a fuego medio hasta que esté casi seca (de 5 a 8 minutos). Incorpore la carne de jaiba y retire del fuego.

Rellene los caparazones de las jaibas con la mezcla, espolvoree el pan molido y las 3 cucharadas restantes de aceite de oliva. Ponga los caparazones en el horno justo el tiempo suficiente para que se calienten bien.

Prenda el asador y dore la superficie del relleno.

Nota: Estas jaibas rellenas casi siempre se preparan con anticipación y se recalientan.

Arroz a la tumbada con camarones

Señora Lucina Ochoa de Zamudio. Veracruz

Uno de mis platillos favoritos del puerto de Veracruz es el arroz a la tumbada, un platillo de arroz jugoso, al que se agregan únicamente camarones, o bien distintos mariscos o pescado, según lo que se tenga a mano o de acuerdo con la preferencia de cada quien. Tradicionalmente, el sabor se acentúa por las hierbas silvestres de la región, que va desde Tabasco, a través del área de Tuxtepec en Oaxaca, hasta la parte sur de Veracruz: una cebollita puntiaguda parecida al cebollín *(Alium schoenoprasum)*, un orégano extranjero con sus hojitas triangulares y carnosas *(Plectranthus aboinicus)*, el "perejil" de Tabasco o culantro, con sus hojas tiesas y puntiagudas con sabor a cilantro *(Eryngium foetidum)* y un tipo de hierbabuena. Si no las encuentra, hay que usar cebollín, orégano, cilantro y hierbabuenas normales.

El tiempo de cocción y la cantidad de líquido depende del tipo de arroz que utilice.

Rinde 4 porciones como platillo principal o 6 porciones como entrada

1	taza de aceite de oliva (no extravirgen)
700 g	de camarones medianos con cáscara (pesados sin cabeza)
	Sal al gusto
350 g	de jitomates finamente picados
¾	de taza de cebolla blanca finamente picada
1	pimiento rojo chico, desvenado y sin semillas, finamente rebanado
2	dientes de ajo finamente picado
1 ½	tazas de arroz blanco enjuagado y escurrido
5	tazas de agua
2	cucharadas copeteadas de cilantro finamente picado (ver la nota superior)
2	cucharadas de cebollín finamente picado
2	cucharadas de hierbabuena finamente picada
1	cucharadita de orégano (ver la nota superior)

Caliente el aceite en una cacerola de unos 13 cm de profundidad. Agregue los camarones y deles una buena espolvoreada de sal. Fríalos rápidamente a fuego alto durante 1 minuto. Retírelos con una cuchara perforada y apártelos.

En el mismo aceite, fría los jitomates, la cebolla, el pimiento y el ajo a fuego medio hasta que todo esté bien mezclado (aproximadamente 5 minutos). Incorpore el arroz, añada el agua con sal al gusto y deje que rompa el hervor. Tape la cacerola y cocine el arroz a fuego medio durante unos 8 minutos. Agregue los camarones y las hierbas y siga cocinando, tapado, aún a fuego medio, hasta que el arroz esté suave (aproximadamente 10 minutos). La consistencia oscila entre la de una sopa y la de un platillo de arroz: muy jugoso (ver la nota superior).

Nota: Este platillo puede prepararse con anticipación hasta el punto en que se añaden los camarones y las hierbas.

Camarones en escabeche rojo

Restaurante Las Diligencias, Tampico

A algunas personas no les gusta este platillo tan penetrante y de fuerte sabor, pero uno aprende a apreciarlo. Yo sirvo estos camarones fríos para acompañar un coctel y tienen un éxito arrollador.

Desde luego, originalmente el propósito de la salsa era conservar los camarones o el pescado antes de que existiera la refrigeración, en el clima caliente y húmedo de los puertos del golfo. Veracruz tiene sus propias variaciones, pero es la especialidad de Tampico. El dinámico puerto de Tampico es una ciudad gemela de Ciudad Madero, donde hay una gran refinería de petróleo. Ahí la actividad es constante; grandes cantidades de dinero cambian de manos y la gente vive, ríe y come fuerte. En Tampico los camarones se fríen, luego se añaden a la salsa en cuanto termina de prepararse y se dejan ahí para que se maceren. La primera vez que comí estos camarones me pregunté por qué estaban algo duros y ácidos. Desde luego, habían absorbido el vinagre. Cuando unos años después visité Tampico hallé que los restauranteros habían modificado la receta. La salsa no era tan fuerte y los camarones estaban suaves, como si acabaran de ponerse en la salsa. El vinagre de piña (ver pág. 494) resultaría ideal para esta receta.

Sirva estos camarones como botana, con palillos o como platillo principal con arroz blanco. Empiece a elaborar la receta por lo menos con 5 días de anticipación.

Rinde de 6 a 8 porciones como entrada

La salsa

½	taza de aceite de oliva
5	chiles anchos, que deben limpiarse con un trapo, desvenados y sin semillas
⅓	de taza de cebolla blanca toscamente rebanada
3	dientes de ajo toscamente rebanados
½	cucharadita de orégano
8	pimientas negras machacadas
3	clavos enteros machacados
1 ¼	tazas de vinagre blanco suave
	Agua, la necesaria
2	hojas de laurel
	Sal al gusto
½ kg	de camarones medianos pelados y cocidos

Caliente el aceite en una sartén y fría los chiles ligeramente por ambos lados. Trócelos. Agregue la cebolla y el ajo a la sartén y fríalos hasta que se acitronen. Cuélelos y páselos al vaso de la licuadora junto con los chiles, ¼ de cucharadita de orégano, las pimientas y los clavos.

Caliente el vinagre y viértalo sobre los ingredientes de la licuadora. Apártelos para que se remojen unos 10 minutos y luego licúelos hasta obtener una mezcla de consistencia lisa y espesa. No debe ser necesario agregar más líquido pero, de ser así, añada agua (ver la nota inferior).

Recaliente el aceite y agregue la salsa junto con las hojas de laurel, el otro ¼ de cucharadita de orégano y sal. Una vez que la mezcla de la sartén empiece a burbujear, baje la flama y siga cocinando la salsa durante unos 15 minutos, revolviendo de vez en cuando para que no se pegue. Tape la sartén, porque la salsa espesa empezará a chisporrotear ferozmente.

Deje la salsa en el refrigerador para que madure por lo menos 1 día antes de usarla. Diluya la salsa con un poquito de agua, caliéntela y añada los camarones sólo el tiempo suficiente para que se calienten bien.

Nota: Si la salsa no tiene agua, durará de manera indefinida en el refrigerador; pero primero deje que madure.

Camarones en pipián

Basada en una receta del señor Ángel Delgado, restaurante Las Diligencias, Tampico

En casi todo México, las pepitas tostadas y sin pelar de ciertas variedades de calabaza se muelen como base del platillo popular que se llama pipián (aunque a veces se hace con una mezcla de nueces o ajonjolí). Pero hay varias excepciones notables que requieren de pepitas peladas: los papadzules de Yucatán y los pipianes de una región específica, que abarca la parte norte del estado de Veracruz y la costa sur de Tamaulipas. En estas partes se cultiva una calabaza que tiene las pepitas más grandes de todas; miden aproximadamente 2.5 cm de largo y tienen un bonito borde de color verde que combina con el de la pepita muy aceitosa que hay en su interior.

Éste es un platillo elegante e inusual, suficiente para 6 porciones como platillo principal o para 8, como entrada. Esta receta me la preparó el señor Ángel Delgado, propietario del restaurante Las Diligencias, en Tampico, el cual tuvo fama de ser uno de los restaurantes serios fuera de la Ciudad de México durante la década de 1970. Modifiqué ligeramente la receta del señor Delgado reduciendo considerablemente la cantidad de mantequilla —la crema es, ya en sí, bastante pesada— y usando caldo de camarón en vez de leche para licuar la salsa.

Los camarones de Tampico también merecen una mención. Sin dudarlo, me desviaría de mi camino para comer un platón de camarones para pelar en Tampico, servidos —como debe hacerse— sin cáscara pero con la cabeza y la cola intactas. Pero hay que especificar si se quiere camarones de las lagunas que bordean la costa o los que vienen del mar.

Rinde de 6 a 8 porciones

700 g	de camarones medianos sin pelar
2 ½	tazas de agua fría, aproximadamente
1	cucharadita de sal, o al gusto
1	taza de pepitas crudas peladas
1	manojo chico de cilantro toscamente picado
4	chiles serranos toscamente picados
½	cebolla blanca chica, toscamente picada
1	cucharada de mantequilla sin sal
⅔	de taza de crema (ver pág. 489)

Pele y retire la vena a los camarones, dejando las colas. Apártelos. Ponga las cáscaras y las cabezas, si las hay, en una cacerola. Agregue el agua con sal y cuézalas a fuego medio durante unos 20 minutos, para extraerles el sabor y hacer un caldo ligero. Escúrralo y deseche las cáscaras, reservando el líquido. Deje que el líquido se enfríe un poco. Agregue los camarones y cuézalos a fuego lento durante unos 3 minutos o hasta que apenas empiecen a ponerse opacos. Cuele los camarones y reserve el caldo.

En una sartén gruesa y sin engrasar, tueste las pepitas ligeramente, revolviéndolas a menudo, hasta que empiecen a hincharse y a tronar: no deje que se doren. Apártelas para que se enfríen y muélalas finamente en un molino para café o para especias. También puede añadirlas a la licuadora con el caldo en el paso siguiente, pero la salsa no estará tan lisa.

Ponga el caldo, las pepitas, el cilantro, los chiles y la cebolla en la licuadora y licúelos hasta que estén lisos.

Derrita la mantequilla en una cacerola gruesa. Agregue la salsa de pepitas licuadas y cocínela a fuego muy lento, revolviendo y raspando el fondo de la cacerola constantemente, durante unos 3 minutos. Incorpore la crema, ajuste la sazón y deje que se caliente (aproximadamente 3 minutos). Luego añada los camarones y vuelva a calentar otros 5 minutos. La salsa debe tener una consistencia media.

Sirva de inmediato con tortillas frescas o con bolillos. A pesar de la tentación, es mejor no servir este pipián sobre una cama de arroz, de lo contrario toda esa salsa divina se perderá en éste.

Nota: Este pipián puede prepararse con anticipación hasta el punto en que se agregan los camarones.

Crepas de camarón en chile pasilla

Señora María Emilia de Farías. Tamaulipas

Hace muchos años, cuando me la dieron, me pareció que se trataba de una receta mexicana moderna; ¡quizás ahora podría considerarse un clásico! Ésta es una salsa maravillosa y se presta para acompañar muchos otros ingredientes, como las enchiladas de pollo, la ternera y otros mariscos.

Rinde 6 porciones como entrada

6	chiles pasilla, que deben limpiarse con un trapo, desvenados y sin semillas
700 g	de jitomates asados (ver pág. 490)
2	cucharadas de cebolla blanca toscamente picada
⅓	de taza de aceite vegetal
½	cucharadita de azúcar
	Sal al gusto
1 ½	tazas de crema (ver pág. 489), más un poco extra para servir
700 g	de camarones chicos, cocidos y pelados
12	crepas delgadas, de aproximadamente 14 cm de diámetro, preparadas según cualquier receta para crepas
1 ¼	tazas de queso chihuahua rallado

Caliente el horno a 180 ºC.

Caliente la plancha o el comal para asar los chiles ligeramente, volteándolos de vez en cuando para que no se quemen. Despedace los chiles en el vaso de la licuadora, añada los jitomates y la cebolla, y licúe hasta obtener una salsa lisa.

Caliente el aceite en una cacerola grande. Agregue la salsa, el azúcar y la sal, y cocínela a fuego medio, revolviendo de vez en cuando para que no se pegue. Es probable que deba tapar la cacerola, porque la salsa empieza a chisporrotear. Después de aproximadamente 10 minutos, la salsa se habrá espesado y sazonado. Apártela para que se enfríe un poquito.

Incorpore bien la crema en la salsa y deje que se caliente durante un minuto más o menos.

Mezcle los camarones con 1 taza de la salsa. Coloque un poquito de la mezcla en cada una de las crepas y enróllelas, no muy apretadas. Coloque las crepas una al lado de otra en un traste refractario y vierta encima el resto de la salsa.

Espolvoree con el queso rallado y ponga algunas cucharaditas de crema alrededor del borde del refractario. Deje que las crepas se calienten en el horno y que el queso se derrita. Sirva de inmediato.

Nota: Las crepas y la salsa siempre pueden prepararse un día antes. Puede rellenar las crepas con varias horas de anticipación y añadir el resto de la salsa justo antes de meterlas al horno.

Tamiahua

La señora Santiago, madre de una amiga de la Ciudad de México, a menudo me platicaba del pueblito en la laguna de Tamiahua, cerca de Tampico, donde había pasado casi toda su vida de casada y donde había criado a sus dos hijos. Me hablaba de sus vecinos y amigos, y sobre la vida pacífica y feliz que llevaban allí: paseos en la playa, donde podían atrapar y cocinar cangrejos y pescados, hervir papas para acompañar los mariscos (una costumbre poco común en México) y hacer enchiladas de pipián, una salsa hecha a base de pepitas de calabaza. Me contó sobre la comadre de su hija, famosa por sus tamales y bolitas de camarón; sobre las mujeres panaderas del pueblo, y sobre Leoncio Arteaga, propietario de un pequeño restaurante, renombrado por su comida regional, que se llamaba El Veracruzano. Empecé a soñar y, como sucede a menudo, unos cuantos días después ahí estaba yo, en Tampico.

La mañana siguiente a mi llegada me encontré a mí misma montada en un camión que avanzaba a toda velocidad por una estrecha carretera, a la manera que parece tan típica de los camiones que recorren largas distancias en México, pues el chofer parecía no tener ninguna consideración hacia cualquier ser viviente que se atravesara en su camino. Totalmente sin aliento, llegué a mi destino: Naranjos, un nombre agradable para lo que resultó ser un pueblo miserable, desgarbado, sucio y espantosamente caluroso. Del otro lado de la acera me esperaba uno de esos autobuses de pueblo que hace mucho perdieron el cristal de las ventanas y que tienen asientos desvencijados con los resortes de fuera. La rejilla que estaba en el techo del camión ya estaba atestada de canastas, cajas de cartón y aves vivas amarradas de manera muy precaria, con una cuerda. El camión decía "Tamiahua" con grandes letras al frente, pero en México uno nunca sabe. De todas maneras, me subí y le pagué los cincuenta centavos del pasaje a un joven muy pobremente vestido pero de una seriedad pasmosa que tenía exactamente nueve años de edad. Junto con otros cuantos pasajeros, pronto emprendimos el camino, zangoloteándonos a lo largo de una terracería mucho muy trillada. De vez en cuando nos deteníamos para que alguien subiera o bajara: un joven ranchero que había dejado su caballo amarrado bajo un refugio al costado del camino o una mujer cuyas gallinas cacareaban encima del camión, o para entregar una de las cajas a una figura que esperaba al lado de la carretera. A la derecha y a la izquierda había ranchitos, delimitados por postes vivos de corteza roja que habían echado raíces y ya tenían retoños que los convertirían en árboles. El terreno estaba clareado para alimentar al ganado, y sólo quedaban troncos calcinados y torcidos de lo que habían sido grandes árboles viejos. Esto le confería un aspecto algo siniestro al paisaje.

Los camiones que pasaban en dirección opuesta parecían advertir a nuestro chofer que algo sucedía más adelante. Pronto supimos de qué se trataba. Aunque estábamos a mediados de octubre y la estación de lluvias ya había pasado, la noche anterior había caído un aguacero y el río estaba a tope. Lo vadeamos fácilmente pero, conforme empezamos a escalar la margen opuesta del río, las llantas empezaron a patinar, el motor se ahogó y se quedó en silencio. El chofer pidió a los pasajeros hombres que se bajaran a empujar, lo cual hicieron con gran vigor, pero sin resultados. Revisaron el motor y cada quien ofreció su opinión. El chofer intentó prender el motor echándose en reversa en el río, en un vano intento por esquivar el lado más hondo del concreto que dividía la corriente. El motor prendió con un fuerte sacudón y emprendimos el camino pero, de nuevo, el motor se apagó y las llantas rechinaron en el lodo.

Una y otra vez nos echamos en reversa: la única otra mujer pasajero y yo intercambiábamos miradas de terror a medida que las llantas se hundían más y más, mientras los hombres insistían todo el tiempo en que no nos bajáramos del camión. Transcurrió más de una hora. Se nos unieron otros choferes que atravesaban por lo mismo. A estas alturas se escuchaban por lo menos veinte voces, cada una dando un consejo. Después, veinte pares de manos fuertes empezaron a empujar el camión desde atrás. El motor prendió y las llantas agarraron tracción. Todos guardaron silencio y por fin —entre vivas y lodo que volaba a nuestro alrededor por todos lados— logramos remontar la ribera. Unos tres kilómetros adelante entramos a Tamiahua, dos horas y media después de haber partido de Naranjos. Mi visión color de rosa del lugar pronto se esfumó entre señales de una prosperidad y una respetabilidad largamente perdidas. Me dirigí inmediatamente a buscar a la comadre y como no había letreros en las calles —era un pueblo pequeño— todos conocían a sus vecinos. De pura casualidad me topé con alguien que era su vecina. Mientras caminábamos platicando me enteré de que justo estaba hablando con una de las panaderas que yo quería conocer. Me invitó a su casa.

Cuando entré, vi un gran tejabán en la parte de atrás que tenía un techo que se unía con la casa misma, debajo del cual había un gran horno redondo de ladrillo como de tres metros de diámetro. Había grandes montones de leños y, a un lado, en rústicos estantes de madera, charolas de masa reposando y esponjándose y hogazas de pan enfriándose. Abrió un bolillo para que lo probara y me decepcionó. Supongo que uno espera algo distinto de estas condiciones "idealmente primitivas", pero el pan estaba suave y pastoso, como casi todo el pan típico de la costa del Golfo de México.

Me dirigí a la casa de junto y encontré a la comadre. Se veía cansada y su piel tenía un tono cenizo debido a una prolongada enfermedad. Como me pareció evidente que hablar la fatigaba, me fui lo antes posible, no sin que me diera alguna guía acerca de la comida local, sus sabores esenciales y cómo debía prepararse.

A esas horas ya era tarde para almorzar, de modo que encontré el restaurante El Veracruzano: una plataforma grande y sencilla de madera, cuyo piso se extendía sobre la laguna. De un lado quedaba la cocina y detrás había unas mesas largas con pilas y pilas de miles de ostiones, protegidos del sol por una enramada. Me senté en una mesa y ordené la sopa de pescado: un picoso caldo de jitomate lleno de grandes trozos de pescado, cangrejo y camarones de la laguna (que, por lo que podía ver, ahora se había convertido en el escenario de una actividad frenética en que pequeñas lanchas se dirigían a toda velocidad de un extremo al otro, deteniéndose cuando sus ocupantes inspeccionaban las redes que habían echado en la angosta corriente). Después me sirvieron hueva de pescado mezclada con cebollitas, chiles y cilantro picados, todo unido con mucho huevo batido y frito en forma de una gran torta, y acompañado por las tradicionales enchiladas de pipián, que se preparan a base de las pepitas de calabaza especialmente grandes que crecen en la región. Por fin, Leoncio vino personalmente a sentarse a la mesa. Platicamos durante una o dos horas acerca de la comida regional, sobre todo acerca de los tamales de pescado y de los mariscos que abundan en la laguna. Luego, lleno de orgullo, me mostró su congelador, repleto de pescado. Mi corazón se hundió al pensar en todos los pescados y mariscos que pasaban nadando a la puerta de su establecimiento.

Ya había oscurecido y el restaurante estaba a punto de cerrar. Me dije a mí misma que probaría los ostiones al día siguiente, pero nunca lo cumplí. Tras una noche miserable y pulguienta, me levanté a las cinco de la mañana y tomé el primer camión que salía de Tamiahua. Tres de las recetas de Leoncio se dan a continuación: saragalla de pescado, albóndigas de camarón y pescado enchilado. Se negó a divulgarme los secretos de su receta para los ostiones pimentados, la cual guardaba con gran celo (pero presento una en la pág. 36).

Saragalla de pescado

Señor Leoncio Arteaga. Restaurante El Veracruzano, Tamiahua, Veracruz

El señor Leoncio usa un pescado de la región que se llama jurel, pero yo usé tiburón: se deshebra con facilidad, su carne es seca y no tiene grasa. De hecho, se puede usar cualquier sobrante de pescado.

La saragalla puede servirse fría o caliente, como primer plato o como relleno para tacos. El señor Arteaga dice que debe adornarse con rodajas de jitomate, aros de cebolla y rajas de chile jalapeño en escabeche, pero a mí me gusta así.

Rinde 6 porciones

1	chile ancho chico
12	pimientas negras machacadas
¼	de cucharadita de semillas de cilantro machacadas
1	raja de canela de 1.5 cm machacada
½	cucharadita de sal, o al gusto
2	dientes de ajo
¼	de taza de agua
3	cucharadas de aceite de oliva ligero
200 g	de jitomates finamente picados
¼	de taza de cebolla blanca finamente picada
2	chiles serranos finamente picados
6	aceitunas sin hueso y finamente picadas
1	cucharadita de alcaparras enjuagadas, escurridas y toscamente picadas
1 ½	cucharadas de pasitas
½ kg	de carne firme de pescado deshebrada (alrededor de 2 tazas)

Elimine las semillas y las venas del chile ancho, cúbralo con agua y hiérvalo a fuego lento durante 5 minutos. Déjelo en remojo otros 5 minutos más. Luego cuélelo y páselo al vaso de la licuadora. Añada las especias machacadas, sal, ajo y agua, y licúe —agregue más agua sólo si es necesario— hasta obtener una pasta floja.

Caliente el aceite en una sartén gruesa y añada los jitomates, la cebolla, el chile serrano, las aceitunas, las alcaparras y las pasas. Fría a fuego medio aproximadamente 5 minutos, revolviendo la mezcla todo el tiempo. Agregue la mezcla licuada y cocine 5 minutos más. Incorpore el pescado deshebrado y cocine otros 5 minutos.

Ajuste la sazón y sirva la saragalla fría o caliente, con tortillas recién hechas.

Albóndigas de camarón

Señor Leoncio Arteaga. Restaurante El Veracruzano, Tamiahua, Veracruz

Rinde 6 porciones

700 g	de camarones chicos, sin cáscara, desvenados y toscamente picados
1	taza de papas peladas y cortadas en cubitos
1	taza de nopales cocidos (ver pág. 495)

El caldillo de jitomate

3	cucharadas de aceite vegetal
700 g	de jitomates finamente picados
⅓	de taza de cebolla blanca finamente picada
3	dientes de ajo finamente picados
4	tazas de agua
2	cucharaditas de sal, o al gusto
5	pimientas negras
⅛	de cucharadita de semillas de cilantro

La sazón para las albóndigas

½	chile ancho desvenado y sin semillas
¼	de cucharadita de semillas de cilantro
¼	de cucharadita de pimientas negras
1	raja de canela de 1.5 cm, quebrada
1 ½	cucharaditas de sal, o al gusto
1 ½	dientes de ajo
2	cucharadas de agua
1	cucharada de aceite vegetal

Meta los camarones al congelador durante unas 2 horas hasta que estén ligeramente congelados (esto facilitará molerlos en la licuadora o en el procesador de alimentos).

Mientras tanto, prepare el caldillo de jitomate. En una cacerola gruesa y ancha, caliente el aceite y fría los jitomates, la cebolla y el ajo, revolviéndolos de vez en cuando y raspando el fondo de la cacerola, hasta que se hayan reducido para formar una salsa espesa. Añada las 4 tazas de agua, sal, las especias enteras y deje que rompa el hervor. Agregue las papas y cuézalas unos 10 minutos, luego añada el chayote y cueza hasta que estén casi suaves (aproximadamente 15 minutos más). Incorpore los nopales y deje que se calienten. Ajuste la sazón.

Prepare la sazón para las albóndigas de camarón remojando primero el chile ancho en agua caliente durante 15 minutos. Luego escúrralo y póngalo en el vaso de la licuadora. Machaque las semillas de cilantro, las pimientas y la raja de canela. Agregue las especias a la licuadora, junto con la sal, el ajo y el agua, y licúe todo hasta obtener una pasta tersa. Caliente el aceite y fría la pasta a fuego alto durante unos 2 minutos. Apártela.

Licúe o procese los camarones ligeramente congelados hasta obtener una mezcla con textura. Añada el condimento frito y amáselo bien con sus manos. Engrase sus manos ligeramente y forme albóndigas como de 3.5 cm de diámetro: debe tener 18 albóndigas. Con cuidado, métalas al caldillo, que debe hervir a fuego lento; luego tape la olla y cuézalas durante unos 15 minutos, volteándolas una vez durante este lapso.

Sirva las albóndigas de camarón en platos hondos, con bastante caldillo y vegetales.

Nota: Este platillo puede prepararse con varias horas de anticipación.

Pescado enchilado

Señor Leoncio Arteaga. Restaurante El Veracruzano, Tamiahua, Veracruz

Una de las especialidades de Leoncio Arteaga es el sargo asado, un pescado grande que se saca de la laguna. En una ocasión exhibió orgullosamente un ejemplar de dos kilos a la entrada del restaurante para que fuera lo primero que viera uno al entrar. Empaló el pescado, lo untó con bastante pasta de chile ancho y luego lo asó a la leña.

Usted puede asar este pescado con éxito sólo si los barrotes de su asador son muy delgados porque, sin importar cuánto los engrase, la pasta de chile tiende a pegarse espantosamente conforme se seca al fuego.

Rinde 6 porciones

4	chiles anchos, desvenados y sin semillas
4	chiles piquín enteros
3	dientes de ajo
2	cucharaditas de sal, o al gusto
⅓ a ½	taza de vinagre suave
1	huachinango o mero de 2 kg, desentrañado, pero con escamas, cabeza y cola
3	cucharadas de aceite vegetal

Cubra los chiles anchos con agua hirviendo y déjelos en remojo hasta que estén suaves (aproximadamente 5 minutos). Cuele los chiles y páselos al vaso de la licuadora. Agregue los chiles piquín (enteros), el ajo, la sal y el vinagre, y licúe todo hasta obtener una pasta espesa. Si necesita agregar más líquido para liberar las aspas de la licuadora, use el mínimo posible.

Ase el pescado rápidamente por ambos lados, sin sazonar, y quítele la piel. Unte el exterior del pescado con la pasta de chile, luego con el aceite y áselo hasta que esté bien cocido (de 10 a 15 minutos, según el grosor del pescado).

Sirva de inmediato con tortillas calientes recién hechas. Cualquier sobrante puede usarse para hacer saragalla (ver pág. 392).

Don Victoriano

No sé cómo pude pasarlo por alto durante todos los años que llevaba de vivir en México, pero no fue sino hasta 1973 que unos amigos me contaron sobre un restaurante muy especial, notable por sus platillos regionales. Se cocinaban con esmero, según mis amigos, muchos cangrejos y camarones del río que fluye frente a la puerta del restaurante. Desde luego, tenía que ir.

Había atravesado el río Papaloapan muchos kilómetros río abajo de mi destino, en un bote pequeño y atestado, pero que presumía un toldito que nos protegía del sol. Me uní a los otros pasajeros que esperaban el camión, quienes comían tortillas retacadas de carnitas o tronaban las grandes patas de los cangrejos que habían comprado en los puestecitos de comida que estaban agrupados alrededor del embarcadero. El camión estaba ahí, vacío, y empezaba a parecer que jamás saldríamos de ahí cuando, de la nada, el chofer apareció al volante. Se escucharon dos bocinazos entrecortados y nos apresuramos a abordar, intuyendo la urgencia de su mensaje: en cuanto la última persona se asió del barandal y encontró lugar en el último escalón, iniciamos la marcha en medio de una nube de polvo.

A la izquierda había un amplio río, lleno hasta el borde, cuyas aguas lodosas llevaban velozmente troncos, arbustos arrancados y otros desechos hacia el mar. Los caminos estaban vivos con flores de todos colores. A la derecha, las aves de colores jugueteaban sobre una angosta corriente ahorcada por lirios acuáticos de un pálido color malva. En la lejanía, en los pantanos que rodeaban las lagunas, los encorvados cebúes pastaban tranquilamente bajo la mirada atenta de las garzas.

Media hora después estábamos en Tlacotalpan, un pequeño pueblo compacto a orillas del río. Primero podía verse una masa de techos de teja bajos que el clima había tornado de un color rojo profundo y que estaban acentuados por una cúpula y un capitel blancos. Unas cuantas palmeras se erguían como centinelas por encima de ellos. Cuando me bajé del camión me encontré en un México que no reconocía. La mayoría de las calles no tenían pavimento. Eran suaves, tenían pasto y estaban muy calladas, con arbustos de jamaica y de adelfa en flor por aquí y por allá. Muchas de las casas estaban recién pintadas, en colores que iban de rosa, verde y azul profundo a delicados tonos pastel. Sus columnas de arcos clásicos, de color blanco, brillaban bajo el sol de mediodía. En cada esquina parecía haber otra placita: desierta, colorida y casi irreal, como si uno hubiera ingresado a una escenografía abandonada de una película sobre el siglo XVIII. A lo largo del margen del río las lanchas de los pescadores jalaban sus cuerdas en la suave corriente; los muelles desiertos que estaban cerca eran un recordatorio de los días en que el pueblo había sido un puerto en crecimiento, y las naves del siglo XIX traían pasajeros y productos de España, Italia y Portugal.

Me alojé en el único hotel del pueblo y no pasó mucho tiempo antes de encontrarme sumergida en una conversación con la dueña sobre la comida regional. Era una mina de información y muy pronto empecé a advertir que ahí había algo muy especial en verdad. Fue ella quien me habló de don Victoriano, quien había enseñado a las cocineras del famoso restaurantito del que me habían hablado mis amigos.

Sin perder un minuto salí a buscarlo a su casa, la cual encontré con bastante facilidad, pues todos en el pueblo lo conocían. De hecho, vivía en dos casas que se juntaban en un ángulo recto: una pintada de un profundo color violeta y la otra de brillante azul. Caminé hacia una puerta abierta y tres personas me hicieron señas. Las hallé a todas sentadas en las mecedoras que se hacen ahí y que parecen estar presentes en todas las casas. Están muy barnizadas, tienen marcos de madera oscura y respaldos y asientos de bejuco, con los brazos y los respaldos cubiertos por unas fundas inmaculadas.

Se me pidió que esperara un momento y enseguida llegó don Victoriano con sus huaraches de cuero gastados. Era de complexión mediana, delgado, con cabello negro muy rizado que empezaba a retroceder y salpicado de gris en las sienes. Sus ojos eran de un vivaz azul grisáceo y su piel oscura estaba moteada de rosa. Estaba vestido como los pescadores del pueblo, con amplios pantalones azules y una camiseta blanca. Me dio la bienvenida en el estilo franco y amistoso de la gente de la costa, como si hubiera sido una vieja amiga cuya visita esperaba.

Parecía innecesaria cualquier presentación formal. A mí me encantaba la buena comida, me encantaba cocinar y quería aprender sobre las especialidades de la región. "Véngase a comer mañana como a la una. Estoy preparando una galápago en moste y para mañana estará bien sazonada y lista para comerse".

El platillo que él me había descrito —tortuga terrapene en salsa negra— sonaba demasiado bien como para perdérmelo. Cuando volví al día siguiente, el hueco e inexpresivo sonido de la campanada de la iglesia estaba dando la una. Don Victoriano me dio la bienvenida mientras se apresuraba a salir de la cocina. Puntualizó su bienvenida chupando ruidosamente un pedazo de piña que tenía prensado con los dientes entre sus labios. Enseguida se nos unieron una viejita y su acompañante, ambas con grandes sombrillas negras para protegerse del sol.

Con gran orgullo, don Victoriano nos condujo a su nuevo comedor, que también era cocina. Los quemadores estaban colocados en un mostrador que abarcaba todo lo ancho del cuarto y estaba recubierto completamente de mosaicos. De hecho, el cuarto entero estaba cubierto con mosaicos esmaltados de color azul y blanco: el piso, las paredes, el bufet, la estufa e incluso la mesa.

La comida dio inicio. Los bolillos que él mismo había traído de la panadería unos minutos antes fueron llevados al cuarto junto con un cerro de tortillas cuidadosamente envueltas y una jarra de agua helada de papaya. La muchacha que ayudaba en casa trajo grandes platos de sopa de camarón —los camarones pequeños y dulces del río, que me recordaron los que solía comer en mi casa, allá en Inglaterra— y luego arroz blanco con platanitos fritos. A esto siguió la *pièce de résistance*: la galápago en moste quemado.

La tortuga estaba deliciosa. Gelatinosa y mucho más suave que una tortuga de mar, la habían cocinado en una salsa ligera y negruzca de sabor musgoso, coloreada por las hojas tostadas y molidas del arbusto de moste que estaba en su patio. "Esta comida se remonta a la época de los zapotecas", dijo don Victoriano.

Empezaba a sentirme muy llena cuando otro fragante y humeante platillo llegó al cuarto. Don Victoriano se disculpó una y mil veces por no servir algo más elegante, pues al parecer habían llegado familiares sin avisar y les había servido el desayuno a las diez y media de la mañana, por lo que no había podido ir al mercado. Dijo que era pato "en salsa de lo que queda". Pronto me di cuenta de que literalmente la salsa era de eso: lo que queda. Parecía un pipián ligero.

A continuación pusieron sobre la mesa una montaña de rebanadas de piña, junto con galletas de piloncillo y coco rallado, pero el verdadero postre estaba en el bufet: enormes porciones de ligera natilla de huevo, espesada con almendras finamente molidas y adornada con remolinos de clara de huevo batida.

Cuando por fin terminó la comida, traté de concentrarme en la conversación de don Victoriano y su interminable retahíla de recetas, mientras nuestros compañeros de comida tomaban la siesta, con la cabeza apaciblemente inclinada mientras se mecían en las mecedoras. Don Victoriano cocinaba y daba servicio de banquetes para cientos de personas: un bautizo río arriba, una boda en las montañas, desayuno para el presidente y su comitiva. Jamás bebía ni fumaba y nunca en su vida había estado enfermo. Tenía como setenta años.

"Quiero dar una gran fiesta para celebrar mi cumpleaños y también un buen primer año en mi casa nueva. Yo voy a cocinar todo; vuelva entonces y cocine conmigo para que aprenda. Las galápagos estarán en su punto y cargadas de huevos, los patos salvajes estarán volando y, si hay suerte, también habrá tismiches (embriones) del río. Tendremos que atrapar y desollar a la galápago: las mejores vienen de río arriba, cerca de las montañas. Sí, vuelva entonces".

Don Victoriano iba a terminar su casa aquel diciembre, de modo que le escribí para saber cuándo se llevaría a cabo la fiesta. En respuesta obtuve una carta muy formal escrita a máquina, evidentemente redactada por uno de los amanuenses oficiales del pueblo. Al parecer la casa todavía no estaba terminada y la fiesta de inauguración se había pospuesto.

Los siguientes fueron años llenos de trabajo; yo viajé mucho, pero nunca a Tlacotalpan. Por fin, tres años después, me encontré en la carretera que llevaba a Tlacotalpan para visitar a don Victoriano. Esta vez, viajé en un camión de primera clase que fue mucho más apacible y avanzó ruidosamente sobre el amplio puente que había reemplazado al ferry.

Cuando llegué el pueblo no me pareció el mismo. La mayoría de las calles estaban pavimentadas. Había mucha actividad y unos muchachos montados en sus motocicletas hacían un ruido atroz. Me apresuré hacia las calles interiores más silenciosas hacia casa de don Victoriano. Ya no vivía ahí. El hombre que jamás en su vida había estado enfermo cayó muerto de repente y nadie sabía de qué.

No fue sino hasta veinte años después que alguien de Tlacotalpan me contó que don Victoriano había muerto de neumonía. Al parecer, o al menos eso dicen, unos *machines* del pueblo lo sentaron en un bloque de hielo y lo obligaron a pasar ahí toda la noche. Murió poco después.

Relleno de guavino

Don Victoriano. Veracruz

Esta receta para relleno de guavino es de don Victoriano. Ninguna de las otras personas con quienes hablé la conocían y nadie la recuerda.

Para hacerla, no necesita un pescado elegante y caro. Utilice lo que sea más económico: carpa, sierra, etcétera. Puede usar la salchicha de inmediato, pero su sabor se acentúa mucho si deja que madure en el refrigerador 2 o 3 días. El caldo puede congelarse, usarse para escalfar pescado o como base para una sopa de pescado.

Rinde 1.25 m de salchicha

½ kg	de pescado, cortado en rebanadas de 1.5 cm, de las cuales se reservan las espinas y la piel
¼ kg	de camarones chicos y limpios, de los cuales se reservan las cáscaras

El caldo

2	ramas de perejil
1	vara de apio toscamente picada
2	zanahorias chicas, raspadas y rebanadas
4	tazas de agua
2	hojas de laurel
3	ramas de tomillo fresco o ⅛ de cucharadita de tomillo seco
1	cucharada de jugo de limón
6	pimientas negras
2	cucharaditas de sal, o al gusto

La salchicha

200 g	de jitomates finamente picados
¼	de taza de cebolla blanca finamente picada
1	zanahoria mediana, raspada y cortada en cubitos muy chicos, medio cocida
1 ½	cucharadas de perejil finamente picado
1	papa pelada y cortada en cubitos muy chicos, medio cocida
⅔	de taza de chícharos
1	cucharada de jugo de limón
1	cucharadita de sal, o al gusto
6	cucharadas de aceite de oliva
1	chile jalapeño finamente picado
	Pimienta negra recién molida
1.5 m	de tripa delgada para rellenar (no de plástico)

Para servir

¼	de taza de alcaparras escurridas y picadas
¼	de taza de aceitunas sin hueso picadas

Ponga el pescado y los camarones en el congelador y déjelos ahí durante unas 2 horas o hasta que estén medio congelados.

Prepare el caldo. Ponga los deshechos del pescado y de los camarones en una olla grande al fuego, junto con el resto de los ingredientes para el caldo. Deje que rompa el hervor para que hierva suavemente durante 40 minutos. Cuele el caldo y devuélvalo a la olla.

Ponga el pescado y los camarones —en tandas pequeñas para que las aspas no se atoren— en el vaso de la licuadora o en el procesador de alimentos, y muélalos hasta que estén casi lisos. Mezcle la pasta de pescado con el resto de los ingredientes para la salchicha, usando sólo 2 cucharadas del aceite. Fría una cucharada de la mezcla para comprobar el sabor. Ajuste la sazón si es necesario y rellene la tripa, utilizando cualquier método común para ello. Haga dos tramos como de 2.5 cm de grueso y luego perfórelos por todos lados con un tenedor afilado.

Recaliente el caldo en una cacerola no muy honda y cuando empiece a hervir suavemente, agregue las salchichas en forma de espiral. El caldo debe cubrir las salchichas por completo. De lo contrario, agregue más agua. Deje que rompa el hervor y cuézalas de 15 a 20 minutos. Después, retírelas y escúrralas. Deje que maduren en el refrigerador unos días; esto mejorará mucho su sabor.

Corte las salchichas en rebanadas como de 1.5 cm de grueso. Caliente las 4 cucharadas restantes de aceite, luego baje el fuego y fría las rebanadas de salchicha hasta que estén doradas. Sírvalas calientes, espolvoreadas con alcaparras y aceitunas.

Pan dulce

Déjenme decir, desde el principio, que me fascina todo lo que está horneado, desde los pesados *fruitcakes* ingleses hasta los bollos de crema, de modo que no es de extrañarse que siempre recuerde mi fascinación infantil con las panaderías de Inglaterra. El maravilloso aroma a levadura flotaba a través de la puerta de la panadería a medida que las charolas de pastelitos, *scones* y *currant buns* (bollos con levadura y pasitas de corinto) salían del horno, listos para llevarse apresuradamente a casa, para tostarlos en un asador de latón sobre los carbones al rojo vivo y untarlos con grandes cantidades de mantequilla para hacer de la hora del té algo realmente reconfortante. Según dónde estuviera uno, había *pikelets, crumpets, lardy* y *Eccles cakes*, o *Chelsea buns* enrollados y generosamente rellenos de pasitas de corinto.

Cuando llegué a México por primera vez en 1957 me resultaba muy difícil ver una panadería y pasar de largo. Casi de manera automática me detenía, entraba, tomaba mi charola de metal y mis pinzas y empezaba a recorrer los estantes, saboreando mentalmente todos los tipos de pan dulce. Por fin, salía con una pila enorme de pan: siempre eran demasiados, pero tenía que volver a probarlos... al menos una vez más.

En México se acostumbra comer pan fresco todos los días. Desde temprano en la mañana y hasta el anochecer hay un flujo constante de panes dulces, pastelitos brillosos, bollos blancos con corteza, cuernos y panqués que se colocan en las charolas, ya de por sí llenas, en las ventanas y todo a lo largo de las paredes de la panadería. Los hay de todos tipos y tamaños, masas intrincadamente trabajadas con adornos de azúcar o espolvoreadas con ajonjolí o con frutas cristalizadas, que tienen nombres fascinantes: besos, novias, monjas, tortugas, bigotes, yayos, suspiros y así, infinitamente, hasta donde he podido descubrir.

Durante años me encantó una panadería en la Ciudad de México que quedaba muy cerca de la casa de unos amigos donde solía hospedarme y un día se me ocurrió entrar y pedir que me enseñaran a hacer pan. Al igual que la mayoría de las panaderías de la Ciudad de México, ésta era propiedad de una familia española que aportaba el terreno, el personal de ventas, el supervisor y el equipo, y que contrataba a un maestro panadero y a sus ayudantes para hacer pan a destajo. La panadería tenía un supervisor particularmente formidable, que siempre estaba de mal humor y jamás sonreía. Sin embargo, alentada por una ola de publicidad sobre mi trabajo en televisión y en los periódicos, me acerqué a él. Me dijo que tendría que preguntar al maestro. Me condujo por una puerta hacia al interior de la panadería hasta donde estaban los hornos gigantescos.

El sitio era tan grande como una bodega. Las pilas de costales de harina daban hasta el techo. Había dos hornos de diesel gigantescos, mesas de trabajo, grandes batidoras y diversas máquinas para cortar y amasar la masa, así como estantes movibles con charolas llenas de panes que se estaban levando o de pan recién horneado. Un grupo como de ocho hombres trabajaba alrededor de una mesa rectangular haciendo cientos de bolillos, mientras al fondo del cuarto, en otras mesas de trabajo, se encontraban mis futuros maestros y amigos. Todos llevaban delantal y gorra de distintos tonos de blanco. El maestro Miguel era un hombre callado, cuya voz apenas podía escucharse por encima del rugido de los hornos. Pero aceptó mi petición y así empezó un aprendizaje que jamás olvidaré.

El maestro y su hijo Jorge empezaban todos los días a las tres de la mañana para preparar las masas más complicadas, listas para cuando llegara el resto del grupo, a las seis. Los primeros panes dulces tenían que estar preparados para cuando la panadería abriera, a las siete, o a veces más temprano. Muchas de las masas que tardan más tiempo en levarse se habían preparado desde el día anterior y tenían que llevarse a los cuartos más frescos para su almacenamiento (la temperatura en el cuarto principal sobrepasaba los 25 °C). De modo que cuando llegué a las ocho la primera mañana, la actividad en la panadería era muy intensa. Rompieron un costal viejo para hacerme un delantal y un pedazo de trapo sirvió para cubrirme el cabello. Se me pidió que midiera los ingredientes para empezar a hacer las conchas: bollos redondos y esponjosos adornados con azúcar. Y así empecé a aprender con ahínco.

Pronto me acostumbré a la rutina diaria y llegué a admirar a mis colegas por su duro trabajo. El equipo, entre cuyos miembros apenas se cruzaban unas cuantas palabras, se dedicaba a trabajar cada mañana con una dedicación y una coordinación que muchas oficinas gubernamentales harían bien en emular. El maestro susurraba unas cuantas instrucciones y respondía una pregunta ocasional, pero eso era todo. Durante los meses que trabajé ahí jamás escuché un pleito o una mala palabra. A medida que avanzaba la mañana, los trabajadores empezaban a chismear y a juguetear entre ellos. Se escuchaba una carcajada o un silbido agudo de aprobación cuando entraba una de las dependientas. De vez en cuando prendían el radio, y quienes estaban dedicados a hacer bolillos caían en un ritmo hipnótico de aporrear, amasar y estirar la masa, sin detenerse a descansar durante horas y horas. Llegó a fascinarme la terminología que escuché durante esas agitadas mañanas que pasaron con tanta rapidez. Me llamó mucho la atención que los términos para mezclar la masa se relacionaran con el frío y el calor. Cuando la masa se mezclaba hasta el punto correcto y tenía que dársele forma de inmediato, alguien decía: "No la deje enfriar". Batir la masa hasta su consistencia correcta se decía "calentar la masa", y "que no se queme" significaba que no se podía dejar que la masa se pasara del punto correcto de batido.

Las mañanas eran tan agitadas que siempre sentía un gran alivio cuando veía que el reloj estaba a punto de dar las diez. Entonces Rubén, el panadero especialista en pastelería y encargado del almuerzo, empezaba a prepararlo. Me fascinaba verlo trabajar porque para cocinar sólo contaba con una charola. A menudo cortaba las tortillas en tiras y las freía ligeramente en la freidora de donas (siempre pedía permiso para hacerlo, desde luego). Asaba los jitomates y los chiles bajo los surtidores de gas de los hornos y los aporreaba para convertirlos en salsa dentro de un molcajete ingeniosamente improvisado: después de poner los ingredientes asados en una lata vacía, los cubría con una bolsa de plástico que empujaba hasta el fondo...: ¡y luego los aporreaba con una botella vacía de Coca-Cola! La salsa se vertía sobre las tortillas fritas y se adornaba con mucho queso desmoronado. Luego se metía todo al horno una vez más. Nunca faltaban las teleras frescas que se abrían por la mitad y se rellenaban con los chilaquiles que había preparado Rubén. Invariablemente esperaban a que yo me sirviera primero y esperaban a ver mi expresión. ¡Cómo se reían al ver mi cara cuando descubría que mi torta de chilaquiles estaba demasiado picante!

Siempre vi con la mayor admiración la increíble habilidad de Miguel. Debajo de la mesa había dos grandes cajones de harina. Yo nunca entendía cuál tenía que usar o cuál era la diferencia entre las dos harinas, pero el maestro la tomaba entre sus manos y de inmediato sabía si las cantidades de sal, levadura y agua eran correctas o si tenían que corregirse para esa tanda de pan en particular. El maestro Rubén inspeccionaba cada cargamento nuevo de harina para juzgar la calidad del grano y del molido, y de vez en cuando preparaba una tanda de masa para probarla. A menudo lo veía con Jorge abriendo un pan recién horneado para discutir los ajustes que había que hacerle a esa tanda de pan.

Pronto aprendí que los procesos de horneado tenían sus impedimentos. Algo les faltaba a las balanzas, por lo cual siempre había que compensar cuando se pesaba algo. A veces se me olvidaba, pero justo cuando estaba a punto de cometer un error, de la nada aparecía una mano expedita que hacía los ajustes necesarios por mí. El contenedor de la batidora tenía un gran hoyo en el fondo, de modo que se me advirtió que debía poner la harina y el azúcar primero y luego los huevos y los líquidos. No había tazones ni cucharas; usábamos nuestras manos y la mesa: al principio me desconcertó tener que amasar la masa en el pozo curvo y profundo que era la superficie de trabajo, deformada por el uso constante.

Nada se desperdiciaba en la panadería. Me enseñaron a doblar las bolsas de papel de estraza para hacer duyas sencillas, fuertes y eficientes. Cada una de las latitas de chile del almuerzo se guardaba: tenían la altura perfecta para usarlas como soportes para almacenar las charolas de masa con levadura cuando no había espacio suficiente en los estantes especiales. También se encontraron nuevos usos para los contenedores viejos. Cientos de huevos se abrían, listos para el trabajo del día, y se echaban dentro de una lata reciclada de manteca. Los huevos se medían para las masas más ricas con una lata vieja; 17 huevos por lata: aproximadamente 3/8 de litro, creo. Y nunca olvidaré los *biscuits* de queso. En esa panadería se cortaban con latas vacías y iel circulito característico que tienen en el centro se estampaba con el cuello de una botella de refresco!

Aprendí a jamás desperdiciar ni una sola cucharadita de harina o de azúcar. Al completar una tanda de masa se me entregaba un pequeño recogedor y una brocha para limpiar la superficie; las migajas iban a un contenedor especial, para usarse de nuevo. Una vez alcé mis manos bien engrasadas, con cara de desesperación y, frente a mí, cayó un trozo de masa suave; alguien de la otra mesa había visto mi situación y me la lanzó, lo cual fue una solución muy eficiente y ecológica: nada de toallas grasosas que lavar y, en cambio, el excedente de grasa enriqueció otra masa que se usaría más tarde.

Los días pasaron veloces y me pareció que mi aprendizaje había llegado a su fin casi antes de haber comenzado. Sin embargo, mis manos eran prueba viviente de la odisea a la que las había sometido. El vigoroso amasar, tirar y jalar de la masa las había suavizado y blasonado con el estandarte del cocinero (¿acaso Jorge no me había dicho que siempre se puede identificar a un panadero por sus manos?). Fue un estandarte que porté con orgullo en los días menos agitados y, diría, casi aburridos que siguieron.

Notas generales

Además de que me gusta el pan dulce mexicano, me parecieron fascinantes las distintas técnicas que se emplean para prepararlo. Nunca las había visto en ninguna otra parte. Sé que suenan terriblemente complicadas. Inténtelo una vez y las instrucciones se irán haciendo más claras; después de varios intentos se convertirá en todo un experto.

Realmente sí hay que estar de ánimo y tener un fin de semana libre para embarcarse por primera vez en un nuevo tipo de recetas como éstas. Una vez que estoy de humor se me dificulta parar. Me gusta hacer mis propios panes y pasteles, me gusta ver cómo se levanta la masa en la cocina y el aroma a levadura que invade la casa. ¡Hasta me gusta la costrita de harina que se hace en cada manija y picaporte de la cocina! Verá que una vez que se familiarice con esto podrá planear el tiempo de preparación del pan, de modo que pueda hacer otras actividades, como trabajar, jugar o ir de compras. Después se volverá hipercrítico del pan dulce —que si está demasiado azucarado o demasiado refinado—, comenzará a saber qué hay en el mercado y su paladar empezará a exigirle el verdadero pan dulce.

1. Aunque no acepto usar un gancho para amasar el pan de sal diario, sí recomiendo una máquina de batir eléctrica con su gancho para elaborar el pan dulce de estas recetas (excepto con los *biscuits* de queso) porque es necesario amasar vigorosamente durante largo tiempo.
2. Necesitará un área tibia, libre de corrientes de aire, para levar las masas. Lo ideal es una temperatura de 24 ºC, de modo que sugiero que tenga a mano un termómetro ambiental.
3. Se preguntará por qué hago una siembra y luego sólo uso la mitad en la receta. En primer lugar, la mitad de la cantidad es difícil de mezclar y de amasar en el tazón común y corriente que traen las batidoras. En segundo lugar, esto lo alentará a intentar hacer la receta por segunda vez.
4. ¿Por qué estos panes no tienen grandes cantidades de mantequilla? En México el pan dulce se compra y se come en grandes cantidades a diario. Si tuvieran tanta mantequilla serían demasiado pesados y caros para comerse a tal escala por la mañana y por la tarde, con café con leche o chocolate.
5. Todos los panes que, como éstos, se preparan con grandes cantidades de levadura tienden a secarse con rapidez. En cuanto salgan del horno, cómase todos los que pueda y utilice el resto como yo se lo sugiero, congelándolos, recalentándolos o tostándolos cuando sea posible.
6. El clima influye sobre este tipo de cocina. Un día encapotado, húmedo y caluroso no producirá la misma masa ligera y bonita de un día claro y seco, así es que ya está advertido.
7. Para hacer los terrones de azúcar que se usan para decorar algunos panes dulces, vierta una capa gruesa y generosa de azúcar granulada sobre una charola para hornear grande. Humedézcala completamente con agua y deje que se seque por completo y quede pegada, antes de desmoronarla.
8. Para amasar o trabajar la masa jamás use sus dedos, sólo la palma de la mano y los bordes de la palma. Cuando la masa esté dura, use todo el antebrazo para romperla.
9. Para obtener resultados predecibles, use levadura en pastilla, no levadura seca.

Equipo especial para hornear pan mexicano

A mi modo de ver, es esencial una báscula que indique las cantidades tanto en gramos (g) como en kilogramos (Kg). Si la que usa no mide cantidades pequeñas con precisión, un posible sustituto es una balanza postal o de dieta.

Además del rodillo de madera de tamaño normal, debe tener un rodillo delgado, como de 30 a 38 centímetros (cm) de largo y de apenas unos 2.5 cm de diámetro. Es probable que no lo encuentre en ninguna parte, así que haga lo que hacen en las panaderías mexicanas: compre un palo para escoba, córtelo al tamaño apropiado y lime los extremos.

Un raspador de plástico para masa. Ninguna otra cosa puede sustituirlo.

Un cortador para decorar las conchas (pág. 410); no es esencial pero es bonito.

Un termómetro para interior que le permita juzgar y ajustar las temperaturas cuando esté levando la masa.

Dos espátulas grandes de plástico.

Pedazos de toalla vieja y bolsas de plástico grandes para levar las masas.

Una batidora eléctrica de alto rendimiento con gancho para masa. Creo que no sería honesto de mi parte no compartir el resultado de mi experiencia en tantas cocinas equipadas de forma tan distinta (en Inglaterra, Estados Unidos, México y Francia). Por encima de todas las batidoras prefiero la KitchenAid de uso doméstico. Muchos de los diseños de las batidoras sólo cumplen con la estética, algo que se aplica especialmente a las máquinas inglesas y alemanas. Aquellas que tienen una parte inferior bulbosa —aunque la batidora puede estar diseñada para ella— muy raramente baten con la rapidez y la precisión que el tazón mezclador más cónico que ofrece KitchenAid.

Cuernos

Los cuernos grandes, gordos y bien dorados que se hacen en México son de los panes dulces más populares. Están hechos de una masa rica, parecida a la del *brioche*, y se les da bastante tiempo para que se leven con lentitud a fin de que desarrollen su sabor y su carácter. Necesitan batirse mucho, de modo que le sugiero usar una batidora para trabajo pesado que tenga gancho para amasar.

Por cuestiones de economía, se hacen con margarina o con manteca vegetal. Yo he transigido y agregado un poco de mantequilla para mejorar el sabor.

Empiece por lo menos con 12 horas de anticipación.

Rinde de 20 a 24 cuernos de alrededor de 11 cm de longitud después de horneados

La siembra (para hacer 2 tandas)

¼ kg	de harina blanca (1 taza rasa), más otro poco para enharinar
30 g	de levadura en pastilla (2 cucharadas) muy apretada
2	cucharadas de agua tibia
3	huevos grandes, ligeramente batidos

La mezcla de grasa

200 g	de mantequilla sin sal, a temperatura ambiente
120 g	de margarina sin sal, a temperatura ambiente
60 g	de manteca vegetal, a temperatura ambiente

La mezcla final de masa

½ kg	de harina blanca, más otro poco para enharinar
1	taza de huevos, aproximadamente 4 grandes
100 g	de azúcar granulada (alrededor de ⅓ de taza), más 2 cucharadas
60 g	de margarina sin sal, a temperatura ambiente
¼	de taza de agua tibia

El glaseado

2	huevos grandes, bien batidos

Cierna la harina en el tazón de una batidora de uso pesado. Desmorone la pastilla de levadura en un tazón chico, agregue el agua tibia y deshaga los grumos con el revés de una cuchara de palo hasta que tenga la consistencia de una crema suave y ligera. Agregue los huevos y la crema de levadura a la masa y bátala con el gancho para amasar a velocidad alta hasta que la masa forme un cuerpo adherente y empiece a desprenderse completamente de la superficie del tazón. La masa debe estar suave, pegajosa, lisa y brillosa. Esto debe llevarle aproximadamente 5 minutos.

Espolvoree un poquito más de harina alrededor del borde del tazón y bata la masa 2 segundos más. Enharine bien su superficie de trabajo. Con el raspador, saque la masa del tazón y colóquela encima de la harina en la superficie de trabajo. Enharínese las manos y trabaje rápidamente la masa hasta formar un "cojín" en forma ovalada. Enmantequille una charola chica para hornear y espolvoréela con harina. Ponga encima la masa y hágale tres incisiones diagonales en la superficie. Tápela con un pedazo de papel encerado enmantequillado y luego con un trapo. Apártela en un lugar tibio, sin corrientes de aire, para que se eleve hasta que crezca a más del doble de su tamaño (1 hora a 24 ºC).

Durante este lapso, mezcle las grasas con las puntas de los dedos hasta que estén bien incorporadas y suaves. Refrigérelas brevemente. Cuando esté lista para usarse, la mezcla de grasa debe estar suave pero flexible: ni muy dura ni muy aceitosa.

Divida la siembra inicial en dos porciones iguales. Almacene la mitad en el refrigerador para hacer la siguiente tanda de cuernos (dura 3 días refrigerada y cerca de un mes en el congelador). Debe desmoronar un poco la otra mitad y ponerla en el tazón de la mezcladora. Agregue el resto de los ingredientes (pero, desde luego, no la mezcla de grasas) y bata a velocidad alta con el gancho para masa, hasta que sea un cuerpo adherente y se separe de los bordes del tazón (aproximadamente 10 minutos).

Durante este lapso apague la mezcladora de vez en cuando para raspar la masa que se acumula encima del gancho. A estas alturas la masa debe estar suave, pegajosa, lisa y brillosa. Rocíe un poco más de harina alrededor de las orillas del tazón y bata la masa 2 segundos más.

Enharine bien su superficie de trabajo y, con el raspador, coloque la masa encima. Enharínese las manos y rápidamente haga un "cojín" de forma ovalada con la masa. Déjela descansar 1 minuto.

De nuevo enharínese las manos y aplane la masa para formar un rectángulo, de manera que la parte larga quede frente a usted. Luego, con el rodillo grueso, extienda la masa para formar un rectángulo de 50 por 25 cm, y 75 mm de grueso; levante la masa constantemente mientras usa el rodillo para asegurarse de que no se pegue a la superficie de trabajo. Rocíe un poco más de harina debajo de la masa cuando sea necesario.

Empezando por el lado derecho, unte la mezcla de grasas lo más uniformemente posible, pero sólo sobre dos terceras partes de la masa (quedará una capa de grasa bastante gruesa), dejando en toda la extensión un borde de 2.5 cm sin grasa. Espolvoree la grasa libremente con harina.

Luego, empezando del lado izquierdo, doble el tercio de masa que dejó libre de grasa sobre el segundo tercio, que sí tiene grasa. Luego doble el tercio que está a mano derecha (con grasa) encima de los otros dos para formar un pulcro "paquete" rectangular. Asegúrese de que las orillas queden tan parejas como sea posible, como si estuviera planchando un mantel de lino. Presione las orillas firmemente con el rodillo para que la grasa no escape. Voltee la masa en el sentido de las manecillas del reloj, para que el lado más largo quede de nuevo hacia usted.

La operación se repite. Así que, otra vez, enharine bien su superficie de trabajo. Extienda la masa con el rodillo una segunda vez en forma rectangular. Espolvoree la superficie de la masa con harina, dóblela igual que antes y dele una vuelta en el sentido de las manecillas del reloj. Enharine la superficie de trabajo una vez más y extienda la masa otra vez, aunque ahora el rectángulo será ligeramente más pequeño (42 por 20 cm aproximadamente). Ahora la levadura entrará en acción y la masa se volverá más gruesa y elástica. Espolvoree la masa con harina y dóblela una tercera vez.

Aparte la masa para que descanse aproximadamente 10 minutos. No la refrigere a menos que sea un día muy caluroso. Para hacer este tipo de pan, la temperatura ideal del área de trabajo en la cocina es de 24 ºC, una temperatura no demasiado alta para trabajar y reposar la masa.

Enharine la superficie de trabajo una vez más y, con el rodillo, estire la masa dos veces más, doblándola y volteándola de la misma forma. Tape la masa doblada con un pedazo de papel encerado enmantequillado y un trapo grueso, y déjela en el refrigerador para que la masa crezca lentamente, durante al menos 6 horas y un máximo de 12.

Al final de este tiempo en que la masa debe haber crecido, retire la masa del refrigerador. Enharine bien su superficie de trabajo y coloque la masa encima. Si la masa está muy fría, dura y resulta difícil extenderla, déjela a temperatura ambiente unos 15 minutos. Estire la masa con el rodillo hasta que tenga unos 75 mm de grueso (fig. 1). Usando un raspador de plástico para pastelería o un cuchillo, corte la masa en tiras de aproximadamente 13.5 cm de ancho. Corte cada tira en triángulos que tengan 7.5 cm de largo en la base (fig. 2).

Tome uno de los triángulos de masa y estire la base ancha suavemente hacia fuera para formar unas "orejas" alargadas (fig. 3). Con delicadeza, estire el lado puntiagudo de la masa un poquito. Coloque el triángulo de masa en la superficie de trabajo, con el punto hacia usted, y luego, usando las palmas, rápida y suavemente enróllela de las "orejas" hacia el punto, formando un rollo parejo y compacto. Curve los extremos para completar la forma de luna: asegúrese de que la punta se vea encima del cuerno (fig. 4).

Coloque los cuernos como a 5 cm uno de otro en una charola para hornear ligeramente engrasada y apártelos en un sitio tibio, alejado de las corrientes, pero sin tapar, hasta que hayan duplicado su tamaño (alrededor de 2½ horas a una temperatura de 24 ºC).

Justo antes de que termine este lapso en que la masa crece, coloque los estantes del horno en la mitad superior del mismo. Caliente el horno a 230 ºC .

Con una brocha, unte los cuernos con bastante huevo batido y hornéelos hasta que tengan un color dorado profundo, no dorado claro (aproximadamente 12 minutos). A mitad del tiempo de cocción, invierta la posición de las charolas para que los cuernos se horneen y se doren de manera uniforme, por arriba y por abajo.

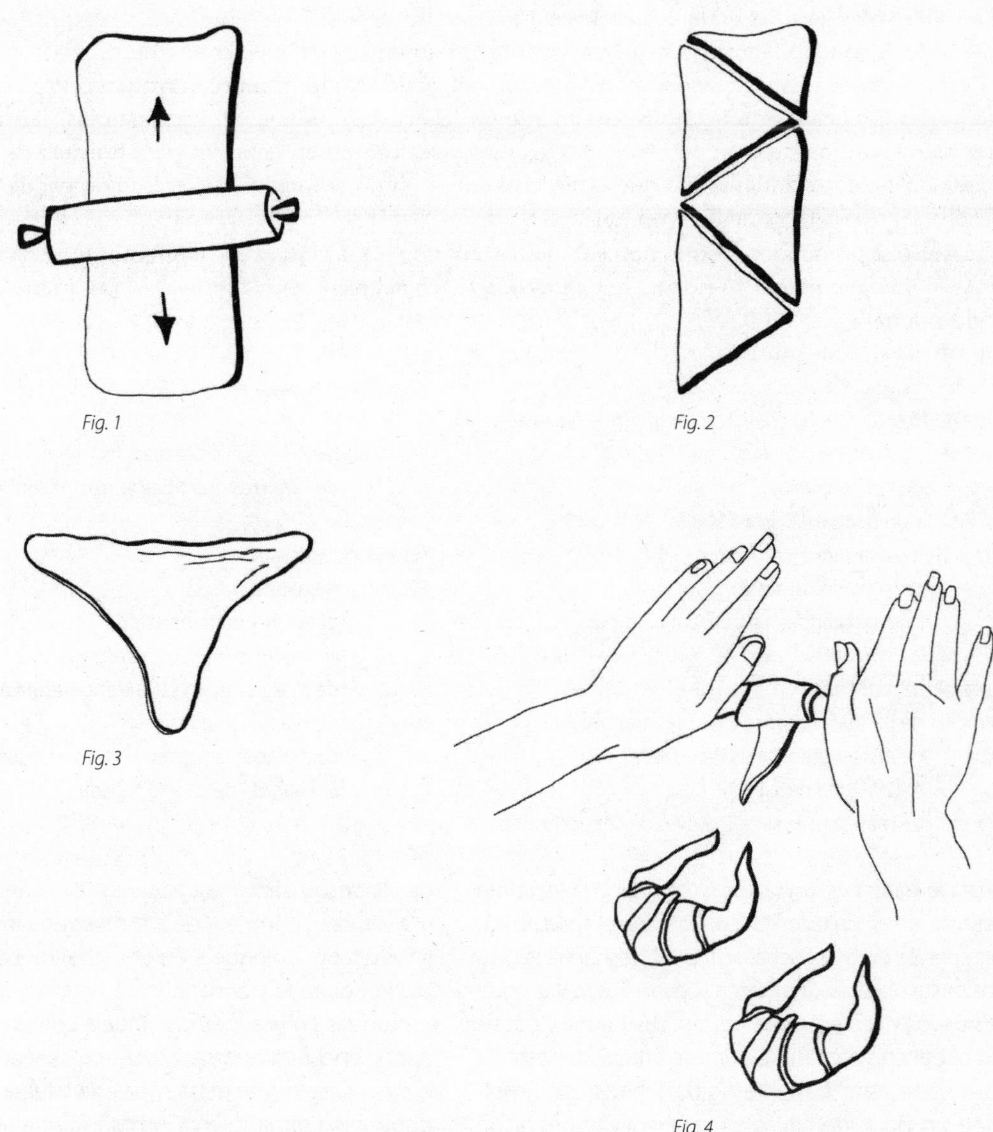

Fig. 1

Fig. 2

Fig. 3

Fig. 4

Conchas

De todos los panes dulces mexicanos, las conchas son quizá las más populares. Son bollos redondos y esponjosos, con un adorno de azúcar al que se le da una forma curva, como de concha, de donde deriva el nombre de este pan. Hay quienes las adornan con un diseño a cuadros; ésas, estrictamente hablando, deben llamarse chicharrones (el mismo nombre que se le da a la piel frita del puerco), aunque por lo general a todas se les llama conchas. Cuando están recién horneadas y bien hechas son exquisitas, pues a la masa se le da mucho tiempo para que se levante lentamente, lo que permite que su sabor se desarrolle.

Como todos los panes que llevan un alto porcentaje de levadura, se secan muy pronto. En vez de recalentarlas, prefiero cortarlas horizontalmente en rebanadas gruesas y luego tostarlas. También saben muy bien cuando se cortan en rebanadas gruesas y se colocan en charolas para hornear bien enmantequilladas, para tostarlas hasta que estén crujientes, como si fueran bizcochos suecos, de los que se comen con té o café, o incluso con helado.

Para este tipo de masa —que necesita batirse mucho— en verdad se requiere una mezcladora que tenga gancho para masa. ¡A no ser, desde luego, que tenga brazos muy fuertes y sea su manera de expiar su glotonería!

Empiece un día antes.

Rinde de 16 a 18 conchas de 12 cm después de horneadas

La siembra (para hacer 2 tandas)

¼ kg	de harina blanca (2 tazas) y un poco más para trabajar
15 g	de levadura en pastilla
3	cucharadas de agua tibia
2	huevos grandes, ligeramente batidos

La mezcla de masa final

½ kg	de harina y un poco más para trabajar
170 g	de azúcar granulada (¾ de taza)
½	cucharadita de sal
60 g	de mantequilla sin sal, suavizada (2 cucharadas)
1	taza de huevos (4 grandes), ligeramente batidos
¼	de taza de agua tibia, aproximadamente

El adorno de azúcar

120 g	de harina (1 taza)
120 g	de azúcar para repostería (1 taza menos 2 cucharadas)
60 g	de margarina sin sal, a temperatura ambiente
60 g	de manteca vegetal
2	cucharadas de cacao en polvo sin azúcar
1	cucharada de canela molida

Cierna la harina en un tazón. Desmorone la levadura toscamente en un tazón chico. Agregue el agua tibia y, con el revés de una cuchara de palo, deshaga los grumos hasta obtener una crema suave y ligera. Agregue los huevos y la crema de levadura a la harina y bátala con el gancho para masa durante unos 2 minutos: la masa debe estar bastante rígida y pegajosa. Espolvoree un poco de harina extra alrededor del tazón y bata la masa 2 segundos más para que se separe limpiamente de la superficie del tazón.

Enharine bien la superficie de trabajo. Con un raspador, transfiera la masa a la superficie de trabajo y déjela descansar 1 minuto. Luego enharínese bien las manos y rápidamente dé a la masa una forma de "cojín" ovalado. Colóquela en una charola para hornear bien engrasada y enharinada, y hágale tres incisiones profundas en la superficie. Tápela con un pedazo de papel encerado enmantequillado y con un trapo grueso. Deje que la masa suba en un lugar tibio: debe duplicar su tamaño en 1 ½ horas a una temperatura de 24 ºC, que es la ideal.

Al final de este periodo, corte la masa en dos partes iguales. Péselas para asegurarse de que sean iguales. Ponga una parte en el refrigerador para una tanda posterior de conchas (dura 3 días en el refrigerador y 2 meses congelada). Corte la otra mitad de la partida en pedazos toscos y póngalos en un tazón grande.

A la siembra que está en el tazón agregue los ingredientes para la mezcla final de masa, excepto 60 g del azúcar, y bata la masa con el gancho para masa a velocidad alta durante 5 minutos. Agregue el resto del azúcar y bata 5 minutos más o hasta que la masa esté suave, pegajosa y brillante, y forme una masa de cuerpo adherente. Espolvoree los lados del tazón con un poquito más de harina y bata la masa 2 segundos más para que la masa se desprenda de las paredes del tazón.

Enharine bien su superficie de trabajo y también sus manos. Con un raspador levante la masa y transfiérala a la superficie. Rápidamente forme un "cojín" redondo y uniforme. Déjela descansar 1 minuto mientras enmantequilla y enharina otro tazón grande, dejando libre el tazón de la batidora para otros propósitos.

Ponga la masa en un tazón, tápela con un pedazo de papel encerado enmantequillado y con un trapo grueso. Apártela en un lugar tibio y libre de corrientes (a 24 °C durante 2 horas). Al final del periodo en que la masa se levanta, coloque el tazón cubierto, con la masa dentro, en el fondo del refrigerador. Deje que la masa se levante lentamente durante 12 horas.

Justo antes de que termine este largo periodo, prepare el adorno de azúcar para las conchas. Cierna la harina junto con el azúcar para repostería. Corte la grasa en pedacitos sobre la harina y trabájela con las yemas de los dedos hasta que esté totalmente incorporada de manera uniforme y tenga una mezcla suave y flexible. Divida la mezcla en dos partes iguales. Agregue el cacao a una parte y la canela a la otra, y mezcle cada una hasta que el saborizante quede bien distribuido. Aparte.

Después de que la masa haya completado el largo periodo en que sube, póngala en una superficie bien enharinada y déjela reposar 1 minuto. Enharínese las manos y rápidamente trabaje la masa para darle una forma de "cojín" redondo. Con un raspador de plástico o un cuchillo afilado, corte la masa en 4 porciones iguales. Divida cada una en cuatro para obtener 16 porciones. A mí me gusta asegurarme de que cada porción sea igual, así que peso cada una y corto cualquier excedente que rebase los 60 g; así que, por lo general, acabo con 18 piezas.

Engrase unas charolas para hornear.

Enharínese las manos ligeramente y tome una bola de masa en cada mano. Curve las palmas de las manos y los dedos alrededor de cada una y presiónela firmemente sobre la superficie de trabajo. Mueva las manos de manera circular para formar, muy rápidamente, bolas de masa completamente redondas y parejas. Éste es un truco de panadero y se requiere de bastante práctica dominarlo: si la superficie tiene demasiada harina no tendrá tracción; si está demasiado pegajosa, la masa se pegará y tendrá una superficie dispareja.

Coloque las bolas de masa en las charolas preparadas, como a 7.5 cm una de otra.

Cuando estén todas listas, engrásese las manos bien y presione cada bola con firmeza para aplanarla ligeramente. Tome un pedacito del adorno de azúcar y forme una bolita como de 2.5 cm de diámetro. Enharínese las manos y presione la bolita sobre la palma de su mano hasta que tenga un disco aplanado como de 7.5 cm de diámetro. Presione el disco muy firmemente en cada una de las bolas de masa para que se adhiera bien. Repita hasta que todas las bolas de masa tengan adorno de azúcar, unas de canela y otras, de chocolate. Decore después con un cortador tradicional o improvise, cortando el adorno de azúcar en una cuadrícula o imitando el dibujo de una concha de mar.

Aparte las conchas, sin tapar, en un lugar tibio, sin corrientes, hasta que tengan casi el doble de tamaño (alrededor de 2 horas a una temperatura de 24 °C).

Ponga dos de las rejillas del horno en la mitad superior del horno. Caliente el horno a 190 °C.

Hornee las conchas hasta que la masa esté ligera y esponjosa y el derredor del adorno de azúcar se empiece a dorar (aproximadamente 12 minutos).

Campechanas

Las campechanas son como milhojas ovalados, con una cubierta brillante, que se rompen al morderlas. Siempre había querido hacerlas y me sentí orgullosísima el día en que las charolas llenas de mis propias campechanas salieron del horno de la panadería. Todos los panaderos se asomaron para ver cómo me habían salido y me felicitaron cuando las campechanas fueron llevadas a la vitrina para venderse.

Una vez que se acostumbre a extender y estirar la masa no tendrá más dificultades. Lo considero siempre un ejercicio de destreza. Visto así, ¡quizá no sean tan frustrantes las dos o tres primeras veces que intente hacerlas! Sin embargo, el proceso de horneado tiene que ser perfecto o acabará con capas blancuzcas de masa cruda en el centro, o el azúcar de arriba no se derretirá y no se caramelizará como debe. Las campechanas comerciales siempre se hacen con una mezcla de manteca vegetal y margarina —en México nunca las he probado de mantequilla—, pero yo uso un poco de mantequilla en esta receta para mejorar el sabor.

En verdad necesita una batidora eléctrica: 15 minutos de batido en la máquina equivalen a por lo menos media hora a mano.

Rinde para 32 piezas

La masa básica

½ kg	de harina (2 tazas)
¼	de cucharadita copeteada de sal
30 g	de azúcar granulada (2 cucharadas)
1 ⅓	tazas de agua fría
30 g	de manteca vegetal (2 cucharadas)

Grasa para las manos y para la superficie de trabajo

¼ kg	de manteca vegetal, para engrasarse muy bien las manos y engrasar muy bien la superficie de trabajo

La mezcla de grasa y harina

140 g	de harina (1 ¼ tazas)
120 g	de mantequilla sin sal, a temperatura ambiente (½ taza)
120 g	de margarina sin sal, a temperatura ambiente (½ taza)
60 g	de manteca vegetal, a temperatura ambiente (¼ de taza)

El adorno

1	taza de azúcar granulada, aproximadamente

Ponga todos los ingredientes para la masa básica en el tazón de una batidora de trabajo pesado y bátala aproximadamente 15 minutos con el gancho para amasar, hasta que tenga una masa algo rígida, muy lisa y muy elástica, que se separe de la superficie del tazón en madejas. Compruebe esto estirando un pedazo de masa. Si se rompe con facilidad, necesita batirla un poco más.

Engrase bien su superficie de trabajo con un poco de la grasa adicional. Coloque la masa en la superficie. Engrase bien sus manos y divida la masa en dos partes iguales. Con el rodillo estire cada una para formar una pelota grande. Vuelva a engrasarse las manos y presione cada pelota para formar un círculo plano y parejo de 20 cm de diámetro y 2 cm de ancho. Unte la masa con bastante grasa y apártela para que repose aproximadamente 10 minutos. Mientras tanto, prepare la mezcla de grasa y harina.

Con los dedos, trabaje la harina y la grasa suavizada hasta que la mezcla esté completamente lisa. Divídala en dos porciones iguales. La mezcla debe estar suficientemente suave para untarla con facilidad, pero por ningún motivo permita que se haga demasiado grasosa; si esto ocurre refrigérela brevemente. Déjela aparte.

Engrase sus manos y el área de trabajo con bastante de la grasa extra. Tome uno de los discos de masa y voltéelo bocabajo (podrá ver las junturas de la masa). Aplane la masa tan uniformemente como sea posible para formar un rectángulo de unos 2 cm de grosor, con la parte estrecha hacia usted. Engrase el rodillo generosamente (lo ideal es que mida 15 cm de longitud; ver la nota en la pág. 406), y con éste estire la masa para hacerla más delgada, conservando su forma rectangular, hasta que tenga aproximadamente 0.5 cm de grosor.

Tome una porción de la mezcla de grasa y harina y úntela, con sus manos, tan uniformemente como sea posible sobre la masa extendida. De nuevo unte el rodillo con más grasa y, cuidadosamente, jalando el extremo cercano de la masa, presiónelo alrededor del rodillo. Dele una vuelta al rodillo, cubriéndolo con una delgada capa de masa y dejando unos 7 cm del rodillo sin cubrir en cada extremo.

Tomando el rodillo con una mano, estire la masa uniformemente sobre éste con la otra mano. Luego, muy cuidadosamente, empiece a girar el rodillo para ir enrollando la masa, al tiempo que va jalando para estirarla de manera que, cuando llegue al rodillo, esté lo más delgada posible (el otro extremo se queda "pegado" a la superficie de trabajo, de manera que pueda "estirar" la masa; ver fig. 1). Estire cuanto sea posible para lograr una masa tan delgada como el papel, pero sin que se rompa. Note, sin embargo, que aun a los panaderos más expertos se les rompe la masa de vez en cuando, de modo que si ocurre, no se desespere. También ocurrirá lo mismo si la masa no se batió bien desde el principio. Los últimos centímetros de la masa deben alisarse y estirarse con mucho cuidado, ya que formarán la capa exterior de las campechanas.

Engrase sus manos y unte la grasa libremente sobre la parte exterior de la masa estirada. Tomando el extremo del rodillo con una mano, con la otra empuje el rollo de masa para que salga del rodillo (tendrá la forma de una salchicha como de 8 cm de diámetro). De nuevo engrase sus manos y poco a poco estire el rollo, acomodándolo en distintas partes hasta que se haya extendido para formar un rollo más largo y delgado (como de 70 cm de largo y 4 cm de diámetro). Ponga el rollo en una superficie bien engrasada mientras repite el mismo procedimiento con el segundo rollo. Deje que la masa descanse unos 20 minutos.

Para formar las campechanas, aplane una sección de uno de los extremos del rollo de masa hasta que tenga aproximadamente 1.5 cm de grueso. Con la otra mano, dé una giro rápido a la masa que mantiene esa pieza unida al resto del rollo, y haga que se desprenda. (No había forma de convencer al maestro Miguel de usar un cuchillo o cualquier clase de cortador. Según él, eso echa a perder la forma de las campechanas, pues se forman bordes desiguales).

Tenga listas unas charolas para hornear, sin engrasar. Coloque el pedazo de masa que separó en una de ellas. Engrasándose las manos muy bien, aplane la masa para formar un óvalo delgado de 14 por 6.5 cm. Unte la superficie aplanada con otra generosa cantidad de grasa. Repita el procedimiento hasta que se acabe la masa: cada rollo rinde unas 16 campechanas (fig. 2). Matemáticamente no parece correcto, pero la masa se estira aún más a medida que trabaja con ella.

Caliente el horno a 190 ºC y coloque las rejillas del horno en la mitad superior del mismo. Espolvoree generosamente el azúcar del adorno sobre los trastes terminados de masa aplanada. Voltee los trastes al revés y golpéelos suavemente en distintos lugares para que caiga el exceso de azúcar. *Nota:* Si no engrasó suficientemente la parte superior de la masa, el azúcar no se adherirá de manera correcta y no se formará el glaseado.

A menos que tenga un horno muy grande, hornee una charola a la vez en la rejilla media del horno, hasta que las campechanas se esponjen y se hayan dorado ligeramente (de 15 a 20 minutos; fig. 3). Suba la temperatura del horno a 230 ºC, mueva el traste a la rejilla superior y hornee otros 5 minutos; para entonces, el azúcar debe haberse derretido y caramelizado. Tenga cuidado: el horneado es engañoso y cada horno es diferente. Tendrá que experimentar un poco con la primera charola para obtener el resultado deseado. Los hornos de gas tienden a ser temperamentales, se salen de control a los 230 ºC y el azúcar se quema.

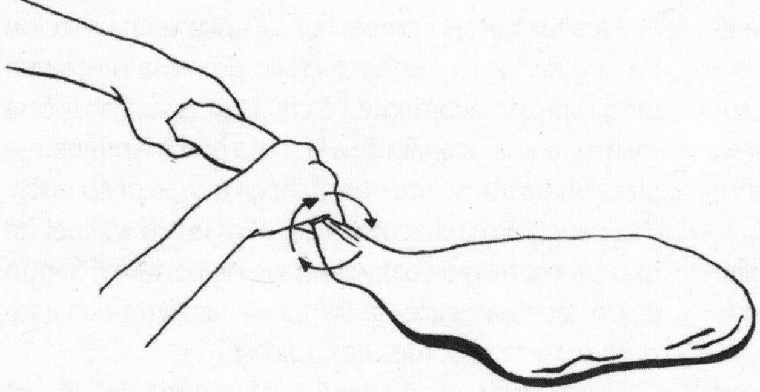

Fig. 1

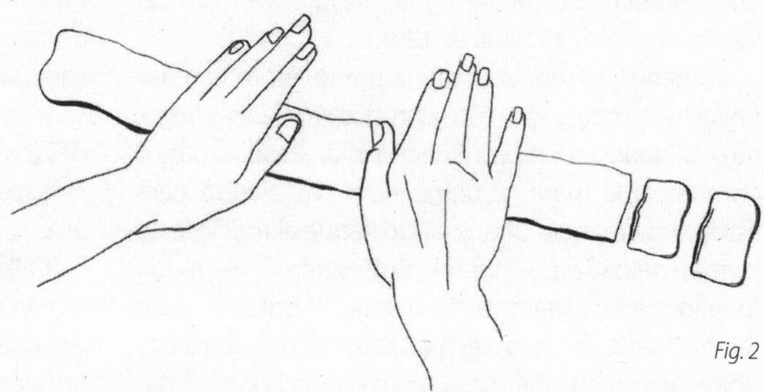

Fig. 2

Fig. 3

Biscuits de queso

Estos suntuosos panes dulces que llevan levadura son de los favoritos en México. Desde luego, saben mejor si se comen el día que se hacen, de preferencia recién salidos del horno, pero se congelan perfectamente bien y pueden recalentarse, cortándolos a la mitad y tostándolos. Los que no se hayan congelado y estén un poquito secos deben sumergirse rápidamente en leche, cortarse horizontalmente en rebanadas gruesas y tostarse. Son deliciosos solos o con mermelada a la hora del desayuno o del té.

Es importante no confundir estos *biscuits* con el bisquet americano, tan extendido ahora en México. La distinción es importante: el *biscuit* es crujiente y se hornea dos veces (su nombre viene del francés *bis cuit*, "doblemente cocido"), mientras que el bisquet americano es redondo, suave y sólo se hornea una vez. Los panaderos de los que aprendí la receta los llamaban así: *biscuits*. Por razones económicas, las panaderías de México hacen los *biscuits* de queso con margarina. Por motivos de sabor, yo sustituyo parte de la margarina con un poco de mantequilla. El queso crema de paquete está bien, pero prefiero comprar, cuando es posible, el mejor queso crema que es un poco más suelto y se vende en tiendas de *delicatessen* o especializadas.

Comience por lo menos cinco horas antes.

Rinde aproximadamente 40 biscuits *de 9 cm de diámetro después de horneados*

La siembra (para una tanda)

Tenga listas 6 charolas para hornear, engrasadas

180 g	de harina (1 ½ tazas), más otro poco para enharinar
60 g	de azúcar granulada (¼ de taza)
¼	de cucharadita de sal
30 g	de levadura en pastilla
1	cucharada de agua tibia
⅓	de taza de huevos ligeramente batidos
60 g	de margarina sin sal, suavizada (¼ de taza)

La mezcla final de masa

¼ kg	de azúcar granulada (1 taza menos 2 cucharadas)
¼ kg	de queso crema
2	cucharaditas de sal
1 ⅓	tazas de huevos ligeramente batidos
1	taza de leche entera
1 ¼ kg	de harina (10 tazas)
3	cucharadas copeteadas de polvo para hornear de doble acción
¼ kg	de margarina sin sal a temperatura ambiente (1 taza)
140 g	de mantequilla sin sal a temperatura ambiente (⅔ de taza)

El glaseado

2	huevos grandes bien batidos

Ponga la harina, el azúcar y la sal juntas en un tazón; mezcle bien. Desmorone la levadura en un tazón chico, añada el agua tibia y, con el revés de una cuchara de madera, deshaga todos los grumos hasta obtener la consistencia de una crema ligera. Agregue la crema de levadura, los huevos y la margarina suavizada a la mezcla de harina y mezcle sólo hasta que los huevos estén bien incorporados y tenga una masa suave y pegajosa (aproximadamente 3 minutos).

Con un raspador, transfiera la masa a una superficie enharinada. Déjela descansar 1 minuto y luego, con manos bien enharinadas, dele la forma de un "cojín" alargado. Engrase y enharine ligeramente una charola pequeña para hornear y ponga encima el cojín de masa. Hágale tres incisiones profundas en la parte superior. Luego cúbrala con un pedazo de papel encerado enmantequillado y con una toalla gruesa y póngala en un lugar tibio (24 °C es ideal) para que casi doble su volumen. Esto llevará unas 2 horas.

Troce toscamente la siembra y póngala en un tazón. Agregue el azúcar, el queso crema, la sal y los huevos y mezcle todo hasta que esté bien combinado, lo que debe llevarle unos 3 minutos. Añada la leche y mezcle 1 minuto más; luego aparte.

Cierna juntos la harina y el polvo para hornear. Corte la grasa sobre la masa y, cuando esté en pedacitos, tállela ligeramente con las yemas de los dedos hasta que la mezcla parezca pan molido fino. Junte las dos mezclas en forma gradual (la de harina y la de los otros ingredientes) y amase hasta obtener una masa suave y pegajosa.

Enharine muy bien su superficie de trabajo (no se limite a una espolvoreada ligera con una latita perforada). Con un raspador, pase la masa a la superficie y deje que repose 1 minuto. Luego enharínese bien las manos y rápidamente trabaje la masa hasta formar un "cojín" redondo. Déjela reposar 1 minuto más. Vuelva a enharinarse las manos y estire la masa hasta formar una rectángulo grueso. Luego, con un rodillo delgado, aplane la masa para formar también un rectángulo —con el lado más largo hacia usted— de aproximadamente 55 por 33 cm y 1.5 cm de grueso.

Enharine ligeramente la superficie de la masa. Empezando del lado izquierdo, doble un tercio de la masa sobre el tercio del medio, asegurándose de que las orillas coincidan con exactitud. Luego doble encima el lado derecho para formar un paquete. Levántelo y enharine bien la superficie de trabajo. Gire la masa a la derecha, en el sentido de las manecillas del reloj. Con el rodillo vuelva a extenderla hasta obtener el mismo tamaño, más o menos. Enharine la superficie de la masa con un poquito más de harina, vuelva a doblar la masa de la misma forma que antes y de nuevo dele una vuelta a la derecha. Repita este proceso una vez más, para darle tres vueltas en total. Deje que la masa repose 1 minuto.

De nuevo enharine bien la superficie de trabajo y, con el rodillo, estire la masa hasta que tenga unos 2 cm de grosor. Usando un cortador para galletas, sencillo y redondo, como de 6.5 cm de diámetro, corte la masa en ruedas y colóquelas como a 4 cm una de la otra en una charola para hornear engrasada. Reúna la masa restante, presiónela bien y, con el rodillo, estírela hasta que tenga 2 cm de grosor. Córtela en *biscuits*. Cuando los haya cortado todos, aplánelos ligeramente con la palma de la mano y luego estampe cada uno en el centro con un cortador circular como de 1.5 cm de diámetro. Deje reposar los *biscuits* para que crezcan, sin tapar, hasta que alcancen casi el doble de su tamaño (unas 2 horas a temperatura de 25 ºC) en un lugar libre de corrientes de aire.

Ponga dos rejillas en la mitad superior del horno. Caliente el horno a 190 ºC. Con una brocha, pinte la superficie de los *biscuits* con bastante huevo batido y hornéelos, dos charolas por vez, durante unos 10 minutos. Invierta la posición de las charolas —mueva la charola que estaba en la rejilla superior a la rejilla de abajo— y hornee de 5 a 10 minutos más, o hasta que estén esponjosos, bien cocidos y dorados en la parte de arriba.

Retire las charolas del horno y deje que los *biscuits* se enfríen alejados de las corrientes y el aire frío.

Postres y galletas

Llegamos hasta un gran corredor, decorado con pinturas y amueblado con sillas antiguas de altos respaldos donde, ante el asombro de nuestros ojos, se disponía una elegante cena, muy alumbrada y ornamentada: pasteles, chocolates, nieves, cremas, natillas, tartas, jaleas, manjares blancos, naranjada, limonada y otras exquisiteces profanas, ornamentadas con papel dorado en forma de banderitas.

Madame Calderón de la Barca, *Vida en México,* sobre una visita a un convento.

A principios de la década de 1970 casi todos los días caminaba por el Bosque de Chapultepec hasta la estación del metro que está justo frente a la estatua de los Niños Héroes. ¿Hay alguna otra parte del mundo donde uno pueda encontrar un letrero que diga "Prohibido pasar con globos", en lugar de los señalamientos de siempre que prohíben escupir o tirar basura? Si usted hubiera estado en el Bosque de Chapultepec un domingo o en un día festivo de 1970, con sus nubes y nubes de globos, de todos colores y de las formas más extrañas, entendería el porqué del letrero.

Justo fuera de la estación, desde la mañana hasta la tarde, solía ponerse una mujer que vendía postres en un carrito ingeniosamente diseñado. Arriba, en una vitrina de cristal, estaban los dulces más delicados. El carrito tenía una extensión plegable, con rampas ligeramente inclinadas, donde se estremecían las gelatinas de todos colores. Algunas eran brillantes y transparentes; las había rojas y verdes; otras eran opacas y tenían un cremoso color rosa, verde y café. También había las de base cremosa y tapa cristalina, con toda una fresa entera dentro y unas cuantas nueces picadas; vasitos de arroz con leche o flan con fondo de caramelo. Entre otros sabores, había gelatinas de pistache, nuez, zarzamora o jerez. En realidad no hacía falta un carrito tan complicado.

Los domingos en la tarde, en Puebla, en las calles que rodean el mercado, los niñitos pasaban con charolas de natillas y de jaleas temblorosas sobre la cabeza, o llevaban los postres en distintas jaulitas, artificiosamente diseñadas, con muchos estantes y paredes de vidrio que cabían cómodamente en la parte trasera de una bicicleta.

Intentaré trazar la imposible línea que separa los dulces de los postres mexicanos, porque lo que yo llamaría dulce a menudo se sirve como postre, al final de una comida. Sin lugar a dudas, las monjas españolas del periodo colonial fueron las máximas innovadoras y muchos de sus dulces todavía sobreviven en la misma forma y con las mismas recetas.

No es necesario ir a Puebla para ver la enorme variedad de dulces "de convento".

La próxima vez que vaya al Centro Histórico de la Ciudad de México, camine del Palacio de Bellas Artes hacia Cinco de Mayo, en dirección al Zócalo. En la acera a mano derecha encontrará la Dulcería de Celaya, atendida por los descendientes de la familia que la fundó en 1874. Sus aparadores, ventanales, lámparas y accesorios —es decir, casi todo lo que hay en su interior— casi no han cambiado, a no ser por el rugir del tráfico proveniente de la ajetreada calle.

Por lo general, uno de los aparadores está dedicado a las frutas cristalizadas: camotes enteros, gruesas rebanadas de piña, sandía de rojo profundo, trozos de chilacayote blancuzco con sus semillas negras, cáscaras de naranja enteras. Del otro lado están los gaznates: cornetas de una delgada masa frita, rellenas con pasta de piña y coco; delgados triángulos de turrón de almendra entre hojas de papel de arroz y gruesos discos de chocolate molido en el metate con almendras y azúcar, y perfumado con vainilla y canela. Adentro, me llamaron la atención los brillantes limones verdes rellenos de coco; miniaturas de pasta de almendra en forma de jarritas de leche como de dos centímetros de altura; un mamey con un pedazo de su piel café claro enroscada para mostrar el intenso color entre rosa y salmón de su interior; o la papaya, también en miniatura, con el corte que permite ver la pulpa y las semillas internas. Hay grandes jamoncillos rectangulares de Puebla, decorados con piñones y pasas; las agridulces pastas de tamarindo que provienen de Jalisco y los rollos de dulce de leche cubiertos con nueces de Saltillo. La variedad era, y sigue siendo, abrumadora. Siempre quiero volver para probarlo todo de nuevo.

Para el viajero de hoy, que acepta lo que esté en el menú del modesto restaurante promedio —aunque los restaurantes más caros ahora ofrecen una variedad más amplia de postres refinados—, hay muy poco de donde escoger, aparte de los helados de siempre, las frutas en almíbar (las marcas comerciales que se especializan en frutas en almíbar son en verdad excelentes), chongos de lata y el inevitable flan de muy variada calidad. Pero si viaja por el interior del país, busque algunas de las especialidades regionales.

En San Luis Potosí, busque queso de tuna, una conserva muy buena de tuna que se sirve con rebanadas de queso crema. También, duraznos prensados. Entre en una de las muchas dulcerías que, bajo los arcos de los edificios en los alrededores de la plaza central de Morelia, venden las delgadas láminas enrolladas de guayaba, membrillo o tejocote. Hace muchos años, en el supermercado de La Paz, Baja California, compré una pasta de mango que estaba deliciosa. En Monterrey, la capital industrial del norte del país, tras una deliciosa comida de cabrito con frijoles rancheros, asegúrese de que, con el café, le den bolitas de leche quemada de cabra, especialidad del pueblo de General Zuazua. Irapuato y Zamora son grandes centros de producción de fresas y, además de deliciosas mermeladas, venden paquetes de fresas cristalizadas.

La primera vez que visité Acolman —un hermoso convento y uno de los más antiguos del periodo colonial— en el camino a las pirámides de Teotihuacan, me sorprendió mucho observar, grabado en un arco de piedra sobre la entrada principal, la inconfundible forma redonda de un flan, junto con uvas y otras frutas y verduras. Los españoles trajeron vacas lecheras hacia 1530, y las monjas no perdieron ni un minuto en reproducir sus dulces y postres favoritos, combinando productos traídos de España con los ingredientes locales.

Así como la mayoría de la gente hace fila para visitar una iglesia o un museo famoso, yo me dirijo directo al mercado. Es la clave de mi alimentación durante los siguientes días de mi visita a un lugar. Me parece que la parte más interesante del mercado de Mérida es la que está en los alrededores, como a una cuadra a la redonda. Los vendedores de dulces están bajo los arcos de los edificios cercanos. Casi todos están hechos a base de coco y, entre ellos, mi favorito —un verdadero asesino de las coronas de las muelas— es el coco melcochado: coco finamente rallado en una palanqueta de caramelo.

Me topé con el marañón —la fruta pulposa de la nuez— la primera vez que fui al mercado de Campeche. La nuez crece en el exterior de su fruta, que tiene un color rojo y amarillo, y madura en mayo. En Campeche hay toda una industria que se dedica a embotellar el marañón en alcohol o en almíbar. Pruebe los que están en almíbar: necesitan el dulce porque los otros son bastante amargos. Recuerdo haber visto en la estación de autobuses (¡vaya lugar!) una bolsa de plástico sellada que contenía lo que parecía una ciruela grande y pulposa: era el marañón seco. Tiene un sabor sutil, y aunque comí marañones casi todos los días durante una semana, sencillamente no puedo relacionarlo con ninguna otra fruta.

Los duraznos y los membrillos conservados en aguardiente son la especialidad de Los Altos de Chiapas. En San Cristóbal el aire es muy húmedo y, al igual que en Inglaterra, de vez en cuando hay que tomar un trago para quitarse el penetrante frío. Fue en la Dulcería Santo Domingo que vi esa fruta por primera vez en un gigantesco frasco de vidrio. ¡Qué hallazgo! Tenían el pan dulce más fresco y delicioso que hubiera encontrado en México en aquel entonces, y suculentas empanadas calientes, recién saliditas del horno, con un relleno de carne ligeramente dulce.

Sí, en México hay una variedad gigantesca de dulces, pero tiene que prepararse para buscar los que son realmente buenos.

Flan de naranja

Señora María Luisa Camarena de Rodríguez. Tehuacán, Puebla

La señora María Luisa Camarena de Rodríguez me invitó a quedarme en una ocasión hacia finales de octubre con su familia en Tehuacán, Puebla, para que probara la especialidad del lugar: el mole de cadera, que se prepara cada año durante la época de la matanza de cabras. Sin embargo, durante mi breve estancia me llevó a conocer a las mejores cocineras del pueblo y me prestó su recetario familiar, para que eligiera y copiara las recetas que llamaran mi atención. Muchas tenían un origen casi completamente español, y me gustó en particular este flan de naranja.

Me parece un postre sensacional. Si las naranjas están muy dulces tendrá que agregar un poquito más de jugo de limón. Lo hice también con una proporción de jugo de mandarina, que resultó tan poco común como delicioso. Reduje la cantidad de azúcar a ¼ de taza (además del azúcar para el caramelo) y agregué la ralladura de limón y naranja, lo que me parece que mejora el sabor. No se sorprenda de que el flan no lleve leche o de la forma en que la mezcla se reduce durante el tiempo de cocción. Si no deja que la espuma de los huevos batidos se asiente antes de meterlo al horno, se inflará y se pegará a la tapa de la flanera.

Rinde 6 porciones

¾	de taza de azúcar	1	taza de jugo de naranja, más el jugo de ½ limón
	La ralladura de 2 naranjas y ½ limón	6	huevos grandes separados

Primero haga el caramelo. Derrita ½ taza de azúcar en una sartén gruesa a fuego lento. Cuando esté completamente derretida, suba el fuego y revuelva el almíbar con una cuchara de palo hasta que se oscurezca (el color dependerá de qué tan oscuro quiera el caramelo). Vierta el caramelo en una flanera o en un molde de 1 litro, y dele vueltas rápidamente, inclinando el molde de lado a lado hasta que el fondo esté uniformemente cubierto de caramelo y también hasta la mitad en las partes laterales. Apártelo.

Caliente el horno a 180 ºC. Si no está utilizando una flanera, arme un baño maría en la rejilla inferior del horno (puede improvisar usando una cazuela para rostizar en la que quepa el molde, poniéndole agua caliente de 4 cm de profundidad, o de manera que llegue casi a la mitad del molde después de verter la mezcla del flan).

Agregue la ralladura de la fruta al jugo y, poco a poco, incorpore el ¼ de taza restante de azúcar para que se disuelva.

Bata las yemas hasta que se espesen. Luego, en un tazón aparte, bata las claras a punto de turrón. Sin dejar de batir, poco a poco incorpore las yemas a las claras. Cuando estén completamente incorporadas, añada poco a poco el jugo de naranja, sin dejar de batir. Deje que la espuma se asiente antes de verter la mezcla en el molde con caramelo. Engrase la tapa del molde, tápelo y colóquelo a baño maría. Hornéelo hasta que el flan se cuaje (aproximadamente 2 horas). Compruébelo insertando un probador para pastel. Si sale limpio, el flan está listo. Apártelo para que se enfríe (pero no lo refrigere) antes de desmoldarlo.

Flan a la antigua

Basado en una receta de la señora Josefina Velázquez de León

Éste es un flan verdaderamente extraordinario que tiene una textura satinada.

Rinde 6 porciones

1 l	de leche entera
½	taza de azúcar
1	vaina de vainilla de aproximadamente 5 cm
1	pizca de sal
4	huevos grandes
6	yemas de huevo

Tenga lista una flanera cubierta con caramelo (vea la pág. 420).

Caliente el horno a 180 ºC.

Caliente la leche en una olla gruesa, agregue el azúcar, la vaina de vainilla y la sal. Deje que hierva suavemente durante unos 15 minutos. La leche debe reducirse ½ taza. Aparte para que se enfríe.

Bata bien las claras y las yemas juntas. Añádalas por un colador a la leche que ya se enfrió y revuelva bien. Vierta la mezcla a la flanera preparada a través de un colador. Enjuague la vaina de vainilla, deje que se seque y guárdela para usarla de nuevo una vez.

Tape el molde y colóquelo a baño María en la rejilla inferior del horno. Hornee el flan durante 2 horas y compruebe que esté bien cuajado. Una vez listo, apártelo para que se enfríe.

Cocada imperial

Señora Norma de Shehadi. Ciudad de México

A pesar de su nombre, esta cocada es un flan delicioso con cierta textura. Desde luego, sabrá mejor si lo prepara con coco fresco, ya que puede usar el agua también. ¡Le advierto que, ya cocido, se separa en capas!

Como todos los flanes, sabe mejor si se hace con varias horas de anticipación, o incluso un día antes, para que se ponga firme y sea más fácil cortarlo.

Rinde 6 porciones

¾	de taza de azúcar
2	tazas de leche entera
1	coco pequeño
1	taza del agua del coco
4	huevos grandes, claras y yemas por separado
1	pizca de sal

Tenga lista una flanera cubierta con caramelo (ver la pág. 420).

Caliente el horno a 180 ºC.

En una olla gruesa, derrita el azúcar en la leche a fuego lento. Luego suba el fuego y deje que la leche hierva vigorosamente, pero cuide que no se derrame. En cuanto comience a espesarse, revuelva la mezcla para que no se pegue al fondo de la olla. Después de unos 30 minutos, debe tener la consistencia de una leche condensada ligera y haberse reducido a 1 taza.

Perfore el coco a través de los dos "ojos" y extraiga el agua. Apártela. Ponga el coco entero en el horno durante unos 8 minutos. Ábralo: la carne debe desprenderse de la cáscara fácilmente.

Pele la piel café de la pulpa con un pelador y rállela muy finamente; para hacer el flan necesitará 2 ¼ tazas de coco.

Agregue el coco rallado al agua de coco y hiérvalo a fuego alto durante unos 5 minutos, sin dejar de revolver. Agregue la leche "condensada" y cocínelo 5 minutos más. Aparte la mezcla para que se enfríe.

Bata las yemas hasta que estén cremosas e incorpórelas bien a la mezcla de coco. Aparte, bata las claras hasta que estén a punto de turrón, añada la sal y siga batiéndolas hasta que estén firmes, pero no demasiado secas. Incorpórelas a la mezcla con movimientos envolventes.

Vierta la mezcla en el molde preparado. Tape el molde con una tapadera bien engrasada y métalo a baño maría. Cocine el flan en la rejilla inferior del horno durante aproximadamente 1 ½ horas y compruebe que se haya cuajado. Cuando esté listo, apártelo para que se enfríe.

Queso de Nápoles

Existen muchas variaciones del queso de Nápoles o queso napolitano, pero el origen de su nombre sigue siendo un misterio. Si lo pide en Yucatán, le darán un flan muy sólido hecho a base de leche condensada de lata, con o sin almendras molidas, y también puede hacerse sin el caramelo. Elegí esta versión porque creo que es la mejor de todas: es un flan blanco y delicado, con una esponjosa capa de almendras en el fondo. También constituye una estupenda manera de usar las claras de huevo que siempre se acumulan.

Rinde 6 porciones

2	tazas de leche entera
¼	de taza de azúcar
¼	de taza de almendras peladas y finamente molidas
4	claras de huevo
1	pizca de sal

Tenga lista una flanera con caramelo (ver pág. 420).

Caliente el horno a 180 ºC.

En una olla gruesa ponga a hervir la leche. Deje que hierva suavemente durante 5 minutos.

Agregue el azúcar y las almendras a la leche. Deje que la mezcla hierva a fuego lento durante otros 5 minutos. Apártela hasta que se enfríe.

Bata las claras hasta que estén a punto de turrón, agregue la sal y siga batiendo hasta que estén firmes. Con movimientos envolventes, incorpore las claras a la mezcla de leche. Vierta la mezcla en la flanera preparada.

Tape el molde con una tapadera bien engrasada y colóquela en la rejilla inferior del horno, a baño maría. Hornéelo durante 1 ½ horas y luego compruebe que el queso se haya cuajado bien. Una vez listo, apártelo para que se enfríe.

Capirotada I

La capirotada es uno de los postres favoritos de Semana Santa en México. Se prepara a base de rebanadas de bolillo. Rebane el pan y déjelo toda la noche en una charola a que se seque, o bien, séquelo en un horno a fuego lento.

En algunas de las recetas para hacer capirotada se indica que hay que freír el pan, lo que absorbe una cantidad gigantesca de grasa, de modo que aquí cambié el método de preparación.

No vea con desdén la hoja de higo que se menciona abajo; si puede conseguirla, le da un sabor especial y delicioso al postre. Sugiero que deje remojar el piloncillo en agua con varias horas de anticipación, ya que tiende a ser bastante duro.

Tradicionalmente, la capirotada se come a manera de postre con un vaso de leche a la hora de la cena.

Rinde 6 porciones

¼	de taza de manteca de puerco derretida
¼	de taza de aceite vegetal
4	bolillos secos cortados en rebanadas de 1.5 cm de grueso
¼ kg	de piloncillo rallado
1	taza de agua
1	raja de canela de 10 cm o 1 hoja de higo grande
120 g	de queso añejo o romano finamente rallado
¼	de taza de pasitas
¼	de taza de almendras fileteadas o de piñones
3	cucharadas de mantequilla sin sal, suavizada y cortada en pedacitos

Caliente el horno a 180 ºC y coloque la rejilla del horno a la mitad.

Enmantequille generosamente un traste refractario no muy hondo, en el que pueda acomodar las rebanadas de pan en una sola capa: un traste de 21 por 21 cm resulta perfecto.

Elija una charola para hornear galletas en la que quepan cómodamente todas las rebanadas de pan. Mezcle la manteca derretida y el aceite y engrase bien la charola. Ponga el pan en la charola y, con una brocha, unte el pan con el resto de la mezcla de aceite y manteca. Hornéelo durante unos 10 minutos, luego voltee las piezas de pan y hornéelo otros 10 minutos, o hasta que el pan esté crujiente y dorado.

A fuego lento, derrita el piloncillo en agua, junto con la canela o la hoja de higo (ver la nota superior). Permita que el almíbar resultante rompa en hervor y déjelo al fuego sólo 8 minutos (el almíbar debe tener un poco de cuerpo, pero no ser demasiado espeso).

Ponga la mitad de las rebanadas de pan en el refractario preparado y muy lentamente vierta aproximadamente ⅓ del almíbar sobre el pan (no sobre el refractario). Luego espolvoréelo con la mitad del queso, las pasas y las almendras. Póngale encima los pedacitos de mantequilla. Cubra con el resto de las rebanadas de pan y el almíbar y espolvoree el resto del queso, las pasas y las almendras, así como los pedacitos de mantequilla. Es de especial importancia que vierta el almíbar poco a poco encima del pan, esperando a que se absorba cada tanda de almíbar antes de agregar más. Si no lo hace así, el almíbar se irá al fondo del traste y la capa de arriba quedará seca.

Tape el refractario y hornéelo aproximadamente 20 minutos, tras lo cual el pan debe estar suave, pero no aguado. La parte de arriba debe quedar ligeramente dorada.

Sirva la capirotada caliente o fría.

Capirotada II

Señora María Elena Lara. Ciudad de México

Ésta es una versión completamente distinta de la anterior. Mientras que la primera lleva bolillos, ésta lleva un pan ligeramente dulce que se llama pechuga. Este pan también se rebana y se deja secar toda la noche, o lentamente en el horno.

La señora Lara usa acitrón picado entre capas, pero a mí me parece demasiado dulce, un problema que tengo con la mayoría de los postres mexicanos. Yo prefiero usar piña deshidratada y ⅓ de taza de pasas y pasitas de Corinto como sustituto, lo que me hace volver —estoy segura— a mi infancia en Inglaterra, donde el pudín de pan con mantequilla era un favorito indiscutible en casa.

Para esta receta es ideal un traste redondo de vidrio como de 21 cm de diámetro y de 7 cm de profundidad.

Rinde 6 porciones

2 ½	tazas de leche
⅓	de taza de azúcar
1	raja de canela de 5 cm
⅓	de taza de pasitas
⅓	de taza de almendras limpias y fileteadas, o de piñones
5 ½	tazas de aceite vegetal
3	tortillas secas, de 15 cm de diámetro
4	cucharadas de mantequilla sin sal
15	rebanadas de pan de levadura dulce, cada una de unos 15 cm de largo, 2 cm de alto y 1.5 cm de grueso
½	taza de acitrón en cubitos (ver pág. 495) o de piña deshidratada

El adorno

4	huevos grandes, claras y yemas por separado
1	pizca de sal
2	cucharadas de azúcar, aproximadamente

Ponga la leche, el azúcar, la canela, las pasas y las almendras en una olla en el fuego y deje que rompa el hervor. Permita que siga hirviendo lentamente hasta que el azúcar se haya disuelto. Aparte para que se enfríe.

Caliente 1 ½ cucharadas de aceite y fría las tortillas por ambos lados. Deben quedar correosas. Escúrralas sobre toallas de papel y luego córtelas de manera que cubran por completo el fondo del refractario redondo.

Derrita 2 cucharadas de la mantequilla y 2 cucharadas más del aceite. Sumerja rápidamente las rebanadas de pan en la mezcla para que queden ligeramente cubiertas, sin que absorban demasiada grasa. Agregue el resto del aceite y la mantequilla, y repita el proceso con las demás rebanadas.

Vuelva a poner las rebanadas de pan en la sartén, en tandas, y fríalas a fuego medio hasta que estén doradas por ambos lados. La receta original lleva mucha más grasa porque las rebanadas solamente se fríen. Este método es más laborioso pero se ahorra mucha grasa.

Ponga un tercio del pan frito en ¼ de la leche azucarada, tapando el fondo por completo. Vierta aproximadamente ¼ de la leche endulzada, todas las pasas y las almendras, y luego coloque encima un tercio del acitrón. Cubra con otra capa de pan. Vierta aproximadamente ⅓ de la leche restante y de la fruta sobre el pan, de manera uniforme, y luego ponga el otro tercio del acitrón. Repita las capas con el resto de los ingredientes.

Aparte para que el pan absorba la leche (aproximadamente 15 minutos).

Coloque la rejilla del horno en la parte inferior y caliéntelo a 180 ºC. Bata las claras hasta que se esponjen. Añada sal y bátalas a punto de turrón (debe poder voltear el tazón sin que las claras se caigan). Agregue las yemas, una por una, batiendo bien después de añadir cada una, hasta que estén bien incorporadas.

Unte la parte superior del budín de manera uniforme con los huevos batidos, luego espolvoree el azúcar y métalo al horno durante unos 30 minutos. Cuando esté cocido, el líquido debe haberse absorbido y la parte superior debe quedar ligeramente dorada.

Sirva la capirotada fría o caliente.

Buñuelos

Todos los días, en algún lugar de México, las iglesias celebran el día de su santo patrono. De pronto, de la nada aparecen puestecitos de comida que por la mañana atienden a los clientes en las aceras, fuera de la iglesia, listos para alimentar a los hambrientos feligreses. Los puestos pueden adornarse alegremente con complicados panes de fiesta de todos tamaños, y en ellos quizá preparen las enchiladas y los tacos de siempre; además, llueva, truene o relampaguee, siempre hay un puesto de buñuelos.

En los pueblos de Michoacán el buñuelo parece haberse convertido en un alimento cotidiano. Conforme cae la tarde, se escucha la actividad bajo los arcos de la plaza de los lugares más tradicionales, mientras todo el mundo se reúne para chismear al tiempo que come un plato de pozole o buñuelos. Ahí se estila romper el buñuelo y meterlo en un almíbar caliente, que tiene una raja de canela, y a uno se le permite escoger entre buñuelos caramelizados (todavía crujientes) o garritos (cocidos en el almíbar hasta que se suavizan). Y en México ninguna cena de Navidad está completa sin buñuelos con chocolate caliente. Ésta es la época en que se sacan las recetas familiares y todos ayudan a extender las círculos de masa, delgados como papel, que luego se fríen hasta que están crujientes para espolvorearse con azúcar y canela, o quizá con un almíbar de sabor a vainilla. Naturalmente, todas las recetas son ligeramente distintas y las familias se enfrentan unas con otras, proclamando que la suya es mejor y más auténtica.

Casi todos los países tienen su propia versión de buñuelos o tortitas, ya sea dulces o salados, y ciertamente son uno de los grandes favoritos a lo largo de España y Latinoamérica.

En muchas partes de México los buñuelos se hacen con una masa más dura, que se estira hasta quedar muy delgada y alcanza un diámetro de hasta 30 cm. Luego se fríe hasta que está crujiente y se apila, lista para usarse. En Uruapan he recorrido los portales de la plaza central por la tarde buscando los buñuelos más crujientes y frescos, para comerlos con una taza de chocolate caliente. Ahí se despedazan y se calientan rápidamente en un almíbar espeso de piloncillo, el azúcar sin procesar que se vende en todo México.

Buñuelos del norte

Señora Alma Kaufman. Chihuahua

Alma Kaufman, quien nació en Chihuahua, me enseñó a hacer estos buñuelos que son toda una tradición en su familia.

Mientras Alma estaba sentada con las piernas cruzadas, estirando con dedos veloces cada círculo de masa, tan delgado como el papel, me contó sobre su infancia. Cada Navidad iba a visitar a su abuela a la sierra de Chihuahua. La observaba mientras, sentada al sol, la señora estiraba la masa sobre su rodilla o sobre una jarra de cerámica puesta boca abajo. Alma cree que el aire y el sol de esa época del año tienen algo especial que contribuye a que los buñuelos que se hacen entonces sean mucho mejores que los que se preparan el resto del año. Su abuela siempre hacía cientos de buñuelos para la familia y los amigos, pero los mantenía guardados bajo llave para que los niños, cuyo apetito no tenía límite, no se los comieran. Durante los días anteriores a la Navidad, ellos hacían desesperados intentos por encontrar la llave que abriera el tesoro de buñuelos.

La señora Kaufman mencionó que la receta original de su abuela lleva una infusión de cáscaras de tomate verde para mezclar la masa y darle un agente ácido que la levante, pero ahora se sustituyen con los polvos para hornear, y como la familia prefiere comer los buñuelos tal cual en vez de espolvorearlos con azúcar y canela o con almíbar con sabor a canela, la masa tiene más azúcar que la mayoría de las recetas. También pueden hacerse con mantequilla, con manteca de puerco o con una mezcla de grasas, según el gusto personal.

Los muebles de la casa estaban atestados de discos de un dorado pálido y el hijo de la señora Kaufman estaba terminando la última tanda de buñuelos: un total de seis kilos de harina. Golpeaba y jalaba la masa hasta que alcanzaba su punto. Para probar el punto correcto, hacía una bola gruesa y la ponía sobre su puño cerrado. La masa rodaba suavemente sobre su mano y caía como una tapa ajustada. Otra manera de probar el punto era formar un rollo grueso y hacerle un corte como de 4 cm con un cuchillo afilado. Si la masa "rebotaba" de inmediato como elástico, estaba lista.

Rinde para unos 22 buñuelos de 25 cm

Los buñuelos

1	taza de agua fría
½	taza de azúcar (si no va a usar almíbar)
1	cucharada de azúcar (si va a servir con almíbar)
½	cucharadita de sal
1 kg	de harina
2	cucharaditas de polvo para hornear
4	cucharadas de manteca de puerco o de mantequilla, cortada en pedacitos
1	huevo grande, ligeramente batido
	Aceite vegetal para freír

El almíbar (opcional)

1	taza de piloncillo rallado
½	taza de agua fría
1	raja de canela de 7 cm, cortada a la mitad

Nota: Si no usa almíbar, espolvoree con azúcar glass mezclada con canela en polvo.

Ponga el agua en una olla pequeña. Agregue el azúcar y la sal. Caliéntela a fuego lento hasta que el azúcar se haya disuelto. Deje que la mezcla se entibie mientras empieza con la masa.

Cierna la harina y el polvo para hornear juntos, luego incorpore la grasa tallándola con las yemas de los dedos hasta que la mezcla semeje migajas finas. Agregue el huevo batido y luego, poco a poco, añada el agua azucarada. Amase bien la masa, jalándola y aventándola contra la superficie de trabajo, hasta que esté suave y elástica. Compruebe que está lista formando un cojín de masa y haciéndole una incisión de aproximadamente 2.5 cm con un cuchillo. La masa debe "rebotar" de inmediato. Esto lleva de 10 a 15 minutos, según, claro, cuánto empeño ponga en ello.

Primero forme un óvalo con la masa, luego enróllela para formar una salchicha alargada. Doble ambos extremos para formar un cojín. Meta la masa dentro de una bolsa de plástico. Apártela en un lugar tibio, durante un mínimo de 3 horas.

Después de que la masa haya reposado, divídala y forme bolas como de 2 a 3 cm de diámetro. Coloque las bolas en una charola. Cúbralas primero con envoltura de plástico y luego con una toalla húmeda y déjelas reposar por lo menos 30 minutos.

Cubra su mesa con un trapo. Siéntese cómodamente en una silla, cruce las piernas y coloque un trapo de cocina limpio sobre su rodilla. Presione una de las bolas de masa firmemente entre sus palmas hasta que obtenga un círculo como de 6 cm de diámetro. Tome la masa entre los pulgares y los índices de ambas manos, estirándola suavemente hasta formar un círculo más grande como de 10 cm. Hágalo de modo que el centro quede casi transparente y las orillas estén un poco gruesas.

Coloque el centro de la masa sobre su rodilla y, usando los pulgares y los índices, estírela a la vez que tira del grueso borde exterior con movimientos rápidos y pequeños, trabajando en el sentido de las manecillas del reloj, hasta que tenga un círculo como de 25 cm de diámetro. Con cuidado, coloque el buñuelo sobre la mesa para que se seque (puede colgarlos a la orilla de la mesa) mientras sigue con las bolitas restantes. Al tacto, los buñuelos se sentirán secos, como si fueran de papel. Deles vuelta y deje que se sequen completamente por el otro lado. El proceso de secado tomará aproximadamente 45 minutos de cada lado, según la humedad del aire.

Vierta el aceite en una sartén gruesa hasta que tenga 1.5 cm de profundidad. Caliéntelo, pero sin que humee. Cubra una charola grande con una capa doble de toallas de papel.

Con cuidado, meta uno de los buñuelos al aceite caliente: lo más probable es que se infle. Con un tenedor puntiagudo en cada mano, perfore la masa en varios sitios y levante un lado para que escape el aire. En quizá 2 segundos aparecerán manchas doradas pálidas a través de la masa o en el borde, señal de que el buñuelo debe voltearse y freírse unos segundos del otro lado. El buñuelo debe tener un color dorado pálido, con algunos parches de color cremoso. Si está demasiado oscuro (los buñuelos comerciales por lo general lo están), baje la flama y deje que el aceite se enfríe un poco antes de meter el siguiente buñuelo.

Conforme vaya terminando cada buñuelo, cuele el exceso de grasa, sosteniéndolo sobre la olla. Luego póngalo sobre las toallas de papel para que se acabe de escurrir. Sirva de inmediato o manténgalos calientes si les va a poner almíbar.

Si va a usar almíbar, ponga los ingredientes que se requieren en una olla chica. Póngala a fuego lento hasta que el azúcar se disuelva. Suba la flama y deje que el almíbar hierva rápidamente hasta que forme un hilo delgado: 50 ºC en un termómetro para azúcar. Vierta el almíbar a los buñuelos calientes y sirva.

Los buñuelos duran solamente unos cuantos días en un lugar fresco. Después de eso desarrollan un sabor rancio.

Buñuelos de viento

Veracruz

Estos buñuelos de viento de Veracruz se parecen mucho a los churros de España —en su textura, no en su forma—, pero tienen anís y se sirven con almíbar.

Para la tanda de buñuelos que estaban preparando en el restaurante Brisas del Mar, en un pueblito a unos cuantos kilómetros al sur del puerto de Veracruz, se usaron 30 huevos. La señorita Duarte, quien me dio esta receta, me enseñó a hacerlos y debo decir que todo mundo tomó con humor las extrañas formas de los buñuelos que degustaron los clientes aquel día.

Rinde 12 buñuelos chicos

El almíbar

1 ½	tazas de piloncillo rallado
¼	de cucharadita rasa de semillas de anís
3	tazas de agua

La masa

1	taza de agua
¼	de cucharadita de sal
¼	de cucharadita de semillas de anís
3	cucharadas de manteca
120 g	de harina cernida (alrededor de 1 taza)
2	huevos grandes
¼	de cucharadita de polvo para hornear

Los buñuelos

Aceite vegetal para freír (lo suficiente para lograr 4 cm de profundidad en la olla)

En una olla, agregue el piloncillo y el anís al agua. Póngala a fuego medio hasta que el azúcar se haya derretido y luego deje que hierva durante unos 20 minutos; para entonces debe haberse reducido a 1 ½ tazas. Apártela para que se enfríe.

Ponga el agua, la sal, el otro ¼ de cucharadita de anís y la manteca en una segunda olla que esté en el fuego y deje que rompa el hervor rápidamente. Cuando la manteca esté derretida por completo y la mezcla aún esté hirviendo con suavidad, incorpore la harina rápidamente. Bata la mezcla, mientras todavía continúa al fuego, hasta que se encoja de los lados de la olla. Apártela para que se enfríe.

Cuando la masa se haya enfriado lo suficiente para manejarla, amásela hasta que esté bastante suave.

Bata los huevos ligeramente y, poco a poco, incorpórelos a la masa. Guarde un poquito de huevo hasta que haya probado la masa. Debe poder formar una bola suave que apenas mantenga su forma. Agregue el resto del huevo si es necesario.

Mezcle el polvo para hornear con la masa.

En una sartén honda caliente el aceite a 190 ºC. Humedezca sus manos, tome un pedazo de masa y forme una bola como de 4 cm de diámetro.

Coloque la bola en sus dedos —no en la palma de la mano— y aplánela para formar un disco como de 2 cm de grosor. Haga un agujero en el centro de la masa y métala al aceite caliente. Fríala por ambos lados hasta que esté dorada y bien esponjada.

Retire los buñuelos de la grasa con una cuchara perforada y escúrralos sobre toallas de papel.

Vierta ¼ de taza de almíbar sobre cada ración de dos buñuelos y sirva de inmediato.

Nota: Puede hacer los buñuelos con varias horas de anticipación y ponerles el almíbar justo antes de servirlos, pero no mantienen su sabor y consistencia de un día para otro.

Buñuelos chihuahuenses

Señora Rosa Margarita J. de Mejía. Chihuahua

Estos buñuelos son de Chihuahua, al igual que los de la señora Kaufman que aparecen en la pág. 428, pero ¡qué distintos son! Éstos se espolvorean con azúcar y canela mientras aún están calientes y pueden comerse fríos o calientes. En Navidad, en Chihuahua se sirven con café con leche, ya que en el norte muy rara vez se toma chocolate.

Al igual que en muchas partes de México se usa el tequesquite a manera de levadura, pero puede sustituirse con cremor tártaro.

Rinde 12 buñuelos de 20 cm

350 g	de harina (aproximadamente 3 tazas)
2	cucharaditas de polvo para hornear
¼	de cucharadita de cremor tártaro
¼	de cucharadita de sal
3	cucharadas de queso chihuahua finamente rallado
1 ½	cucharadas de manteca vegetal sólida, cortada en pedacitos
1 ½	huevos grandes ligeramente batidos
⅓	de taza de agua tibia, aproximadamente
	Aceite vegetal para freír

El adorno

½	taza de azúcar mezclada con 2 cucharadas de canela molida

Cierna juntos la harina, el polvo para hornear, el cremor tártaro y la sal. Incorpore el queso. Añada la manteca vegetal y tállela ligeramente con las yemas de los dedos hasta que quede bien incorporada.

Poco a poco, incorpore los huevos y el agua. Luego amase la masa ligeramente hasta que esté suave y flexible (aproximadamente 2 minutos). Tape la masa con papel encerado y apártela durante unas 2 horas. No la refrigere, a menos, claro, que haga mucho calor y el día esté muy húmedo.

Divida la masa en 12 bolas iguales de unos 4 cm de diámetro. Enharine ligeramente una tabla de madera. Con un rodillo delgado (ver la pág. 406), estire cuatro de las bolas de masa por separado, hasta que estén muy delgadas: cada una debe formar un círculo como de 20 cm de diámetro.

Vierta el aceite en una sartén gruesa de unos 25 cm de diámetro, para que alcance 1.5 cm de profundidad. Caliente el aceite. Con cuidado, meta uno de los discos de masa en la grasa caliente y fríalo hasta que adquiera un profundo color dorado en la parte de abajo (es probable que, hacia el final, necesite dos espátulas para mantener el buñuelo sumergido en la grasa). Esto lleva unos 2 minutos. Voltéelo con cuidado y fríalo del otro lado. (El proceso completo lleva de 3½ a 4 minutos.) Retire el buñuelo y escúrralo sobre toallas de papel. Mientras aún está caliente, espolvoréelo con el azúcar y la canela.

Repita la misma operación con los tres círculos restantes. Luego estire más bolas de masa y repita hasta que todos los buñuelos estén listos.

Sírvalos de inmediato, o deje que se enfríen y luego guárdelos en un traste hermético durante unos cuantos días, porque después se ponen rancios.

Sopaipillas

Chihuahua

Durante años he negado ante los aficionados a las sopaipillas de Nuevo México la existencia de un equivalente mexicano. Ahora descubrí que sí lo hay, aunque muy raro, en el estado de Chihuahua. Hechas con la misma masa que las tortillas de harina, las sopaipillas se extienden hasta que la masa queda muy delgada, se cortan en pedacitos y se fríen hasta que estén crujientes e infladas. Luego se espolvorean con azúcar glass y canela, y se comen en la tarde, con café. Nunca las he visto en los menús de los restaurantes del norte.

Al estirar la masa con el rodillo procure no levantar mucha harina extra porque se hundirá en el fondo de la olla para freír y se quemará, con lo cual tendrá que colar el aceite y empezar de nuevo: es una lata y se hace un batidero espantoso.

Rinde aproximadamente 120 sopaipillas

½ cucharadita de sal
1 taza de agua tibia
60 g de manteca de puerco, cortada en pedacitos
½ kg de harina (aproximadamente 2 tazas)
Aceite vegetal para freír
Azúcar glass y canela molida para espolvorear

Disuelva la sal en el agua y apártela para que termine de entibiarse. Para incorporarla a la harina, frote la grasa con las yemas de los dedos, hasta que parezcan migajas finas.

Agregue el agua salada a la harina y mezcle la masa con las manos hasta que se desprenda limpiamente de la superficie del tazón. Vierta la masa a una tabla ligeramente enharinada. Amásela y jálela durante unos 5 minutos. Amase hasta formar un cojín redondo. Ponga la masa en una bolsa de plástico y apártela durante un mínimo de 2 horas, pero de preferencia toda la noche. No la refrigere.

Cubra una charola con un trapo limpio. Retire la masa de la bolsa y amásela durante alrededor de un minuto sobre la superficie ligeramente enharinada. Luego divídala en bolitas de aproximadamente 3.5 cm de diámetro: debe haber 30 bolitas. Colóquelas en la charola y tápelas con un trapo húmedo para que no se sequen por fuera ni se les forme una costra.

Tenga lista una sartén chica con aceite vegetal que alcance una profundidad de 1.5 cm. Tenga lista otra charola, cubierta con dos capas de toallas de papel. Luego necesitará un tenedor cualquiera, una espátula de metal y un rodillo delgado (ver la pág. 406).

Comience a calentar el aceite a fuego lento mientras estira la primera bolita de masa.

Enharine muy ligeramente su superficie de trabajo. Con el rodillo, estire una de las bolitas hasta que alcance unos 14 cm de diámetro; no se preocupe si el círculo no es uniforme porque las sopaipillas pueden cortarse en todo tipo de formas. La masa debe estar delgada pero no translúcida. Corte la masa en cuatro o seis piezas triangulares —o en cualquier otra forma que desee— e inmediatamente, mientras la masa aún está húmeda, sumerja las sopaipillas en el aceite caliente con el revés de un tenedor. Si su aceite tiene la temperatura correcta, la masa debe empezar a burbujear y esponjarse en unos 2 segundos. En cuanto las sopaipillas adquieran un ligero color dorado de un lado, voltéelas y fríalas del otro lado durante unos segundos. Retírelas del aceite con una cuchara perforada y escúrralas sobre papel absorbente. Mientras todavía están calientes, espolvoréelas con el azúcar glass y la canela molida. Repita el mismo proceso con el resto de las bolas de masa.

Nota sobre la temperatura del aceite: El aceite debe calentarse hasta justo antes de que empiece a humear. Si las sopaipillas se cocinan demasiado rápido de un lado, no se esponjarán bien. Ajuste la intensidad de la lumbre constantemente y, si es necesario, compruebe la temperatura con un pedacito de masa.

Cajeta de Celaya

Basada en una receta de la señora Josefina Velázquez de León. Centro y Norte de México

Cajeta es el nombre que originalmente se daba en México a las cajitas de madera donde se guardaban los dulces de leche, aunque ahora se usa para designar el dulce en sí: una pasta hecha a base de frutas, nueces o leche condensada. Aunque su objetivo original era conservar estos productos antes de que existiera la refrigeración, la cajeta de leche de hoy —que en otras partes de América Latina se conoce como dulce de leche— ahora se vende en frascos de vidrio, lo cual está muy bien porque sería muy frustrante tratar de mantener la cajeta dentro de la caja de madera sin que se saliera.

La cajeta de Celaya, que deriva su nombre de la activa ciudad del Bajío donde su preparación se ha convertido en toda una industria, puede conseguirse en distintos sabores: envinada, caramelo, fresa (las fresas crecen abundantemente en esa zona del país). Como ocurre con muchos otros productos en el mundo, la demanda de cajeta ha crecido tanto que las de mala calidad se venden en grandes cantidades, a pesar de que han perdido las características de la cajeta original, pues ahora le añaden demasiado jarabe de azúcar. Sin embargo, la mejor sigue siendo la cajeta de San Luis Potosí, hecha a base de leche de cabra, que tiene un gusto musgoso: la primera que probé en México.

En San Luis vi cómo hacían la cajeta comercial en gigantescas ollas y pensé que el color oscuro se debía al largo proceso de cocción, pero cuando la hice en casa vi que no era así. Ninguna de mis amistades pudo decirme cómo lograr el intenso y profundo color café de la cajeta de San Luis, y ningún libro de cocina lo menciona. Sin embargo, en el mismo librito donde encontré la receta para hacer cajeta de piña y plátano hallé el método evidente que incluyo en esta receta.

Tradicionalmente, en México la cajeta se come sola, y creo que así es como mejor sabe. Sin embargo, ahora también se usa para hacer crepas o se vierte encima del helado de vainilla, lo que a mí me parece demasiado dulce.

Rinde aproximadamente 1 l

1 l	de leche de cabra entera
1 l	de leche de vaca entera
¾	de cucharadita de fécula de maíz
¼	de cucharadita rasa de bicarbonato de sodio
1 ½	tazas de azúcar

El caramelo

½	taza de azúcar

Ponga la leche de cabra y 3 ½ tazas de leche de vaca en una olla grande y pesada, ponga en el fuego y deje que rompa el hervor.

Mezcle la fécula de maíz, el bicarbonato de sodio y la ½ taza restante de leche de vaca e incorpore esta mezcla a la leche hirviendo.

Poco a poco, incorpore las 1 ½ tazas de azúcar a la olla y revuelva bien hasta que se haya disuelto. Siga cocinando la mezcla. Mientras, prepare lo que le dará color.

Caramelice la ½ taza de azúcar (ver pág. 420). Retire la mezcla de leche del fuego y, poco a poco, añada el caramelo caliente. Tenga cuidado porque sube y hace muchísima espuma.

Siga hirviendo la mezcla hasta que apenas comience a espesar (de 40 a 50 minutos), lo cual depende de la profundidad que tenga la cajeta en la olla. Luego siga cocinándola, revolviendo todo el tiempo y raspando el fondo de la olla, hasta que forme una hebra y cubra el revés de una cuchara de palo.

Vierta la cajeta en un traste para que se enfríe antes de servir. De principio a fin el proceso llevará aproximadamente 1 ½ horas.

Nota: La cajeta de Celaya dura indefinidamente en frascos con tapa de rosca, en un lugar fresco.

Cajeta de leche envinada

Centro de México

Rinde 6 porciones

6	tazas de leche entera
½ kg	de azúcar
1	pizca de bicarbonato de sodio
3	yemas de huevo grandes
⅓	de taza de almendras blanqueadas y fileteadas
½	taza de vino de madeira o de jerez semiseco

Ponga la leche, el azúcar y el bicarbonato de sodio en una olla gruesa a fuego medio hasta que el azúcar se disuelva. Luego suba la flama y hierva lo más rápidamente posible durante 30 minutos. Aparte ¾ de taza de la mezcla para que se enfríe. Bata las yemas hasta que estén cremosas y añádalas a la leche enfriada.

Siga hirviendo el resto de la mezcla de leche hasta que se ponga espesa, como leche condensada. Conforme se espese, revuelva la mezcla continuamente o se pegará a la olla. Esto llevará unos 30 minutos.

Retire la cajeta del fuego y agregue la mezcla de huevo a la leche ya condensada, sin dejar de revolver. Siga cocinando la mezcla a fuego medio hasta que empiece a retirarse del fondo y los lados de la olla.

Incorpore las almendras y el jerez a la mezcla. Viértala sobre un traste para servir y deje que se enfríe bien.

Nota: Esta cajeta dura indefinidamente en frascos con tapa de rosca, en un lugar fresco.

Cajeta de piña y plátano

Jalisco y Colima

Ésta es una pasta de fruta, espesa y oscura, que tiene un sabor poco común.

Cada vez que preparo esta cajeta de piña y plátano me acuerdo de Luz, la primera muchacha que nos ayudó en casa en México. Aunque sólo iba algunos días a hacer la limpieza, ella fue quien me dio mis primeras lecciones de cocina mexicana. En aquel entonces no se me ocurrió preguntarle de dónde había sacado la receta, y nunca la he encontrado en un recetario, ni tampoco conozco a nadie que sepa hacerla, al menos en la Ciudad de México. Pero un día hojeaba un libro que acababa de comprar, *Recetas prácticas para la señora de la casa*, publicado en Guadalajara en 1895, ¡y ahí estaba la receta!

Siempre recordaré a Luz por razones sentimentales, pues ella estaba en casa cuando Paul decidió que daría el gran paso de casarse por segunda vez. El día de la boda civil, cuando volvimos a casa, Luz estaba parada a la entrada del edificio, casi bloqueando la entrada con el arreglo de flores más grande que haya visto en mi vida. Estaba radiante y tan emocionada que, al parecer, le había contado a todo el mundo de la boda, pues estaba rodeada del portero y su familia, varias sirvientas y algunos curiosos. En efecto, se lo había dicho a todos, pues aquella tarde cuando entré al baño —y debo explicar que la ventana de nuestro baño era extremadamente grande y daba hacia un tragaluz desde el cual se veía la ventana del baño de nuestro vecino francés— con toda la cortesía de los galos, *monsieur* se puso de pie, extendió los brazos y exclamó: "¡Felicidades, señora! ¡Ya me enteré de que usted y el señor se casaron!". Y con esas palabras, se sentó y cerró la ventana.

Rinde 6 porciones

1 ½	tazas de piloncillo quebrado
3	tazas de agua
1	raja de canela de 5 cm
1	piña (de aproximadamente 1 kg)
1 kg	de plátanos (no muy maduros)
1	raja de canela de 5 cm partida a la mitad
	El jugo y la ralladura de ½ limón

Caliente el horno a 180 ºC. Puede cocer la cajeta en la estufa, pero corre más peligro de que se pegue y se queme.

En una cacerola puesta en el fuego vierta el agua, el piloncillo y la canela, espere a que rompa el hervor y luego deje que todo hierva durante 20 minutos.

Limpie y corte la fruta en cuadritos y licúela con el almíbar hasta obtener un puré con textura.

Vierta la mezcla en un refractario poco profundo —lo ideal es que no tenga más de 8 cm de profundidad— e incorpore la canela partida y el jugo y la ralladura de limón. Meta el traste al horno y deje que la mezcla se hornee durante unas 4 horas. De vez en cuando, raspe la mezcla de los lados del traste y revuelva bien. Esto es especialmente importante hacia el final del periodo de cocción.

Cuando la mezcla esté espesa, pegajosa y tenga un profundo color café, transfiérala a un traste más pequeño y métalo rápidamente bajo el asador para glasear la cajeta. Apártela para que se enfríe.

Sirva la cajeta con queso fresco o con crema.

Nota: La cajeta dura entre 10 y 15 días en el refrigerador, aunque en mi caso eso no es necesario. Mucho me temo que cada vez que abro el refrigerador me robo un poquito de cajeta.

Guayabas rellenas de cocada

Esta receta está inspirada en otra que me dio la señora Ana María de Andrea, de Aguascalientes, a quien ya he mencionado. Durante años éste ha sido uno de mis postres "elegantes".

Por lo general hago doble cantidad de cocada y la congelo, lista para la siguiente tanda de guayabas. Dura perfectamente un año o más en el congelador.

Rinde 12 porciones

¼ kg	de azúcar (alrededor de 1 taza)
½	taza de agua, preferentemente del coco
¼ kg	de coco finamente rallado
2	yemas grandes de huevo ligeramente batidas
	La ralladura de 1 naranja
⅓	de taza de jugo de naranja
½	cucharadita de jugo de limón
12	"cascos" de guayaba cocidos (ver pág. 437)

En una olla gruesa, derrita el azúcar en el agua a fuego medio. Luego deje que el almíbar rompa el hervor y continúe así hasta que forme una hebra, a 110 ºC en un termómetro para dulce.

Agregue el coco al almíbar y cocínelo hasta que esté transparente, pero no demasiado suave (aproximadamente 5 minutos). Apártelo para que se enfríe.

Añada el resto de los ingredientes, excepto los cascos de guayaba, vuelva a poner en la lumbre y siga cocinando a fuego medio durante unos 15 minutos; raspe el fondo de la olla continuamente, hasta que la mezcla esté casi seca. Aparte la cocada para que se enfríe.

Rellene cada casco de guayaba con una cucharada grande de cocada, cubriéndolo por completo.

Coloque los cascos rellenos bajo el asador para que la cocada se dore un poco. Tenga cuidado porque se quema muy rápido. Aparte las guayabas para que se enfríen antes de servir.

Guayabas y "cascos" de guayaba

La guayaba *(Psidium guaba)* es una fruta nativa de América. Aunque en México existen muchos árboles de guayabas silvestres, esta fruta se cultiva de manera extensiva. También hay muchas variedades, pero para mí la guayaba pequeña (regordeta criolla) o guayaba nativa es la más fragante y deliciosa. Tiene una piel muy delgada que al principio tiene un color ligeramente verdoso y luego madura y se pone amarillo claro. La firmeza de su pulpa, de menos de medio centímetro de ancho, guarda en su interior muchas semillitas duras en una sustancia opaca y mucilaginosa.

Aquí está mi método para preparar los cascos para rellenarlos.

½ kg de guayabas amarillas, maduras pero aún firmes
2 tazas de agua
½ taza de piloncillo rallado

Enjuague bien la fruta. Séquela pero no la pele. Retire la pequeña base circular de la flor reseca y corte la fruta a la mitad, horizontalmente. Ahora puede elegir entre retirar el interior pulposo que contiene las semillas, o quitarlas después de cocer la fruta, lo cual resulta más fácil.

Ponga el agua y el piloncillo en una olla ancha y poco profunda en la que quepan todos los cascos en una sola capa; ponga en el fuego y deje que rompa el hervor. Baje la flama y hierva el almíbar suavemente durante unos 5 minutos.

Ponga las mitades de guayaba, con la superficie cortada hacia abajo, en el almíbar y cuézalas suavemente, tapadas, durante unos 5 minutos. Escúrralas, con el corte hacia abajo, y cuando estén frías retire el interior pulposo, si es que todavía no lo ha hecho.

Dulce de camote

Nuevo León

Al poco tiempo de llegar a México esta receta me la dio Elizabeth Borton de Treviño, cuyo volumen *My Heart Lies South*, sobre el inicio de su vida de casada en Monterrey, Nuevo León, ofrece un panorama fascinante de la norteña ciudad provinciana a principios de la década de 1940.

Después de madurarlo 3 días, para que desarrolle el sabor, este postre puede congelarse muy exitosamente hasta por un año.

Esta receta resulta más atractiva si se hace con el camote de pulpa anaranjada, pero si no lo puede conseguir, está bien usar el camote blanco. Puede acentuar su sabor con la cantidad y la variedad de frutas secas que utilice. En México es fácil conseguir frutas cristalizadas de todo tipo —las cuales son muy dulces— pero yo prefiero usar pasitas blancas y negras, cáscara de naranja y de limón cristalizada, piña cristalizada y duraznos secos.

Rinde 6 porciones

1 kg	de camote, de preferencia anaranjado
½	taza de azúcar
¼	de taza de agua
1	cucharadita de extracto de vainilla
1	cucharadita de canela molida
½	taza de nueces toscamente picadas
¼	taza de frutas cristalizadas y frutas secas mixtas, picadas
30 ml	de ron añejo
30 ml	de tequila, de preferencia añejo

Para servir

Crema batida sin endulzar o crema común (opcional)

Caliente el horno a 190 ºC.

Hornee los camotes en charolas para hornear hasta que estén bastante suaves (aproximadamente 1 ½ a 2 horas). Apártelos para que se enfríen. Pélelos y procese la pulpa en el procesador de alimentos. Deben quedarle aproximadamente 2 tazas de pulpa de camote.

En una olla grande ponga el agua y el azúcar a fuego lento hasta que el azúcar se disuelva. Suba la flama y hierva el almíbar hasta que haga hebra: 110 ºC en un termómetro para dulce.

Añada la pulpa al almíbar y mezcle bien. Transfiérala a un tazón de vidrio. Mezcle el resto de los ingredientes, excepto la crema batida, y deje que madure por lo menos 3 días en el refrigerador. Entre más tiempo pase, mejor.

Vierta la mezcla en un platón para servir con la crema.

Nota: Entre más se deja reposar este postre, mejor sabe: yo lo he congelado hasta por un año y aún salió maravilloso.

Chongos zamoranos

Basada en una receta de la señora Josefina Velázquez de León. Michoacán

Los chongos zamoranos son rollitos de cuajada que se asemejan a la natilla, con un almíbar ligero hecho a base de azúcar y suero.

Según los diccionarios de español, uno de los significados de la palabra *chongo* es "moño de pelo". El *Diccionario de cocina mexicana*, publicado en 1878, lo describe como "una sopa dulce hecha de pan o de pastel seco con queso, que se hace de innumerables maneras". Al revisar el índice del diccionario me di cuenta de que los "chongos de suero" o "conservas de suero" son idénticos a los de hoy.

En México los más populares son los chongos zamoranos de lata. La cuajada es muy elástica y rechina un poquito al morderla; los chongos son extremadamente muy dulces. Para hacerlos, he obedecido las recetas mexicanas, con todas sus vaguedades, y he seguido las cuidadosas instrucciones de mis amigos mexicanos al pie de la letra; he intentado todas las marcas de leche que he podido encontrar; he variado las formas y tamaños de los platos, he usado distintas cantidades de cuajo e intentado tiempos de cocción más largos. Sin exagerar, puedo decir que he intentado cientos de variaciones con tal de lograr que se parezcan a los auténticos chongos mexicanos. Y, de pronto, me detengo y me pregunto por qué hago todo eso si ¡estos chongos son mucho más ricos!.

Rinde 4 porciones

1 l	de leche natural, o bronca si es posible
2	yemas de huevo grandes
	Cuajo (en tabletas o líquido) suficiente para cuajar la leche (consulte las instrucciones del fabricante)
½	cucharadita de agua fría
½	taza de piloncillo quebrado
1	raja de canela de 5 cm

Caliente la leche ligeramente a 44 °C, es decir, un poquito más que tibia.

Bata las yemas ligeramente y mézclelas bien con la leche. Desmorone las tabletas de cuajo y deje que se disuelvan en el agua.

Vierta la mezcla de leche en una cacerola de por lo menos 8 cm de profundidad y de 20 a 25 cm de diámetro. Incorpore la solución de cuajo. Ponga la cacerola en un lugar tibio hasta que la leche se cuaje (unos 30 minutos). Luego, con un cuchillo afilado, corte la crema cuajada con cuidado, dividiéndola en 8 gajos iguales.

Ponga la cacerola a fuego lento, y en cuanto la cuajada y el suero empiecen a separarse, espolvoree el piloncillo entre los segmentos de la cuajada. Desmorone un poco la raja de canela y póngala entre las piezas de la cuajada.

Deje la cacerola al fuego más lento posible durante 2 horas. Vigílelo con cuidado para que no rompa el hervor. La cuajada se pondrá más firme conforme pase el tiempo de cocción. El azúcar y el suero empezarán a formar un almíbar ligero. Al terminar el tiempo de cocción, retire el traste del fuego y apártelo para que se enfríe.

Una vez que esté frío, empezando desde el extremo puntiagudo de cada pieza, enrolle la cuajada con cuidado. Ponga las piezas enrolladas en un platón y vierta encima el almíbar, con los trocitos de canela, sobre los chongos.

Sírvalos a temperatura ambiente.

Nota: Los chongos duran varios días en el refrigerador, pero se ponen cada vez más dulces porque absorben el almíbar. También el color se oscurece.

Mangos flameados

Howard Brown. Hotel Ramada Inn, Monterrey

Howard Brown, el primer gerente general del Hotel Ramada Inn en Monterrey, era amigo de mi esposo Paul. Inventó esta receta y tuvo la generosidad de dármela para la primera edición de este libro.

Sé que los mangos son deliciosos crudos, pero hay tantas variedades durante tantos meses del año que uno siempre busca nuevas formas de prepararlos. Para esta receta, los mejores son los mangos de manila, delgados y de color amarillo, que pueden conseguirse en México a partir de mayo, durante unos tres meses. Si no hay manilas puede usar otras variedades de mango para esta receta.

Puede preparar estos mangos con anticipación hasta el punto de añadir y reducir los jugos, pero no agregue la fruta hasta que esté lista para terminar y servir el platillo. Estos mangos son deliciosos servidos sobre una nieve no muy dulce o sobre un helado que todavía esté bien congelado.

Rinde de 2 a 3 porciones

2 mangos de manila o 1 mango hayden
1 ½ cucharadas de mantequilla sin sal
1 ½ cucharadas de azúcar
La ralladura de ½ naranja finamente pelada y en julianas
La ralladura de ½ limón finamente pelado y en julianas
30 ml de triple sec o Cointreau
El jugo de ½ naranja
El jugo de ½ limón
30 ml de tequila blanco

Pele los mangos, rebane la pulpa y córtela en tiras gruesas. Apártelos.

Derrita la mantequilla en una sartén, incorpore el azúcar y siga revolviendo hasta que se haya disuelto. Añada las ralladuras junto con el triple sec o Cointreau, caliente la mezcla y flaméela. Cuando las flamas se hayan apagado, agregue los jugos y cocínelos hasta que se reduzcan (aproximadamente 2 minutos).

Agregue las tiras de mango y caliéntelas hasta que el almíbar comience a burbujear. Agregue el tequila, caliéntelo bien y vuelva a flamear. Sirva de inmediato.

Crema de piñón o de nuez encarcelada

Centro y Norte de México

Sin duda, éste es uno de esos postres de origen español que las monjas del periodo colonial en México cambiaron, embellecieron o adaptaron a los ingredientes locales. Aunque me parece demasiado empalagoso, puse este ejemplo para apaciguar a mis amigos mexicanos que me han acusado de no incluir algunos de sus postres favoritos.

Cambié la receta ligeramente porque reduje la cantidad de azúcar, lo que ayuda a que la mezcla se espese; incluí dos yemas de huevo —que no es típico—, sugerí usar ron o brandy en vez del inocuo vino blanco, así como nueces encarceladas como posible sustituto para los piñones. Si puede encontrarlos, los piñones mexicanos de color rosa dan al postre un delicado sabor y un color rosa pálido.

Rinde 6 porciones

1 cucharada de mantequilla sin sal para el traste
3 tazas de leche entera
1 raja de canela de 10 cm, parcialmente desmoronada
¾ de taza de azúcar granulada
2 cucharadas de harina de arroz o de fécula de maíz
2 ¼ tazas de piñones o de nueces encarceladas toscamente picadas, más unas cuantas nueces enteras para decorar
2 yemas de huevo grandes bien batidas
⅓ de taza de brandy o de ron, o ⅔ de taza de vino blanco, o al gusto
10 soletas toscamente trozadas

Engrase ligeramente un refractario no muy hondo: lo ideal es que tenga 23 cm de diámetro y 4 cm de profundidad.

Deje que la leche rompa en hervor, luego añada la canela e incorpore la mayor parte del azúcar, reservando un poquito para molerla con las nueces. Baje la flama y revuelva hasta que el azúcar se disuelva. Incorpore ¼ de taza de la leche tibia a la harina de arroz hasta obtener una pasta lisa. Incorpore esto a la mezcla de leche y azúcar y siga cocinando, sin dejar de revolver, hasta que espese un poco.

Muela los piñones o nueces con el azúcar que reservó hasta que estén muy lisos e incorpórelos a la mezcla de leche hirviendo. Cocine la mezcla hasta que se haya reducido y espesado (de 20 a 30 minutos). Agregue aproximadamente 1 taza de la mezcla caliente a las yemas de huevo y bátalas bien. Devuelva esto a la olla y siga cocinando, sin dejar de revolver y raspar el fondo para que no se pegue, hasta que la mezcla se espese al grado de que pueda ver el fondo de la olla mientras revuelve. (La mezcla debe cubrir el revés de una cuchara de madera con una capa gruesa.) Incorpore aproximadamente dos tercios del brandy o vino.

Vierta la mitad de la mezcla en el traste preparado. Cúbrala con las soletas, espolvoree con el resto del brandy o vino, y vierta encima la mezcla restante. Decore la tapa con nueces enteras y aparte el postre para que se enfríe a temperatura ambiente —no lo refrigere— antes de servir.

Nota: Este postre dura varios días en el refrigerador, pero siempre deje que esté a temperatura ambiente antes de servirlo.

Calabaza en tacha

Señora Consuelo Mendoza de Ferrer. Coatepec, Michoacán

Hay muchas recetas regionales para hacer calabaza, ya sea con piloncillo o con panela (la misma azúcar pero en forma redonda): entre más oscura sea el azúcar, más profundo será el sabor. Esta receta proviene de la parte este de Michoacán, donde se come preferiblemente a la hora del desayuno con un vaso de leche fría. Durante Semana Santa uno de los desayunos favoritos es la calabaza u otras frutas preparadas de la misma manera para rellenar una telera. Hay otra versión en que, primero, la calabaza se mete en agua de cal durante unas horas.

Rinde aproximadamente 30 piezas

1	calabaza mediana (de unos 2 ½ kg)
2 l	de agua
700 g	de piloncillo o panela, en trocitos
3	rajas de canela de 5 cm
10	guayabas cortadas a la mitad, con todo y semillas (opcional)

Perfore la cáscara de la calabaza en varias partes para que el almíbar pueda penetrar la pulpa y córtela en piezas cuadradas como de 8 cm, dejando intactas la pulpa fibrosa y las semillas del interior.

En una olla grande y pesada ponga suficiente agua para cubrir la calabaza por completo. Agregue el azúcar y cueza a fuego bastante alto, moviendo las piezas de vez en cuando para que no se peguen. Tape la olla y cocine la calabaza aproximadamente 15 minutos. Luego destape la olla y siga cocinando hasta que el almíbar se haya reducido y la pulpa de la calabaza tenga un intenso color café.

Torta de cielo

Yucatán

Yo ya había probado este pastel muchas veces en el Hotel Casa Chilam Balam, de Mérida, y me encantó. En Yucatán se acostumbra servirlo en bodas y primeras comuniones. Me dijeron que las viejitas que lo preparaban para el hotel guardaban celosamente la receta. Tras múltiples experimentos, creo que esta receta se acerca lo más posible a la versión que tanto me gusta. Remojar las almendras hace que el pastel se mantenga denso y húmedo; a veces también se le pone un toque de anís.

Rinde 12 porciones

1 ⅔	tazasa de almendras enteras, con todo y piel (alrededor de ¼ de kg)
5	huevos grandes, claras y yemas por separado
1	buena pizca de sal
¼ kg	de azúcar
¼	de cucharadita de polvo para hornear
1	cucharada de harina
1	cucharada de brandy
1	gota de extracto de almendras

Forre el fondo de un molde desarmable con papel para horno. Enmantequille el papel y los lados del traste y luego enharínelo.

Vierta agua caliente sobre las almendras para que queden cubiertas y déjelas en remojo aproximadamente 4 horas. Pélelas: la piel debe deslizarse con facilidad.

Caliente el horno a 160 °C y coloque la rejilla a la mitad del horno.

Pique las almendras toscamente y muélalas un poquito en un molino para café o especias. No deben quedar muy gruesas ni muy finas. Apártelas.

Bata las claras hasta que estén esponjosas. Agregue la sal y siga batiéndolas a punto de turrón. Añada las yemas, una a una, y siga batiendo hasta que todo esté bien incorporado.

Mezcle los ingredientes secos con las almendras y, batiendo a velocidad baja, poco a poco añádalos a los huevos. Agregue el brandy y el extracto de almendra y vierta la pasta en el molde que preparó. Hornéelo durante 1 ¾ de hora. Desmolde el pastel y enfríelo sobre una rejilla.

Polvorones

Señora María Luisa de Martínez. Ciudad de México

Los polvorones son unas galletitas redondas tan quebradizas que se rompen y se hacen polvo al tacto. Tradicionalmente se hacen con pura manteca, pero esa costumbre se está acabando, y yo misma encuentro que el sabor es demasiado fuerte y que la textura es demasiado grasosa. Una combinación de mantequilla, manteca vegetal y manteca de puerco parece dar los mejores resultados.

Los polvorones pueden tener sabor a canela o a naranja, y pueden hacerse con distintos tipos de nuez molida, o con piñones, en vez de almendras. Al sacarlos del horno, mientras aún están calientes, se acostumbra espolvorearlos generosamente con azúcar glass y, cuando se enfrían, cada uno se envuelve en papel de china. El papel se recoge en cada extremo y se tuerce. Luego las orillas se cortan en tiritas para que los polvorones parezcan bombones.

Rinde aproximadamente 2 docenas de polvorones

80 g	de almendras sin pelar
¼ kg	de harina
⅛	de cucharadita de sal
1	cucharadita de polvo para hornear
2 ½	cucharadas de azúcar
60 g	de mantequilla sin sal (¼ de taza) cortada en piezas pequeñas
30 g	de manteca vegetal (¼ de taza)
30 g	de manteca de puerco
⅓	de taza de azúcar glass

Caliente el horno a 180 ºC.

Disponga las almendras sin pelar y la harina, por separado, en charolas para hornear. Dore cada una en la rejilla superior del horno o en un horno eléctrico hasta que las almendras estén crujientes y la harina tenga un profundo color cremoso (aproximadamente 15 minutos). Aparte ambos ingredientes para que se enfríen por completo. Apague el horno.

Cierna la harina ya fría junto con la sal y el polvo para hornear y póngala en una tabla de mármol o de madera. Haga un pozo profundo en el centro de la harina. Ponga las almendras ya frías en la licuadora junto con el azúcar. Licúe hasta que estén lisas y luego ponga esta mezcla, junto con la mantequilla y la manteca vegetal y de puerco, en el centro del pozo de harina. Mezcle hasta que la masa tenga una textura como de migajas finas, como si fuera un fondo para *pay*. Ponga la masa en un cuadrado grande de envoltura plástica. Júntela haciendo una bola y presionando las "migajas" para que se unan. Aparte la masa en el refrigerador durante un mínimo de 2 horas.

De nuevo caliente el horno a 180 ºC. Enmantequille bien una charola para hornear.

Desenvuelva la bola de masa. Déjela encima del envoltorio plástico y ponga otro cuadrado de envoltura plástica encima. Con el rodillo estire la masa entre las dos capas de plástico con movimientos cortos hasta que quede de aproximadamente 75 mm de grosor: las orillas quedarán muy arenosas. Con un cortador de galletas de 5 cm de diámetro, corte el mayor número de galletas posible. Junte la masa sobrante y con el rodillo estírela para cortar más galletas.

Las galletas deben transferirse a la charola para hornear con la ayuda de una espátula; hay que tener mucho cuidado de no romperlas. Repita hasta que se acabe la masa.

Hornee las galletas en la rejilla superior del horno hasta que adquieran un color dorado pálido (de 10 a 15 minutos). Espolvoréelas bien con el azúcar glass y apártelas para que se enfríen antes de tratar de sacarlas de la charola.

Con mucho cuidado saque los polvorones y póngalos en un traste hermético o envuélvalos en papel de china de la siguiente manera: corte 24 cuadrados de papel de china de 20 por 20 cm. Coloque cada polvorón en el centro del cuadrado y doble los dos lados para cubrirlo. Con cuidado reúna las orillas del papel y tuérzalas firmemente. Con la ayuda de unas tijeras, corte cada extremo del papel para que quede como un fleco de unos 4 cm de profundidad.

Roscas

Me enteré de la existencia de las roscas durante mis días de aprendizaje en la panadería. Prácticamente cualquier forma de masa con levadura o de pasta, dulce o salada, se estiraba con el rodillo hasta formar una hebra larga que se doblaba, luego se torcía, se unían los extremos, se espolvoreaban con azúcar o con ajonjolí y se horneaban hasta que estuvieran crujientes. De modo que, cuando una mañana me sirvieron unas tristes roscas a la hora del desayuno, durante mis vacaciones, decidí averiguar exactamente qué estaba haciendo mal el panadero del hotel.

Al día siguiente me levanté a las cinco de la mañana y entré a la cocina cuando el panadero estaba empezando su labor. En vez de medir la harina —según él estaba usando como un kilo— hábilmente espolvoreaba puños enteros para formar un círculo perfecto con bordes inclinados. Espolvoreaba el polvo para hornear en el borde de manera uniforme y pareja, sin que un solo grano se saliera de lugar. Mezcló la mantequilla, el azúcar y la leche de lata en el centro, pero lo detuve cuando se disponía a usar el colorante y el saborizante. Un poquito más de mantequilla esta vez, un poquito menos de líquido la siguiente y para la tercera, las roscas estaban perfectas. ¡Todos en la cocina las probaron y aprobaron! Él estaba muy orgulloso del resultado.

Rinde de 20 a 22 galletas

¼ kg	de harina
½	cucharadita de polvo para hornear
¼	de cucharadita de canela molida o ½ cucharadita de anís
¼	de cucharadita de sal
60 g	de mantequilla sin sal a temperatura ambiente (¼ de taza)
60 g	de manteca vegetal a temperatura ambiente (¼ de taza)
60 g	de azúcar (¼ de taza), más 2 cucharadas para espolvorear
½	de taza de agua
2	cucharadas de crema

Cierna la harina, el polvo para hornear, la canela —si va a usarla— y la sal sobre una tabla de mármol o de madera. Haga un pozo en el centro y allí ponga la mantequilla, la manteca vegetal, ¼ de taza de azúcar, el agua y la crema. Trabaje los ingredientes en el centro para unirlos con los dedos hasta que estén completamente incorporados y lisos. Poco a poco, incorpore los ingredientes secos y el anís —si va a usarlo—, y amase la mezcla bien. Trabaje la masa con fuerza durante unos 5 minutos, estirándola con las palmas de las manos y usándolas como si fueran pedales contra la superficie de trabajo hasta que la masa esté suave y flexible. Si no trabaja la masa bien, no podrá darles la forma indicada a las roscas.

Caliente el horno a 180 ºC y coloque la rejilla en el anaquel superior. Engrase ligeramente dos charolas. Con la masa forme bolas de 3 a 4 cm de diámetro. Tome una y trabájela bajo las palmas de las manos (en una superficie sin enharinar, de ser posible), estirándola para formar una tira redondeada de masa de unos 75 mm de diámetro. Doble la tira y luego presione los bordes juntos. Sostenga los bordes con una mano y, con la otra, rápida y ligeramente tuerza las dos tiras juntas. Si tiene problemas en estirar y torcer, entonces haga un simple anillo con una tira de masa, estirando cada bola hasta formar una tira como de 1.5 cm de grueso. Junte los bordes para hacer un círculo o una "pulsera" de unos 5 cm de diámetro y colóquela con cuidado sobre la charola.

Repita lo mismo con el resto de las bolas y, cuando haya llenado una charola, hornéela hasta que las roscas tengan un profundo color dorado (de 15 a 20 minutos). En cuanto las saque del horno, espolvoréelas generosamente con el azúcar adicional. Deje que se enfríen totalmente, sáquelas y guárdelas en un traste hermético o en una lata para galletas.

Bebidas

Con justa razón, México es famoso por su diversidad de bebidas que van desde el tequila, el pulque, las aguas frescas, el chocolate y el atole, hasta la cerveza y el café. Todas se consiguen fácilmente y hablaré detalladamente de cada una más adelante. Sin embargo, no es tan sencillo conseguir algunas bebidas regionales porque, por lo general, se preparan en casa a partir del jugo fermentado de frutas locales, casi siempre silvestres. Está el tepache de Jalisco; la sangre de Baco que se hace con uvas en Guerrero, y el teshuino: maíz fermentado con piloncillo de las regiones montañosas de Chihuahua y Nayarit. En la costa de Colima y de Guerrero, la savia de la palma cocotera se convierte en una bebida que se llama tuba, y existen innumerables brebajes que tienen como base el azúcar de caña a la que se da sabor con cerezas silvestres. Vale la pena mencionar los mezcales de Oaxaca y el tan gustado bacanora de Sonora, así como el licor anisado de Yucatán que se hace con flores y se llama *Xtabentún* y, desde luego, el mundialmente conocido Kahlúa.

Además, el altiplano central de México es rico en manantiales. Por todos lados se encuentran pequeños balnearios diseminados y esas aguas termales y terapéuticas atraen a gente de toda la República. Algunos de los establecimientos más grandes embotellan y distribuyen ampliamente las aguas gaseosas que todavía son minerales.

Tequila

El tequila se prepara a partir del líquido destilado de la base de la planta del *Agave tequilana*, que se hornea y luego se machaca para extraerle el jugo. Su nombre se deriva del pueblito donde se originó, no muy lejos de Guadalajara, Jalisco, que es el estado productor de tequila por excelencia.

Los españoles introdujeron a México el proceso de destilación. Se cree que el tequila data de mediados del siglo XVIII, aunque no fue sino hasta cien años más tarde que se convirtió en la industria que fundaron dos de las familias que siguen siendo las más conocidas del ramo.

Mezcal

El mezcal es una bebida alcohólica similar al tequila, que está ganando popularidad tanto en México como en el extranjero. Se destila del jugo que se extrae de la base cocida (que parece una piña) de varias especies de agave. Aunque ahora se elabora en muchas partes, tradicionalmente la mayor parte de la producción provenía del valle de Oaxaca, donde todavía se hace en palenques, como se llama a áreas parcialmente techadas donde los corazones de agave se cuecen y se desmenuzan para destilar el líquido que se extrae en medio de un paisaje rústico. El mezcal que se produce así, artesanalmente, tiene un característico y delicioso sabor ahumado, en tanto que los mezcales más corrientes de producción industrial están muy refinados y carecen de ese sabor.

Margarita

Carlos Jacott. Nueva York

Ningún libro de cocina mexicana debe omitir la más alegre de todas las bebidas y la que ha dado fama mundial a México: la Margarita. Nunca he podido encontrar una mejor receta que la que me dio Carlos Jacott. Durante las décadas de 1960 y 1970 servía estas Margaritas en su muy popular restaurante El Parador, en la ciudad de Nueva York.

Desde luego, el secreto está en usar jugo de limón fresco.

Su tequila *sunrise* es otro gran favorito y lo incluyo a continuación. Gracias, Carlos, por tantos años de magníficas Margaritas: ¡en verdad merecen una M mayúscula!

Rinde 1 porción

1	rodaja de limón
	Un poquito de sal, ya sea de mesa o sal gruesa finamente molida
45 ml	de tequila blanco
15 ml	de triple sec
30 ml	de jugo de limón
	Unos cuantos cubos de hielo machacados

Enfríe bien una copa coctelera. Pase la rodaja de limón por el borde de la copa para humedecerla. Ponga la sal en un plato. Presione la copa bocabajo sobre la sal. Hágala girar un poco para que todo el borde de la copa quede escarchada con la sal.

Ponga el tequila, el triple sec, el jugo de limón y los hielos en una coctelera. Tápela y agite bien. Vierta la mezcla, colándola, a la copa preparada o sobre hielo picado, si lo prefiere.

Tequila sunrise

Carlos Jacott

Rinde 1 porción

60 ml	de tequila blanco
45 ml	de jugo de limón fresco
1	cucharada de jarabe de granadina
1	cucharada de clara de huevo
	Algunos hielos machacados

Enfríe bien una copa coctelera. Ponga el tequila, el jugo de limón, el jarabe de granadina y la clara de huevo en la licuadora junto con los hielos.

Licúe la mezcla hasta que esté espumosa. Viértala en la copa preparada.

Sangrita

Mis amigos de Jalisco siempre me han dicho que, originalmente, la sangrita se preparaba con jugo de granada ácida. Sin embargo, como no es fácil conseguir granadas, me sugirieron usar jugo de naranja agria y jarabe de granadina. Desde luego, cada familia, sobre todo de las que viven en los alrededores del pueblo de Tequila, tiene su propia receta. ¡Todos juran que la suya es la original!

Rinde aproximadamente 1 ½ tazas o alrededor de 8 porciones

1 ¼ tazas de jugo de naranja agria o sustituto (ver pág. 492)

3 ½ cucharadas de jarabe de granadina

Sal al gusto

1 buena pizca de chile rojo, chile piquín o pimienta de cayena, en polvo

Mezcle bien todos los ingredientes y enfríelos. Sirva la sangrita en vasitos —aproximadamente 60 ml por persona— para acompañar un caballito de tequila.

Pulque

¡Otra corrida de toros, ayer por la tarde! Es como el pulque:
al principio uno hace cara de asco pero luego le empieza a encontrar el gusto.

Madame Calderón de la Barca, *Vida en México*, sobre una visita a un convento.

El paisaje del altiplano central está dominado por la impresionante planta del maguey (*Agave americana* y spp.), que a lo largo de la historia ha dado sustento a las tribus nómadas. Hoy el maguey se cultiva sobre todo para explotar el pulque, que se hace fermentando la savia lechosa de la planta, el aguamiel, que se extrae del hueco que se raspa en la base de la planta, justo antes de que brote el largo tallo de su flor.

La savia puede reducirse a un jarabe o cristalizarse en forma de azúcar. Una vez fermentado, el pulque ligeramente alcohólico puede usarse como un agente para levar pan, para cocinar carnes, para hacer salsas de chile o para hacer una especie de tepache o vinagre.

Al igual que otras bebidas mexicanas, el pulque por lo general se cura con frutas, e incluso se enlata y se exporta.

Si acaso viaja por el interior del país en otoño, después de la época de lluvias, y ve a un campesino sacando aguamiel con un guaje largo y delgado, deténgase y pídale que le deje probar el líquido. Es dulce y ácido al mismo tiempo, pero curiosamente refrescante.

En los mercados también se exhibe gran cantidad de piezas de alfarería
y, para el extranjero, resultará muy agradable ver la hermosa manera
en que las indígenas producen una variedad de licores de todos colores y sabores.
Una jarra de barro rojo, parecido al etrusco y mucho más grande que cualquiera
que se haga en Europa, se llena de agua y se entierra en arena mojada.
Se adorna con una variedad de flores, en especial, amapolas,
que también se colocan entre los vasos que contienen los brebajes de brillantes colores.
Éstos, junto con el chocolate, el pulque y las nieves, se sirven por una bicoca.

W. H. Bullock, *Seis meses de residencia y viaje en México*, siglo XIX.

Agua fresca de flor de jamaica

A pesar de la arrolladora popularidad de los refrescos embotellados, en todo el país —desde el pueblito más pequeño hasta la capital en los mercados, en las calles o en algunos de los restaurantes más tradicionales— se sirve la roja agua de sandía, la pálida agua de limón o el agua color café de tamarindo. Se endulzan y se mantienen frías con trozos de hielo en grandes vitroleras o jarras de barro.

En realidad, no son las flores sino los sépalos de la flor que se siembra en las costas de Guerrero y Oaxaca, y que se ponen a secar a los lados de la carretera durante el mes de diciembre, los que se usan para preparar el agua de jamaica.

Rinde 1 l

⅔ de taza de flores de jamaica
4 tazas de agua fría
⅓ de taza de azúcar, o al gusto

Ponga las flores de jamaica y 3 tazas de agua en una olla, coloque en el fuego y deje que rompa el hervor. Hierva las flores durante unos 5 minutos a fuego alto.

Agregue el resto del agua y el azúcar. Apártela durante al menos 4 horas o toda la noche. Cuele el líquido a una jarra. Agregue más azúcar si es necesario. Sirva el agua de jamaica bien fría.

Rompope

Rinde 1 l

4 tazas de leche
1 taza de azúcar
1 raja de canela de 10 cm o vaina de vainilla
¼ de cucharadita de bicarbonato de sodio
12 yemas de huevo grandes
¾ de taza de alcohol de caña puro o ½ taza de brandy, o al gusto

Ponga en una olla al fuego la leche, el azúcar, la canela y el bicarbonato de sodio. Deje que rompa el hervor. Baje la flama y hierva suavemente durante unos 20 minutos o hasta que el azúcar se disuelva por completo y la mezcla se reduzca a 3 tazas. Apártela para que se enfríe un poco.

Mientras tanto, bata las yemas hasta que formen listones gruesos en la batidora (aproximadamente 10 minutos, según la eficiencia de la máquina).

Retire la canela de la mezcla de leche. Poco a poco, sin dejar de batir, añada la mezcla de leche a las yemas de huevo. Vuelva a poner la mezcla en la olla y cocínela a fuego lento, revolviendo y raspando el fondo y los lados de la olla constantemente hasta que la mezcla se espese lo suficiente como para cubrir el revés de una cuchara de palo. Tenga cuidado: la mezcla se puede convertir rápidamente en huevos revueltos. En cuanto vea el menor signo de que va a ocurrir esta tragedia, vierta la mezcla en la licuadora y licúe hasta que esté lisa. Aparte el rompope para que se enfríe por completo.

Mientras tanto, esterilice una botella de un litro de capacidad en agua hirviendo. Poco a poco, incorpore el alcohol al rompope y viértalo en la botella. Úselo de inmediato o refrigérelo hasta por un mes.

Tepache

En un día caluroso, una de las bebidas más refrescantes es una infusión de piña ligeramente fermentada que se llama tepache. Es probable que sea originaria del estado de Jalisco, o eso es lo que se dice, pero desde luego todas las regiones tienen su propia versión. De preferencia, debe prepararse en una jarra grande de barro y servirse frío o con hielo.

Rinde 2 l

1	piña muy madura (de alrededor de 1 kg)
2	clavos enteros
2	pimientas gordas
1	raja de canela de 10 cm
9 ½	tazas de agua
½ kg	de piloncillo machacado
1	taza de cerveza ligera

Quítele a la piña la corona y la base. Tállela bien. Corte la pulpa (con todo y cáscara) en cubos de 4 cm. Machaque toscamente las especias y añádalas, junto con la piña y 8 tazas de agua, a una jarra grande de barro. Tápela y póngala al sol o en un lugar cálido hasta que la mezcla empiece a fermentar y la superficie burbujee (aproximadamente 3 días, según la temperatura).

Ponga en una olla al fuego las 1 ½ tazas de agua restantes y el piloncillo. Deje que rompa el hervor. Hierva a fuego lento, revolviendo de vez en cuando, hasta que el azúcar se disuelva. Permita que se enfríe ligeramente y luego añádalo, junto con la cerveza, a la infusión de piña. Revuelva bien. Tape la jarra y déjela en un lugar cálido durante uno o dos días más, hasta que haya fermentado. Cuele el tepache y sírvalo muy frío o con hielo.

Horchata de melón

Centro y Sur de México

Originalmente, la horchata —una bebida de apariencia lechosa— que se hace con almendras o con un pequeño tubérculo que se llama chufa proviene de España. En México se volvió muy popular en Yucatán. Ahí se hace remojando y moliendo arroz crudo, al que se le añaden algunas almendras. Luego se cuela y se sirve con hielo. La horchata se considera una bebida deliciosa, saludable y refrescante, pero ¿qué bebida no parecería refrescante en ese calor? La horchata siempre me había parecido un poco insulsa, pero en México ¡siempre hay sorpresas!

Un día, después de comer en casa de una amiga, entré a la cocina y vi que las muchachas que ayudaban en la cocina guardaban las semillas del melón que nos habían servido. Querían hacer horchata con ellas. Algunas cocineras enjuagan, escurren y secan las semillas, pero creo que ésta es la versión más deliciosa de todas.

Rinde 1 porción

Retire las semillas de un melón y mídalas. Por cada taza de semillas añada:

1 taza de agua fría
1 ½ cucharadas de azúcar, o al gusto
1 ½ cucharaditas de jugo de limón, o al gusto

Ponga todos los ingredientes en el vaso de la licuadora y licúe hasta que estén muy lisos. Aparte la horchata en el refrigerador por lo menos ½ hora. Luego cuélela y sírvala con hielo.

Chocolate

Aquí hay dos conventos de monjas (en el convento dominico en Oaxaca),
de los cuales se habla en todas partes, no por sus prácticas religiosas,
sino por su habilidad para preparar dos bebidas que se usan por allá:
una llamada chocolate, y la otra llamada atole,
que se parece a nuestra leche de almendras, pero mucho más espesa,
y que se hace a partir de los jugos del "maíz joven" o "trigo indio",
que luego se confeccionan con especias, musgo (almizcle) y azúcar.
No sólo tiene una dulzura sino un aroma admirable,
pero mucho más nutritivo y apaciguante para el estómago.
Este no es un bien que pueda transportarse,
sino que debe tomarse en el lugar donde se prepara.
Pero la otra bebida, el chocolate, se empaca en cajas,
y se manda no sólo a la ciudad de México y sus alrededores,
sino que la mayor parte se transporta anualmente a España.

Thomas Cage, *Viajes en el Nuevo Mundo*, siglo XVI.

Cuando voy a Oaxaca me gusta ir al sitio donde uno muele su propio cacao para chocolate. Las mujeres todavía compran granos de cacao por kilo, y la cantidad que ellas determinen de azúcar y almendras, de acuerdo con sus posibilidades económicas. Las más pobres compran menos cacao y almendras y más azúcar. Cada una de ellas toma una tinaja de zinc, la cual coloca bajo varios molinos que hay en la tienda. Los granos de cacao y las almendras se vierten en el alimentador y pronto del pico de la máquina —el cual se espolvorea con azúcar para que no se pierda nada— empieza a salir una satinada salsa de chocolate que cae sobre el montón de azúcar de la tinaja que está abajo. Las mujeres traen consigo dos cucharas grandes de palo para mezclar todo bien, y algunas incluso traen brochas para que ni una sola partícula del valioso chocolate quede pegada al metal. Luego el chocolate se lleva a otra máquina para una segunda molienda —esta vez con el azúcar— y es justo en este punto cuando hay que convencer a alguna de ellas para que nos dejen meter el dedo y probar. El chocolate así molido se lleva a casa, donde se pone a secar al sol en moldecitos.

El nombre deriva del náhuatl *xoxotl* (fruta) y *atl* (agua). Sin duda fascinó a los primeros escritores europeos que narraron sus experiencias en lo que hoy es México. Bernardino de Sahagún cuenta que sólo los ricos y los nobles bebían chocolate e, incluso entonces, sólo lo hacían con moderación pues, al igual que los hongos, se consideraba que tenía cualidades que hacían enloquecer a las personas. Había chocolate anaranjado, negro y blanco: se hacía con miel o mezclado con flores moradas y servido al final de una fiesta, con gran ceremonia. Los hombres distinguidos lo bebían en tazas decoradas o en tazas negras sobre una base forrada con piel de jaguar o piel de venado. Las tazas perforadas se usaban como coladores y las cucharas estaban hechas de carey. Todo este equipo se llevaba en bolsas especiales de red.

En su libro *Viajes en el Nuevo Mundo*, Thomas Cage dedica mucho espacio al chocolate. Cuenta que las mujeres de Chiapas burlaron al arzobispo, quien las excomulgó por negarse a dejar sus reconfortantes tazas de chocolate durante la misa. Los británicos fueron los únicos que parecieron despreciar el chocolate. Cuando en altamar capturaron un barco español cargado de cacao, tiraron las semillas por la borda, pues, asqueados, pensaron que era estiércol de cabra.

Chocolate caliente

Hay quien prefiere hacer el chocolate caliente con leche.

Rinde 1 ⅔ tazas

1 ½ tazas de agua
50 g de chocolate mexicano en tableta

Caliente el agua en una olla de barro. Cuando rompa el hervor, troce el chocolate y échelo a la olla, hasta que se derrita. Deje que hierva suavemente durante unos 5 minutos para que brote todo su sabor. Luego bátalo con un molinillo o licúelo hasta que esté espumoso.

Nota: Si quiere preparar el chocolate con leche, primero disuelva el chocolate en ½ taza de agua, póngalo en el fuego y deje que rompa el hervor; añada la leche y deje que vuelva a romper el hervor.

Café de olla

Rinde 1 porción

2 tazas de agua

¼ de taza de café tostado y molido grueso

1 raja de canela de 3 cm

Piloncillo al gusto

Ponga en el fuego una olla de barro con el agua y deje que rompa el hervor. Agregue el café, la raja de canela y el piloncillo. Deje que rompa el hervor dos veces. Luego cuélelo y sirva.

Atoles

La palabra *atole* proviene del náhuatl *atolli* (aunque algunos etimologistas piensan que debe haber venido de *atl*, agua y *tlaoli*, maíz) y tiene un origen precolombino. En el *Diccionario de cocina* publicado en el siglo XIX se describe como "muy saludable y nutritivo para los pobres... pero también es bueno para los inválidos y para las familias de alcurnia". Puedo asegurar que el atole es una de las bebidas más reconfortantes que conozco, siempre que se haga con masa de buena calidad (ver pág. 464) y no sea demasiado dulce, como es la costumbre en México.

El atole puede hacerse de una cantidad innumerable de sabores e ingredientes, que varían de una región a otra, y quizás hasta de un pueblo a otro. Muchos llevan frutas propias de cada estación, como zarzamora, capulines, fresas, tamarindo o, en un pueblo de Veracruz, ¡naranja agria! En Michoacán se hace un atole con elote, anís silvestre y las cáscaras del grano del cacao. En la Sierra Norte de Puebla existe un atole extraordinario que lleva flores de azahar, piloncillo y bolitas de masa mezcladas con manteca y rellenas de queso. También están los chileatoles, que son picantes y dulces a la vez, y, en Oaxaca, se usa el atole de masa agria adornado con ajonjolí y semillas de chile. En Puebla, el atole de masa agria de maíz azul se enriquece con frijoles y se sazona con una salsa de chile.

El atole suele acompañar a los tamales para el desayuno o la cena, o para beberlo ligero y frío, a manera de refresco durante todo el día. El tema es interminable.

Aquí ofrezco tres recetas: champurrado (atole de chocolate), atole de zarzamora de Michoacán, que se hace cuando se recogen las frutitas en las regiones más altas, justo antes de las lluvias, y otro atole de piña que siempre pido cuando voy a Chilpancingo, Guerrero.

Champurrado

A principios de la década de 1970 no era muy común encontrar merenderos (cafecitos donde se puede desayunar y cenar), como el Café Meléndez, en la ciudad de Torreón. Era atendido por una familia de clase media que preparaba unos tamales deliciosos y platillos regionales muy sencillos en la tradición de la abuela, quien había fundado el negocio en la década de 1920. Me pareció que su versión del champurrado (que por lo general se prepara con masa) es particularmente deliciosa, sobre todo porque le añaden ralladura de naranja y, desde luego, por la deliciosa leche de la región.

Rinde aproximadamente 4 ½ tazas

2 tazas de agua
La ralladura de 1 naranja entera
1 raja de canela de 10 cm, trozada
2 cucharadas de azúcar granulada, o al gusto, según el chocolate
4 tazas de leche entera
100 g de chocolate mexicano para beber
2 cucharadas de fécula de maíz

Ponga el agua, la ralladura de naranja, la canela y el azúcar en una olla y hiérvala rápidamente durante unos 20 minutos, o hasta que tenga una infusión y el líquido se haya reducido por lo menos a una taza. Agregue la leche y, justo antes de que rompa el hervor, agregue el chocolate. Hierva lentamente la mezcla hasta que las partículas de chocolate se hayan disuelto por completo (unos 10 minutos). La diferencia de otros tipos de chocolate con el chocolate mexicano para beber es que este último tarda más en disolverse.

Ponga la fécula de maíz en un tazón pequeño. Incorpore aproximadamente 2 cucharadas de la mezcla de leche y, con una cuchara de palo, disuelva los grumos. Agregue ½ taza de la mezcla de leche para disolver la fécula de maíz a conciencia. Incorpórelo a la olla y cocine la mezcla hasta que se espese un poco, revolviendo casi de manera constante durante unos 10 minutos. Cuele el champurrado y sírvalo caliente.

Masa para atole

Para hacer el atole, las cocineras tradicionales sólo usan maíz cocido sin cal. Desde luego, muchas no tienen tiempo y usan masa para tortillas, pero el sabor no es tan puro. Es probable que esta preparación sea demasiado esotérica, pero la ofrezco aquí para todos los aficionados de hueso colorado.

Realmente no vale la pena hacer una cantidad pequeña, así es que, ya que va a hacerlo, haga bastante; además, a las personas que trabajan en los molinos no les gusta moler cantidades pequeñas. El sobrante dura perfectamente bien, congelado, durante varios meses.

Rinde aproximadamente 4 tazas de masa

½ kg de maíz blanco
6 tazas de agua

Enjuague el maíz y retire cualquier impureza. Póngalo en una olla profunda y cúbralo con el agua. Ponga la olla a fuego alto y deje que rompa el hervor. Baje la flama a fuego medio, tape la olla y cueza el maíz durante 15 minutos: debe cocerse en un hervor rápido.

Retire la olla del fuego y deje que el maíz se remoje toda la noche. Al día siguiente, escúrralo y muélalo muy fino hasta obtener una masa muy suave y lisa.

Nota: Como esta masa no se cuece con cal, se agría muy rápido a menos que la refrigere. Cualquier masa que no vaya a utilizar dura un día. Después de ese tiempo debe congelarse.

Atole de zarzamora

Este atole es muy popular antes de que empiecen las lluvias, durante el mes de mayo, temporada en que se recolectan las zarzamoras de las montañas que luego se venden en el mercado de Zitácuaro, Michoacán.

Algunas personas prefieren tomar este atole tibio porque el sabor se acentúa. El espesor del atole es cuestión de gustos, pero ésta es la receta favorita de mis vecinos, allá en Michoacán.

No vale la pena hacer una cantidad pequeña; además, este atole puede guardarse varios días en el refrigerador e, incluso, dura varios meses congelado. Yo siempre lo licúo después de descongelarlo y antes de ponerlo a calentar.

Rinde aproximadamente 8 tazas

½ kg de zarzamoras
8 ½ tazas de agua
1 taza de masa para atole (ver la receta anterior)
Piloncillo desbaratado

Ponga en una olla al fuego las zarzamoras con 2 tazas de agua; deje que rompa el hervor. Baje la flama y hierva suavemente unos 5 minutos. Cuele las zarzamoras en un tazón, presionándolas lo más posible contra el colador. Tire las semillas. Aparte el puré de zarzamora. Deben quedarle aproximadamente 3 tazas de puré.

Diluya la masa con 1 ½ tazas de agua. Ponga el resto del agua en una olla de barro y deje que rompa el hervor. Agregue la masa diluida a través de un colador, presionando cualquier grumo con una cuchara de palo. Cueza a fuego medio, revolviendo de vez en cuando para que no se pegue, hasta que la mezcla apenas empiece a espesar (5 minutos).

Incorpore el puré colado de zarzamoras con piloncillo al gusto y siga cocinando el atole a fuego medio, revolviendo y raspando el fondo de la olla para que no se pegue, hasta que se espese (aproximadamente 15 minutos); debe cubrir el revés de una cuchara de palo.

Sirva tibio, o bien, a temperatura ambiente.

Atole de piña

Chilpancingo, Guerrero

Rinde aproximadamente 8 tazas

6 ¾	tazas de agua
600 g	de piña limpia y en cuadritos pequeños (alrededor de 3 ⅓ tazas)
1	taza de masa para atole (ver pág. 464)
	Piloncillo desbaratado

Ponga 5 tazas de agua en una olla de barro al fuego, agregue 1 taza de piña en cubitos y deje que rompa el hervor.

Mientras tanto, diluya la masa con el agua restante y agréguela a través de un colador al agua hirviendo, presionando cualquier grumo con una cuchara de palo. Cocine el atole a fuego medio, revolviendo y raspando el fondo de la olla para que no se pegue, o hasta que apenas empiece a espesarse (5 minutos).

Licúe el resto de la piña hasta que quede lo más lisa posible y añádala a la olla a través de un colador fino, presionando la pulpa contra éste para extraer la mayor cantidad de pulpa y jugo posibles. Incorpore el piloncillo y siga cocinando a fuego medio, revolviendo y raspando el fondo de la olla para que no se pegue, hasta que se espese (aproximadamente 15 minutos); debe cubrir el revés de una cuchara de palo. Sirva el atole tibio o a temperatura ambiente.

Información general

Equipo para cocinar

En México resulta inimaginable una cocina sin comal, cazuelas, una vaporera para tamales, un molcajete y su tejolote. El metate ya casi no se usa.

Un comal es un disco de metal delgado o de barro sin vidriar que se pone sobre el fuego o la leña para cocer las tortillas y para asar ingredientes, sobre todo de las salsas. Si no tiene comal, utilice una plancha de hierro forjado.

Las cazuelas son de barro vidriado, muy anchas, y se usan en la estufa, sobre leña o carbón. No sirven en una parrilla eléctrica. Puede sustituir las cazuelas con cacerolas pesadas.

Una vaporera para tamales puede ser tan sencilla como una vaporera típicamente mexicana que se compone de cuatro partes: una olla profunda, de paredes rectas, con una parrilla perforada que se asiente justo por encima del nivel del agua, un divisorio vertical de tres partes para dividir los tamales en tres secciones y una tapadera ajustada. De lo contrario, puede usarse cualquier vaporera, siempre que la parte donde se pongan los tamales sea profunda y esté cerca de donde se concentra el vapor: los tamales deben cocerse lo más rápido posible para que la masa batida se ponga firme y el relleno no se escurra y se haga un verdadero desastre. Por esta razón, no sirve una vaporera diseñada para otros usos.

Muchas veces he tenido que improvisar una vaporera. Creo que la más exitosa fue con un colador para espagueti o para verduras que, por lo general, se asienta sobre el agua, colocado encima de cuatro moldecitos para flan puestos boca abajo para sostenerlo justo por encima del nivel del agua, que debe tener aproximadamente 8 cm de profundidad. Para capturar la mayor cantidad de vapor posible, tapé muy bien la boca de la olla.

El molcajete y el tejolote, tradicional mortero mexicano, son piezas de equipo indispensables para cualquiera que desee reproducir las auténticas salsas mexicanas, el guacamole y demás. Resulta muy práctico para machacar especias y para moler ingredientes a fin de extraerles el máximo sabor y textura. En esencia, el molcajete es un tazón grueso, ya sea de roca volcánica negra o gris, con un tejolote del mismo material. Antes de usarlo, debe moler la superficie del molcajete. Para hacerlo, muela un puñado de arroz con el majador hasta que se haya reducido a un polvo grisáceo. Enjuague bien el molcajete y repita la misma operación varias veces hasta que el polvo del arroz quede ligeramente más blanco. Entonces está listo para usarse. Un molcajete de buena calidad no debe tener una superficie muy enconada y el agua no debe filtrarse a través de él. Si al probarlo produce mucho polvo arenoso, no lo compre.

El metate, una piedra rectangular para moler, y su mano o moleta, también están hechos de roca volcánica. En México ahora sólo lo usan las cocineras más tradicionales para moler los ingredientes de salsas y moles. No es indispensable pero ¡se ve muy bonito!

Si quiere hacer sus propias tortillas desde el primer paso, o si quiere preparar antojitos, entonces es indispensable tener una *prensa para tortillas*, a menos, desde luego, que sea una maga torteando las tortillas a mano: un arte en extinción, en muchas partes de México. Asegúrese de comprar uno muy pesado y no esos ligeros, de frágil aluminio, que parecen haber inundado el mercado: no sirven y se rompen con facilidad. A mi parecer, el tamaño más útil es el de 15 cm de diámetro.

Una licuadora, de preferencia con dos vasos, tiene mil y un usos. El procesador de alimentos sirve sólo para algunas recetas, cuando así se indica. Nunca podrá moler un chile o cualquier salsa con la eficiencia de una licuadora.

Medidas y equivalencias

Para las medidas líquidas, utilizo una taza convencional de 250 ml y para los sólidos, una taza de metal, también de 250 ml. De preferencia, las tazas medidoras deben ser las convencionales, con lados rectos, y no esas de plástico que tienen formas raras. Por ejemplo, 1 taza (250 ml) de masa para tortillas pesa entre 250 y 262 g, e incluso un poco más si está húmeda. Una taza de masa seca para tamales pesa aproximadamente 180 g.

Siempre trato de convencer a la gente de que compre una báscula de uso pesado, y no las ligeritas que cuelgan de la pared y brincan por todos lados, o las que tienen un contenedor en la base que se resbala al menor movimiento. Una báscula de uso pesado no sólo servirá para pesar con más precisión, sino que ahorrará el batidero que se produce al tratar de forzar la manteca en tazas y limpiarla.

Tabla de equivalencias taza / ml

¼	65 ml
½	125 ml
⅓	85 ml
⅔	165 ml
¾	185 ml
1 taza	250 ml
1 ¼	310 ml
1 ½	375 ml
1 ¾	560 ml
1 ⅓	350 ml
1 ⅔	410 ml
2 tazas	500 ml
2 ¼	565 ml
2 ½	625 ml
2 ⅔	650 ml
2 ¾	685 ml
2 ⅓	585 ml
3 tazas	750 ml
3 ¼	815 ml
3 ½	940 ml
4 tazas	1 l
6 tazas	1 ½ l
8 tazas	2 l
10 tazas	2 ½ l

Tabla de conversión de grados Celsius a Fahrenheit

100 °C	210 °F
110	225
120	250
130	265
140	284
150	300
160	320
170	340
180	350
190	375
200	390
210	410
220	430
230	450
240	460
250	480
260	500
270	520
280	540

Nota: Algunos hornos no marcan los grados Celsius sino sólo una temperatura de 1 a 5.
Ésta es una posible conversión:

1	145 °C
2	160 °C
3	200 °C
4	230 °C
5	280 °C

Preparación de la envoltura para tamales

Hojas frescas de elote

Los uchepos (pág. 132) y los tamales dulces de elote (pág. 134) se envuelven en hojas frescas de la mazorca. Después de cortarlas cuidadosamente de la mazorca, enjuagarlas y sacudirles el exceso de agua, están listas para usarse. Si algunas hojas exteriores son muy gruesas y poco flexibles, pueden usarse para forrar la vaporera.

Hojas secas de maíz

Ponga las hojas a remojar con varias horas de anticipación en agua fría o caliente y, cuando estén flexibles, sacúdales el exceso de agua y séquelas con un trapo antes de rellenar los tamales. Si quiere trabajar de más y amarrar los tamales (lo cual se ve bonito, pero no es absolutamente necesario), deshebre algunas de las hojas más grandes para formar hilos y úselos como amarres.

Hojas de plátano

En México es fácil conseguir hojas de plátano frescas de color verde pálido; si están cortadas de la costilla central de la hoja entera, mucho mejor. Corte las hojas al tamaño que se indica en la receta y límpielas con un trapo. Una por una, sostenga las hojas sobre la flama de la estufa, o sobre una parrilla eléctrica, hasta que se vuelvan flexibles. Este proceso lleva unos segundos de cada lado. Cuide de no calentarlas demasiado porque pierden el color y, una vez que se enfrían, se vuelven quebradizas.

• • •

Cal para la masa de maíz

En México se usa cal (óxido de calcio) cuando se cuece el maíz seco para hacer la masa para tortilla o para tamales.

La cal puede conseguirse apagada en forma de polvo listo para usarse, o no apagada, en forma de piedras duras. Si compra esta segunda presentación, póngala en un contenedor que no sea de metal, salpique con poco de agua y observe cómo se desmorona. Soltará un poco de vapor a medida que libera su calor. Si pone demasiada agua a la vez, tardará mucho más. También tarda en apagarse si la cal está muy seca. Cuando maneje cal siempre cuide de no acercarla a los ojos.

• • • • •

Chiles frescos

Chile de agua

Éste es un chile oaxaqueño muy local y rara vez puede conseguirse fuera de la región. Sin embargo, tiene un sitio importante en la cocina oaxaqueña y por eso merece mencionarse para quienes visiten Oaxaca. El chile de agua es un chile largo, verde claro, que adquiere un intenso color rojizo cuando madura. Aunque su tamaño varía mucho, por lo general tienen entre 13 y 15 cm de largo y aproximadamente 3.5 cm de ancho. Tiene un sabor fresco muy rico, pero es extremadamente picante.

Por lo general, los chiles de agua se preparan para hacer una salsa o un aderezo asándolos, pelándolos y cortándolos en rajas, desvenados y sin semillas.

Aunque el sabor no es el mismo, puede sustituirse con cualquier chile güero grande. Hoy en día se usa poco el chile de agua seco.

Chilaca

Las chilacas son chiles largos, delgados, de un color verde muy oscuro y casi negro que, al madurar, adquieren un profundo color café. Crecen sobre todo en el Bajío, el centro y norte de México. La mayor parte se seca para transformarse en chile pasilla. En su estado fresco, se usa en cantidades relativamente pequeñas en la Ciudad de México y sus alrededores, y es un ingrediente importante en la cocina de Michoacán, donde se le llama chile cuernillo o chile para deshebrar; esto último porque, después de asarlos, pelarlos y deshebrarlos con las manos, no deben cortarse con un cuchillo.

La piel de la chilaca es brillante y la superficie está formada por valles ondulantes poco profundos. Tiene un excelente sabor y puede ser muy picante. Aunque su tamaño varía, por lo general es de unos 18 cm de largo (sin contar el tallo) y de 2 a 2.5 cm de ancho.

Asados, pelados, desvenados, sin semillas y deshebrados en rajas angostas se usan como vegetal o en platillos vegetarianos, por ejemplo con cebolla frita y papas, con queso como relleno para tamales, o en salsa de tomate para acompañar los uchepos (pág. 132) o un guisado de puerco.

Para escogerlos: Elija siempre los chiles que estén lisos y brillantes, no los que tengan una piel arrugada de apariencia vieja. Además de perder sabor, le será muy difícil pelarlos.

Para prepararlos: Con pocas excepciones, estos chiles se asan y se pelan para usarlos en salsas, como vegetal, etcétera, tal como se menciona arriba. Deje los tallos intactos para que pueda darles vuelta con más facilidad. Colóquelos directamente sobre la flama de la estufa o en una parrilla de carbón o leña, y deje que se doren y se ampollen un poco, volteándolos de vez en cuando hasta que estén completamente asados. Cuide de no quemar la pulpa, ya que ésta es muy delgada. Si usa una estufa eléctrica, engrase ligeramente los chiles y áselos bajo el asador, volteándolos de vez en cuando hasta que estén asados por completo.

Póngalos en una bolsa de papel o en un trapo mojado y apártelos para que "suden" unos 15 minutos. No deje que se enfríen antes de meterlos a la bolsa, ya que será más difícil pelarlos. Después de eso la piel debe salir con facilidad. Asegúrese de pelarlos sobre un colador porque la piel es dura y puede taparle el fregadero. Enjuague rápidamente el chile, pero no lo remoje en agua para evitar que su sabor se diluya.

Con un cuchillo afilado, corte el tallo y deséchelo. Abra el chile a lo largo y raspe las venas y las semillas. Deséchelas. Despedace el chile en rajas delgadas como de 75 mm, que están listas para usarse o para congelarse (ver la nota superior).

Chile güero

En México cualquier chile amarillo o verde pálido se llama güero o rubio. Varios chiles entran dentro de esta categoría. Se usan frescos o enlatados, pero no secos.

Chile cera

También se le llama chile caribe o chile fresno. Este chile pequeño, triangular y amarillo tiene una superficie lisa, acerada. Por lo general mide unos 6 cm de largo y un poco más de 2.5 cm en la parte más ancha. Se usa sobre todo en los estados del norte y en Jalisco para hacerlos en escabeche con verduras o frutas, o enteros, abiertos en la parte de abajo y luego agregados a los guisados, las salsas o las lentejas para darles sabor. Puede ser de medianamente picante a picante. En Jalisco he visto que lo llaman chile húngaro, california gold #5 o, incluso, anaheim.

Chile x-cat-ik

X-cat-ik significa "güero" en maya. Se trata de un chile regional que se distribuye en Yucatán. De color amarillo pálido, es largo, delgado, con un borde puntiagudo en el extremo. Casi siempre mide entre 12 y 13 cm de largo y 75 mm de ancho. Varía de medianamente picante a picante. Por lo general, en la cocina yucateca se usa asado, sin pelar, y entero en salsas o en escabeches de pescado y pollo.

Chile largo o carricillo

Para mi gusto, éste es el más sabroso de los chiles *güeros*. Por desgracia, su distribución es muy limitada y se reduce a una sola estación del año, supongo que debido al hecho de que la mayor parte se utiliza en la industria de los chiles en lata. Éste es un chile largo, rizado, delgado y liso, de piel delgada pero de superficie ondulante. Aunque se cultiva en la parte central de México, se usa en los platillos de Veracruz, donde generalmente se añade entero para dar sabor, más que picor. Casi todos los chiles que se producen se enlatan en un escabeche ligero y se les etiqueta como "chiles largos".

Chile habanero

Una plantación de chile habanero constituye una vista espectacular, pues la planta tiene hojas anchas de color oscuro brilloso y los chiles maduros cuelgan en racimos como brillantes linternas de color anaranjado. Cuando está maduro, el chile es de color verde y luego se pone amarillo y anaranjado. Parece tener brillo y la carne es casi transparente. Por lo general, el chile habanero —que crece exclusivamente en Yucatán y Campeche y fuera de ahí se distribuye muy poco— mide alrededor de 3.5 cm de largo y 3.5 cm de ancho. Se considera el más picante de todos los chiles mexicanos, aunque yo diría que el chile manzano y el de árbol están en la misma categoría. No sólo tiene una apariencia excepcional sino que su sabor también es distintivo, pues tiene un aroma único: tanto es así que a menudo se pone en las salsas para darles sabor y no picor.

Para escogerlo: El chile debe tener una piel lisa y sin arrugas. Debe ser plegable, pero no suave al tacto y firme en la base del tallo.

Para prepararlos: Este chile se usa crudo en salsas frescas como la de la cochinita pibil (pág. 307), y en las cebollas encurtidas para panuchos (pág. 282). Sólo enjuague el chile y píquelo con todo y venas y semillas.

Para hacer una salsa muy sencilla pero picantísima, el chile debe asarse entero y luego molerse en el molcajete con jugo de limón y sal gruesa. Si va a usarlo para los frijoles colados yucatecos (pág. 183), o para hacer una salsa de tomate yucateca, puede añadirse entero, crudo, o entero y ligeramente asado para que suelte su sabor.

La linda expresión "el chile da un paseo por la salsa" proviene de Yucatán. Se pica el extremo de un chile habanero crudo y se sumerge en la salsa varias veces para que sólo deje un ligero picor y sabor.

Chile jalapeño

El chile jalapeño es quizás el más conocido de todos fuera de México, ya que gran parte de la producción se prepara en escabeche y se enlata. Existen muchas variedades de este chile, pero son inconfundibles: alargados, en forma de un triángulo chato que varía del verde medio al oscuro, con algunas motas oscuras, y otros con unas líneas intermitentes y verticales de color café. Al chile jalapeño se le dan distintos nombres según el tipo y la estación en la que se coseche o se use: se le llama gordo en Veracruz, chilchote en la sierra de Puebla, tornachile en los recetarios antiguos y cuaresmeño en el centro de México. Por lo general, el jalapeño mide 6.5 cm de largo y un poco menos de 2.5 cm de ancho. Puede ser medianamente picante, picante o muy picante. Se usa en su estado maduro, cuando tiene un color verde, o cuando está totalmente maduro y adquiere un intenso color rojo.

Se usa sobre todo en rajas, ya sea en salsas frescas o en escabeche.

Para escogerlos: Cuando están frescos, la piel de los jalapeños es lisa y brillosa, y la pulpa es firme al tacto. Cuando están arrugados, han perdido su fresco sabor y su textura crujiente. Asegúrese siempre de que la base del tallo no esté deteriorada.

Para prepararlos: Primero enjuáguelos bien para eliminar cualquier resto de insecticida. Séquelos con un trapo, córtelos en rajas y fríalos con cebolla para hacer una salsa de tomate. Puede eliminar las semillas para que se vean más presentables.

Fríalos enteros con cebolla y ajo para hacerlos en escabeche antes de agregarles las hierbas y el vinagre. En Veracruz se rellenan de atún, sardinas o queso, y son muy fuertes. Para estas recetas (que no se dan en este volumen), los chiles se asan sobre la flama, igual que los chiles poblanos, se pelan, se abren, se les quitan las semillas y se rellenan. A veces se rellenan con carne, pescado o queso y se cubren con huevo batido, igual que los chiles poblanos rellenos.

Chile manzano

Llamado chile perón en Michoacán y canario en Oaxaca, el chile manzano es un chile bulboso y carnoso que mide unos 5 cm de largo y aproximadamente 4.5 cm de ancho. Es uno de los chiles más picosos que conozco.

Es un chile poco común por varias razones: la planta, que puede convertirse en un arbusto alto, soporta el frío y se cultiva en Michoacán, en las tierras altas que rodean el lago de Pátzcuaro, donde es picante, y en las tierras altas de Chiapas, donde es más suave. Su flor es morada, en vez de la acostumbrada flor blanca, y sus semillas algo grandes y recias, son de un negro profundo. Hay dos plantas distintas: en una, la fruta verde madura hasta adquirir un color amarillo brillante. En la otra, el chile pasa de verde a rojo brillante. Los aficionados de hueso colorado dicen que prefieren el amarillo porque tiene más sabor y es más picante que el rojo… si es que eso es posible.

La superficie de los chiles es lisa y brillante, y una vez preparado en escabeche retiene su apariencia fresca durante más tiempo que otros chiles. En México, el chile manzano sin pelar se usa en escabeches. Asado pero no pelado, se muele en salsa de tomate; asado y pelado, se rellena igual que los chiles poblanos. Pero en todos estos casos, se quitan las semillas.

Para escogerlo: Asegúrese de que la superficie del chile esté lisa, brillante y firme al tacto. Cuando está arrugada y suave, el chile ya está casi pasado. También compruebe que el área alrededor del tallo no esté deteriorada o lastimada.

Para prepararlos: Enjuague y seque los chiles. Para usarlos en escabeche, elimine el tallo y abra el chile. Retire las semillas y corte el chile en rajas. Por lo general se deja que las rajas se maceren en jugo de limón con sal para "cortar" un poco el picor.

Para usar el chile manzano en salsa de tomate, póngalo entero en un comal caliente y voltéelo de vez en cuando hasta que la piel esté ligeramente quemada y ampollada. Ábralo, quite las semillas y las venas y licúe el chile con los tomates; sólo se necesita la mitad de un chile para hacer la salsa picante.

Los chiles manzanos también se preparan como los chiles poblanos rellenos. Se asan y se pelan como siempre, se abren y se le quitan las venas y las semillas. Por su intenso picor, luego se cubren con agua caliente y se dejan hervir suavemente durante 1 minuto. El agua se cambia, se agrega un poquito de sal y se dejan en remojo 5 minutos más. Luego se cuelan, se rellenan con picadillo, carne deshebrada o queso, se cubren con huevo batido y se fríen. Se sirven en caldillo de jitomate, igual que los chiles poblanos rellenos.

Chile poblano

Al chile poblano también se le conoce como chile para rellenar, chile gordo (Jalisco) o jaral (Estado de México).

Se trata de un chile grande, triangular, carnoso, de piel lisa y brillosa, de color verde medio a verde negruzco. Cuando madura adquiere un color rojo brillante que tiene un sabor distintivo. Por lo general mide 12 cm de largo y 6.5 cm en su parte más ancha y se distingue por un borde profundo en la base del tallo. Con raras excepciones, se rellena o se corta en rajas fritas con cebolla y papas, y se agrega a una salsa de tomate con huevos o puerco guisado; también se usa como adorno para sopas, licuado con crema para hacer una rica salsa o para añadirse al arroz. Maduro y seco se convierte en chile ancho. Asado y pelado cuando está verde y luego seco, se llama chile pasado.

Para escogerlos: Siempre elija chiles lisos y brillosos, y no los que están arrugados y suaves al tacto. Además de que pierden el sabor, será más difícil pelarlos.

Para prepararlos: Como ya mencioné, excepto en pocos casos, el chile poblano se asa o se fríe y se pela antes de usarse. Deje el tallo intacto —facilita el darle vuelta al chile— y póngalo directamente sobre la flama, el carbón o la leña. Si usa una parrilla eléctrica, engrase ligeramente el chile y colóquelo justo bajo el asador. Deles vuelta de vez en cuando para que la piel se ampolle y se ase ligeramente en su totalidad. No deje que la pulpa del chile se queme.

Colóquelos inmediatamente en una bolsa de plástico para que "suden" durante 10 minutos, lo que ayuda a aflojarles la piel; después se desprende con facilidad. Debe hacer esto sobre un colador porque los pedacitos de piel dura pueden tapar el fregadero. Enjuague ligeramente el chile, pero no lo remoje en agua porque se diluye el sabor.

Para rellenar: Dejando la parte superior y la base del tallo intactas, haga un corte a lo largo del chile. Ábralo hasta la mitad y, con cuidado, corte la placenta (la parte blanca de arriba donde se concentran las semillas) y retírela. Raspe las semillas restantes y elimine las venas que bajan por el chile, con cuidado de no romper la pulpa. El chile estará listo para rellenarse. Lo mejor es marcar cualquier chile muy picante, ya que la intensidad del picor varía, en caso de que tenga una visita que lo prefiera así. Deben usarse de inmediato, pero pueden almacenarse toda la noche: no más porque pierden casi toda su jugosidad y su sabor. También pueden congelarse, pero no más de un mes porque al descongelarlos pierden tanto textura como sabor.

Para rajas: Con un cuchillo afilado corte el extremo superior del chile al que está adosado el tallo. Haga una incisión al chile a lo largo y raspe las semillas y las venas. Elimínelas. Corte el chile en rajas verticales como de 0.75 a 1.5 cm de ancho.

Cuadritos de chile para adornar: Siga las instrucciones de elaboración de rajas, pero corte la pulpa en cuadritos de 1.5 cm. Caliente un poquito de mantequilla o aceite en una sartén y saltee los cuadritos con un poco de cebolla, volteándolos de vez en cuando, durante unos 3 minutos. Esto sirve para quitarles el sabor a crudo y les da un toque más dulce.

Chile serrano

El nombre *serrano* o *verde* que se da a este chile (el cual no debe confundirse con el chile verde de Yucatán) se usa de manera común en todo México, con la excepción quizá de la sierra de Puebla, donde a menudo se le llama chile tampiqueño.

Es un chile pequeño, de verde medio a intenso, según la variedad, que se pone rojo cuando madura. Las nuevas variedades tienden hacia un color más claro y un tamaño más grande —aproximadamente 5 cm de largo y 1.5 cm de ancho—, mientras que el chile serrano "sin mejorar" (que a menudo es el más sápido) tiende a ser de un verde más oscuro, con un extremo más puntiagudo y más pequeño, por lo general de entre 2.5 a 4 cm de largo y 75 mm de ancho.

Todos tienen la piel suave y lisa, y van de picantes a muy picantes. Aunque por lo general se prefieren verdes para hacer salsas crudas o guisadas, también se usan cuando se ponen rojos.

Para escogerlos: La piel de los chiles debe estar suave y brillosa y no arrugada, pues cuando ya están demasiado maduros pierden su textura crujiente, su fresco sabor y un gusto a tierra.

Asegúrese de que no tengan zonas negras de descomposición en la piel (algunos tienen manchas oscuras naturales, según el tipo de semilla que se haya usado al sembrarlo), sobre todo alrededor de la base del tallo.

Para prepararlos: Siempre enjuague bien los chiles porque nunca se sabe si quedan rastros de insecticida.

Para hacer salsas frescas, pique o licúe los chiles sin quitar las venas o las semillas.

Para hacer salsa cocida, con tomates verdes, hierva suavemente los chiles con los tomates verdes y después licúelos.

Para hacer salsa de jitomates o tomates verdes asados, ase los chiles en un comal, volteándolos de vez en cuando hasta que estén asados y les salgan ampollas.

Los chiles toreados son chiles serranos que se hacen rodar en un comal caliente hasta que empiezan a cambiar de color y a suavizarse. Por lo general, se dejan enteros ¡para que el verdadero aficionado los devore en dos mordidas!

Chile verde del norte

Al chile verde, largo y delgado que se usa en el noroeste de México, sobre todo en Sonora pero también en Chihuahua, también se le llama chile magdalena, en honor al pueblo sonorense en cuyos alrededores se siembra en grandes cantidades. De hecho, es el mismo chile que el anaheim o chile california. Tiene un color verde claro y varía de medio picante a picante. En México, por lo general se asa y se pela; se deja entero, quitando las venas y las semillas, se rellena o se corta en rajas y se usa en salsas de tomate para hacer chile con queso, en Chihuahua.

Ahí también se asa y se pela, para luego secarse entero y convertirse en un negro y arrugado chile pasado.

Aunque por lo común se usa cuando está verde, también se hace madurar hasta que se pone de un rojo intenso, secarlo y convertirlo en chile seco del norte o chile de la tierra (ver pág. 480).

Chiles secos

Esta sección de chiles secos no pretende ser exhaustiva: se necesitaría un libro entero para hacerlo. Sin embargo, describe algunos de los chiles de uso más frecuente, sus características, sus empleos y la manera en que se preparan. También hay una breve mención a algunos chiles menos conocidos que son muy importantes para algunas cocinas regionales y que resultan de especial interés para quienes viajan a esas zonas, además de los aficionados —entre ellos los escritores de comida y los chefs—, quienes están en perpetua búsqueda de más información sobre estos ingredientes tan mexicanos.

Desde luego, secar chiles es una forma de conservarlos. Otra es ahumarlos. En el norte de México existe otro método para conservarlos (ver chile pasado, pág. 474), que es poco conocida y, en otras partes, posiblemente inaceptable.

La forma de usar los chiles secos varía ligeramente de región en región y se especifica al principio de cada receta. Por ejemplo, en algunas áreas las cocineras asan los chiles ligeramente antes de remojarlos y licuarlos para preparar una salsa guisada, mientras que otras hierven suavemente los chiles en agua y luego los licúan. Quienes usan el primer método dicen que, guisada así, la salsa tiene mejor sabor y resulta más digerible.

Existen dos reglas importantes al usar chiles con mucha pulpa como son chiles anchos, mulatos y pasilla para hacer salsas espesas y moles: no deben remojarse más que el tiempo especificado o todo el sabor quedará en el agua. La segunda es nunca tratar de pelar los chiles después de remojados, porque la piel les da sabor y color y actúa como un agente para espesar la salsa, como alguna vez una cocinera americana lo señaló.

Para escoger y almacenar: Siempre trate de comprar chiles sueltos para que pueda ver qué está adquiriendo. Con demasiada frecuencia los chiles de tercera se disfrazan en un empaque elegante.

No se guíe por el nombre que tiene el paquete. Por ejemplo, en Estados Unidos algunos chiles tienen nombres incorrectos: le llaman "pasilla fresca" al chile poblano. Estudie fotografías y descripciones de los chiles y decida. Aunque el tamaño de los chiles varía muchísimo, los chiles de mejor calidad deben tener aproximadamente el tamaño que se da para cada tipo.

Los mejores chiles son los de la cosecha más reciente, que están más flexibles. Si están húmedos, lo que está pagando es la humedad, pero no importa: déjelos secar en un lugar aireado al sol. No los seque hasta el punto en que se pongan quebradizos: deben estar apenas flexibles. Aunque los chiles que se secan hasta estar crujientes pueden usarse, tendrá que remojarlos más tiempo y después quitarles las venas y las semillas. Si intenta limpiarlos antes de remojarlos se romperán en mil pedazos. También se pueden suavizar poniéndolos en un comal a fuego medio.

Procure no comprar chiles que tengan parches transparentes en la piel porque eso significará que una mosca de la fruta ha estado comiéndoselo. Es probable que también haya puesto huevos en el interior, y con el tiempo y dadas las condiciones de humedad y calor adecuadas, le saldrán larvas.

En lugares donde no se consigue una variedad de chile todo el año puede almacenarlos de una forma adecuada, y los chiles secos pueden durar bastante tiempo. Lo mejor es guardarlos en un lugar seco y fresco. Si no tiene el espacio, almacénelos en el refrigerador o en el congelador. Esto evita que los insectos se los coman. De todos modos, inspeccione los chiles cada mes, aproximadamente, para asegurarse de que no se estén deteriorando. Abra uno y vea si no tiene rastros de moho, el cual se extenderá con rapidez bajo condiciones húmedas. Si esto ocurre, tire los chiles o, de preferencia, quémelos.

Chile ancho

El chile ancho (al que en Michoacán a veces se le llama confusamente chile pasilla o pasilla rojo) es el chile de uso más común en México. De hecho, se trata del chile poblano ya maduro que adquiere un color rojo profundo y luego se pone a secar.

Un chile ancho de buena calidad es flexible, no crujiente y tiene una piel arrugada de un profundo color café-rojizo que conserva algo de brillo. Un chile de buen tamaño tiene 12 cm de largo y aproximadamente 8 cm de ancho. Conforme se va secando su color se vuelve más oscuro. Para quien no esté familiarizado con los chiles, resulta más difícil diferenciarlo del chile mulato seco. Para asegurarse, abra un chile y véalo a contraluz: debe tener un color café rojizo en vez del café negruzco del chile mulato. Una vez remojados, resulta más fácil distinguir entre estos dos chiles porque su color se vuelve más profundo. El sabor del chile ancho es sin duda más agudo y afrutado que el del chile mulato, que es más suave y tiene un sabor más achocolatado.

Para prepararlos: Existen varios métodos para preparar estos chiles a fin de hacer las recetas de este libro y se indica cada uno en cada receta específica.

En general, el chile ancho no se usa para hacer salsas de mesa —o salsas de molcajete, como se les llama en México— con una sola excepción. Se trata de un aderezo, más que de una salsa (llamado salsa de tijeras), en la cual el chile crudo se corta en tiritas y se marina en aceite, vinagre y demás ingredientes.

Para chiles rellenos: Deje intactos la parte superior y el tallo del chile. Hágale un corte a lo largo y, con cuidado, retire las semillas y las venas. Cubra el chile con agua caliente y remójelo unos 10 minutos o hasta que el chile esté pulposo y rehidratado. Entonces está listo para rellenarse de queso, carne, chorizo con papas, etcétera. Luego se cubre con huevo batido, se fríe y se sirve, como siempre, en un caldillo de jitomate.

Para salsas guisadas y moles: Elimine el tallo, si lo tiene, y hágale un corte al chile a lo largo. Retire las semillas y las venas. Aplánelo lo más posible y luego use alguno de estos métodos:

Método 1. Cubra los chiles con agua caliente y déjelos remojar hasta que estén pulposos (aproximadamente 10 minutos). El tiempo de remojo dependerá de qué tan viejo y seco esté el chile. Los 10 minutos son para chiles que están relativamente flexibles. Escúrralos y transfiéralos al vaso de la licuadora, eliminando el agua.

Método 2. Ponga los chiles limpios en una olla al fuego con agua caliente. Deje que rompa el hervor suavemente y hiérvalos a fuego lento aproximadamente otros 5 minutos, hasta que el chile esté pulposo y rehidratado.

Método 3. Caliente apenas el comal, sin que suba tanto de temperatura, pues si los chiles se queman, la salsa quedará amarga. Aplane lo más posible el chile, con la parte abierta hacia abajo, sobre el comal. Déjelo unos 3 segundos, voltéelo y repita en el segundo lado hasta que la pulpa interior se ponga opaca y de color café tabaco (unos 3 segundos). Si el chile está relativamente húmedo, le saldrán ampollas, pero ésa no es la señal. Retírelo del comal, tape el chile con agua caliente y déjelo en remojo unos 15 minutos.

Método 4. Para hacer algunos moles, el chile seco se tiene que freír. Caliente manteca o aceite solamente para cubrir el fondo de una sartén. Cuando esté caliente —pero sin llegar a humear, pues el chile se quema fácilmente—, coloque el chile, con el interior hacia arriba, tan plano como sea posible en el aceite caliente. Fríalo unos 5 segundos, presionándolo bien. Voltéelo y fríalo del otro lado otros 5 segundos o hasta que la pulpa interior se vuelva de un color tabaco opaco. Retírelo de la sartén y cúbralo con agua. Añada más aceite a la sartén conforme avanza con los demás chiles.

Método 5. Para moler el chile ancho hasta pulverizarlo —en el norte del país suele usarse como condimento para el menudo, por ejemplo—, ponga un comal a fuego lento y presione el chile lo más plano posible sin quemarlo. Voltee el chile y tuéstelo del otro lado durante alrededor de 1 minuto o hasta que el chile esté completamente deshidratado. Cuando se enfríe debe quedar crujiente. Desmorone el chile tostado en el vaso de la licuadora o en un molino para café o para especias hasta que quede reducido a un polvo fino. Para almacenarlo, póngalo en un recipiente hermético y guárdelo en el congelador.

Chile mulato

La planta del chile mulato es, en esencia, la misma que la del chile poblano pero con genes ligeramente distintos que afectan el color y el sabor. Casi nunca se usa fresco, ya que el campesino obtiene más dinero por la cosecha de chiles mulatos secos que por los chiles frescos y, por lo general, cuestan más que cualquier otro tipo de chile seco. Aunque varían mucho en tamaño, suelen medir 13 cm de largo y 8 cm de ancho. Tienen un color café negruzco y la piel —de nuevo, de los chiles de buena calidad— puede ser más lisa que la del chile ancho. Tiene un sabor dulzón, un poco achocolatado, que puede variar de suave a bastante picoso. Por desgracia, muchos vendedores de chile, sobre todo en la frontera con Estados Unidos, mezclan los chiles anchos con los mulatos y aseguran que se trata del mismo chile. Esto es falso. Para comprobarlo se ofrece una forma de examinarlos en la sección dedicada al chile ancho (pág. 477). Es importante hacerlo porque, por ejemplo, un mole poblano que lleve cierta cantidad de chiles mulatos puede cambiar mucho en apariencia y en sabor si se usan chiles anchos en vez de mulatos.

Para prepararlos: Ver los métodos para preparar el chile ancho.

Chile pasilla

El chile pasilla es la chilaca seca, a la que a veces se le llama chile negro y, en Oaxaca, chile pasilla de México, para distinguirlo del chile pasilla de Oaxaca (ver pág. 481). Tiene una piel arrugada de brillante color negro, y puede variar de bastante picante a picante. Por lo general, mide 15 cm de largo y 2.5 cm de ancho.

El chile pasilla se usa para adornar sopas, para hacer salsas rústicas de mesa, para moles y otras salsas guisadas.

Para prepararlo: En muchos platillos se prepara igual que el chile ancho y pueden aplicarse los métodos 1 a 4 de la página 477. Sin embargo, se usa en tres formas especiales:

Uso 1. Como adorno y condimento para sopas: Si el chile tiene tallo, déjelo intacto. Límpielo muy bien con un trapo húmedo. Caliente el aceite —que debe tener una profundidad de 75 mm— en una sartén pequeña a fuego medio. Cuando esté caliente pero no humeando, porque el chile se quemaría, ponga el chile entero en el aceite y fríalo lentamente, volteándolo de vez en cuando, hasta que esté brillante y crujiente. Si no tiene perforaciones ni está roto, el chile se inflará de manera impresionante, lo cual lo hace verse bonito y también freírse de manera uniforme. Sirva el chile frito entero encima de cada plato de sopa o desmorónelo toscamente, con venas y semillas, y páselo por separado para espolvorearlo en la sopa, a manera de condimento.

Uso 2. Como salsa rústica de mesa: Si el chile tiene tallo, déjelo intacto para poder voltearlo con mayor facilidad. Limpie el chile con un trapo húmedo. Caliente el comal a fuego medio: no debe estar demasiado caliente o el chile se quemará. Ponga el chile entero en el comal y áselo, volteándolo de vez en cuando, durante 5 a 7 minutos o hasta que esté crujiente de manera uniforme. Desmorone el chile en un molcajete o en el vaso de la licuadora con todo y venas y semillas, y licúelo brevemente para hacer una salsa consistente junto con los otros ingredientes que lleve la receta.

Uso 3. Las venas a manera de condimento: Cuando una receta dicte que se eliminen las venas y las semillas del chile, no tire las venas y áselas en un comal sin engrasar hasta que adquieran un profundo color dorado. Espolvoréelas sobre el platillo.

Chile guajillo

Junto con el chile ancho, el guajillo está entre los chiles secos más usados en la cocina mexicana, quizá porque se consigue con más facilidad y tiene un precio más bajo que otras variedades. El chile guajillo tiene una piel lisa de un profundo color mora. Largo y delgado, acaba en punta. Mide aproximadamente 13 cm de largo y de 3.5 a 4 cm en su punto más ancho. Varía de bastante picante a picante y tiene un sabor penetrante y agradable. En la región centro norte del México se le llama chile cascabel porque, cuando se sacude, las semillas cascabelean y su sonido se asemeja al del cascabel de una serpiente. Pertenece a la familia de chiles que, cuando están frescos, a veces se les llama "mirasol" pero de forma errónea, ya que la mayoría de estos chiles cuelgan por abajo de la planta y no están orientados hacia el sol.

Aunque se usa poco para hacer salsas de mesa, más a menudo se remoja y se licúa para untarlo sobre la carne —como en la carne enchilada—, para hacer salsa para enchiladas y para guisos espesos. Sin embargo, la salsa casi siempre tiene que colarse porque su piel es muy dura y no toda logra molerse suficientemente cuando se licúa.

Para prepararlos: Retire los tallos, abra el chile a lo largo y elimine las venas y las semillas, raspándolas. Siga los mismos métodos 1, 2 y 3 que se dan en la página 477 para el chile ancho. O también:

Método 4. Cuando se usa el chile guajillo para sustituir al chile negro de Oaxaca, se tuesta en el comal o directamente sobre el fuego hasta que se pone negro y crujiente. Luego se enjuaga dos veces en agua fría para quitarle lo amargo y se remoja en agua caliente.

Chile puya

El chile puya o guajillo delgado, como se le llama a veces, es más delgado y más picante que el guajillo. Mide 10 cm de largo y 2 cm de ancho. Se limpia y prepara exactamente igual que el guajillo.

Chile de árbol

El chile de árbol no proviene de un árbol, como uno podría pensar por su nombre, sino de una planta larguirucha y esbelta. Pasa del color verde a un intenso tono rojo cuando madura y retiene su brillante color aún seco. Es un chile largo y delgado, de piel lisa, que por lo general mide 8 cm de largo y 1.5 cm de ancho. Es extremadamente picante.

El chile de árbol seco se usa sobre todo para hacer salsas de mesa, pero cuando se utiliza en guisados de carne, por lo general se licúan unos cuantos con otros chiles más carnosos; o también se consume en polvo, como condimento.

Para prepararlo: Absolutamente ningún mexicano se atrevería a quitarle las semillas y las venas a este chile. Todos saben que pica mucho ¡y así les gusta!

Método 1. Para hacer polvo, ponga el chile entero —con todo y tallo, si lo tiene— en un comal a calor medio, porque si la lumbre es muy fuerte el chile se quemará con facilidad. Voltéelo constantemente hasta que esté asado, adquiera un color café claro y se ponga crujiente. Desmorónelo en la licuadora sin remojarlo y siga las instrucciones de la receta.

Método 2. Caliente un poquito de aceite en una sartén pequeña, agregue los chiles y fríalos hasta que estén ligeramente dorados y crujientes (aproximadamente 3 minutos). Retírelos, no los remoje y licúelos siguiendo las instrucciones de la receta.

Chile cascabel

El chile cascabel tiene, justamente, forma de cascabelito redondo. Es un chile liso, duro, de piel café rojiza, y por lo general mide 3.5 cm de diámetro y 2.5 cm de largo. El sabor de este chile se aprecia mejor en salsas de mesa sin guisar, aunque con bastante frecuencia se licúa con jitomates o con tomates para preparar la salsa de un platillo principal.

Para prepararlo:

Método 1. Si el chile tiene una bonita forma esférica pareja y no está abollado, puede tostarse entero en un comal medio caliente y, si tiene tallo, éste puede usarse para darle vuelta. Debe asarse lentamente hasta que esté crujiente (alrededor de 5 minutos) pero hay que tener cuidado de no quemarlo o la salsa se amargará. Luego elimine el tallo, abra el chile, retire las venas y las semillas, ase las semillas (si la receta así lo requiere) y desmorónelo en el vaso de la licuadora.

Método 2. Si el chile no tiene una forma esférica pareja y está abollado, elimine el tallo, abra el chile y retire las semillas y las venas. Áselo aplanándolo en un comal medio caliente hasta que la pulpa interior se ponga color tabaco. Para entonces, debe estar crujiente. Desmorónelo en el vaso de la licuadora, sin remojar.

Método 3. En algunas partes del noroeste de México el chile cascabel suele remojarse o hervirse suavemente en agua hasta que la dura piel empieza a suavizarse. Luego se licúa con jitomates o con tomates verdes para preparar una salsa guisada.

Chile seco del norte o chile de la tierra

A este chile también se le llama chile largo colorado y se usa exclusivamente en el norte, sobre todo en Sonora. Se trata del chile anaheim seco o chile magdalena del lado mexicano de la frontera.

Su piel brillosa y delgada puede describirse como de un color rojo cobrizo. La piel, alrededor de la base del tallo, forma "pliegues" irregulares de la base a la punta. Varía de suave a bastante picante.

El chile seco se remoja y se licúa para usarse en salsas para chilaquiles, enchiladas, chile con carne y otros platillos norteños. Cuando se muele y se usa en forma de polvo para salsas, por lo general se espesa un poco con harina.

Para prepararlos: Retire los tallos, abra los chiles a lo largo y quite las venas y las semillas. Cubra los chiles con agua y hiérvalos ligeramente hasta que estén suaves (aproximadamente 10 minutos). Luego escúrralos y siga las instrucciones de la receta.

Chilacate

El chilacate crece en la zona de Jalisco y Colima, donde se usa, seco, en los platillos regionales. Es un chile liso, brilloso, de piel dura y sabor dulce, que varía de suave a bastante picante. Por lo general mide 13 cm de largo y 5 cm en su parte más ancha. En Colima se usa junto con el chile ancho y el guajillo en una proporción de 2 a 1, respectivamente. Muchas veces pasa por "guajillo". Cuando se remoja y licúa, el chilacate se usa para salsa de enchiladas y para otras salsas guisadas.

Para prepararlos: Si lo tiene, retire el tallo del chile. Ábralo de la base a la punta y retire las semillas y las venas. Cúbralo con agua caliente y remójelo durante 15 minutos. Escúrralo y licúelo o hiérvalo suavemente en agua caliente durante 5 minutos y remójelo 5 minutos más. A diferencia de la piel del guajillo, la de este chile se suaviza rápido y se licúa bien.

Chile chipotle

El chile chipotle —como se le llama coloquialmente aunque su nombre es *chipocle*— es el chile jalapeño maduro y ahumado, tal como lo sugiere su nombre en náhuatl, de *chil:* chile y *poctli:* humo. Es un chile arrugado, duro y correoso, muy picante, que parece una hoja de tabaco vieja aunque, de hecho, es de color café oscuro, iluminado con valles café dorados. Por lo general —según la calidad de la cosecha— mide 6.5 cm de largo y 2.5 en su parte más ancha.

Los chiles chipotles enlatados son un condimento muy popular, ya sea en escabeche o en una suave salsa roja de adobo. En esta forma pueden usarse en la mayoría de los platillos que llevan chipotle. En su forma de chile seco y ahumado puede usarse para dar sabor a las sopas y a las pastas, o puede remojarse y molerse con otros ingredientes a fin de preparar salsa para albóndigas, camarones y carne.

Para prepararlos: El chipotle siempre se usa con venas y semillas. A fin de prepararlo en escabeche se cocina brevemente en agua o en vinagre para suavizarlo antes de añadir los otros ingredientes. Para hacer salsas se usan los chiles secos (no los enlatados), que se asan muy ligeramente y luego se remojan antes de molerlos con otros ingredientes. El tiempo de remojo depende de qué tan seco esté, y varía de 15 a 30 minutos.

Chile mora

En algunas partes de Puebla y de Veracruz al chile mora se le llama chipotle o chipotle mora. Por lo general, es más pequeño que el chipotle y mide unos 5 cm de largo y 2 cm en su parte más ancha. Tiene un profundo color mora, tal como su nombre lo indica. Es mucho muy picante.

El chile mora se prepara y se usa igual que los chipotles, y las fábricas de conservas lo prefieren por tener un tamaño que les resulta más conveniente. No intente eliminar las semillas.

Chile morita

El chile morita es un chile pequeño, seco, ahumado, de forma triangular, de piel lisa, brillante y de color mora. Por lo general mide 2.5 cm de largo y 2 cm de ancho. Es muy picante y debe usarse con cuidado. Me dicen que los chiles moritas son los últimos frutos de la cosecha de chile serrano.

Para prepararlos: El chile se asa ligeramente y se licúa con otros ingredientes, o bien, se remoja en agua hirviendo hasta que se suaviza, pero no se eliminan las venas ni las semillas.

Chile pasilla de Oaxaca

El chile pasilla de Oaxaca —o más correctamente, chile mixe— es, sobre todo, un chile regional que se usa solamente en algunas partes de Oaxaca. A mí me parece que es uno de los chiles más interesantes y deliciosos y todos deberían conocerlo: si van a Oaxaca pueden comprarlo y experimentar con él.

Es el más arrugado de todos los chiles. Es ahumado y muy picante. Por lo general, los más grandes miden 9 cm de largo y 3.5 cm de ancho. Los chiles pasilla se venden por tamaño: los más grandes (más caros) se usan para rellenar; los medianos, para encurtir, y los más chiquitos y baratos, para hacer salsa. Su piel brillante va del morado al rojo oscuro. Se rellena, se cubre con huevo batido y se fríe como cualquier chile relleno, pero también se usa para hacer salsas de mesa y salsas guisadas. Un posible sustituto sería el chile mora, aunque es demasiado pequeño para rellenarlo.

Para rellenarlos: Si quiere rellenarlo, probablemente esté demasiado seco para abrirlo y limpiarlo, así que póngalo en un comal no muy caliente para que se vuelva flexible. Luego ábralo a lo largo con cuidado, sin eliminar el tallo, y quítele las semillas y las venas. Cúbralo con agua caliente y hiérvalo suavemente durante unos 5 minutos. Déjelo remojando 10 minutos más. Luego rellénelo y fríalo como siempre.

Para hacer salsas: Ase ligeramente el chile entero en un comal o directamente en la flama a fuego lento o en cenizas todavía calientes, volteándolo para que se ase de manera pareja (sacuda, pero no lave las cenizas). Luego trócelo con todo y venas y semillas, y licúelo junto con los otros ingredientes para preparar una salsa de mesa o una salsa guisada.

Chilhuacle negro, rojo y amarillo

Los chilhuacles son únicos de Cuicatlán, donde se consideran como chiles "criollos" de la región. Debido a que hay muy pocos sembradores y algunas plagas nuevas, su precio es mucho más elevado que el de los chiles comunes. Por lo tanto, muchas cocineras de pocos recursos lo sustituyen —por ejemplo, por chile guajillo para elaborar sus amarillos— y los tuestan hasta quemarlos para el mole negro.

Son chiles regordetes, algunos de los cuales acaban en punta, aunque la mayoría son chatos y casi cuadrados, como de 5 cm de largo y 5 cm de ancho. La piel negra, roja o amarilla es mate y muy dura. Cuando se remoja, la pulpa tiene un pronunciado sabor a regaliz. Estos chiles se usan principalmente para hacer moles.

Para prepararlos: Elimine las venas y semillas y áselos bien en un comal, sin quemarlos. Enjuáguelos con agua fría y luego remójelos en agua caliente durante 20 minutos. También pueden limpiarse, enjuagarse y freírse para luego licuarse, sin remojarlos, de acuerdo con la receta.

Chile piquín

Los chiles piquín, pequín, chiltepe (Puebla), chiltepín (Sonora), max (Yucatán) y amashito (Tabasco) son todos chiles muy pequeños y extremadamente picosos. Triangulares, redondos o de forma cilíndrica, por lo general se preparan en escabeche o se muelen para usarse como condimento. No suelen medir más de 1.5 cm de largo y 75 mm de ancho —los que son redondos tienen unos 75 mm de diámetro—, y su piel brillosa va del anaranjado al rojo profundo.

Chile seco yucateco

Incluí el chile seco de Yucatán porque es muy interesante y muy importante en la comida yucateca. De hecho, se trata del chile verde de Yucatán, pero en su estado seco. Es pequeño, delgado, de un color verde suave y tiene un sabor muy especial. Cuando madura y se seca adquiere un color entre anaranjado y dorado, y tiene una piel dura, brillosa y transparente. Por lo general mide 5 cm de largo y 2 cm de ancho. Es muy picante.

En Yucatán se muele hasta pulverizarlo y se usa como condimento. Pero quizá lo más interesante de todo es que se asa hasta carbonizarlo y se muele con otras especies para hacer las pastas que se emplean para sazonar los chilmoles y los rellenos negros.

Una muestra de la variedad de los chiles mexicanos puede apreciarse en las páginas de fotografías de este volumen.

Quesos mexicanos

Los quesos que se usan en la comida tradicional mexicana no son muy sofisticados. En muchos casos, son puramente regionales.

Queso añejo

El queso añejo —cuyo nombre correcto es *queso añejo de Cotija*, en honor al pueblito de Cotija, en la frontera entre Michoacán y Jalisco, donde se inventó— es muy seco, tiene un color blanco, es salado y ligeramente ácido. Por lo general, tiene forma de barril y se ralla muy finamente, como migas de pan. Se usa para espolvorearlo en los antojitos, en las enchiladas y en sopas y pastas, pero no se derrite.

Queso asadero

El verdadero queso asadero se hace en forma ovalada y plana en los ranchos de Chihuahua. Se elabora con cierta cantidad de leche agria, tiene un buen contenido de grasa, es agradablemente ácido y se derrite bien. En Sonora se le conoce como queso cocido porque las cuajadas se cuecen a partir de las madejas que luego se enrollan. Este queso se usa para hacer el queso fundido y el chile con queso, y para rellenar chiles.

Queso panela

El queso panela tradicional es un queso fresco redondo y aplanado que tiene las marcas del canasto en que se pone a escurrir la cuajada. Hace años me topé con el mejor tipo de este queso: el que se hacía en todas las casas de la zona costera de Jalisco.

De todos los quesos, es el más fácil de hacer. Cuaje la leche como si fuera a hacer chongos zamoranos, omitiendo las yemas (ver pág. 439). Corte la cuajada en pedazos grandes y, con una cuchara perforada, transfiéralos a una canasta donde escurran, espolvoreando las capas con bastante sal. Cuelgue las canastas para que escurran toda la noche. Cuando las cuajadas se hayan escurrido, pero aún estén húmedas, apártelas en una rejilla para que desarrollen su acidez, de 12 a 14 horas en un lugar tibio.

Queso chihuahua

Originalmente, este queso se hacía en las poblaciones menonitas de Chihuahua y las grandes ruedas de queso se estampaban con el nombre de la comunidad. El auténtico queso ahora es difícil de conseguir porque los menonitas están migrando a otros países, pero hay buenos sustitutos. Este queso es agradablemente ácido y tiene una proporción buena de grasa, lo que significa que se derrite bien.

El queso chihuahua se usa para rellenar chiles, rallado en sopas secas y en pastas, y para derretirlo y hacer queso fundido o chile con queso.

Queso fresco

Es un queso quebradizo y suave con una agradable acidez, que se derrite y hace hebra cuando se calienta. Se elabora con leche de vaca, al igual que los otros quesos aquí mencionados (los quesos de leche de cabra no son tan populares), y a veces se le llama queso ranchero. En un aislado pueblo, cerca del rancho de un amigo, se le llama queso de metate porque, tradicionalmente, la cuajada se muele en un metate.

El queso fresco se usa de muchas formas: como botana, desmoronado para adornar antojitos, enchiladas y sopas, en tiras para rellenar chiles, etcétera.

Quesillo de Oaxaca

Éste es un queso trenzado y cocido que se hace y se vende en los mercados de Oaxaca, en todos tamaños: desde la bola de 2.5 cm que se usa como botana con bebidas, hasta el de 15. 5 cm de diámetro. También se hace a escala comercial en grandes cantidades para su venta en la Ciudad de México y en el país entero.

Tiene una consistencia más dura que el asadero y el punto al que se derrite es más alto. Se come solo o se usa en chiles rellenos, quesadillas, etcétera.

Especias

Con muy pocas excepciones, en México las cocineras tradicionales usan las especias enteras y en muy pequeñas cantidades.

Pimienta gorda (Pimenta dioica)

El árbol de la pimienta gorda es nativo de la América tropical y crece silvestre en el sur de Veracruz y Tabasco. Cuando madura y se seca, la semilla es de color café medio oscuro a oscuro. Es redonda y mide aproximadamente 75 mm de diámetro. Las hojas de la planta son muy aromáticas y se usan para agregar sabor a algunos platillos de Tabasco y Yucatán.

Las semillas reciben varios nombres: *pimienta gorda*, *pimienta de Jamaica*, *malagueta* y, en Tabasco, *pimienta de la tierra*.

Anís (Pimpinella anisum)

El anís se usa sobre todo, aunque no de manera exclusiva, para dar sabor a los almíbares de los postres, o se añade a la masa de algunos tipos de pan dulce y de panes de levadura semidulces. En algunas recetas de mole poblano se usa en muy pequeñas cantidades. En Hidalgo se añade anís a la masa de maíz para hacer algunos antojitos.

Canela (Cinnamomum verum)

La auténtica canela es la lámina quebradiza de la corteza de un árbol nativo de Ceilán y el suroeste de la India. Es de color café pálido y no debe confundirse con la corteza de cassia, que es más dura y oscura. Se usa en forma de rajas para dar sabor a los almíbares o al café, o se muele en pequeñas cantidades con otras especias para hacer moles y otras salsas de chile guisadas. En forma de polvo, la canela se usa en postres, pasteles y panes dulces de levadura.

Clavo (Syzygium aromaticum)

Los clavos o clavos de especia casi siempre se usan enteros o molidos con otras especias para hacer moles y salsas de chile guisadas, caldos o escabeches. El clavo es el aromático botón de la flor seca de un árbol nativo de las Islas Moluccas, el cual crece mucho en Granada, la "isla de las especias" del Caribe. Al igual que otras especias, se usa en muy pequeñas cantidades.

Semilla de cilantro (Coriandrum sativum)

Las semillas de cilantro se usan en pequeñas cantidades, ya sea enteras en el escabeche o molidas en salsas guisadas más complejas, como el mole. Con más frecuencia se usaban en las recetas de fines del siglo XIX.

Comino (Cuminum cyminum)

En la comida tradicional mexicana el comino siempre se usa entero, nunca en polvo. A menudo, el comino se muele con ajo u otras especias y se utiliza en pequeñas cantidades para que su sabor no sea dominante, excepto en la comida del norte del país, sobre todo en la de Nuevo León.

Achiote (Bixa orellana)

El achiote es un agente colorante y saborizante que se usa mucho en la península de Yucatán. Es la capa roja exterior de la semilla muy dura de un árbol tropical americano. Las semillas enteras se muelen en combinación con otras especias para sazonar alimentos. Ahí las semillas enteras se muelen en combinación con otras especias para hacer recados (ver pág. 486) que sirven para sazonar muchos alimentos. Pero en Tabasco y en partes de Oaxaca las semillas se hierven para disolver la parte colorante y se cocina el agua hasta que se evapora, tras de lo cual queda un residuo de color rojo puro.

Recado de toda clase

Señora Isela Rodríguez

Rinde aproximadamente ¼ de taza

2 cucharadas de pimientas negras
7 clavos enteros
8 pimientas gordas
¼ de raja de canela de 75 mm
¼ de cucharadita de comino
2 cucharadas de orégano yucateco seco, tostado y molido

Ponga todos los ingredientes en un molino para café o para especias y muélalos lo más finamente posible. Pase el polvo por un colador fino y muela los residuos una vez más hasta obtener un polvo liso.

Transfiera el polvo a un tazón chico que contenga apenas el agua suficiente para mezclar, hasta obtener una pasta espesa. Guarde el recado así, en el refrigerador o en el congelador.

Para usar este recado mezcle con 1 cucharada de esta pasta:

2 dientes de ajo machacados
2 cucharadas de jugo de naranja agria o sustituto (ver pág. 492)
Sal al gusto

Mezcle todos los ingredientes hasta obtener una pasta lisa; es probable que tenga que añadir un poquito de agua.

Recado rojo simple

Es una pasta de achiote sencilla para uso general o para recetas como la cochinita pibil (ver pág. 307) y el pollo pibil (ver pág. 364)

Rinde ½ taza

4	cucharadas copeteadas de semillas de achiote
1	cucharadita de orégano yucateco, si es posible, machacado
1	cucharadita de cominos
½	cucharadita de pimientas negras
12	pimientas gordas
3	cucharadas de agua

Mezcle las especias. Primero, muela un tercio de la cantidad —o lo que le quepa a su molino para café o para especias— lo más finamente posible. Repita lo mismo con la cantidad restante. Pase el polvo a través de un colador fino y vuelva a moler los residuos. Poco a poco, incorpore el agua y mezcle bien hasta obtener una pasta espesa.

Si no va a usar la pasta de inmediato, forme un grueso pastel redondo y divídalo en cuatro piezas. Envuélvalas bien y guárdelas en el congelador. Así almacenadas resulta más fácil sacar un pedacito a la vez.

Para diluir la pasta cuando la vaya a usar, machaque esta cantidad con unos 20 dientes de ajo chicos y sal gruesa al gusto, y diluya con jugo de naranja agria o con su sustituto de vinagre suave, hasta obtener una crema ligera.

Hierbas para cocinar

Las tres hierbas de olor que más se usan en la comida mexicana son el tomillo, la mejorana y el laurel. Se venden las tres juntas en ramilletes pequeños de hierbas frescas o secas, aunque es más común que estén secas.

Hierbas frescas

Cilantro (Coriandrum sativum)

Aunque es nativo del Viejo Mundo, la cocina mexicana lo ha adoptado de todo corazón y se usan tanto sus hojas frescas como sus semillas, de distintas maneras y en diversos platillos. Las hojas tiernas y los tallos chicos se usan en salsas crudas y guisadas, en algunos moles verdes, con mariscos, arroz y en sopas.

Las hojas del cilantro son delicadas y deben guardarse con cuidado. Si es posible, trate de comprar el cilantro con todo y su raíz porque así durará más. Envuelva las raíces y los tallos principales en una toalla de papel húmeda y las hojas en una toalla de papel seco; luego guárdelas en una bolsa de plástico en el refrigerador. Elimine diariamente las hojas que se vayan poniendo amarillas. Las semillas verdes se usan en salsas en el área de Tuxtepec.

Epazote (Teloxys -antes Chenopodium- ambrosioides)

A mí me parece que el epazote es la más mexicana de todas las hierbas de cocina. Aunque puede encontrarse epazote silvestre en muchas partes de América del Norte y Europa, sólo en México parece usarse a su máxima capacidad.

Las hojas frescas o el tallo con las hojas (no el epazote seco, que es insípido y ha perdido su esencia) se usan mucho en las cocinas del centro y sur de México. Es absolutamente indispensable para guisar frijoles negros, para la sopa de tortilla y otras sopas caldosas, para quesadillas, picado con elote, etcétera.

El epazote tiene una hoja aserrada, puntiaguda, de un color verde medio y un penetrante sabor adictivo, y sus flores y semillas tienen forma de diminutas bolitas negras que se apiñan alrededor de las puntas del tallo.

Hoja santa (Piper auritum)

Esta hoja grande que tiene forma de corazón proviene de un arbusto tropical y tiene un profundo sabor anisado. En el sur de México se usa para sazonar alimentos.

En algunas recetas, puede sustituir su sabor con hojas de aguacate, pero en otras no tiene sustituto.

Hoja de aguacate (Persea drymifolia)

En algunas zonas de México, las hojas de aguacate criollo ligeramente anisadas se usan enteras o trozadas para sazonar, y se venden en polvo en algunas partes de Veracruz. Como en Estados Unidos existe gran preocupación sobre la toxicidad de esta planta, creo que es momento de poner las cosas en orden.

Los reportes de toxicidad se remontan a un estudio de 1984 en el que la Universidad de California en Davis demostró que las cabras que se empleaban para la producción de lácteos sufrían efectos tóxicos por ingerir grandes cantidades de hojas de aguacate (el agente tóxico todavía se desconoce). Lo importante, según el doctor Arthur L. Craigmill, toxicólogo especialista en Davis y uno de los autores del estudio, es que los efectos se relacionaban con el aguacate guatemalteco *(Persea americana)*. Cuando a las cabras se les alimentó con las hojas de aguacate mexicano *(Persea drymifolia)*, que es una especie distinta, no hubo ningún problema.

El aguacate Haas, el que mejor sabe de los que se cultivan en Michoacán, es un híbrido de origen indeterminado, aunque en su DNA aparece su ancestro guatemalteco y de ahí las sospechas. Nadie ha hecho pruebas para ver si las hojas del aguacate Haas son tóxicas, pero parece poco probable que las pequeñas cantidades que se usan para cocinar causen algún tipo de problema.

Hierbas secas

Orégano (generalmente Lippia graveolens)

En México hay muchas plantas regionales a las que se les llama orégano y sobre las cuales, citando a un amigo botánico, existe "cierta confusión taxonómica". El orégano, con pocas excepciones, se usa seco.

Los tipos de orégano regionales que se mencionan en este libro incluyen el de Yucatán, una variedad que tiene hojas más grandes, crece en forma de arbusto y cuyas hojas se secan y se tuestan hasta adquirir un color café oscuro; el de Oaxaca, que es más ligero, sabe un poquito a menta (probablemente sea de la especie gatureja) y se usa en cantidades mucho más grandes en el norte de México, y una variedad que tiene hojas largas y se usa en Nuevo León.

Otros ingredientes

Azúcar

Por lo general, en México se usa el azúcar granulada común en recetas para hornear postres y dulces, excepto en aquellas donde se requiere el uso de piloncillo: azúcar morena que viene en forma de conos.

Sal

Use sal marina en todas las recetas en vez de la sal de mesa y la sal kosher. La sal pura es muy barata en México, ya sea en su forma suave o en cristales más duros.

Aceites y mantecas para guisar

El aceite vegetal es la grasa que se utiliza con mayor frecuencia en México. Por lo general, es de semillas de girasol, de cártamo, de maíz, y más recientemente, de canola, el cual no recomiendo.

Las mantecas vegetales se usan para muchos tipos de pan dulce, algunos pasteles y tortillas de harina.

La mantequilla se usa para hacer panes y pasteles de mejor calidad. En algunas partes del sur de México —sobre todo en el Istmo y en Tabasco— se usa la mantequilla de rancho, que es muy suave, ligeramente ácida y deliciosa.

La grasa que suelta la carne de res se usa en partes del noroeste de México, o para hacer bocoles en Veracruz y Tamaulipas.

El aceite de oliva, que por lo general es español, se usa en recetas de ese origen, sobre todo en Veracruz, Yucatán, Campeche y partes de Michoacán.

Las cocineras tradicionales aún prefieren la manteca de puerco, sobre todo para freír moles, así como para hacer tamales y antojitos. Algunas cocineras prefieren la manteca blanca, en tanto que en el sur de México —en Oaxaca, Tabasco y Veracruz, en particular— se prefiere la que tiene un color caramelo y proviene de las ollas donde se hace el chicharrón, cuyas "migajas" —que se hunden al fondo— también se usan. Si no puede encontrar manteca de buena calidad —no la manteca blancuzca que se vuelve sólida con estabilizadores—, entonces trate de hacerla en casa con la grasa de puerco que se vende en paquetes en los supermercados y en las carnicerías (ver pág. siguiente).

Manteca hecha en casa

Rinde aproximadamente 4 tazas

1 kg de grasa de puerco sin sal

Caliente el horno a 160 ºC. Tenga listas dos sartenes grandes y pesadas.

Corte la grasa en cubitos. Tomando una cuarta parte a la vez, pásela brevemente por el procesador de alimentos sólo para que se desmorone un poco y que suelte la grasa con más eficiencia. Divida la grasa en las dos sartenes, cuidando de no llenarlas demasiado o la grasa se desbordará, y colóquelas en la parte media y superior del horno.

Transcurridos 20 minutos revise las sartenes y vierta la grasa líquida en recipientes de cerámica o de vidrio. Revuelva y presione constantemente los pedacitos de grasa que quedan en la sartén, extrayéndoles la mayor cantidad de grasa posible.

Tire los residuos crujientes o añádalos a la masa para hacer gorditas o sáquelo para que se lo coman las aves, o lo que usted quiera... Cuando la manteca se haya enfriado, tápela y métala al refrigerador. Dura varios meses.

Crema

En muchas partes del país no es fácil —si no es que resulta imposible—, encontrar crema pura y natural como la *crème fraîche* francesa. La envasada comercialmente tiene preservativos y otros químicos, y casi toda la crema que se vende en los mercados del centro de México tiene algún tipo de manteca vegetal. Aunque estas cremas sirven para coronar antojitos, no son para cocinarse en salsas. Uno todavía puede comprar crema deliciosa en mercados como el de Juchitán, en Oaxaca.

Claro que, tal como nos enseñó Julia Child hace muchos años, usted puede hacer su propia crema.

Vegetales

Jitomate (Lycopersicum esculentum y spp.)

Los jitomates son un ingrediente nativo de México, indispensable para muchos de los platillos regionales. Cuando llegué a México en 1957 sólo usábamos jitomates redondos, rojos: jitomates bola. No recuerdo cuándo empezaron a aparecer los jitomates más alargados, llamados jitomates guaje o guajillo. Ahora tienen el don de la ubicuidad: de hecho, en muchos mercados ya no hay otro tipo. De vez en cuando se puede encontrar un jitomate criollo, de piel delgada y de un rojo casi anaranjado, muy jugoso y bastante ácido. Yo los encontré en Malinalco, en el Estado de México, y en Chilapa, Guerrero, entre otros sitios. Ahora se importan de los Estados Unidos unos jitomates grandes. Pero mis favoritos son los diminutos (como de 1 cm de diámetro) que se llaman cuatomates, como se les nombra en la Sierra Norte de Puebla. Son unos tomatitos de intenso sabor y gran cantidad de semillas. Se les conoce de diversas formas, sobre todo en distintas partes de Veracruz: menudo, *zitlali* —seguramente llamado así por el pueblo donde crecen, que no debe confundirse con el pueblo del mismo nombre que está en Guerrero—, ojo de venado y tomate de monte, entre otros.

Debido a su piel dura, una salsa de jitomate hecha a la manera tradicional en el molcajete tiene una textura muy consistente. En la región de Tuxpan, Veracruz, a las cocineras les gusta mezclar los jitomates maduros con los que todavía están verdes para que la salsa no sea tan dulce.

Las cocineras regionales son muy específicas en cuanto a cómo preparar los jitomates para salsas, y aquí doy algunos de sus métodos:

Crudos: Para hacer salsas crudas, parecidas a la salsa mexicana con sus ligeras variaciones regionales, para añadir a cocteles de mariscos, huevos revueltos o ensaladas, los jitomates sin pelar deben picarse finamente con todo y semillas.

Ligeramente hervidos: Para hacer algunas salsas guisadas. Los jitomates se cubren con agua y se hierven ligeramente hasta que estén suaves (alrededor de 10 minutos para jitomates medianos). Por lo general, con pocas excepciones, luego se pelan antes de licuarlos —la piel del jitomate guaje es especialmente dura— o se licúan, con todo y cáscara, y luego la salsa se cuela.

Asados en comal: Es un método usual en la cocina rústica tradicional, tanto para hacer salsas rústicas de mesa como para incluirlos en moles más complejos. Los jitomates enteros, con todo y piel, se ponen sobre un comal sin engrasar a fuego medio hasta que estén totalmente suaves, mientras que la piel queda ligeramente carbonizada. Este método intensifica el sabor y saca la dulzura del jitomate. Algunas cocineras le quitan la piel en tanto que otras —yo entre ellas— se la dejan, y optan por una salsa que tiene más sabor y textura aunque no sea tan colorida.

Muchos de los alimentos tradicionales de los pueblos mayas de la península de Yucatán se cocinan en un *pib*, o barbacoa, y los ingredientes que lleva la comida (chiles, jitomates, cebolla y ajo) se "asan" en las piedras calientes que forran el fondo del *pib* y se llaman "enterrados".

Si ninguno de estos métodos le parece práctico, entonces ponga los jitomates en una sola capa en una cacerola poco profunda y colóquelos bajo el asador, como a 8 cm del calor, y áselos, volteándolos una vez, hasta que estén suaves y ligeramente carbonizados.

Guisados: No es muy común preparar así los jitomates, pero algunas cocineras oaxaqueñas lo hacen. Corte los jitomates sin pelar en ocho piezas y, por ejemplo, para ½ kg de jitomate, agregue 1 cucharada de aceite vegetal y aproximadamente ¼ de taza de agua. Tape la olla y cocine los jitomates a fuego lento, sacudiendo la olla de vez en cuando para que no se peguen y hasta que estén suaves (aproximadamente 10 minutos). Este método es en particular eficaz cuando los jitomates no están en su punto o están un poco secos.

Rallados: La primera vez que vi este método fue en Sonora, hace muchos años. Yo lo utilizo en las recetas de las páginas 159, 208 y 318, para las cuales es mejor usar los jitomates bola. Corte una rebanada de la parte superior del jitomate y, usando el lado grueso del rallador, ralle la pulpa con todo y las semillas y el jugo. Al final, le quedará una cáscara aplanada de jitomate en la mano.

Tomate verde mexicano (Physalis spp.)

El tomate verde nativo es un ingrediente indispensable de la comida mexicana. La fruta en sí, con su brillante piel verde, a menudo tiene manchas moradas y está envuelta en una cáscara como de papel de color verde grisáceo, un poco pegajosa al tacto. Su nombre varía de región en región: se le llama fresadilla en el norte de México; tomate de capote, en Colima; miltomate, en Oaxaca; tomate milpero, en otras zonas, y cuando son muy pequeños, en Michoacán se les llama tomatillos, entre muchos otros nombres. Hay distintas variedades. El más pequeño (como de 1 cm de diámetro) crece silvestre en los maizales; es muy compacto y, por lo tanto, tiene un sabor muy intenso. También hay una variedad más grande y carnosa que he visto en los mercados del Estado de México: la brillante piel verde tiene manchas amarillas y se le llama tomate manzano.

Generalmente, debe quitarles la cáscara y enjuagarlos bien, pero no intente pelarlos. En algunas salsas se pican y se licúan crudos, pero más a menudo se hierven suavemente en agua hasta que están suaves.

Estos son los métodos para prepararlos:

Asados enteros en el comal: Para hacer una salsa rústica de mesa, quíteles la cáscara, póngalos enteros sobre una plancha o comal sin engrasar y áselas a fuego medio, volteándolos de vez en cuando, hasta que estén bastante suaves y ligeramente carbonizados. Luego se muelen o se licúan, con todo y piel.

Una vez vi a una cocinera en Oaxaca poner los tomates con todo y cáscara en cenizas calientes, pero no ardientes, hasta que se suavizaran y carbonizaran un poco. Es la única forma que conozco en la que a los tomates no se les quita la cáscara.

Ligeramente hervidos: Éste es el más popular de todos los métodos. Cubra los tomates con agua fría y hiérvalos a fuego medio hasta que estén suaves, pero sin que se deshagan (de 10 a 15 minutos, según el tamaño).

En Oaxaca vi que una mujer cortó los tomates en cuartos y los cocinó con muy poquita agua hasta que estuvieron muy suaves.

Ajo

La influencia de Estados Unidos está cambiando el ajo. Hace años, las cabezas de ajo eran más pequeñas, lo mismo que los dientes, que tenían una coloración casi totalmente morada. Ahora las cabezas y los dientes son cada vez más grandes, con excepción de los que se venden en los mercados de las regiones del sur, sobre todo en Oaxaca y Guerrero, y que saben mejor. Siempre se ha considerado que un tipo de ajo elefante, trenzado con un listón rojo y en forma de guirnalda, ayuda a la buena suerte.

Con la excepción de platillos de origen español —los que son al ajillo o al mojo de ajo—, el ajo no se usa en grandes cantidades en la cocina mexicana. En las recetas del centro de Oaxaca, por ejemplo, puede emplearse toda una cabeza de ajo, pero se usa una muy pequeña y su sabor no predomina en la salsa terminada.

La base de la comida tradicional mexicana se hace picando finamente tanto ajo pelado como cebolla y luego friéndolos hasta que se acitronen. También se usa mucho el ajo asado. Los dientes sin pelar (perforados para que no exploten) se ponen en el comal a fuego medio, luego se voltean de vez en cuando hasta que están ligeramente carbonizados por fuera y suaves por dentro. Luego se pelan y se licúan según las instrucciones de la receta. Si se requiere toda una cabeza de ajos, primero hay que quitarle la cáscara exterior, que parece como de papel, y luego colocar la cabeza entera en un comal caliente (pero no demasiado) y, de nuevo, voltearla de vez en cuando hasta que se cocine uniformemente. A veces se añade la cabeza de ajo al caldo o al escabeche. Como se menciona arriba, los platillos de origen español llevan mucho ajo pelado y frito.

Cítricos

Limón

Los limones más comunes, o criollos, son pequeños, verdes y de piel delgada. Existen otras variedades similares y en algunas zonas se produce el limón persa (y, en Veracruz, encerado).

Me pregunto si hay otro país donde se use tanto el limón: para hacer limonada, con la cerveza, en algunas salsas frescas, en cocteles de mariscos, con todo tipo de caldos, para sazonar carnes, con jícama y con algunas frutas frescas como la papaya, o como remedio para las picaduras de mosquitos. Resulta inconcebible tomar un caballito de tequila sin chupar un limón. Y un dulce delicioso es la cáscara de limón cristalizada rellena de cocada.

Lima agria

Es un cítrico rechoncho de color verde pálido que tiene un pronunciado pezón en uno de sus extremos. La cáscara tiene un sabor extraordinariamente complejo y sólo puedo compararlo a la naranja agria por la amargura de su cáscara, en tanto que la pulpa es muy ácida.

La lima agria se asocia sobre todo con la sopa de lima de Yucatán, pero en Chilapa, Guerrero, se sirve en tajadas para acompañar algún mole. En algunas partes de Jalisco se hace una salsa fresca de lima. Estoy segura de que existen otros ejemplos.

Lima dulce

Hasta que no la pruebe, podría confundir la lima dulce con lima agria, sólo que la primera tiene una superficie más lisa. A pesar de su fragante cáscara, la pulpa es dulce e insípida. Una vez me dieron jugo de lima dulce en una comida en el Estado de México. He visto que se usa la cáscara para cocinarla en un platillo de relleno: sangre de puerco guisada con chile manzano. En su forma más popular, las limas dulces son indispensables para llenar la piñata de Navidad, junto con otras frutas, como caña de azúcar, y dulces. También puede hacerse una infusión fragante, de color verde pálido, cuando se hierven en agua suavemente durante unos 10 minutos.

Naranja agria

Durante el periodo colonial, los españoles introdujeron una variedad de la naranja de Sevilla que hoy se usa en muchas partes de la República, pero sobre todo en Tabasco y en la península de Yucatán. Su jugo se utiliza con otros condimentos para sazonar carnes o pescado, o como base para hacer salsas de chile y cebolla, en las cebollas encurtidas con que se adornan los panuchos, o en los escabeches de Yucatán. Ahí se pelan antes de exprimir su jugo.

La naranja agria suele tener un brillante color anaranjado, excepto en la península de Yucatán, donde tiene un color verdoso, aun cuando está madura, y, a pesar de que su jugo es ácido, es un poco más dulce. Es una fruta fea, rechoncha, con una piel gruesa y de gran textura. Crece de forma silvestre o como árbol ornamental en el norte de México.

En las regiones más frías del norte la cosecha principal madura en febrero, pero más al sur los naranjos producen todo el año.

Como sustituto para las recetas de este libro puede usar un vinagre afrutado suave o una combinación de las siguientes frutas y ralladuras.

• • •

Sustituto de naranja agria

Rinde aproximadamente ½ taza

1 cucharadita de ralladura muy fina de toronja
2 cucharadas de jugo fresco de naranja
2 cucharadas de jugo fresco de toronja
4 cucharadas de jugo fresco de limón

Mezcle todos los ingredientes y úselos como se indica en las recetas.

• • • • •

Pepitas de calabaza

Las semillas crudas de la calabaza, peladas o con cáscara, se usan en muchos platillos mexicanos. La pepita varía según el tipo de calabaza que se cultive en cada región. Por lo general, las pepitas muy lisas se tuestan y sirven de botana; las pequeñitas, más gordas, que se llaman chinchilla, se usan sin pelar en platillos yucatecos como el *sikil p'ak* (pág. 25).

Las pepitas siempre se asan en una sartén sin engrasar a fuego medio y se enfrían antes de molerse. Hay que tener cuidado de que no se pongan muy oscuras o la salsa tendrá un gusto amargo.

Plátanos

Hay muchas variedades deliciosas de plátano en México, entre ellas el plátano macho. Se usa sobre todo, pero no exclusivamente, en los platillos tradicionales de las zonas tropicales del sureste del país. Los plátanos machos se distinguen fácilmente por su forma triangular, larga y curvada y su piel gruesa.

Cuando están maduros, la forma más común de prepararlos es pelarlos, cortarlos longitudinalmente en rebanadas y freírlos. Así preparados, se sirven con arroz blanco. En Veracruz y en Tabasco se cuecen, se machacan y se forma una pasta que se usa para hacer empanadas rellenas de queso o de carne, o para sopas.

A mí me gusta comerlos cuando están ligeramente verdes: fritos, aplanados y luego vueltos a freír hasta que se convierten en los tostones semicrujientes de Tabasco. En el área de Tuxtepec se usa el plátano macho verde cocido y mezclado con masa de maíz para hacer unas tortillas.

Los plátanos pueden volverse adictivos. Los más deliciosos son los más pequeños, delgados y puntiagudos plátanos dominicos, como se les llama en Tabasco, y el plátano de Castilla, de Oaxaca.

Vinagres

Los que se usan en México son, por lo general, muy suaves y afrutados. En el interior del país muchas cocineras hacen su propio vinagre de piña y piloncillo (ver la receta siguiente). En Tabasco se usan plátanos muy maduros, mientras que en un puestecito al que voy en Zitácuaro se usa una mezcla de frutas —lo que haya en la estación— y siempre tiene a la venta un delicioso vinagre suave color ámbar. Una vez que logre tener una buena "madre", puede seguir haciendo vinagre *ad infinitum*, con la fruta de su elección.

Vinagre de piña

Cuando vaya a usar piña para cualquier receta, guarde la cáscara y un poquito de pulpa.

	La mitad de la cáscara de una piña
4	cucharadas copeteadas de piloncillo o de azúcar morena
6	tazas de agua

Mezcle bien los ingredientes y póngalos, sin tapar, en un lugar asoleado y cálido donde se fermenten. La mezcla debe empezar a fermentar en unos 3 días. Déjela fermentando hasta que toda el azúcar se haya convertido y el líquido se vuelva ácido. Al principio, el líquido puede estar un poco turbio, pero conforme repose se pondrá más claro y, al final, será color ámbar. Esto puede llevar unas 3 semanas más. Para entonces la "madre" —un disco gelatinoso y blancuzco— debe empezar a formarse. Déjela hasta que se vuelva bastante sólida (otras 3 semanas), luego cuele el líquido, tápelo con un corcho y estará listo para usarse. Ponga "la madre" con más piloncillo y agua, y un poquito más de piña si tiene, y déjela reposar para que se forme más vinagre.

Sí, necesita paciencia, pero vale la pena. Aunque no hay sustituto para lo que uno mismo prepara, puede usar la mitad de un vinagre de vino blanco de buena calidad, y mitad de un suave vinagre oriental de arroz.

Chicharrón

El chicharrón es la piel del puerco que se deja secar al sol y luego se fríe en manteca caliente. Más tarde se fríe en manteca aún más caliente hasta que se infla y adquiere un color dorado y una textura porosa y crujiente. En algunos lados se empaca comercialmente: evite las marcas que sean duras y correosas, lo que, desde luego, significa que no prepararon el chicharrón de la manera adecuada.

Flor de calabaza

Se guisa con otros ingredientes para hacer sopas, cacerolas o relleno para quesadillas. En México, se vende en los mercados y en los supermercados, y la mejor época es durante la temporada de lluvias. Si siembra calabacitas, escoja sólo las flores masculinas, que son fácilmente reconocibles porque tienen un estambre en forma de órgano masculino. *Nota:* Para quienes siembran esta calabaza y recolectan las flores, de cada 25 que corten hay que dejar 1 para polinizar las flores femeninas.

Para guisarlas, quíteles el tallo verde y los sépalos correosos, dejando sólo la base pulposa y el estambre intacto. Es una pena, pero las cocineras mexicanas le quitan el estambre lo que, en realidad, le da un sabor y textura deliciosos. Pique las flores toscamente y siga las instrucciones de la receta.

Cuitlacoche o huitlacoche (hongo del maíz)

El cuitlachoche es un hongo de color gris plateado que sale accidentalmente —aunque puede inducirse— en algunas variedades de maíz durante la época de lluvias. La carne es suave y de color negro tinta. Se come desde tiempos precolombinos y, por lo general, se cocina junto con otros ingredientes para hacer sopas, cacerolas, relleno para quesadillas e incluso para hacer salsas. El hongo se rasura de la mazorca, se pica toscamente y se le quitan los pelos del elote al que se adhiere.

Acitrón

El acitrón (que no debe confundirse con el citrón: un cítrico de tamaño grande) es el nombre que se le da a la biznaga cristalizada de un cacto grande y redondo que se llama *Echinocactus grandis*. Los cubitos de acitrón se usan sobre todo en los tamales dulces, para los rellenos de carne (picadillo) y en algunos postres. Se vende en forma de pequeños ladrillos y no tiene un sabor muy pronunciado.

Nopales

Son las pulposas pencas comestibles de distintas variedades de cactos *Opuntia*. Con raras excepciones, se cuecen antes de añadirse a varios platillos. Saben mejor cuando están frescos y firmes.

Para preparar los nopales, primero raspe las espinitas —cuidando que no se le claven en los dedos— y córtelos en tiras delgadas o en cuadritos. Para cocerlos, vea la receta de la pág. 236 para hacer nopales al vapor.

Camarones secos

El sabor concentrado de los camarones secos aumenta el de las sopas, arroz, tamales, frijoles y salsas de mesa. Una vez que les encuentre el gusto (resulta demasiado fuerte para algunos visitantes extranjeros), se vuelve bastante adictivo. En los mercados de Oaxaca el precio de los camarones secos varía según su tamaño, que va de los grandes de 7 cm a los chicos de 2 cm, sin olvidar los diminutos de 75 mm que se encuentran en la costa del Pacífico.

Nunca compre el paquete chico de camarones de un color rojo-naranja brillante —pelados y sin cabeza— porque no tienen sabor. Tampoco adquiera los paquetes que dicen "polvo de camarón seco", pues en su mayoría contienen pura sal. Trate de encontrar camarones enteros y sin pelar.

La mayoría de los platillos llevan camarones sin cabeza ni patas. Las cabezas tienen mucho sabor y —sin los ojos negros— deben guardarse para hacer tortitas de camarón. Son muy salados. Enjuáguelos en agua fría, escúrralos y cúbralos con agua fresca y fría. Déjelos remojando unos 10 minutos; no más o perderán el sabor. Guárdelos en un lugar seco, donde duran varios mes.

Recetas básicas

Caldo de pollo

El mejor caldo de pollo se hace con una gallina grande y gorda con todas sus menudencias. ¡Pero ésta es un ave en peligro de extinción! Me acuerdo de las magníficas gallinas blancas (nada de colorantes) que había en Campeche hace años… ojalá todavía existieran. A falta de una gallina, use bastantes retazos de pollo y menudencias: patas, alitas, rabadilla, huacal, etcétera.

Rinde para aproximadamente 3.5 l

2 ½ kg de retazos de pollo (ver el texto superior)
2 cebollas de rabo toscamente picadas, con todo y rabo
1 cabeza chica de ajo cortada horizontalmente por la mitad
Sal marina al gusto

Ponga todas las menudencias en una olla para caldo, tápelas con agua fría y agregue la cebolla y el ajo. Ponga en el fuego y cuando rompa el hervor, baje la flama y deje que el caldo hierva suavemente durante unas 3½ horas. Añada sal. Enfríelo y déjelo reposar, sin colar, toda la noche.

Caliente el caldo, luego cuélelo y tire los restos. Deje que se enfríe y desengráselo antes de guardarlo.

Nota: Para guardarlo, vierta el caldo en un molde para hacer cubitos de hielo y congélelo. Cuando esté congelado, transfiéralo a bolsas para congelar. Márquelas con la cantidad y la fecha y guárdelas en el congelador.

Pollo cocido y deshebrado

Rinde aproximadamente 2½ tazas

1 ½ l de caldo de pollo
1 pollo grande, como de 1 ½ kg, cortado en piezas
Sal marina al gusto

En una olla grande en el fuego, deje que el caldo de pollo rompa el hervor, añada las piezas de pollo y cuézalo a fuego lento hasta que esté suave (unos 25 minutos). Retírelo del fuego y deje que el pollo se enfríe dentro del caldo.

Cuele el pollo y guarde el caldo para una sopa o salsa. Retire la carne de los huesos y deshébrela toscamente con un poquito de piel para darle más sabor. Añada sal, si es necesario.

Carne de puerco cocida y deshebrada

Rinde aproximadamente 2 ½ tazas

1 kg	de maciza de puerco
	Huesos de puerco
¼	de cebolla blanca mediana, toscamente rebanada
1	diente grande de ajo
	Sal marina al gusto
5	pimientas

Corte la carne en cubitos, póngala en una olla grande junto con los otros ingredientes y cúbrala con agua fría. Ponga en el fuego y cuando rompa el hervor, baje la flama y deje que hierva ligeramente hasta que la carne esté apenas suave (alrededor de 45 minutos). Retire del fuego y deje que la carne se enfríe en el caldo. Cuando se haya enfriado suficiente como para tomarla con las manos, escúrrala y guarde el caldo. Deshebre la carne y añada más sal si es necesario. Cuide de no sobrecocer la carne, pues recuerde que el proceso de cocción continúa mientras la carne se enfría en el caldo.

Puede deshebrar la carne usando dos tenedores o molerla ligeramente en un molcajete hasta que las fibras se separen.

Carnes de res cocida y deshebrada

Rinde aproximadamente 2 tazas

½ kg	de falda o arrachera de res, cortada en cubitos de 2.5 cm
1	cebolla chica toscamente picada
1	diente de ajo
	Sal marina al gusto

Ponga la carne y los otros ingredientes en una olla grande. Cúbrala bien con agua, ponga en el fuego y deje que rompa el hervor. Siga hirviendo hasta que la carne esté suave (aproximadamente 40 minutos). Permita que la carne se enfríe en el caldo, luego escúrrala y guarde el caldo para algún otro platillo.

Cuando pueda tomar la carne con las manos, deshébrela toscamente, eliminando cualquier nervio o pellejo.

Índice